José Augusto N. G. Manzano
Roberto Affonso da Costa Junior

Java 8

Programação de Computadores

Guia Prático de Introdução, Orientação e Desenvolvimento

1ª Edição

Av. Dra. Ruth Cardoso, 7221, 1º Andar, Setor B
Pinheiros – São Paulo – SP – CEP: 05425-902

SAC Dúvidas referentes a conteúdo editorial, material de apoio e reclamações:
sac.sets@somoseducacao.com.br

Direção executiva	Flávia Alves Bravin
Direção editorial	Renata Pascual Müller
Gerência editorial	Rita de Cássia S. Puoço
Editora de aquisições	Rosana Ap. Alves dos Santos
Editoras	Paula Hercy Cardoso Craveiro
	Silvia Campos Ferreira
Assistente editorial	Rafael Henrique Lima Fulanetti
Produtor editorial	Laudemir Marinho dos Santos
Serviços editoriais	Juliana Bojczuk Fermino
	Kelli Priscila Pinto
	Marília Cordeiro
Revisão	Clara Diament
Diagramação	Ione Franco
Capa	Maurício S. de França
Impressão e acabamento	Forma Certa

DADOS INTERNACIONAIS DE CATALOGAÇÃO NA PUBLICAÇÃO (CIP)
CÂMARA BRASILEIRA DO LIVRO, SP, BRASIL

Manzano, José Augusto N. G.
 Java 8: programação de computadores: guia prático de introdução, orientação e desenvolvimento / José Augusto N. G. Manzano, Roberto Affonso da Costa Junior. -- 1. ed. -- São Paulo: Érica, 2014.

 Bibliografia
 ISBN 978-85-365-0926-6

 1. Java (Linguagem de programação para computador) I. Costa Junior, Roberto Affonso da. II. Título

14-09400   CDD-005.133

Índices para catálogo sistemático:
1. Java 8: Linguagem de programação: Computadores: Processamento de dados   005.133

Copyright © José Augusto N. G. Manzano
2020 Saraiva Educação
Todos os direitos reservados.

1ª edição
5ª tiragem: 2020

Nenhuma parte desta publicação poderá ser reproduzida por qualquer meio ou forma sem a prévia autorização da Saraiva Educação. A violação dos direitos autorais é crime estabelecido na Lei n. 9.610/98 e punido pelo art. 184 do Código Penal.

| CO | 8831 | CL | 640766 | CAE | 567816 |

Fabricante

Produto: Java SE 8u5

Fabricante: ORACLE BRAZIL

Sítio: http://www.oracle.com/br/index.html (Brasil)

Endereço no Brasil:

Av. Alfredo Egídio de Souza Aranha, 100 - 5º andar
CEP 04726-170 - São Paulo, SP
Telefone: (11) 5189-1000

Rua Ceará, 1566 - 11º andar
CEP 30150-311 - Belo Horizonte, MG
Telefone: (31) 3263-3200

Edifício Corporate Financial Center - SCN Quadra 2 - Bloco "A" Sala 202
CEP 70712-900 - Brasília, DF
Telefone: (61) 3035-7100

Centro Empresarial Pres. Kennedy - Av. Carlos Gomes, 111 - 3º andar
CEP 90480-003 - Porto Alegre, RS
Telefone: (51) 3327-8000

Av. Rio Branco, 1 - Sala 501
CEP 20090-003 - Rio de Janeiro, RJ
Telefone: (21) 3232-3400

Endereço nos EUA:

ORACLE EUA

500 Oracle Parkway
Redwood Shores, CA 94065 - Telefone Internacional: +1-650-506-7000

Sítio: http://www.oracle.com

Requisitos básicos de hardware e de software

Sistemas Operacionais:

➤ Oracle Solaris 10 (com atualização 9+) ou 11 Express para as arquiteturas x86 (32 bits), x64 (32 bits) ou SPARC (64 bits);

➤ Microsoft Windows Server 2008 SP2, Server 2008 R2 SP1, XP SP2 (64 bits) ou SP3 (32 bits), Windows Vista SP2, Windows 7 SP1 ou Windows 8/8.x para arquiteturas x86 (32 bits) ou x64 (64 bits);

➤ Oracle Linux 5.5+ ou 6.x, Suse Linux Enterprise Server 10 SP2 ou 11.x, Red Hat Enterprise Linux 5.5+ ou 6.x, Ubuntu Linux 10.04 LTS ou 11.04 para arquiteturas x86 (32 bits) ou x64 (64 bits);

➤ Mac OS X 10.7.3+, 10.8.3+, 10.9 ou maior para arquitetura x64.

Programas de Navegação:

➤ Chrome – para os sistemas operacionais Microsoft;

➤ Firefox – versões 3.6+ ou maior para os sistemas operacionais Microsoft, Linux e Mac OS X;

➤ Internet Explorer – versões 7.x, 8.x, 9.x, 10.x ou 11.x para os sistemas operacionais Microsoft;

➤ Safari – versão 5.1.3 ou maior para sistema operacional Mac OS X.

Outros requisitos:

➤ Acesso à Internet (taxas podem ser aplicadas);

➤ Disco rígido com no mínimo 500 MB de espaço para instalação do programa;

➤ Monitor SVGA com a maior resolução possível;

➤ Processador de 1 gigahertz (GHz) ou superior de 32 bits (x86) ou 64 bits (x64);

➤ Mínimo de 2 gigabytes (GB) de RAM.

Dedicatória

À minha esposa Sandra e à minha filha Audrey, motivos de inspiração ao meu trabalho.

Aos meus alunos, por me incentivarem continuamente quando me questionam sobre temas que ainda não sei e me levam a pesquisar muito mais.

José Augusto N. G. Manzano

À minha amada esposa Suelene e às minhas filhas Michelle e Katherine, à minha mãe Joana, minha irmã Márcia, meu cunhado José Eduardo, seus filhos José Eduardo Jr., Stephanny e Hyohanna, bem como minhas cunhadas Marta e família, Maria Aparecida e meu cunhado Abel e sua família que me apoiaram e incentivaram a escrever.

A todos os meus alunos do curso de Ciência da Computação da UNIFEI, que fazem com que todo ano eu me aperfeiçoe, pois nunca deixam acomodar-me em meu conhecimento.

Roberto Affonso da Costa Junior

*Posso deitar-me, dormir e despertar,
pois é o Senhor quem me ampara.*

Sl 3, 6

Agradecimentos

À minha esposa Sandra e à minha filha Audrey, motivos de inspiração ao meu trabalho. Aos meus alunos, por me incentivarem continuamente quando me questionam sobre temas que ainda não sei, e me levam a pesquisar muito mais.

Agradeço também aos colaboradores e amigos da Editora Érica, pelo carinho, dedicação e apreço por minha pessoa e pelo trabalho que realizo nesta parceria de muitos anos.

José Augusto N. G. Manzano

À minha amada esposa Suelene e às minhas filhas Michelle e Katherine, à minha mãe Joana, à minha irmã Márcia, ao meu cunhado José Eduardo, a seus filhos José Eduardo Jr., Stephanny e Hyohanna, bem como às minhas cunhadas Marta e família, Maria Aparecida e meu cunhado Abel e sua família, que me apoiaram e incentivaram a escrever. E a todos os meus alunos do Curso de Ciência da Computação da Unifei, que fazem com que todo ano eu me aperfeiçoe, pois nunca deixam acomodar-me em meu conhecimento.

A todos os funcionários da Editora Érica por essa chance. Retribuo sinceramente o voto de agradecimento do grande amigo e quase irmão Prof. Ms. José Augusto Navarro Garcia Manzano, que sempre foi perfeito em suas empreitadas e obrigado pela oportunidade.

Gostaria também de agradecer ao Reitor da Universidade Federal de Itajubá, Dr. Renato de Aquino Faria Nunes, ao Vice-Reitor, Dr. Paulo Shigueme Ide, à diretora do Instituto de Ciências Exatas, Dra. Mariza Grassi, bem como aos amigos Roberto Claudino da Silva, Edison Oliveira de Jesus, Carlos Minoru Tamaki e demais colegas do Departamento de Matemática e Computação, que me apoiaram para mais essa realização.

Roberto Affonso da Costa Junior

Sumário

Capítulo 1 – Introdução 17

    1.1 Histórico da linguagem de programação Java 17

    1.2 Notação utilizada 19

    1.3 Aquisição do programa 20

    1.4 Instalação do programa 23

        1.4.1 Plataforma Windows 23

        1.4.2 Plataforma Linux 26

        1.4.3 Plataforma Mac OS X 27

    1.5 Interfaces IDE de Desenvolvimento Java 28

        1.5.1 NetBeans IDE 28

Capítulo 2 – Programação Orientada a Objetos 31

    2.1 Considerações históricas 31

    2.2 Princípios filosóficos 33

    2.3 Conceitos fundamentais 36

        2.3.1 Conceito de classe 36

        2.3.2 Conceito de objetos 38

        2.3.3 Conceito de atributo 39

        2.3.4 Conceito de método 39

    2.4 Polimorfismo ou poliformismo 40

Capítulo 3 – Estrutura Funcional Básica 43

    3.1 Plataforma de trabalho Java 43

    3.2 Etapas de Criação de um Programa em Java 46

    3.3 Formas de programação em Java 47

    3.4 Criação de programas 48

Capítulo 4 – Programação Essencial em Java 59

    4.1 Programação sequencial 59

        4.1.1 Tipos de dados 59

        4.1.2 Variáveis 62

4.1.3 Constantes..64

4.1.4 Operadores aritméticos...64

4.1.5 Entrada e saída de dados..65

4.2 Programação com decisões..75

4.2.1 Operadores relacionais..75

4.2.2 Desvio condicional simples...75

4.2.3 Desvio condicional composto...77

4.2.4 Operadores lógicos...79

4.2.5 Desvio condicional de múltipla escolha...86

4.2.6 Tratamento de exceções...91

4.3 Programação com laços..100

4.3.1 Laço com condicional pré-teste..101

4.3.2 Laço condicional pós-teste...105

4.3.3 Laço incondicional..108

4.4 Linhas de comentário...110

4.5 Operações de conversão de tipos de dados...112

4.5.1 Casting implícito...112

4.5.2 Casting explícito...113

4.6 Exercícios de fixação..114

Capítulo 5 – Métodos Internos 117

5.1 Operações matemáticas...117

5.2 Manipulação de cadeias de caracteres..119

5.3 Conversão de tipos de dados...124

5.4 Data e hora...143

Capítulo 6 – Métodos e Pacotes 155

6.1 Conceito de métodos e pacotes...155

6.2 Métodos definidos pelo programador..157

6.3 Passagem de parâmetro e recursividade...163

6.4 Acesso a métodos de classes externas..167

6.5 Pacote definido pelo programador...169

Capítulo 7 – POO Aplicada **179**

    7.1 Fundamentação teórica 179

    7.2 Classe, objeto, atributo e método 180

    7.3 Encapsulamento, escopo e visibilidade 189

    7.4 Herança 197

    7.5 Construtores e finalizadores 200

    7.6 Polimorfismo 207

    7.7 Sobrecarga de métodos 210

    7.8 Interface 212

Capítulo 8 – Arranjos **215**

    8.1 Arranjo unidimensional 215

    8.2 Ordenação de elementos 220

    8.3 Pesquisas em arranjos 225

        8.3.1 Modelo de pesquisa sequencial 225

        8.3.2 Modelo de pesquisa binária 227

    8.4 Arranjo bidimensional 230

    8.5 Arranjo com argumentos 231

    8.6 Coleções e mapas com arranjo dinâmico 234

        8.6.1 Interface List 234

        8.6.2 Interface Set 239

        8.6.2 Interface Map 241

    8.7 Arranjo de classe 245

    8.8 Enumeração e lista de constantes 248

    8.9 Exercícios de fixação 251

Capítulo 9 – Interface Gráfica Básica **255**

    9.1 Java e o modo gráfico 255

    9.2 Uma questão de tradição 257

    9.3 Interatividade 262

    9.4 Formulário com a classe JFrame 277

    9.5 Métodos JLabel, JButton e JTextField 280

    9.6 Código para o método JButton 282

    9.7 Aplicações contextualizadas 287

Capítulo 10 – Outros Recursos Básicos **299**

    10.1 Método JRadioButton 299

    10.2 Método JCheckBox 302

    10.3 Classe JList com classe JScrollPane 310

    10.4 Método JComboBox 323

    10.5 Tela translúcida.. 327

Capítulo 11 – Arquivos em Disco **333**

    11.1 Definição de arquivo.. 333

    11.2 Acesso a arquivos... 335

    11.3 Arquivo texto 335

    11.4 Arquivo do tipo dados primitivos.. 347

    11.5 Arquivo de acesso direto 350

    11.6 Manuseio de arquivo de acesso direto.. 357

        11.6.1 Cadastro de sequências de caracteres (String)............................ 357

        11.6.2 Armazenagem de mais de um registro 361

        11.6.3 Busca de registros armazenados.. 365

    11.7 Exercícios de fixação 368

Bibliografia **369**

Apêndice A – Tabela ASCII **371**

Índice Remissivo... **375**

Prefácio

Este trabalho apresenta ao leitor uma introdução prática aos fundamentos da linguagem Java. Não é objetivo tratar o assunto com profundidade, pois isso seria impossível. O objetivo é mostrar a linguagem em linha geral, indicando recursos essenciais de operação a estudantes de programação e programadores novatos.

Para o professor e educador este material é um auxiliador do processo ensino-aprendizagem por apresentar em sua maioria programas pequenos que poderão ser facilmente trabalhados em aulas de laboratório, principalmente os primeiros programas. Neste trabalho, nós, autores e educadores que também somos, entendendo a problemática de sala de aula, procuramos evitar, na medida do possível, programas que fossem longos e de difícil escrita pelos alunos, que muitas vezes não possuem a desenvoltura datilográfica necessária para escrever rapidamente os programas nas aulas de laboratório. Na sua maior parte, os programas apresentados ao longo deste texto são pequenos, focados e direcionados às funcionalidades apresentadas no momento da abordagem do tema exposto. Essa tática de trabalho permite agilizar as atividades operacionais de laboratório, facilitando a compreensão do educando e criando comodidade para o educador, que pode trabalhar aspectos mais concentrados da linguagem sem correr riscos de deixar resquícios para a próxima aula. Além dessa preocupação, tanto o educador como o educando poderão fazer pleno uso do arquivo brinde que traz os códigos de programa usados no livro. Dessa forma, as aulas de laboratório se tornam mais dinâmicas.

Ao longo da apresentação deste texto são mostrados exemplos de programas focados no uso tanto do modo console como do modo gráfico. No modo console é possível testar rapidamente todas as estruturas computacionais que a linguagem opera, ficando para o modo gráfico a apresentação de recursos complementares e necessários a esse modo operacional. Essa proposta tem por finalidade dar ao estudante a visão operacional da linguagem sobre os elementos conhecidos no estudo de algoritmos e lógica de programação. Uma vez de posse dessa base, foca-se a apresentação da parte gráfica, que por si só possui sua complexidade. O que vemos aqui é que não se deve misturar as coisas, ver a parte gráfica junto do embasamento lógico dos recursos operacionais de programação da linguagem, como: sequência, condições, decisões, laços, arranjos, métodos. Isso normalmente cria muita confusão na cabeça do aluno. A experiência que tivemos nesse sentido não foi muito bem-sucedida. Normalmente o aluno se deixa seduzir pela parte gráfica, perde tempo importante desenhando botões e outros componentes e se esquece de que para controlar o que está fazendo precisa saber programar e aplicar lógica de programação corretamente. Como diz o ditado, "não se coloca o carro adiante dos bois", e é isso que estamos evitando com essa proposta de trabalho para o educador e para o educando.

Apesar de ser este um livro para novatos em programação Java, é ideal que o leitor possua base de lógica de programação. Assim, é importante conhecer tipos de dados, variáveis, constantes, operadores aritméticos, operadores relacionais, operadores lógicos; teorias de uso dos conceitos de entrada, saída, tomada de decisão, laços de repetição, uso de vetores e matrizes (arranjos), aplicação de sub-rotinas, passagens de parâmetros. Caso o leitor não tenha esse conhecimento, tomamos a liberdade de indicar a leitura e estudo do livro *Algoritmos - Lógica para Desenvolvimento de Programação de Computadores*, dos autores José Augusto Manzano e Jayr Figueiredo, da Editora Érica.

Presume-se também que este estudo será conduzido por um profissional da área da educação que esteja devidamente preparado para ministrar esse tema. É claro que este trabalho também poderá ser usado fora da sala de aula, por autodidatas, mas isso exigirá dessa categoria de leitor um grande empenho, disciplina e disponibilidade para atuar no sentido de ser ator de sua própria aprendizagem.

Para facilitar o processo de estudo da linguagem Java, a obra está dividida conceitualmente em quatro partes lógicas. A primeira parte é destinada à fundamentação teórica e à apresentação de noções preliminares; na segunda parte o leitor tem contato com as técnicas essenciais de programação; nessa etapa são vistos detalhes a respeito da linguagem em si, do seu padrão trabalho e do modo de seu funcionamento, apresentam-se as técnicas básicas de programação e estende-se a apresentação com o uso de métodos, pacotes, arranjos e a aplicação das bases operacionais da programação orientada a objetos; a terceira parte apresenta o conceito básico e simples da programação em modo gráfico e manipulação de arquivos; por fim, a quarta parte apresenta informações julgadas complementares.

Durante o estudo apresentado, o leitor terá contato com mais de cem exemplos de programas que demonstram alguns recursos existentes na linguagem Java. Há capítulos que possuem exercícios de fixação e outros não. Os que possuem os exercícios de fixação se caracterizam por serem capítulos estratégicos que necessitam ser conhecidos e entendidos por aqueles que desejam programar na linguagem Java. Os capítulos que não possuem exercícios de fixação são capítulos complementares e objetivam apresentar algum aprimoramento ao conhecimento da linguagem de programação em si.

Os programas exemplos apresentados ao longo deste trabalho devem ser gravados em um diretório (ou pasta) de trabalho único. Sugere-se o uso de um diretório (ou pasta) denominado **fontes** a partir do diretório (pasta) de trabalho padrão do usuário de seu sistema operacional.

Ao final deste trabalho é apresentada uma lista de referências bibliográficas, a qual pode e deve ser utilizada como complemento de estudo. Na lista encontra-se a indicação de outras obras e também de sites da Internet que podem facilmente ser consultados a qualquer hora.

Apesar do nosso esforço em fazer os devidos testes de execução dos programas em mais de um sistema operacional, cabe ressaltar que nem os autores nem a editora podem garantir funcionalidade adequada em todos os computadores existentes no mercado. Nesse caso, fica sob responsabilidade do leitor configurar e ajustar seu hardware e software de modo que a plataforma Java funcione adequadamente, sem que haja o expresso compromisso dos autores e da editora para orientá-lo nesse sentido, além do exposto neste trabalho.

No mercado há excelentes livros de programação de computadores, muitos direcionados aos leitores que já conhecem o assunto; consequentemente, são livros grandes, com extensos programas exemplos e explicações que se tornam prolixas e cansativas para um iniciante. Escrever para quem sabe é muito mais fácil do que escrever para quem não sabe, e esperamos com este humilde mas honesto trabalho atenda às expectativas de você, colega educador, e também de nossos alunos e educandos.

Cabe informar que os programas apresentados nesta obra foram exaustivamente testados e executados em equipamentos com os sistemas operacionais Microsoft Windows 8.x, Fedora Linux 20, com GNOME e Mac OS X 10 (Maverick). Apesar do grande esforço dos autores, não é possível garantir a perfeita funcionalidade dos programas em outros computadores que tenham outros sistemas operacionais, pois existem muitas variáveis que interferem na funcionalidade de um equipamento e dos sistemas operacionais em uso, até mesmo dos sistemas operacionais por nós usados para este trabalho.

Aproveitamos esta oportunidade para agradecer sinceramente a você, colega educador, educando e leitor que confiaram em nós ao adquirir este trabalho de forma legal, sem fazer fotocópias ou outro tipo de distribuição pirata e também por confiarem em nós no sentido de sermos os vetores auxiliares para o seu trabalho em sala de aula e laboratório. A todos vocês um sincero e grande abraço e que tenham um excelente aprendizado.

Os autores

Sobre os autores

José Augusto N. G. Manzano

Brasileiro, nascido no Estado de São Paulo, capital, em 26 de abril de 1965, é professor e mestre com licenciatura em Matemática. Atua na área de Tecnologia da Informação (desenvolvimento de software, ensino e treinamento) desde 1986. Participou do desenvolvimento de aplicações computacionais para as áreas de telecomunicações e comércio. Na carreira docente, iniciou sua atividade em cursos livres, trabalhando posteriormente em empresas de treinamento e atuando nos ensinos técnico e superior. Trabalhou em empresas da área como: ABAK, Servimec, Cebel, SPCI, Bepe, Origin, OpenClass, entre outras.

Atualmente é professor com dedicação exclusiva junto ao IFSP (Instituto Federal de Educação, Ciência e Tecnologia de São Paulo, antiga Escola Técnica Federal). Em sua carreira docente, ministrou componentes curriculares de Lógica de Programação (Algoritmos), Estrutura de Dados, Microinformática, Informática, Linguagens de Programação Estruturada, Linguagens de Programação Orientada a Objetos, Engenharia de Software, Tópicos Avançados em Processamento de Dados, Sistemas de Informação, Engenharia da Informação, Arquitetura de Computadores e Tecnologias Web. Possui conhecimento de uso e aplicação das linguagens de programação BASIC CLASSIC, Assembly, LOGO, PASCAL, FORTRAN, C, C++, JAVA, MODULA-2, STRUCTURED BASIC, C#, Lua, HTML, XHTML, JavaScript, VBA e ADA. É autor de mais de noventa obras, além de artigos publicados no Brasil e no exterior.

Roberto Affonso da Costa Junior

Roberto Affonso da Costa Junior, nascido no Estado do Rio de Janeiro, capital, em 29 de julho de 1962, é professor adjunto da Universidade Federal de Itajubá (Unifei) e doutor em Computação Aplicada pelo Instituto Nacional de Pesquisas Espaciais (Inpe). Atua na área desde 1984, exercendo as funções de professor universitário, consultor e programador de computadores, desenvolvendo várias ferramentas computacionais para a área de Tecnologia da Informação.

Introdução

Este capítulo apresenta informações iniciais sobre o uso da ferramenta de desenvolvimento Java. Nesse sentido, apresenta um histórico sucinto da linguagem Java, orienta quanto à notação adotada sobre a forma escrita de programas no livro, indica como se fazer a aquisição do programa e mostra como proceder com a instalação do Java e sua configuração de trabalho.

1.1 Histórico da linguagem de programação Java

A linguagem de programação **Java** foi desenvolvida inicialmente por um pequeno grupo de profissionais (JANDL JR, 2002) da empresa **Sun Microsystems, Inc.** (LEMAY & PERKINS, 1997), a partir de um projeto iniciado em 1991 com o codinome **Green**, coordenado por *James Gosling*, engenheiro-chefe da empresa que inspirou seu trabalho nas linguagens de programação C e C++ (DEITEL & DEITEL, 2001). Além de James Gosling, participaram do desenvolvimento da linguagem de programação de computadores *Patrick Naughton*, *Chris Warth*, *Ed Frank* e *Mike Sheridan* (SCHILDT, 2002). A empresa **Sun Microsystems, Inc.** foi comprada pela empresa **ORACLE** em abril de 2009 pelo valor de US$ 7,4 bilhões. Isso fez com que o lançamento do Java 1.7 (agora chamado versão 7.0), previsto para o segundo semestre de 2010, fosse prorrogado para o final de julho de 2011. Em maio de 2014 é lançado o Java 1.8 (Java 8).

O projeto Green tinha como objetivo inicial criar uma nova geração de computadores portáteis inteligentes, capazes de se comunicar de várias formas. Decidiu-se então criar uma plataforma de desenvolvimento em que o software pudesse ser portado para os mais variados tipos de equipamentos (JANDL JR., 2002).

Gosling e sua equipe escolheram inicialmente usar a linguagem de programação C++ para o desenvolvimento dessa nova plataforma, mas notaram que a linguagem não estava dando a eles as condições de facilidade que imaginavam. Não que a linguagem de programação C++ fosse insuficiente, pelo contrário, ela é extremamente poderosa, mas

não estava atendendo às necessidades imediatas do grupo de trabalho. Decidiram então criar uma linguagem de programação que atendesse a essas necessidades e expectativas. A nova linguagem foi criada utilizando-se grande parte da estrutura da linguagem de programação de computadores **C++** no tocante a suas características e também que tivesse a segurança da linguagem **SmallTalk**. Segundo Deitel & Deitel (2001) e Jandl (2002), James Gosling inicialmente denominou essa nova linguagem de programação com o nome **Oak** (carvalho) em homenagem a uma árvore de carvalho existente à frente de seu escritório. No entanto, o nome *Oak* não pôde ser utilizado, por já existir uma linguagem de programação com esse nome.

Nessa ocasião, membros da equipe da Sun Microsystems, Inc. foram até uma cafeteria local que servia um café importado da Indonésia chamado *Java*, e decidiram usar o nome do café para identificar não só o nome da linguagem de programação do projeto Green, mas também toda a estrutura de suporte à linguagem de programação.

Em maio de 1995, a Sun Microsystems anuncia o lançamento da nova tecnologia no evento *SunWorks'95* (DEITEL & DEITEL, 2001; JANDL JR, 2002). Após o lançamento oficial do produto, a Sun Microsystems decidiu disponibilizar todo o conjunto de ferramentas Java de forma gratuita (JANDL JR, 2002).

Em 23 de janeiro de 1996, a Sun Microsystems lança o produto *Java Developer's Kit 1.0* (JDK 1.0). Em meados do mesmo ano é lançada a versão 1.02 (JDK 1.02), disponível inicialmente para as plataformas Sun Solaris e Microsoft Windows 95 e NT; mais tarde foram disponibilizados *kits* para outras plataformas, como: Apple Macintosh, Linux e IBM OS/2.

Em 19 de janeiro de 1997 é lançada a versão 1.1 da ferramenta JDK, com muitas melhorias em relação a sua edição anterior, e em 8 de dezembro de 1998 é lançada a versão 1.2, que passa a ser denominada Java 2 SDK, disponível em duas edições: *Standard Edition – J2SE* (edição básica similar aos lançamentos anteriores) e *Enterprise Edition – J2EE* (um pacote mais robusto para o desenvolvimento de aplicações empresariais).

Em 8 de maio de 2000 é lançada a versão 1.3 (do anteriormente denominado Java 2), que acrescentou a tecnologia HotSpot para o modo Java Virtual Machine. Dois anos mais tarde, em 6 de fevereiro de 2002, é lançada a versão 1.4 (Java 2), com uso da diretiva *assert*.

A versão 1.5 veio em 30 de setembro de 2004, sendo chamada comercialmente de 5.0, e o mercado passou a se referir a essa versão como Java 5. Depois, em 11 de dezembro de 2006, veio a versão 1.6 (versão 6.0), chamada de Java 6, trazendo suporte a *scriptings*. Na sequência veio a versão 1.7 (Java 7), lançada em 29 de setembro de 2011, que foi aguardada com certa ansiedade no mercado, e três anos após, em 25 de maio de 2014, é lançado o Java 1.8 (Java 8).

A linguagem Java é uma linguagem em desenvolvimento e em fase de maturação. Assim, a cada versão sempre é apresentada novidade ou melhoria, como ocorre também com outras linguagens de programação para computadores.

Java é uma linguagem de programação que suporta o paradigma da programação orientada a objetos; pode ser executada independentemente da plataforma operacional em uso, pois se baseia no conceito de portabilidade, podendo o mesmo programa ser executado nos sistemas operacionais Microsoft Windows, Linux ou outro sistema sem nenhum tipo de adaptação; não opera com o uso de ponteiros, liberando os programadores da

Introdução

complexa tarefa de gerenciar as variáveis e os objetos definidos em memória; permite a construção de programas baseados no critério de paralelismo (programação concorrente), entre outros recursos.

No entanto, todas essas características que são muito atraentes também trazem problemas, pois exigem do profissional de desenvolvimento de software (programadores de computadores e analistas de sistemas) um cuidado extremamente grande. A linguagem Java dá uma grande liberdade operacional de trabalho. Assim, uma mesma ação computacional pode e com certeza será codificada de várias formas diferentes, dependendo do nível de conhecimento da pessoa que está programando. Em função dessa característica, é de fundamental importância o profissional de desenvolvimento se habituar a documentar seus códigos de programas. Diga-se de passagem, linguagens orientadas a objeto não podem e não devem ser codificadas sem a devida documentação. Por isso, é muito importante para aqueles que desejam entrar nesse universo a mudança de paradigmas, de comportamento e de atitude.

1.2 Notação utilizada

Procurou-se manter ao máximo o padrão de notação adotado para a linguagem Java, porém, para facilitar a visualização dos códigos de programa apresentados como exemplos, foi necessária a definição de alguns parâmetros gráficos adicionais:

> Todas as variáveis utilizadas nos programas serão escritas em caracteres minúsculos e em itálico; as instruções (comandos e funções) sempre serão escritas em caracteres maiúsculos e minúsculos (de acordo com a estrutura da linguagem) e em negrito.

> No momento em que o leitor for escrever os códigos de programa exemplificados para serem compilados, deve utilizar as variáveis grafadas apenas com caracteres minúsculos (pois o formato itálico é impossível de ser conseguido) e as instruções devem ser escritas apenas em caracteres maiúsculos e minúsculos (pois o negrito também não pode ser formatado). Vale ressaltar que variáveis podem ser escritas também com caracteres maiúsculos. No entanto, a linguagem de programação Java diferencia caracteres maiúsculos de minúsculos.

> As chamadas de função são indicadas em caracteres maiúsculos e minúsculos de acordo com a estrutura oficial de escrita da linguagem. As funções internas serão sempre grafadas em negrito, enquanto as funções externas serão grafadas sem nenhuma formatação.

> Na indicação das sintaxes, o leitor encontrará alguns termos escritos entre os símbolos "<" (menor que) e ">" (maior que), que se caracterizam por informações obrigatórias que devem ser substituídas por algum elemento da linguagem Java.

> O que for mencionado entre os símbolos "[" (colchete esquerdo) e "]" (colchete direito) é uma informação opcional, que pode ser omitida para a utilização do recurso indicado. Exceção quando da definição e uso de tabelas em memória.

> Toda menção feita à utilização de condições será definida entre os símbolos de parênteses "(" e ")" para maior legibilidade.

> Nesta obra, os programas são escritos com espaço dois de indentação, com fonte *Courier New* em tamanho nove. Normalmente, programas escritos em linguagem de programação Java possuem um espaço de indentação maior. Essa restrição se faz necessária para que os códigos de programas caibam adequadamente no tamanho horizontal da página.

1.3 Aquisição do programa

O programa Java é distribuído em duas edições básicas a **JDK** e a **JRE**, que formam os módulos do programa Java em si, sendo a edição **JDK** a ferramenta indicada para o desenvolvimento de programas codificados em Java, formada pelo módulo **JRE** mais o *kit* completo de desenvolvimento. A edição **JRE** é formada apenas pela máquina virtual Java e seus componentes operacionais, e esse módulo é usado apenas para executar aplicações Java em um computador.

Para efetuar o estudo da linguagem de programação de computadores Java, é de fundamental importância possuir instalado no computador a ser utilizado o pacote de desenvolvimento **Java SE 8u5 - JDK** (*Java Standard Edition 8 Update 5 Java Development Kit*).

As instruções aqui apresentadas foram efetuadas em maio de 2014.

Para obter o pacote de desenvolvimento **Java SE 8u5** é necessário primeiramente acessar o endereço (Internet): **http://www.oracle.com/br/index.html**, onde se encontram as opções para download do programa para vários sistemas operacionais, como apresenta a Figura 1.1.

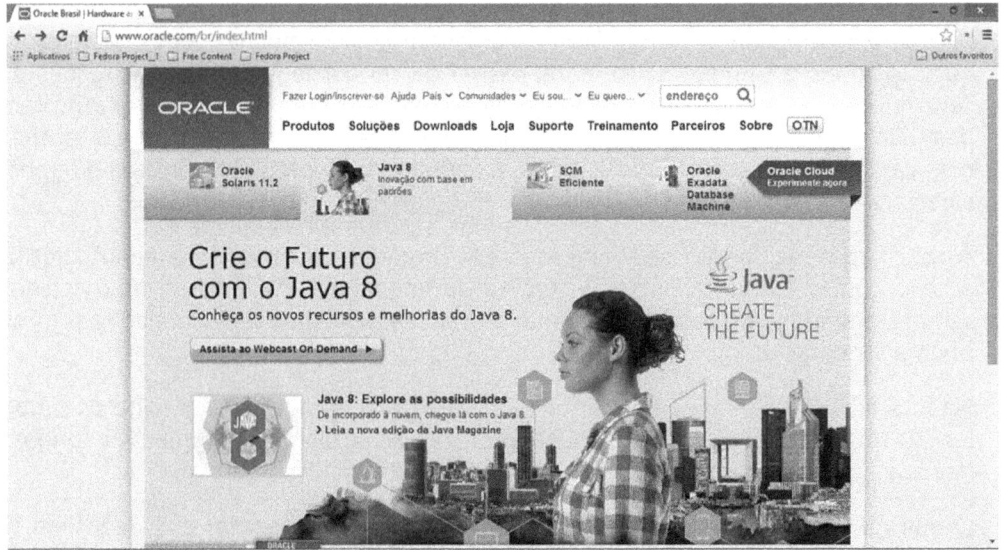

Figura 1.1 – Página inicial do sítio da empresa ORACLE.

Na barra de menu superior selecione **Downloads** e será apresentado um extenso menu de contexto com um conjunto de opções. Ao lado esquerdo é mostrado um menu lateral

Introdução

do qual deverá ser selecionada a opção **Java para Desenvolvedores**, como indicado na Figura 1.2, para que seja apresentada a página de download do programa.

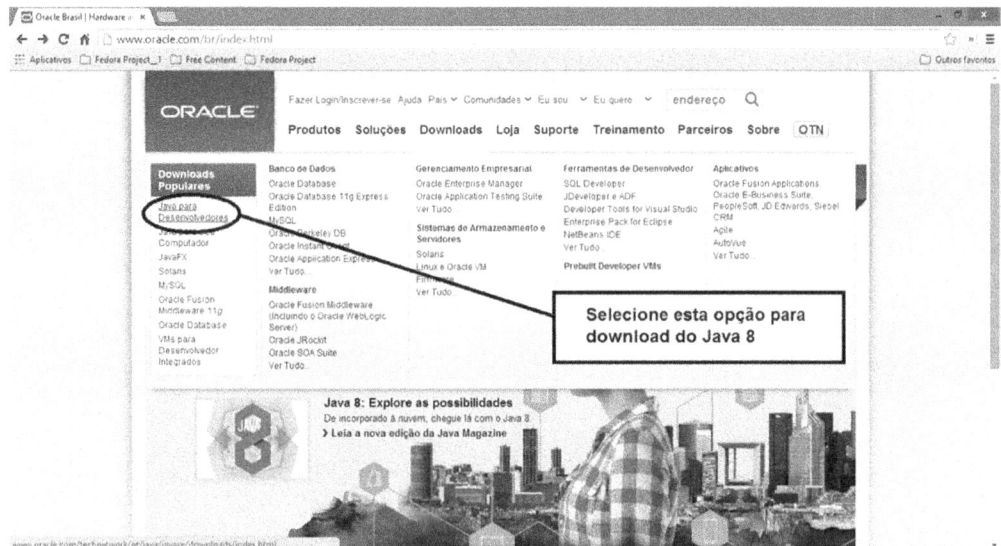

Figura 1.2 – Seleção das opções de obtenção da linguagem Java.

A Figura 1.3 mostra a página de download do programa. A partir dela, selecione em **Java SE Downloads** o botão **DOWNLOAD** abaixo do indicativo **JDK** para ser direcionado à página **Java SE Development Kit 8 Downloads**, como mostra a Figura 1.4.

Figura 1.3 – Tela de download do programa Java SE.

Nesta etapa selecione na área **Java SE Development Kit 8u5** o link **Oracle Binary Code License Agreement for Java SE**, leia o contrato, e se concordar com as cláusulas contratuais selecione o botão ao lado da opção **Accept License Agreement**, role a página para baixo e selecione na lista indicada a plataforma do sistema operacional de seu computador.

Figura 1.4 – Página Java SE Development Kit 8 Downloads.

Após copiar o arquivo de instalação Java do sistema operacional desejado, feche o programa de navegação e siga as instruções seguintes.

Para o sistema operacional *Microsoft Windows* pode-se baixar os arquivos de instalação:

➢ **jdk-8u5-windows-x64.exe** (se a versão do sistema operacional for 64 bits);

➢ **jdk-8u5-windows-i586.exe** (se a versão do sistema operacional for 32 bits).

Para o sistema operacional *Fedora Linux* pode-se baixar os arquivos de instalação:

➢ **jdk-8u5-linux-x64.rpm** (se a versão do sistema operacional for 64 bits);

➢ **jdk-8u5-linux-i586.rpm** (se a versão do sistema operacional for 32 bits).

Para o sistema operacional *Apple Mac OS X* pode-se baixar o arquivo de instalação:

➢ **jdk-8u5-macosx-x64.dmg** (computadores Macintosh são todos de 64 bits).

Após ter sido baixado, o programa poderá ser instalado e configurado de acordo com o sistema operacional em uso. Para o processo de instalação leva-se em consideração que o usuário desse sistema operacional tenha conhecimentos sobre seu funcionamento e as diretrizes necessárias para a configuração de suas variáveis de ambiente.

1.4 Instalação do programa

A instalação do pacote **Java SE 8u5** ocorrerá em cada sistema operacional de forma particular ao funcionamento de cada sistema. Nesse sentido, é importante que a pessoa responsável pela instalação da ferramenta saiba usar adequadamente o sistema operacional do computador em uso, bem como configurar o ambiente para uso da ferramenta, pois a plataforma Java pode ser utilizada em vários computadores diferentes.

A instalação do programa Java nas plataformas Windows e Linux deve ser realizada em duas etapas: a instalação do programa e a configuração das variáveis de ambiente. As instruções a seguir consideram o uso do Windows em sua verão 8.x e Fedora Linux na versão 20. Para o Mac OS X, o processo de instalação é mais simples.

Após instalar o programa nos sistemas operacionais Windows e Lux deve-se configurar as variáveis de ambiente:

> **JAVA_HOME**, que tem por finalidade indicar ao sistema o local onde o programa Java foi instalado;

> **PATH**, que indica o local onde se encontram os arquivos binários do programa.

Esta etapa é necessária, pois se não realizada não será possível executar o compilador Java.

1.4.1 Plataforma Windows

Vá à pasta em que o arquivo de instalação escolhido foi gravado e acione-o com um duplo clique do ponteiro do mouse. Após isso, poderá ocorrer a apresentação da caixa de diálogo do **Controle de Conta de Usuário** com o aviso de segurança do Microsoft Windows solicitando permissão de acesso ao programa. Nesse caso, acione com o ponteiro do mouse o botão **Sim** para dar início ao processo de instalação.

Será apresentada a tela de saudação do programa **Java SE Development Kit 8 Update 5 – Setup**. Nesse momento, acione o botão **Next**. Caso não concorde com a instalação, acione o botão **Cancel**.

Caso tenha concordado com a instalação e acionado o botão **Next**, será apresentada a tela **Java SE Development Kit 8 Update 5 – Custom Setup**. Nessa etapa, basta acionar o botão **Next**.

A partir dessa etapa é iniciada a instalação do programa propriamente dito. Na conclusão é apresentada a tela **Java Setup – Destionation Folder**. Mantenha selecionada a opção indicada, acione o botão **Next** e em seguida acione o botão **Close**.

Realizada a primeira etapa da instalação, devem ser criadas as variáveis de ambiente para o sistema operacional **JAVA_HOME**, **PATH** e **CLASSPATH**.

Para a definição das variáveis de ambiente no sistema Windows, acione a tecla **<WinKey>** junto com a tecla **<Pause/Break>** e aguarde a apresentação da tela **Sistema**, como mostra a Figura 1.5.

Figura 1.5 – Tela Sistema.

Na tela **Sistema** selecione do lado esquerdo a opção **Configurações avançadas do sistema**. Será apresentada a caixa de diálogo **Propriedades do Sistema**, como mostra a Figura 1.6.

Figura 1.6 – Tela Propriedades do sistema - Avançado.

A partir da tela **Propriedades do Sistema**, caso não esteja selecionada, selecione a guia **Avançado**. Nessa etapa acione o botão **Variáveis de Ambiente...** e será apresentada a caixa de diálogo **Variáveis de Ambiente**, como mostra a Figura 1.7.

Na caixa de diálogo **Variáveis de Ambiente** existem duas áreas de configuração, uma área denominada **Variáveis de usuário para <Nome>**, em que **<Nome>** é o nome do usuário no sistema, opção essa que permitirá a configuração de variáveis de ambiente apenas para o usuário ativo, e outra área denominada **Variáveis de sistema**, que possibilita a configuração de variáveis de ambiente para qualquer usuário cadastrado no computador em uso.

Introdução

As etapas de configuração descritas a seguir levam em consideração o uso da área: **Variáveis do sistema**, ou seja, a configuração feita ficará ativa para todos os usuários do computador em referência.

O primeiro passo na configuração do ambiente é criar a variável de ambiente **JAVA_HOME** apontada para o caminho **C:\Program Files\Java\jdk1.8.0_05**. Acione o botão **Novo...** da área **Variáveis do sistema** para apresentação da caixa de diálogo **Nova Variável de Sistema**, como indicado junto à Figura 1.8.

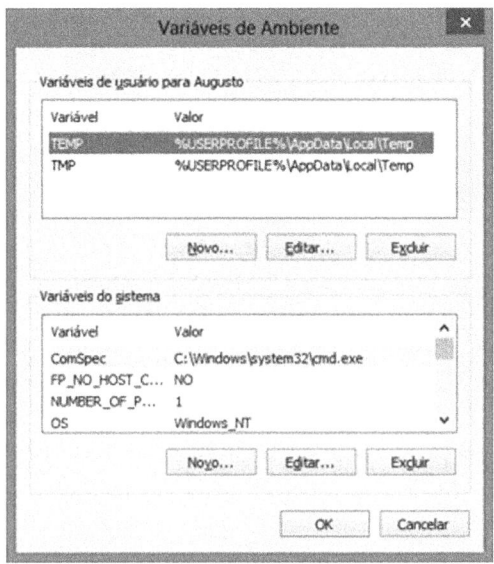

Figura 1.7 – Caixa de diálogo: Variáveis de Ambiente.

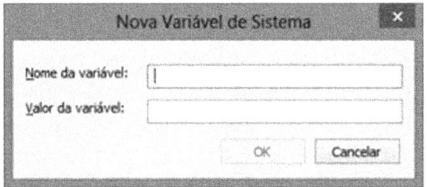

Figura 1.8 – Caixa de diálogo: Nova Variável de Sistema.

No campo **Nome da variável** da caixa de diálogo **Nova Variável de Sistema** (Figura 1.8) informe a variável **JAVA_HOME** e em seguida no campo **Valor da variável** entre **C:\Program Files\Java\jdk1.8.0_05**, como mostra a Figura 1.9. Acione o botão **OK**.

O próximo passo é definir o caminho para a variável de ambiente **Path**, que já se encontra criada. Assim, na área **Variáveis de sistema** localize e selecione com um duplo clique a variável **Path** e será apresentada a caixa de diálogo **Editar Variável de Sistema**, como indica a Figura 1.10.

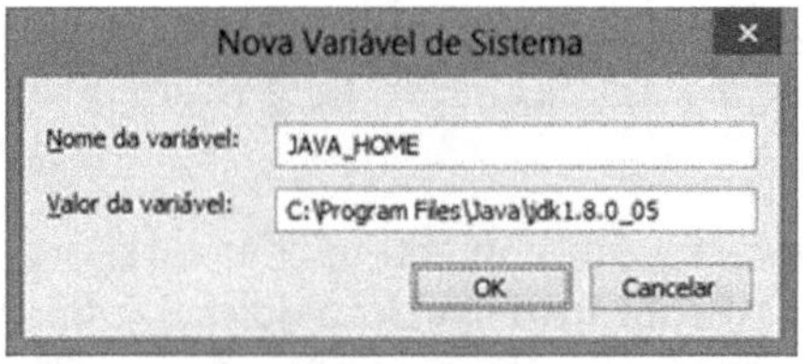

Figura 1.9 – Definição da variável de ambiente JAVA_HOME.

No campo **Valor da variável** acione a tecla **<End>** para avançar o cursor para a última posição da linha, acrescente o símbolo de ponto e vírgula (**;**), adicione em seguida a indicação do caminho **%JAVA_HOME%\bin** e acione em seguida o botão **OK**.

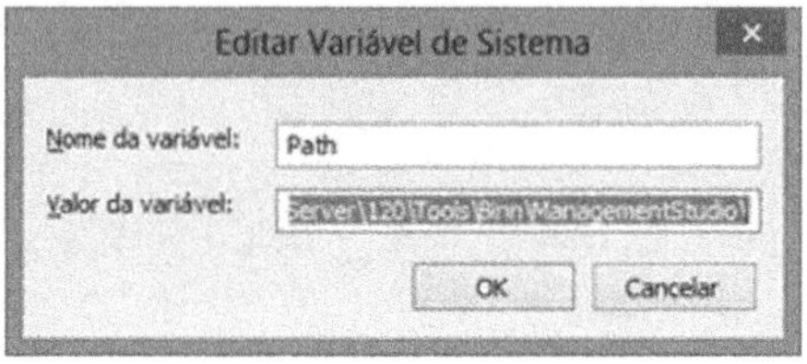

Figura 1.10 – Caixa de diálogo: Editar Variável de Sistema.

Crie também, a partir da pasta de trabalho **Documentos**, uma pasta denominada **Fontes**, na qual serão gravados os programas apresentados nesta obra, e feche todas as janelas que porventura estejam abertas.

1.4.2 Plataforma Linux

Após baixar o programa para o sistema operacional Fedora Linux, abra o aplicativo **Terminal** e execute os comandos seguintes:

```
su
```

e entre com a senha de superusuário.

```
cd Downloads
rpm -ivh jdk-8u5-linux-i586.rpm
```

Realizada a primeira etapa da instalação, devem ser criadas as variáveis de ambiente para o sistema operacional **JAVA_HOME**, **PATH** e **CLASSPATH**.

As variáveis de ambiente devem ser definidas em um arquivo chamado **java.sh**, a ser gravado dentro do diretório **/etc/profile.d**. Para tanto, execute os comandos:

Introdução

```
touch /etc/profile.d/java.sh para criar o arquivo
chmod +x /etc/profile.d/java.sh
cd /etc/profile.d
nano
```

Em seguida insira na tela apresentada as linhas definidas a seguir:

```
#!/bin/sh
JAVA_HOME="/usr/java/jdk1.8.0_05"
PATH="$JAVA_HOME/bin:$PATH"
export JAVA_HOME PATH
```

Após concluir a escrita das linhas, execute as teclas de atalho **<Ctrl>** + **<X>**. Acione **<S>** (se **nano** estiver em português) ou **<Y>** (se **nano** estiver em inglês) e em seguida informe o nome do arquivo **java.sh** e acione **<Enter>**. Em seguida, dependendo da versão, tecle **<S>** ou **<Y>**.

1.4.3 Plataforma Mac OS X

Vá à pasta em que o arquivo de instalação escolhido foi gravado e acione-o com um duplo clique do ponteiro do mouse para iniciar o processo de instalação, que apresentará a imagem da Figura 1.11. Nesse instante, dê um duplo clique sobre o ícone do pacote (imagem da caixa) para instalar

Figura 1.11 – Tela do programa de instalação.

Será apresentada a tela de saudação do programa **JDK 8 Update 05**. Nesse momento, acione o botão **Continuar**. Caso não concorde em instalar o programa, acione o botão **X** para fechar a janela.

Caso tenha concordado com a instalação e tenha acionado o botão **Continuar**, será apresentada a tela **JDK 8 Update 05**. Nessa etapa, basta acionar o botão **Instalar**, informar a sua senha de acesso ao sistema para o processo de instalação ser iniciado e acionar o botão **Instalar Software**.

A partir dessa etapa é apresentada a tela **JDK 8 Update 05**, indicando o progresso do processo de instalação dos arquivos que compõem o programa Java. Na sequência é apresentada a tela de conclusão do processo de instalação. Acione no final o botão **Fechar** para encerrar e feche todas as janelas abertas.

1.5 Interfaces IDE de Desenvolvimento Java

O pacote **JDK** instalado possui as ferramentas necessárias para o desenvolvimento Java de programas a serem escritos. Esse pacote é composto por um compilador de bytecodes,[1] um depurador e um interpretador.

A seguir, são indicadas algumas sugestões de outras ferramentas de apoio ao desenvolvimento de programas na plataforma Java que poderão ser utilizadas. As ferramentas apresentadas caracterizam-se por serem ambientes integrados de programação, conhecidos pelo sigla IDE (*Integrated Development Environment*). Cabe ressaltar que nenhuma dessas ferramentas é foco de estudo neste trabalho.

1.5.1 NetBeans IDE

A *NetBeans IDE* (**https://netbeans.org/**) é um ambiente integrado de desenvolvimento que possibilita ao seu usuário escrever, compilar, depurar e instalar programas. A grande característica dessa IDE é o fato de ser escrita em Java, o que permite executá-la em diversas plataformas (Linux, Solaris, Windows, HP-UX, OpenVMS, OS/2 e Apple Mac OS). É importante ressaltar que esse projeto tem o patrocínio da empresa Sun Microsystems e foi por ela fundado em junho do ano de 2000.

AnyJ

A *AnyJ* (**http://www.netcomputing.de**) é um ambiente integrado de desenvolvimento que possibilita ao seu usuário escrever, compilar e depurar programas. A grande característica dessa IDE é o fato de ser escrita em Java, o que permite executá-la em diversas plataformas (Linux, Solaris, Windows, HP-UX, OpenVMS, OS/2 e Apple Mac OS). Essa ferramenta é um exemplar de um produto comercial, mas permite o uso livre desde que seja apenas como ferramenta de estudo em aplicações pessoais, que não serão utilizadas comercialmente.

JCreator

A *JCreator* (**http://www.jcreator.com/**) é um ambiente integrado de desenvolvimento que possibilita ao seu usuário escrever, compilar e depurar programas. Como característica positiva, é uma ferramenta leve e de fácil uso. No entanto, só é disponibilizada para ambiente Windows. À disposição do seu usuário há duas versões da ferramenta: *JCreator LE*, que é distribuído de forma livre, e o *JCreator Pro*, distribuído comercialmente.

---

[1] Arquivo binário que contém o código de programa.

JBuilder

A *JBuilder* (**http://www.embarcadero.com/br/products/jbuilder**) é um ambiente integrado de desenvolvimento projetado anteriormente pela Borland e atualmente desenvolvido e distribuído pela Embarcadero, que possibilita ao seu usuário escrever, compilar e depurar programas. Pode ser executada nas plataformas (Linux, Solaris e Windows). Trata-se de uma ferramenta comercial.

Eclipse

A *Eclipse* (**http://www.eclipse.org**) é um ambiente integrado de desenvolvimento de código aberto desenvolvido por um consórcio de empresas. Possibilita ao seu usuário escrever, compilar e depurar programas. Pode ser executada nas plataformas Linux, Solaris e Windows.

Programação Orientada a Objetos

Este capítulo apresenta as principais ideias sobre programação orientada a objetos para melhorar a performance na atividade de programar um computador. Nesse sentido, faz algumas considerações históricas sobre o surgimento desse paradigma, comenta sobre seus princípios filosóficos, fala sobre seus conceitos fundamentais (classe, objeto, atributo e método) e discute acerca da operacionalidade polimorfismo (poliformismo).

2.1 Considerações históricas

A programação de computadores com orientação a objetos não é recente. Sua divulgação ao público data do início da década de 1990. O conceito de **Programação Orientada a Objetos** ou **POO** (em inglês *Object Oriented Programming – OOP*) surgiu a partir de 1960. Nessa ocasião, já havia uma grande preocupação com a qualidade dos softwares desenvolvidos, com o reaproveitamento de código escrito e com o tempo de desenvolvimento dos sistemas, que começavam a ser demorados.

O cenário para a área de software não era nada animador, pois a indústria de hardware estava muitos anos à frente. O modo de concepção dos programas era muito rústico (BUENO, 2002), pois um programa tinha de ser escrito para um computador em específico. Não existia a concepção de escrever um programa que pudesse ser executado em qualquer computador ou qualquer plataforma computacional. Essa concepção só apareceu muito tempo depois.

A era da computação comercial inicia-se em 1950, quando os computadores deixaram de ser ferramentas meramente militares (como ocorreu na década de 1940). A única linguagem utilizada era a da máquina, formada por códigos binários. Com o tempo surgiu a linguagem *Assembly*, mais fácil do que a linguagem de máquina, pois permite uma proximidade maior com a linguagem humana, mas intimamente vinculada com os recursos da máquina, o que a torna de difícil compreensão.

Um programa escrito em linguagem *Assembly* para um computador X não pode rodar em um computador Y. O mesmo programa necessita ser novamente escrito segundo as regras do computador Y, o que, além de trabalhoso, é excessivamente dispendioso. Com as linguagens de máquina e a *Assembly*, surge a primeira geração de linguagens de programação de computadores, que são de baixo nível.

Por volta de 1954 até 1968, começam a surgir as primeiras linguagens de programação de computadores de alto nível (maior proximidade com a escrita humana, em inglês), e a primeira a ser lançada foi FORTRAN (*FORmula TRANslator* criada por John Backus para a IBM em 1954). Depois vieram COBOL (*COmmon Business Oriented Language*, criada pelo almirante Gracy Murray Hopper para o Departamento de Defesa Norte-Americano em 1959), ALGOL (ALGOrithmic Language, criada por um comitê internacional formado *pela Association for Computing Machinery* e a *German Society for Applied Mathematics and Mechanics* em 1958) e BASIC (*Beginner's All Purpose Symbolic Instruction Code*, criada por J. Kemeny e T. Kurtz em 1964), para citar as mais conhecidas, já que existem mais de 2.500 linguagens de programação catalogadas. Essas linguagens passaram a definir a segunda geração.

Além de essas linguagens de programação serem mais próximas da escrita humana, elas possibilitaram maior portabilidade, pois já era possível escrever um programa para um computador X e utilizá-lo (com algumas modificações) em um computador Y.

As linguagens de segunda geração, na sua maioria, são lineares e identificam seus comandos com linhas numeradas. Essa característica dificulta a adoção de técnicas estruturadas de codificação de programa. Não que essas linguagens não permitam o uso da técnica, apenas dificultam um pouco, o que leva programadores inexperientes a cometerem verdadeiros absurdos na codificação de seus programas. Por causa desse e de outros detalhes técnicos, começa-se a discutir uma maneira de tentar reaproveitar um código escrito sem a necessidade de alterá-lo.

Essa ideia inicial norteia o conceito de programação orientada a objetos, que surge a partir de 1960, com dois pesquisadores: Ole-Johan Dahl e Kristen Nygaard, que apresentaram, em 1965, a primeira linguagem de programação orientada a objetos, chamada SIMULA I, para o computador UNIVAC do The Norwegian Computing Center. Em 1967, apresentaram a linguagem SIMULA 67.

Toda linguagem orientada a objetos é, por definição, uma linguagem de programação com forte suporte à programação estruturada de dados a serem manipulados. Surgem então as primeiras linguagens de programação pertencentes à terceira geração, com uma estruturação maior que as linguagens de segunda geração, mas que não davam inicialmente o suporte à programação orientada a objetos, que estava ainda engatinhando.

Entre 1968 e 1972, surgem as linguagens PASCAL e C (que não são orientadas a objetos, mas são estruturadas, logo são linguagens de terceira geração). Depois, com o tempo, vieram outras linguagens de programação, as quais já embutiam de alguma forma os conceitos de orientação a objeto, tais como SMALLTALK, EIFFEL, ADA, CLOS, SELF, BETA, OBJECT PASCAL (linguagem PASCAL orientada a objetos), C++ (linguagem C orientada a objetos), entre outros exemplares, muitos dos quais ainda desconhecidos por boa parte do público profissional da área de TI (Tecnologia da Informação), que não cabe listar neste estudo, e que surgiram a partir de 1980.

Nota-se, pelo exposto, que a programação orientada a objetos passou por um crescimento de 30 anos antes de começar a ser aceita com maior intensidade a partir de 1990, quando passou a ser conhecida por uma pequena parcela de profissionais e muito requisitada a partir do início século XXI. No entanto, existe ainda muita dúvida sobre a sua utilização e a forma mais adequada de implementá-la.

Atualmente existem diversas linguagens de programação orientadas a objetos (como é o caso da linguagem de programação C++) que já rodam em várias plataformas, graças aos esforços de padronização de entidades como ANSI, ISO e IEC. Já é possível utilizar plenamente o reaproveitamento de código (uma das bases da orientação a objetos). Um programa pode facilmente ser escrito em um computador X e ser utilizado em um computador Y, com praticamente nenhuma alteração, ou, quando houver necessidade de implementar alguma alteração, que seja muito pequena. Perceba que esse conceito proporciona aumento de produtividade para a área de desenvolvimento de software.

No entanto, não basta existirem o conceito, as ferramentas e a vontade para a implementação de sistemas baseados em orientação a objetos. É necessário que os desenvolvedores também pensem, que também possuam uma lógica de programação orientada a objetos. É preciso reciclar a forma de programar e desenvolver, mudar por completo a atitude profissional de trabalho. Caso contrário, estar-se-á dando uma bazuca para um desenvolvedor matar mosquitos, como infelizmente ocorre com alguma frequência.

2.2 Princípios filosóficos

Programação orientada a objetos é algo extremamente abstrato, o que dificulta um pouco o seu entendimento inicial. Mas a partir do momento em que se entende esse conceito, é como apontar um refletor para um canto de quarto em penumbra. Tudo fica mais claro. Torna-se possível ver coisas que lá existem, mas que estavam ocultas, e então todo o conceito se torna trivial.

A programação orientada a objetos é uma filosofia de trabalho. Não é a ferramenta em si, mas a forma de pensar, a forma de usar a lógica de programação para a solução computacional de um problema do mundo real. Assim, é necessário ao desenvolvedor mudar a sua forma de pensar a respeito de um problema computacional. É necessário utilizar a estrutura de dados de um programa, baseada no mundo real, e não apenas nos modelos computacionais.

Os primeiros programadores pensavam de forma linear, depois aprenderam a pensar de forma estruturada; surgiram as linguagens de programação de computadores que deram suporte a essa filosofia de trabalho. A partir do início do século XXI torna-se necessário aprender a levar o conceito de estruturação de programas para um nível mais abstrato do que aquele que vinha sendo utilizado. É necessário utilizar conceitos do mundo real para o tratamento dos dados que um programa irá processar e deixar de lado os conceitos computacionais tão explorados no passado, mas que se mostram por muitas vezes ineficientes. A orientação a objetos é voltada à funcionalidade nos dados com base natural nos elementos existentes no mundo real.

Ao adotar a programação orientada a objetos, ela deve ser utilizada em todas as fases do projeto de desenvolvimento do software, desde a fase de análise até a codificação da última linha de programa. A parte mais delicada desse processo é fazer com que analistas e programadores utilizem os procedimentos de documentação de sistemas, há muito desprezados. É comum ouvir dizer que não é necessário documentar o sistema, pois gasta-se tempo com a documentação. Rotinas de trabalho, como levantamento de necessidades, projeto físico e projeto lógico, são simplesmente descartadas por aqueles que se dizem "profissionais". Para trabalhar com orientação a objetos, essa atitude necessita ser mudada; caso contrário, é melhor permanecer como está, "deixar a vaca ir para o brejo e morrer afogada", pois será certeza de insucesso.

A programação orientada a objetos é por si só extremamente abstrata, por essa razão necessita fazer uso intenso de ferramentas gráficas (diagramas) para representar os objetos e seus elementos de trabalho. Assim, a orientação a objetos possui uma forma de notação gráfica peculiar, que deve ser plenamente utilizada.

A partir do ano de 1970 surgiram as Normas ANSI X3.5:1970 e ISO 1028:1973 (reeditada como ISO 5807:1985), que estabeleceram os padrões gráficos para a definição visual do processo lógico (que é abstrato) utilizado por um programa, conhecido como *flowchart* (diagrama de fluxo, e não fluxograma,[2] como muitos conceituam de forma errônea), que em português deveria ser referenciado como **diagrama de blocos**, por representar a concepção de blocos lógicos de um programa estruturado. Para facilitar o desenho dessa forma gráfica (diagrama de blocos), foi desenvolvido um gabarito (*template*), como mostra a Figura 2.1 (modelo similar IBM), que muitos acham que é apenas para uso escolar.

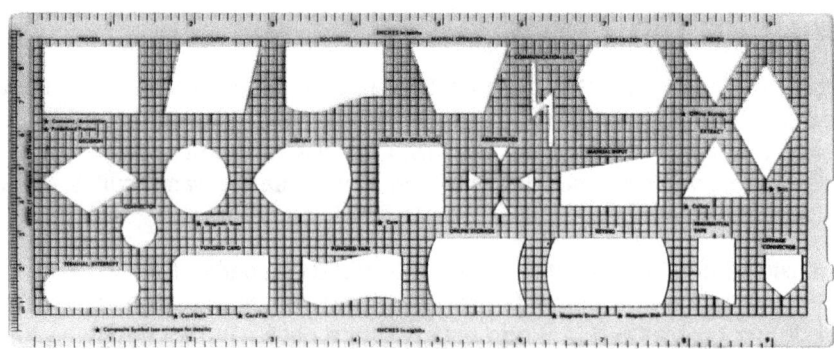

Figura 2.1 – Gabarito para o desenvolvimento de diagramas de blocos.

Além da concepção de diagrama de blocos (também chamado por alguns de diagrama tradicional ou diagrama de fluxo), existe a proposta da denominação de diagrama de quadros, como indica a Figura 2.2, proposta por Nassi e Shneiderman, em agosto de 1973, publicada na revista *ACM SIGPLAN Notices – volume 8 – number 8*, e que, em outubro de 1974, fez parte de um estudo publicado por Chapin na revista *Software – Practice and Experience – volume 4 – number 4*. Por essa razão, o diagrama de quadros é também conhecido pelos nomes *diagrama de N/S* ou *diagrama de Chapin*. O diagrama de

---

[2] O fluxograma deve ser utilizado apenas na análise e concepção do projeto lógico de um software. O diagrama de fluxo (diagrama de blocos) é utilizado na programação do código de programa.

quadros, apesar de usado com alguma frequência, não é ainda normalizado pela ANSI nem pela ISO.

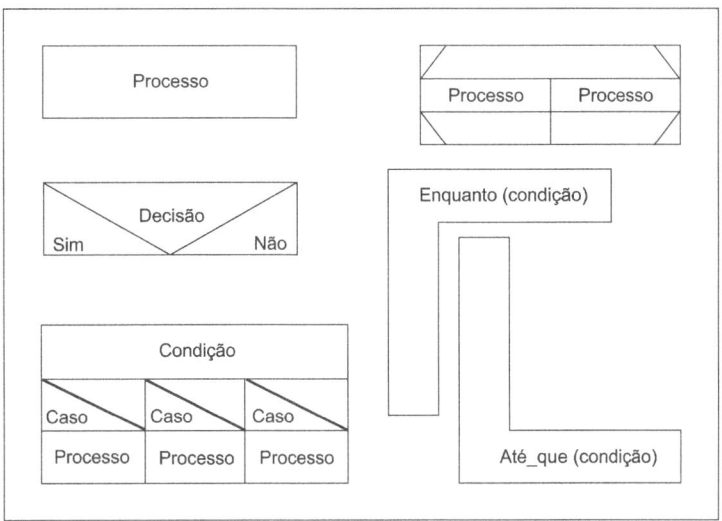

Figura 2.2 – Modelos gráficos para a composição do diagrama de quadros.

Os mecanismos gráficos permanecem válidos em uma linguagem orientada a objetos, pois serão usados para representar o mecanismo da parte lógica do código de programa utilizado para controlar o fluxo de processamento do programa em si. No entanto, além desses diagramas já consagrados para a representação do fluxo lógico de um programa, é necessário usar também um método de representação gráfica de objetos (que são os dados do mundo real com os quais um programa vai trabalhar). Existem dois métodos difundidos para a representação gráfica concreta de objetos, que é um conceito abstrato, e por isso necessita de uma forma visual de apresentação.

Um dos métodos de representação gráfica de objetos é denominado CRC (Colaboração de Responsabilidade de Classe – *Class Responsibility Collaborator*), que utiliza fichas de cartolina para representar os objetos. Essa forma de estruturação de objetos é de fácil utilização e compreensão e pode ser desenhada sem grandes problemas (WIRFS-BROCK et al., 1990).

Outro método de representação gráfica é a linguagem de modelagem unificada, conhecida pela sigla UML (*Unified Modeling Language*), proposta por três estudiosos da área de TI: Booch, Rumbaugh e Jacobson, que unificaram seus métodos de trabalho e formaram o modelo UML (FURLAN, 1998).

Na aplicação prática de um sistema baseado na filosofia de orientação a objetos não importa o modelo adotado. O importante é ter um modelo para a representação gráfica dos objetos que serão utilizados, pois a criação e a utilização de orientação a objetos são muito amplas. Imagine que é possível desenvolver um modelo de objeto para uma aplicação e esse mesmo modelo pode ser utilizado por outro desenvolvedor em outro local do mundo, sem sofrer nenhuma modificação. Segundo Furlan (1998), a tecnologia de orientação a objetos proporciona "modularidade de seus elementos, podendo tomar um subconjunto existente e integrá-lo de uma maneira diferente em outra parte do sistema". Fica a questão: como esse outro desenvolvedor ou você mesmo vai saber como usar o objeto que desenvolveu em outro momento se não existir a documentação adequada?

2.3 Conceitos fundamentais

Em sua obra, Ambler (1997) faz uma importante advertência quando menciona que "os conceitos de orientação a objetos parecem muito simples, mas ninguém deve se deixar iludir por essa aparência". É necessário tomar muito cuidado para não fazer do seu sistema uma verdadeira panaceia, pois os programas desenvolvidos com base nessa filosofia utilizam objetos, que são invólucros que armazenam tipos específicos de informações e também operações específicas são realizadas com essas informações (JANSA, 1995).

A orientação a objetos é um trabalho muito bem definido por seus idealizadores. É sabido que para manter um teto erguido são necessários, em média, quatro pilares mestres. A orientação a objetos é fundamentada nessa estrutura, pois possui quatro pilares mestres, que são: classe, objeto, atributo e método, os quais serão rapidamente expostos em seguida, juntamente com os diversos conceitos que norteiam seu uso.

2.3.1 Conceito de classe

O *Dicionário Aurélio* (edição eletrônica de dezembro de 1994) apresenta várias definições de classe que podem ser resumidas em: coleção, grupo, conjunto de coisas afins, e ainda nos brinda com uma definição para a área de lógica de programação, que diz: **classe** "é o conjunto de objetos que se define pelo fato de tais objetos, e só eles, terem uma ou mais características comuns".

Classe é o *conjunto de objetos*, que pode ser uma coleção de vários objetos ou mesmo um só objeto. O conceito de classe estabelece o conjunto de objetos, seus atributos (semelhantes aos campos de um registro) e os métodos (semelhantes aos módulos de procedimento e função) em comum de um determinado objeto. O conjunto de membros (atributos) e procedimentos e/ou funções membros (métodos, ou seja, suas funcionalidades) agregados à classe e que serão instanciados a certo objeto chama-se **encapsulamento**.

Em sua obra, Ambler (1997) utiliza um exemplo muito pertinente a respeito de classe e faz um paralelo com o conceito de tabelas em um banco de dados. Explica que tabela é um conjunto de registros nela armazenados, e classe é o conjunto dos objetos (dados e funcionalidade) que serão criados e utilizados a partir da classe definida. Amplia também essa referência apontando que, ao contrário de uma tabela, em que existem apenas os dados, a classe possui os dados (que são os atributos), como também a funcionalidade desses dados (que são os métodos). Assim, classe é um conjunto de objetos que possuem os mesmos atributos (membros) e as mesmas funcionalidades (métodos), ou seja, é uma interface que recebe o nome de **abstração**, a qual determina o processo de identificação de um objeto e permite concentrar-se no que o objeto é, no que o objeto faz, sem se preocupar em como ele faz (BUENO, 2002).

Para tornar esse conceito mais claro, imagine a classe biológica dos mamíferos, em que todos os objetos (elementos) pertencentes a essa classe se alimentam de leite materno na fase primária de suas vidas, ou seja, possuem em particular esse atributo, no entanto cada elemento possui um método (funcionalidade) de comportamento diferente para proceder ao mecanismo de obter o leite das mães.

Pertencentes à classe mamíferos existem vários objetos (elementos, ou, melhor dizendo animais) que podem ser referenciados como cavalos, baleias, golfinhos, seres humanos, entre outros. Todos eles como atributo possuem a característica de mamar. No entanto, um cavalo possui um método de comportamento diferente do método de comportamento de um ser humano ao se alimentar de sua mãe. O cavalo mama em pé, e o homem normalmente mama deitado.

Uma classe pode assumir alguns comportamentos. Por exemplo, uma classe pode ser definida a partir de outra classe já existente. Nesse caso, a classe definida a partir de uma classe existente é chamada de **classe filho** (ou **subclasse**), enquanto a classe existente é denominada **classe pai**. É possível determinar famílias de classes por meio de um conceito de hierarquia de classes. A classe filho automaticamente herda os atributos e as funcionalidades da classe pai. A esse efeito dá-se o nome **herança** (ou derivação). No entanto, é possível acrescentar atributos a uma classe filho, ou mesmo modificar os atributos herdados de uma classe pai. Quando essa ação ocorrer, utiliza-se a **especificação**.

Como exposto anteriormente, uma classe é o conjunto de objetos com uma ou mais características comuns. No entanto, as classes podem ser divididas em **classe abstrata** e **classe concreta**. Uma classe abstrata possui um conjunto de objetos que não estão relacionados (instanciados) a ela. Já uma classe concreta possui objetos instanciados a partir dela.

Note que um objeto tem acesso aos membros e funcionalidades de uma classe, seja de forma direta ou indireta, por intermédio da ação de herança. Quando isso ocorre de forma direta, a classe é concreta, mas quando ocorre de forma indireta, ou seja, determinado membro ou funcionalidade é passado a um objeto por meio de herança, esse objeto estará associado a essa classe de forma abstrata.

Numa aplicação computacional, utilizando programação orientada a objetos, é comum a necessidade de trabalhar com mais de uma classe no sistema. Em alguns casos, as classes necessitam interagir, sendo necessário estabelecer **colaboração** entre elas, de forma que aquelas envolvidas possam trabalhar em conjunto, uma colaborando com a outra, a fim de tornar a funcionalidade mais expressiva, ou seja, efetua-se com isso **agregação**. Com colaboração e agregação de classes acontece um efeito denominado **acoplamento**, que é a capacidade de as classes estarem conectadas e assim executarem operações comuns, utilizando **generalização**.

Resumidamente, uma classe pode ser a composição de tipos de dados primitivos, tipos de dados estruturados ou mesmo outros tipos de classes. Assim, uma classe denominada *avião* é o conjunto de vários objetos, tais como rodas, motor, fuselagem, entre outros. Por sua vez, o objeto motor passa a ser outra classe formada por diversos outros objetos. Note como a agregação pode ocorrer naturalmente.

2.3.2 Conceito de objetos

O *Dicionário Aurélio* apresenta várias definições para objeto que podem ser resumidas em: tudo o que pode ser aprendido pelo conhecimento, que não é sujeito do conhecimento, sendo manipulável e perceptível por qualquer dos sentidos. Assim, para a área de lógica de programação, pode-se definir **objeto** como "uma ocorrência específica de uma classe, ou seja, uma instância de uma classe ou um elemento específico do mundo real".

Em sua obra, Ambler (1997) define objeto comparando-o a um registro, considerando o fato de ter comparado anteriormente classe com tabela. Note que essas comparações são apresentadas em níveis hipotéticos e servem apenas para efeito didático e não prático.

Do ponto de vista mais amplo para a programação de computadores, um objeto pode ser uma pessoa, um local, um relatório, uma tela, um veículo, um ser, entre outros elementos que possam pertencer a uma classe de categorização, como, por exemplo, o objeto ser humano pertencer à classe mamíferos.

Perceba como não é fácil definir objeto, que pode ser qualquer coisa instanciada a partir de uma classe a ser tratada por um programa de computador que adote POO. Observe o grau de abstração desse conceito. Objeto é um elemento que sofre a ação direta e indireta de um programa. Assim, o objeto possui um **estado** de ocorrência significativa imputado a ele em algum momento para refletir uma condição do mundo real, ou seja, atribuir a ele um determinado **evento**.

Em sua obra, Furlan (1998) apresenta o fato de que "um objeto possui tudo o que é necessário para conhecer a si próprio". Explica que um objeto tem atributos e métodos e que isso proporciona ao objeto "vida própria". Explica ainda que objeto "é uma abstração de alguma coisa em um domínio do problema (...), refletindo a capacidade de manter um estado em si (...), podendo conter dados (...) que são alterados para representar o estado atual do objeto".

Como definido anteriormente, todo objeto é uma instância de uma classe, ou seja, é um elemento pertencente a uma classe. É possível definir (instanciar) objetos a partir de uma classe existente. Nesse sentido, um objeto pode assumir dois papéis em um programa. Ele pode ser um **objeto persistente**, quando é mantido gravado como um registro de dados, ou pode ser um **objeto transitório**, quando é utilizado apenas na memória de um computador para acomodar uma estrutura de dados virtual, válida somente naquele momento específico. A ação de utilizar um objeto persistente recebe o nome de persistência, e, para acontecer essa ação, é necessário possuir uma memória persistente, que se caracteriza por ser principalmente a memória secundária de um computador.

Todo objeto pode interagir com outros objetos por meio de uso e definição dos métodos (procedimentos e funções membros). Quando isso ocorre, os objetos utilizam um mecanismo de comunicação denominado transmissão de **mensagem**, que normalmente é a execução de um pedido de informação ou a requisição para efetuar alguma ação por meio da passagem de parâmetros. A partir do processo de comunicação por mensagens, um objeto também pode assumir uma forma de trabalho diferente daquela para a qual foi inicialmente projetado, desde que essa forma seja previamente codificada. Esse efeito recebe o nome de **poliformismo**.[3]

Um objeto polifórmico é capaz de mudar de uma forma para outra em consequência do tempo de sua existência (JANSA, 1995).

A melhor forma de entender esses detalhes tão obscuros aparentemente é se envolver com a criação de objetos de modo prático, o que será realizado nos próximos capítulos deste livro.

2.3.3 Conceito de atributo

O *Dicionário Aurélio* apresenta algumas definições para atributo que podem ser resumidas em: a qualidade própria de um elemento, caráter essencial de sua substância. Assim, pode-se definir para a área de lógica de programação o seguinte: **atributo** "é o conjunto de características específicas de um objeto".

Em sua obra, Ambler (1997) define o atributo comparando-o a um elemento de dados em um registro. Diz ainda que atributo poderia ser comparado a variáveis. A característica da possibilidade de um objeto ser humano, pertencente à classe mamíferos, poder mamar é um dos seus muitos atributos.

A visibilidade do conteúdo de um atributo pode ser pública, privada ou protegida. Quando o conteúdo é privado ou protegido, ocorre o efeito de **ocultamento de informações** do atributo de uma classe ou objeto, o qual não será visualizado ou utilizado na forma de acesso público; a isso se dá o nome **encapsulamento**.

2.3.4 Conceito de método

O *Dicionário Aurélio* traz algumas definições de método. Das definições apresentadas pode-se destacar uma delas, que diz: o caminho pelo qual se atinge um objetivo. Assim sendo, método está associado à forma como um atributo será alterado, ou seja, **método** "é a característica que possibilita alterar a funcionalidade de um atributo". A definição de método num nível mais amplo possibilita o controle lógico que reflete uma ação (designar um comportamento) sobre o objeto e, por conseguinte, a sua classe também, ou, melhor dizendo, a sua **operação**.

Em sua obra, Ambler (1997) afirma que um método pode ser visto como uma função (funcionalidade) de um objeto, pois é através dos métodos que se torna possível modificar os atributos de um objeto, ou seja, um método é algo que estabelece o que realmente um objeto faz.

Pode-se então concluir que o objeto ser humano que pertence à classe mamíferos e possui como atributo a característica de mamar pode ter o método desse atributo alterado. Normalmente o ser humano mama na fase infantil na posição horizontal (deitado), mas

---

[3] Ver Seção 2.4, adiante, neste capítulo.

nada impede, dependendo de algumas circunstâncias, que ele mame na posição vertical (em pé, como os cavalos fazem), ou seja, o método deitado pode ser alterado para o método em pé, mantendo as mesmas características operacionais do atributo existente.

O método deve ser coeso com a estrutura de classe utilizada. Ele deve representar uma funcionalidade condizente com a estrutura da classe em uso. Essa característica recebe o nome de **coesão**.

2.4 Polimorfismo ou poliformismo

Há alguma discussão em torno da forma correta de descrever que um objeto pode assumir várias formas de comportamento lógico computacional, previamente definido e codificado. Alguns profissionais da área de desenvolvimento de software com orientação a objetos usam a palavra **poliformismo** (num contexto mais oficioso), outros usam a palavra **polimorfismo** (num contexto mais oficial). Não é a intenção polemizar o tema, mas sim apresentar uma explicação que seja mais plausível para melhor entendimento do que a programação orientada a objetos cita sobre o fato de um objeto assumir várias formas e também justificar o motivo por que nesta obra o termo é referenciado como **poliformismo** e não **polimorfismo**.

O termo **poliformismo** é um substantivo masculino que representa a qualidade ou estado de ser capaz de assumir diferentes formas (*Dicionário Houaiss*), usado para representar conceitos associados às áreas de botânica, química, genética ou zoologia (*Dicionários Aurélio* e *Houaiss*), acrescentando-se ainda a área de físico-química (*Dicionário Houaiss*). É preciso considerar que no contexto botânico refere-se ao fato de existirem órgãos ou plantas com diversas formas; no contexto químico refere-se ao fenômeno apresentado por substâncias que cristalizam em diferentes sistemas; no genético, refere-se à ocorrência simultânea, na população, de genomas que apresentam variações nos alelos de um mesmo lócus, resultando em diferentes fenótipos, cada um com uma frequência determinada; no zoológico, refere-se à propriedade que certas espécies de animais têm de apresentar formas diferentes de acordo com a função que desempenham em seu hábitat (*Dicionário Aurélio*); e no físico-químico, refere-se à propriedade que alguns elementos químicos possuem de se apresentar com formas e propriedades físicas diferentes, como densidade, organização espacial ou condutividade elétrica, como ocorre com o grafite e o diamante, que são formas alotrópicas do carbono (*Dicionário Houaiss*).

Tomando a palavra **polimorfismo** e separando-a em **poli** (muitos) e **morfismo,** temos um sinônimo masculino usado na área matemática, mais precisamente na álgebra moderna, e que representa um conjunto que aplicado sobre outro conjunto mantém as operações em ambos. Se essa ideia for aplicada em programação orientada a objetos, ter-se-á então algo semelhante e muito próximo de *herança*. Na prática usual, o termo **polimorfismo** está relacionado a algo adquirir durante sua evolução várias formas, algumas vezes contrárias a sua forma natural, gerando até certas deficiências e deformidades.

Considerando que programação orientada a objetos surgiu na Noruega por volta de meados da década de 1960 e que a partir de então ocorreram muitas formas de interpretar seus conceitos iniciais, é fácil entender a confusão que se faz com alguns termos. Deve--se tomar o cuidado de considerar que o termo **polimorfismo** é aplicado, e assim deve ser, no contexto das áreas anteriormente comentadas. No entanto, essa palavra não deve ser usada no contexto técnico da programação orientada a objetos. No idioma inglês, o termo analogamente usado é **polymorphic**, em que **poly** é a tradução literal de **poli** (são cognatos) e possui em inglês e português o mesmo significado, ou seja, *muitos*, mas a palavra **morphic** em inglês significa *forma* (*Compact Oxford English Dictionary of Current English*). Assim, **morphic,** em inglês é relativo a *forma*, **mórfico** em português é relativo a *Morfeu* (deus dos sonhos e do sono) ou então relativo à *morfina* na área de farmacologia (*Dicionário Houaiss*). As palavras **morphic** e **mórfico** são um caso de falsos cognatos e não podem ter o mesmo significado nos idiomas inglês e português.

Em inglês o termo **polymorphism** representa exatamente a ideia de um objeto ter várias formas de comportamento, mas uma tentativa de tradução literal do termo em inglês para o português como **polimorfismo** faz com que a ideia original contida na palavra seja perdida, dando outra interpretação, daí a sugestão de usar o termo **poliformismo**.

Em programação orientada a objetos, um objeto, quando definido nos rigores algorítmicos, não pode assumir em seu processamento várias formas indiscriminadas, a não ser previamente definidas e esperadas. Um objeto (ou classe) pode possuir múltiplas formas de aplicação, mas elas são sempre previsíveis. Por esse motivo não se usa o termo **polimorfismo** (que pode ocorrer sem a intervenção de terceiros, de forma natural), mas **poliformismo** (não existente nos dicionários, mas nem sempre um termo técnico é encontrado, por ser uma descrição com propósito bem-definido) no sentido de indicar que um mesmo objeto pode ter muitas formas (formas previamente definidas), ou seja, ser um elemento próximo de *multiforme* ou aquele que se apresenta com numerosas formas.

Como dito inicialmente, não é objetivo polemizar essa discussão, mas esclarecer a interpretação e também apresentar uma justificativa para usar o termo **poliformismo** quando tantos outros usam **polimorfismo**.

Existe muita coisa estranha que ninguém questiona. Só para ilustrar um pouco, acompanhe algumas "pérolas" da área da computação: *deletar* em vez de *apagar*, *clicar* em vez de *acionar*, *aspas duplas* em vez de *aspas inglesas*, *teclar* (ou *tc*) em vez de simplesmente *escrever*, *digitar* no lugar de *datilografar*, *naum* para dizer *não*, *falow* onde ninguém fala absolutamente nada e tantas outras.

A ideia central de **poliformismo** é a capacidade que certo objeto possui de processar formas diferentes, sendo inicialmente identificadas por Strachey (1967) duas formas de poliformismo: *universal* e *ad hoc*.[4] Tempos depois, em 1985, Cardelli & Wegner ampliaram esse conceito para duas subdivisões: *poliformismo universal paramétrico*, *poliformismo universal de inclusão*, *poliformismo ad hoc de sobrecarga* e *poliformismo ad hoc de coerção*.

O **poliformismo universal,** seja **paramétrico** ou **de inclusão,** é considerado uma forma pura, verdadeira, de poliformismo, pois um objeto pode assumir infinitas formas de valores.

---

[4] O termo *ad hoc* é usado no sentido de representar algo que esteja vinculado no sentido "para isso", "temporariamente designado para essa finalidade". No caso das ações relacionadas à programação orientada a objetos, o termo é usado para representar situações em que se tem mais de um método (função) com o mesmo nome mas com assinaturas de ação distintas, ou quando se necessita tratar um dado de certo tipo efetivamente como um dado de outro tipo.

O modelo de **poliformismo universal paramétrico** faz com que um mesmo objeto seja usado com parâmetros de diferentes tipos (diferentes formas) sem que haja necessidade de estabelecer mudanças no objeto em si. Uma função membro permitiria, usando argumentos implícitos ou explícitos, a execução de uma mesma operação para qualquer argumento fornecido.

O modelo de **poliformismo universal de inclusão** faz a modelagem da herança e dos tipos secundários de dados (obtidos a partir dos tipos primários de dados). Essa característica operacional faz com que um objeto possa pertencer a várias classes simultaneamente. A partir de herança, um objeto pode ter o comportamento alterado de um recurso original definido em uma classe pai.

O **poliformismo ad hoc**, seja **de sobrecarga** ou **de coerção**, é considerado uma forma aparente, fictícia de poliformismo, pois um objeto só pode assumir formas finitas de valores.

O modelo de **poliformismo ad hoc de sobrecarga** possibilita que diferentes funções membros possuam o mesmo nome com número diferente de argumento.

O modelo de **poliformismo ad hoc de coerção** possibilita que uma função realize a conversão automática dos tipos de dados de seus argumentos no sentido de evitar erros de tipos de dados.

É pertinente salientar que as linguagens de programação orientadas a objeto existentes no mercado não necessariamente possuem as quatro formas de execução de poliformismo.

Estrutura Funcional Básica

Este capítulo apresenta informações sobre a plataforma de trabalho Java e como essa plataforma interage com os vários computadores e sistemas operacionais existentes, onde ela é executada. Demonstra também como se procede às etapas de criação de programas em Java, mostra as formas de se programar em Java e desenvolve três exemplos de programas iniciais para que o leitor sinta o primeiro gosto de programar em Java.

3.1 Plataforma de trabalho Java

A linguagem Java pode ser usada em qualquer plataforma computacional, desde que haja para essa plataforma uma Máquina Virtual Java disponível. Assim, Java é uma linguagem de programação que pode ser utilizada independentemente da plataforma existente, desde que haja para a plataforma as condições técnicas necessárias. Cada plataforma necessita de um programa que controle as funções da linguagem em um determinado computador. Esse programa é denominado **JVM** (*Java Virtual Machine* – Máquina Virtual Java).

A Máquina Virtual Java é um programa de virtualização que simula um computador do tipo lógico (virtual) dentro de um computador físico real. Dessa forma, para que um programa de computador escrito em linguagem de programação Java seja executado em um determinado computador, é necessário que esse computador tenha instalada a máquina virtual.

Note que, segundo essa filosofia, é possível rodar programas de computadores escritos na linguagem de programação Java até em computadores de grande porte (*mainframes*), desde que para esse computador em específico exista uma versão da máquina virtual disponível. Kramer (1997) informa que é possível executar um programa de computador escrito em linguagem de programação Java em qualquer computador, desde que exista para esse computador uma máquina virtual Java compatível.

Imagine a necessidade de escrever um programa de computador utilizando linguagens de programação como C, C++, Pascal, BASIC, COBOL, entre outras. Quando um programa é escrito em uma dessas linguagens, ele precisa ser passado por um programa compilador a fim de que esse programa gere o código de máquina (programa objeto e programa executável) para o processador em uso. Dessa forma, o programa compilado poderá ser executado em computadores que possuam processadores compatíveis. Caso queira executar o mesmo programa em outro computador que possua um processador diferente, esse programa deverá ser compilado nesse outro computador. Os programas de computador escritos na linguagem Java não possuem essa característica, pois o programa escrito em um computador poderá ser executado sem nenhuma alteração em outro computador. Tenha em mente que com essa tecnologia é possível escrever um programa em um microcomputador padrão IBM-PC de 32 bits com processador Intel ou AMD e ter esse mesmo programa rodando sem alterações em um minicomputador Sun de 64 bits com processador UltraSPARC IV+. As Figuras 3.1 e 3.2 mostram, respectivamente, a diferença no uso de programas de computador escritos em linguagens de programação de alto nível gerais e de programas de computador escritos com a linguagem de programação Java.

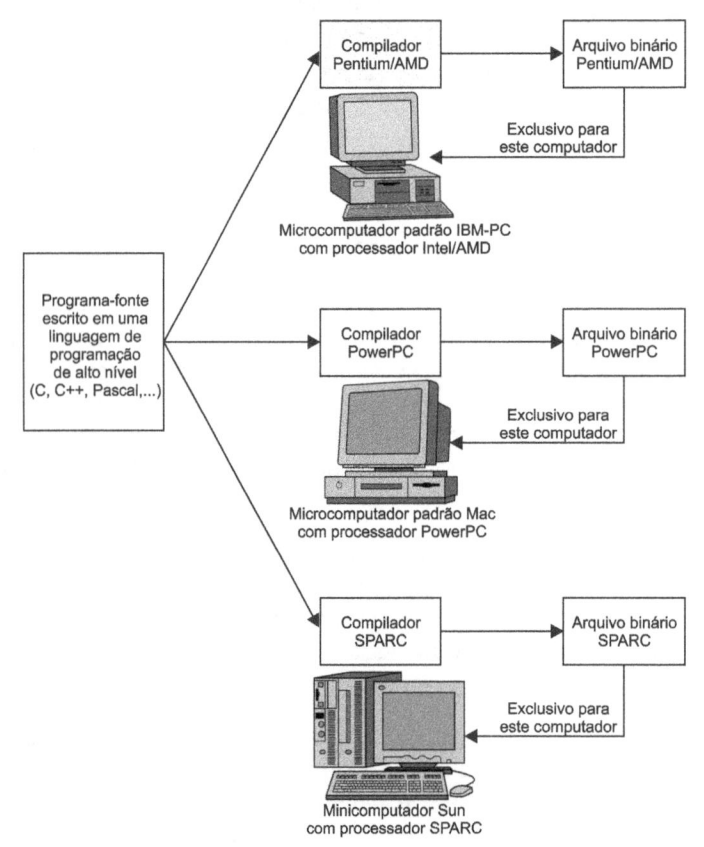

Figura 3.1 – Compilação de programas tradicionais (adaptado de Lemay & Perkins, 1997).

Segundo Kramer (1997), "a plataforma Java é formada por duas partes principais, a Máquina Virtual Java e a Interface de Programação de Aplicações Java". A Interface de Programação de Aplicações é denominada em inglês *Application Program Interface*

(**API**), responsável pelo acesso aos recursos internos da plataforma Java. Dentro desse escopo poder-se-ia então fazer a seguinte associação (visão didática): a Java Virtual Machine é similar a um computador, e a Application Program Interface é similar ao sistema operacional para a execução do computador JVM.

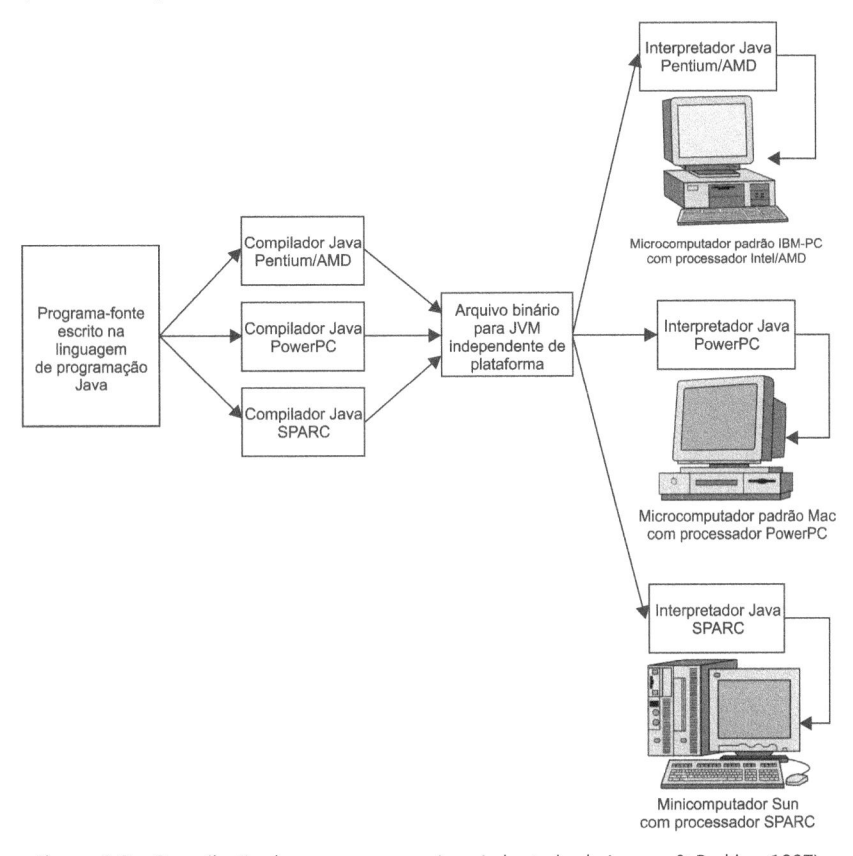

Figura 3.2 – Compilação de programas em Java (adaptado de Lemay & Perkins, 1997).

A Figura 3.3 representa esquematicamente, de forma bem simples, a filosofia e a estrutura de funcionamento de uma plataforma Java em relação às plataformas de hardware existentes ou que venham a existir. É importante salientar que para esse exemplo gráfico não estão sendo levadas em conta todas as plataformas existentes que aceitam a execução da Máquina Virtual Java.

Observe na Figura 3.3 a apresentação de quatro camadas estruturais: *Processador, Sistema Operacional, Plataforma Java* e *Programa Java*. Note que a primeira camada (*Processador*) indica um tipo de processador específico; a segunda camada (*Sistema Operacional*) apresenta um tipo de sistema operacional relacionado ao processador da primeira camada, sendo que essa é uma relação muito particular entre um processador e o programa de sistema operacional que o gerencia; a terceira camada (*Plataforma Java*) indica a definição do uso da máquina virtual (JVM) e do conjunto de recursos internos (API), que poderá será aplicado em particular para cada sistema representado na primeira e segunda camadas, proporcionando um ambiente homogêneo para uma estrutura heterogênea; por último, a quarta camada (*Programa Java*) identifica os programas que poderão ser igualmente executados em qualquer um dos ambientes físicos existentes na esfera heterogênea.

Programa Java	Aplicativo Java / Java Applets / JavaBeans					
Plataforma Java	Java API – Application Program Interface					
	JVM – Java Virtual Machine					
Sistema Operacional	Linux	Windows	Solaris x86	Solaris	Mac OS	Outros
Processador	Pentium / Athlon			SPARC	PowerPC	Outros

Figura 3.3 – Estrutura funcional da plataforma Java.

É pertinente ressaltar que o desenvolvimento de programas utilizando a plataforma Java poderá ocorrer em três esferas básicas, como indicado na quarta camada da Figura 3.3. Um programa Java poderá ser classificado como: *Aplicativos*, *Applets* (miniaplicativos) ou *JavaBeans* (componentes).

Um *aplicativo* tem por característica ser um código de programa de computador como é um sistema operacional, uma planilha eletrônica, um processador de texto, um jogo eletrônico, enquanto um *applets* caracteriza-se por ser um código de programa que será executado eminentemente embaixo de um programa de navegação (browser) da Internet. Já um código de um *javabeans* será utilizado para a criação de componentes a serem reutilizados em várias aplicações, normalmente caracterizados como componentes gráficos.

Esta obra somente fará menção ao estudo do desenvolvimento do conceito de *aplicativos* e de *applets*. O assunto sobre programação de *javabeans*, por ser mais avançado, será deixado de lado, por estar fora do escopo de trabalho deste estudo.

3.2 Etapas de Criação de um Programa em Java

A criação de um programa de computador escrito na linguagem de programação Java ocorre seguindo uma estrutura típica. Dessa forma, o programa fonte (gravado com a extensão **.java**) deve ser submetido ao compilador Java (programa **javac**), que criará o arquivo binário do programa (identificado pela extensão **.class**), o qual poderá então ser executado na Máquina Virtual Java (JVM – *Java Virtual Machine*) caso o programa seja um aplicativo. No caso de ser um miniaplicativo (*applets*), o processo será um pouco diferente, ficando esse tema pendente para um estudo mais adiante nesta obra.

O programa Java com a extensão **.class** (arquivo binário) é denominado como um arquivo de *bytecodes*, em vez de ser chamado de programa executável, pois para ser executado ele necessita da Máquina Virtual Java. Dessa forma, o arquivo *bytecodes* (programa compilado na linguagem Java) pode vir a ser executado em qualquer computador diferente do computador em que foi criado, desde que esse outro computador possua uma versão do programa JVM desenvolvido para seu sistema operacional.

Resumidamente, o desenvolvimento de um programa de computador escrito em linguagem de programação Java deve ser realizado seguindo-se os três passos básicos e fundamentais de trabalho (Figura 3.4):

1) escrita e edição do código fonte do programa um editor de textos;
2) compilação do código fonte para gerar o arquivo binário;
3) execução do programa (arquivo binário).

```
┌─────────────────┐       ┌─────────────┐       ┌─────────────────┐
│ Programa Fonte  │       │ Compilador  │       │ Programa Binário│
│ meuprograma.java│──────▶│   javac     │──────▶│meuprograma.class│
└─────────────────┘       └─────────────┘       └─────────────────┘
```

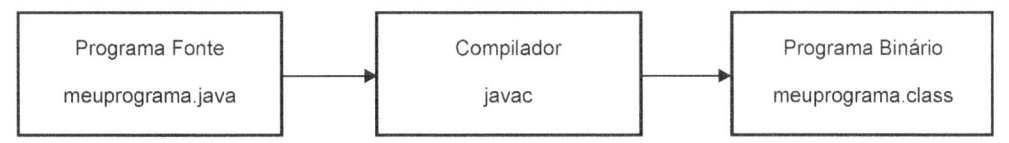

Figura 3.4 – Mecanismo funcional da criação de um programa Java.

O primeiro passo consiste na escrita e edição de uma seqüência de instruções codificadas segundo as regras da sintaxe utilizada pela linguagem Java dentro de um programa de edição de textos, como o *Bloco de Notas* do Microsoft Windows, ou o *VI* do UNIX. O texto escrito (programa-fonte) deve ser gravado no formato ASCII puro e obrigatoriamente seguido da extensão de arquivo **.java**.

O segundo passo consiste em compilar o programa-fonte com o programa **javac** obedecendo-se à sintaxe: **javac meuprograma.java**, transformando o programa-fonte (meuprograma.java) em um arquivo de *bytecodes* (meuprograma.class). Nesse processo de compilação o compilador verifica a sintaxe do programa-fonte: se o código estiver escrito corretamente o programa-fonte é compilado; se a sintaxe do programa-fonte contiver erro o processo é abortado e a correção deverá ser providenciada.

O terceiro passo ocorrerá após o programa-fonte (.java) ser compilado e tiver sido gerado o arquivo binário (.class). A partir da existência do arquivo binário (programa compilado em *bytecodes*), este poderá então ser executado.

A execução de um programa de computador escrito na linguagem de programação Java pode ocorrer de duas formas (considerando-se que sejam um *aplicativo* ou um *applets*). No caso de um *aplicativo* deverá ser utilizado o programa **java** para executar o arquivo **.class**. No caso de um *applet* deverá ser utilizado o programa **appletviewer** informando-se o nome do arquivo HTML que incorpora o *applet*. Exemplos dessas duas formas são apresentados na próxima seção.

3.3 Formas de programação em Java

A linguagem Java permite a construção de três tipos de programas para serem usados em computadores:

➤ aplicativos (programas independentes);

➤ miniaplicativos ou *applets* (programas executados dentro de navegadores da Web);

➤ componentes (*JavaBeans*).

O foco desta obra é o desenvolvimento de aplicativos. Dentro desse contexto, os exemplos de programas apresentados aqui são codificados em modo console (modo texto) e modo gráfico (utilizando-se os pacotes *AWT* e *Swing*). Dessa forma, o leitor terá uma visão abrangente do uso da linguagem Java, tanto em modo texto como em modo gráfico.

A programação em modo texto tecnicamente é chamada de programação em modo CLI (lê-se *clai*) (*Command-Line Interface*), ou seja, programação efetuada em modo texto com o uso da interface de linha de comando. Já a programação em modo gráfico é referenciada como GUI (lê-se *gai*) (*Graphical User Interface*), ou seja, programação realizada em modo gráfico com a elaboração de interface gráfica para usuário.

O recurso denominado **AWT** (*Abstract Window Toolkit*) caracteriza-se por ser um pacote (uma biblioteca) de componentes (conjunto de classes independentes de plataforma) visuais que ajudam a definir elementos de janelas para um programa Java em modo GUI. O recurso **AWT** possui basicamente um conjunto de ferramentas voltado a ações de desenvolvimento de interface para usuário (UI – *User Interface*). Nesse pacote encontram-se recursos para o desenvolvimento de janelas, menus, botões caixas de seleção, barras de rolagem, campos de texto e listas de rolagem. O recurso **AWT** foi a primeira biblioteca com recursos gráficos desenvolvida para a linguagem de programação de computadores.

O recurso denominado **Swing** caracteriza-se também por ser um pacote de recursos gráficos em modo GUI. O modo **Swing** tem maior preferência de uso em relação à **AWT**, uma vez que a própria **Swing** incorpora muitos dos recursos da **AWT**.

Os recursos da biblioteca **Swing** são compatíveis com os recursos da biblioteca **AWT**. No entanto, os recursos da biblioteca **Swing** funcionam de forma diferente dos recursos da biblioteca **AWT**. De forma geral, a biblioteca **Swing** é mais completa que a biblioteca **AWT**, os programas escritos com componentes **Swing** possuem uma aparência visual muito semelhante em qualquer que seja o sistema operacional em uso (WIKIPÉDIA, 2006 – **http://pt.wikipedia.org/wiki/Swing_%28api%29**). É por essa razão que nesta obra será dado ao modo **Swing** um maior grau de atenção.

3.4 Criação de programas

Com a finalidade de demonstrar um primeiro contato com a linguagem de programação de computadores, será apresentado um pequeno programa que deverá apresentar em tela as mensagens:

```
Alo, Mundo!
```

Nota

É possível usar nos códigos escritos em Java caracteres acentuados nos strings e nas linhas de comentários. No entanto, dependendo da configuração definida nos sistemas operacionais Linux e Mac OS X, esses caracteres podem gerar erros de compilação, exigindo estabelecer a configuração do modo de uso dos caracteres acentuados para o idioma português.

Diz uma tradição entre programadores de computador, que não se sabe ao certo como começou, que o primeiro programa de computador escrito numa nova linguagem que ainda não fora utilizada por um programador deve ser um programa de saudação, de nascimento, denominado **Alô, Mundo** (ou seu equivalente em inglês **Hello, World**). É por meio desse programa, segundo a tradição, que o programador inicia seu caminho de aprendizado naquela linguagem de programação. Assim, o programa de saudação a seguir será escrito na forma de aplicativo e de miniaplicativo tanto para o modo texto como para o modo gráfico. Para criar o programa a seguir, utilize um editor de texto de sua preferência.

```
class AloMundo {
  public static void main (String args[]) {
    System.out.println("Alo, Mundo!");
  }
}
```

Para o sistema operacional Microsoft Windows use o programa **Bloco de notas**, para o sistema operacional Fedora Linux use o programa **Gedit** e para o sistema operacional Mac OS X use o editor de texto **nano**.

Para gravar o programa nos editores de texto **Bloco de notas** e **Gedit** use o comando de menu **Arquivo** com a opção **Salvar**. No editor **nano** use as teclas de teclado **<Control> + <X>** selecionando em seguida a tecla **<Y>** e informando o nome do arquivo.

Escreva o código do programa anterior respeitando a indentação e gravando-o na pasta **Fontes** (criada no capítulo anterior). Veja o resultado junto às Figuras 3.5a, 3.5b e 3.5c, respectivamente para os sistemas operacionais Microsoft Windows, Fedora Linux e Mac OS X.

A gravação de programa Java deverá ocorrer com o mesmo nome usado para definir o nome da classe principal. Por exemplo, o programa anterior necessita ser gravado com o nome **AloMundo.java**, pois esse é o nome usado para identificar a classe principal, como mostra a primeira linha de código. Lembre-se de que todo programa deverá ser gravado com o mesmo nome definido na **class** da primeira linha de código. Outro detalhe a ser levado em consideração no momento da gravação é que o código de programa Java deve ser gravado em forma de texto puro, sem nenhuma forma de formatação, com cuidado especial no uso do programa **Bloco de notas**.

Cuidado ao escrever o código de programa num editor de textos: respeite sempre o uso de letras minúsculas e maiúsculas, pois a linguagem Java as diferencia. Isso mostra que Java é uma linguagem do topo denominado *case-sensitive*.

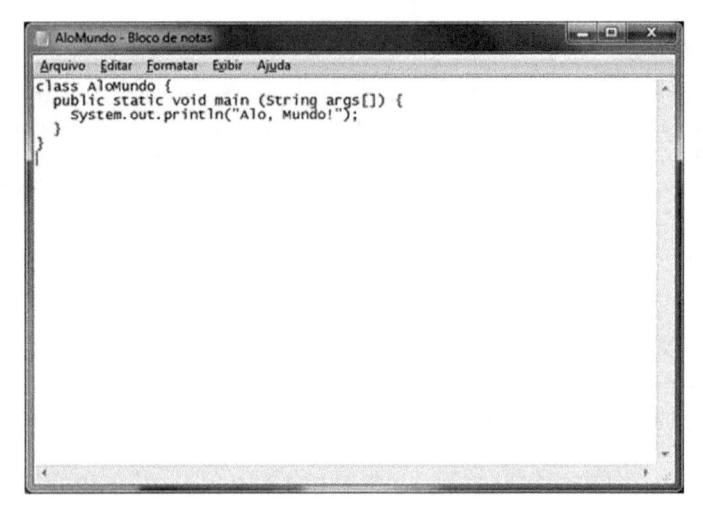

```
class AloMundo {
  public static void main (String args[]) {
    System.out.println("Alo, Mundo!");
  }
}
```

Figura 3.5a – Editor de textos Bloco de notas: Microsoft Windows.

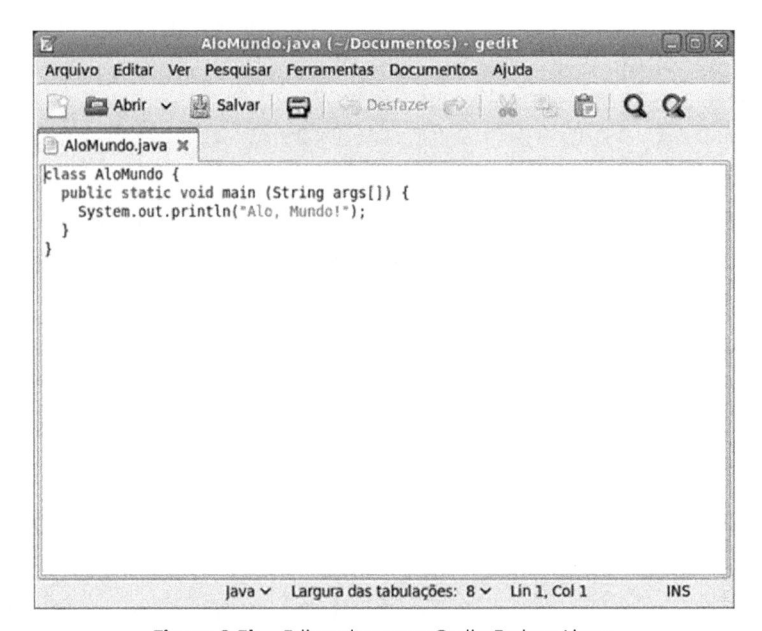

```
class AloMundo {
  public static void main (String args[]) {
    System.out.println("Alo, Mundo!");
  }
}
```

Figura 3.5b – Editor de textos Gedit: Fedora Linux.

Estrutura Funcional Básica

Figura 3.5c – Editor de textos nano: Mac OS X.

Após a gravação de um programa escrito em linguagem Java, saia do editor de texto (no caso dos sistemas operacionais Windows e Linux) e por meio da linha de comando do sistema posicionada no diretório **Fontes** faça a chamada do compilador com a sintaxe:

```
javac AloMundo.java
```

Se não houver nenhum erro de sintaxe, a linha de comando será após alguns instantes apresentada com o cursor piscando ao lado do *prompt*. Nesse momento, para executar o programa e ver o resultado de sua ação use a sintaxe:

```
java AloMundo
```

As Figuras 3.6a, 3.6b e 3.6c mostram respectivamente imagens do programa em execução nos consoles (modo texto) dos sistemas operacionais Microsoft Windows, Fedora Linux e Mac OS X.

O exemplo anterior de código de programa, apesar de muito simples, traz uma série de informações a serem conhecidas e consideradas pelos novatos em programação na linguagem Java.

A seguir o código do programa **AloMundo.java** é apresentado novamente, mas agora com suas linhas numeradas.

```
1: class AloMundo {
2:   public static void main(String args[]) {
3:     System.out.println("Alo, Mundo ");
4:   }
5: }
```

Primeiramente o programa em si está contido dentro da classe denominada **AloMundo** definida entre a primeira e quinta linhas de código do programa. Todo programa escrito em linguagem Java necessita ser definido dentro de uma estrutura denominada classe, daí a indicação **class AloMundo**. Observe na primeira linha o uso do símbolo abre chave e na quinta linha o uso do símbolo fecha chave, que estabelecem área de abrangência de operação da classe definida. Essas chaves indicam o início e o fim do bloco principal do programa. A segunda linha de código, quando executada, invoca o método público estático **main()**. Após a indicação do método **main()**, o programa envia para o monitor de vídeo a ação de saída contida na terceira linha pela instrução **System.out.println()**, a qual é finalizada quando o símbolo **;** (ponto e vírgula) do final da instrução é encontrado. A indicação do código **System.out** da instrução estabelece o uso de um objeto de saída (**out**) padrão do sistema (**System**), que possui como método de saída o recurso **println**, o qual apresenta (**print**) no monitor de vídeo a sequência de caracteres delimitada entre aspas inglesas e avança o *cursor* uma linha (**ln**) após a escrita da mensagem.

A quarta linha de código faz uso do símbolo de fechar chaves que fora aberto na segunda linha após a definição e uso do método **main()**.

Outro detalhe importante a ser observado no código escrito é o deslocamento com espaços em branco entre as instruções do programa. A esse deslocamento dá-se o nome *indentação*. A *indentação* serve para mostrar o nível de subordinação entre comandos e estruturas de programa. Observe que no código do programa **AloMundo.java** está em uso *indentação* de nível dois, ou seja, estão sendo utilizados em cada nível dois espaços em branco, que será o padrão utilizado nesta obra. Perceba que **System.out.println()** está dentro, está subordinado no método **main()**, que por sua vez está subordinado à definição da classe **AloMundo**.

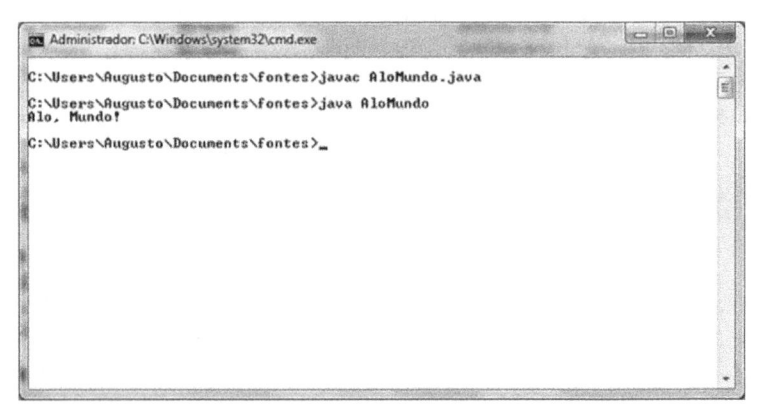

Figura 3.6a – Saída do programa AloMundo no Microsoft Windows.

Estrutura Funcional Básica   53

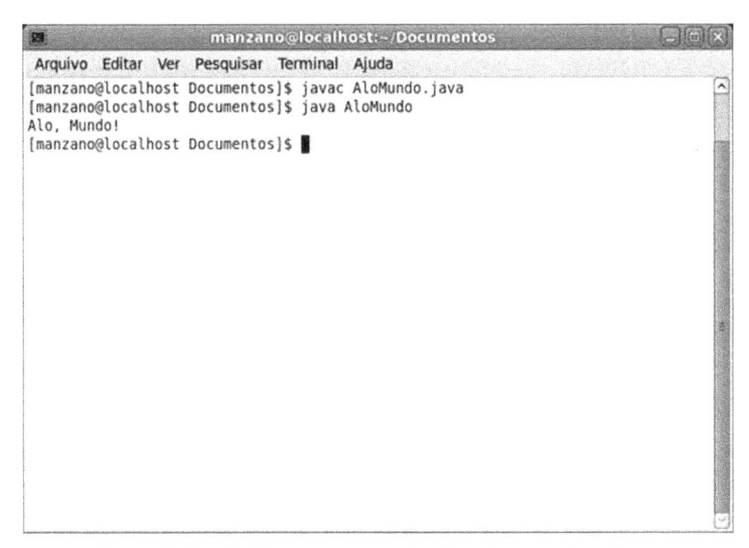

Figura 3.6b – Saída do programa AloMundo no Fedora Linux.

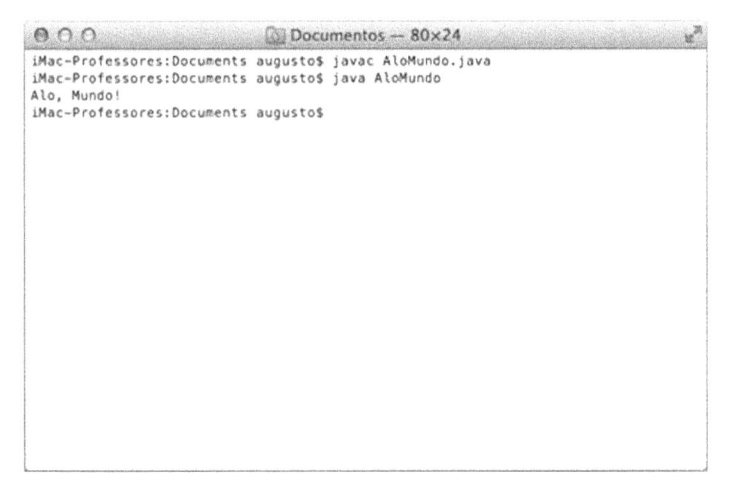

Figura 3.6c – Saída do programa AloMundo no Mac OS X.

Na segunda linha há a definição da parte principal do programa identificado pela chamada do método **main()** que se estende até a quarta linha, além de outros comandos de apoio. Nos programas de aplicativos escritos com a linguagem de programação Java, o método **main()** é a primeira rotina a ser executada quando o programa é processado. É importante não esquecer que os métodos de uma classe são elementos de funcionalidade dessa classe. Por essa razão, os métodos são membros de trabalho que devem ser declarados dentro de classes. O método **main()** (definido entre as linhas 2 e 4) está sendo declarado dentro da classe **AloMundo** (definida entre as linhas 1 e 5).

A segunda linha do código é a parte mais importante da operação do programa, que é indicada pela instrução **public static void main (String arg[])**, pois nela ocorrem algumas definições importantes, como o uso dos qualificadores de método **public** e **static**.

O qualificador **public** é utilizado com qualquer método e tem por finalidade indicar que o método definido a sua frente, ou seja, neste caso o método **main()** é externamente reconhecido por outras classes. Com o qualificador **public** fica fácil estabelecer e usar colaboração, agregação, acoplamento e generalização entre classes.

O qualificador **static** é utilizado para determinar que o método a sua frente, neste caso o método **main()**, é um método que pode e deve ser compartilhado por todos os objetos que são criados a partir da classe indicada.

O qualificador **void** (vazio) indica o valor de retorno do método **main()**. Todo método deve conter imediatamente a sua frente a definição do tipo de um valor de retorno. Caso não se tenha nenhum valor a retornar, deve-se então usar o qualificador **void**. Mais adiante esse tema será abordado com maior profundidade.

O termo **main()** indica ao compilador o uso do principal método de um programa codificado na linguagem Java. No método **main()** ocorre a definição do argumento **String args[]**, que será eventualmente usado no programa como uma entrada de argumento (também denominado parâmetro). Esse argumento indica para o método **main()** a manipulação de uma sequência de caracteres que poderá ser informada ao programa, que neste caso poderão ser processados pela terceira e quarta linhas do programa. Esta parte será mais bem trabalhada adiante.

Com base no programa apresentado anteriormente, ele será agora codificado para ser apresentado em modo gráfico. Para tanto, carregue para a memória de seu computador o seu programa de edição de textos preferido e escreva o código do programa seguinte.

```
import javax.swing.JOptionPane;
class AloMundo2 {
  public static void main(String args[]) {
    JOptionPane.showMessageDialog(null, "Alo, Mundo!");
    System.exit(0);
  }
}
```

Após ter escrito o programa, grave-o com o mesmo nome da classe definida. Assim, o programa em questão deverá ser gravado com o nome **AloMundo2.java**.

Saia do editor de texto e na linha de comando escreva a chamada do compilador Java com a sintaxe **javac AloMundo2.java**. Se não houver nenhum erro de sintaxe, a linha de comando será após alguns instantes apresentada com o cursor piscando ao lado do *prompt*. Neste momento use a sintaxe **java AloMundo2** para executar e ver o resultado do programas (em sistemas operacionais Linux o uso do recurso **Swing** poderá ocasionar erros na execução. Se isso ocorrer, é necessário rever as configurações do sistema operacional e do programa Java. Infelizmente esse tema não dá para ser abordado nesta obra). As Figuras 3.7a e 3.7b mostram as imagens de saída do programa numa caixa de mensagem nos sistemas operacionais Microsoft Windows e Fedora Linux utilizando a biblioteca **Swing**.

Estrutura Funcional Básica 55

Figura 3.7a – Saída do programa AloMundo2 no modo gráfico no Microsoft Windows.

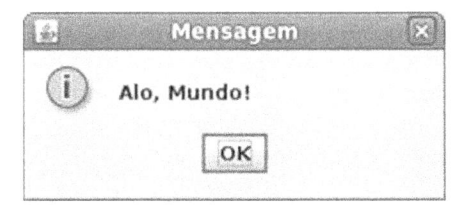

Figura 3.7b – Saída do programa AloMundo2 no modo gráfico no Fedora Linux.

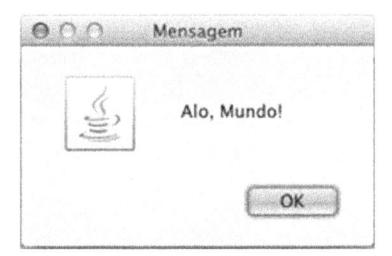

Figura 3.7c – Saída do programa AloMundo2 no modo gráfico no Mac OS X.

O exemplo anterior faz uso de elementos gráficos para apresentação da mensagem "**Alo, Mundo!**". As Figuras 3.7a e 3.7b possuem uma certa semelhança visual e diferem um pouco da Figura 3.7c, que mostra a saída no sistema operacional Mac OS X, diferença essa considerada normal, a partir das características particulares do sistema operacional da Apple.

A seguir o código do programa **AloMundo2.java** é apresentado novamente, com suas linhas numeradas para uma análise detalhada.

```
1: import javax.swing.JOptionPane;
2: class AloMundo2 {
3:   public static void main(String args[]) {
4:     JOptionPane.showMessageDialog(null, "Alo, Mundo!");
5:     System.exit(0);
6:   }
7: }
```

Nesta etapa de apresentação será dada ênfase às instruções não conhecidas em relação ao programa **AloMundo.java**. Assim, observe as linhas 1, 4 e 5 do programa anterior. Na primeira linha tem-se o uso da instrução **import**, que tem por finalidade indicar ao compilador que este precisa carregar antes da compilação para a memória uma biblioteca de classes externas, neste caso, **javax.swing.JOptionPane**, que determina e possui o uso da classe **JOptionPane** pertencente ao pacote **javax.swing**. O pacote **javax.swing** possui uma série de classes que podem ser utilizadas quando do desenvolvimento gráfico de um programa.

Na quarta linha de código do programa **AloMundo2** encontra-se a linha de instrução **JOptionPane.showMessageDialog(null, "Alo, Mundo! ");**, que indica o uso do método **showMessageDialog()** pertencente à classe **JOptionPane**, que faz a apresentação da caixa de mensagem com a mensagem **"Alo, Mundo!"**. Perceba como detalhe operacional que o método **showMessageDialog()** faz uso de dois argumentos, o primeiro o valor **null** (valor nulo) e o segundo a mensagem a ser apresentada. O primeiro argumento do método **showMessageDialog()** determina o tipo de formato com que a caixa de mensagem é apresentada. Quando utilizado o valor **null** a caixa de mensagem apresentada caracteriza-se por ser uma caixa padrão simples.

Na quinta linha encontra-se a linha de instrução **System.exit(0);** formada pela classe **System** e pelo método **exit()**, sendo esta instrução de uso obrigatório no final de qualquer programa que faça uso da interface gráfica. A falta dessa instrução impede o encerramento normal do programa. Observe que dentro do método **exit()** existe a definição do argumento **0** (zero). O valor zero indica e força o encerramento do programa sem nenhum tipo de erro. A classe **System** é parte integrante do pacote **java.lang**, que não é importado com a instrução **import**, pois o pacote **java.lang** é automaticamente importado para a memória quando da execução de um programa codificado na linguagem Java.

Dados um exemplo em modo texto e outro em modo gráfico, segue um exemplo do programa na forma de um miniaplicativo (*applet*). Com base no programa apresentado anteriormente, este será agora codificado na forma de um miniaplicativo. Para tanto, carregue para a memória de seu computador o seu programa de edição de textos preferido e escreva o código do programa seguinte.

```
import java.awt.Graphics;
public class AloMundo3 extends java.applet.Applet {
  public void paint(Graphics g) {
    g.drawString("Alo, Mundo!", 1, 15);
  }
}
```

Após ter escrito o programa no seu editor de textos, grave-o com o mesmo nome da classe definida. Assim, o programa em questão deverá ser gravado com o nome **AloMundo3.java**.

Saia do editor de texto e na linha de comando escreva a chamada do compilador Java com a sintaxe **javac AloMundo3.java**. Se não houver nenhum erro de sintaxe, a linha de comando será após alguns instantes apresentada com o cursor piscando ao lado do *prompt*.

Pelo fato de um miniaplicativo somente poder ser executado dentro de um programa de navegação para a Web, é necessário desenvolver o código HTML que deverá realizar a chamada do programa Java. Assim, no seu editor de textos escreva o código HTML a seguir e grave-o com o nome **AloMundo3.html**.

Estrutura Funcional Básica

```
<html>
  <head>
    <title>
       Linguagem Java
    </title>
  </head>
  <body>

    <applet code="AloMundo3.class" width=280 height=100>
    </applet>

  </body>
</html>
```

Observe no programa anterior a definição da chamada de execução do programa **AloMundo3.class** dentro das *tags* **<applet>** e **</applet>**. Após gravar o código HTML, este poderá ser executado de duas formas: uma com o uso do programa **appletviewer** por meio da sintaxe: **appletviewer AloMundo3.html**, ou então da forma para a qual ele foi criado, dentro de um programa de navegação para a Internet.

O exemplo anterior de programa faz uso do conceito de miniaplicativo para apresentação da saída das mensagens. A seguir o código do programa **AloMundo3.java** é apresentado novamente, com suas linhas numeradas para uma análise detalhada.

```
1: import java.awt.Graphics;
2: public class AloMundo3 extends java.applet.Applet {
3:    public void paint(Graphics g) {
4:       g.drawString("Alo, Mundo!", 1, 15);
5:    }
6: }
```

A primeira linha do programa por meio da instrução **import** diz ao compilador Java para carregar para a memória o pacote **java.awt.Graphics**, que determina o uso da classe **Graphics** pertencente ao pacote **java.awt**. Assim como pacote **javax.swing**, o pacote **java.awt** também possui uma série de classes que podem ser utilizadas quando do desenvolvimento de um programa.

Na segunda linha de código do programa existe a instrução **public class AloMundo3 extends java.applet.Applet**, que indica que a classe publica **AloMundo3** herda (instrução **extended**) da classe **Applet** pertencente ao pacote **java.applet** todos os seus atributos e comportamentos.

Na terceira linha, a instrução **public void paint(Graphics g)** transfere para o objeto **Graphics** o método **paint()**, que assume a partir daí todas as características operacionais gráficas do objeto **Graphics**. Nessa mesma linha ocorre a definição da variável, ou, melhor dizendo, do objeto "**g**", que passa a ser uma instância do então objeto **Graphics**. No próximo capítulo esse tipo de definição de variável será abordado com mais detalhe.

Na quarta linha ocorre o desenho na tela do texto indicado como argumento do método **drawString()** pertencente à variável "**g**" instanciado a partir do objeto **Graphics** junto às posições cartesianas estabelecidas, sendo o texto escrito na coluna 1 e linha 15.

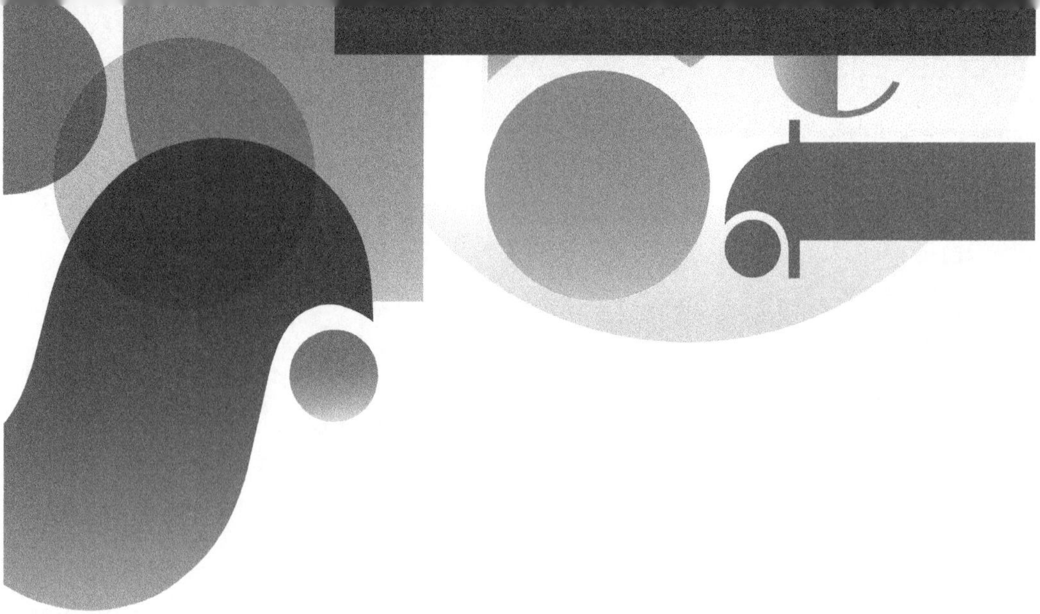

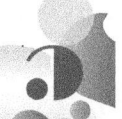

Programação Essencial em Java

4

Este capítulo apresenta os conceitos iniciais sobre programação com a linguagem Java. Assim, são apresentados tipos de dados usados, caracteres de escape, variáveis, constantes, operadores aritméticos, controle dos fluxos de entrada e saída de dados, formatação de valores, construção de condições, tomadas de decisões, operadores relacionais, operadores lógicos, controle de múltipla escolha, tratamento de exceções, uso de laços, conversão de valores e a definição de linhas de comentário para documentação de código de programa.

4.1 Programação sequencial

A forma de programação mais simples de ser realizada em computadores, não importando o paradigma de programa, estruturado ou orientado a objeto, é a programação sequencial, na qual se estabelecem no mínimo as ações de entrada, processamento (que pode ser matemático ou lógico) e saída. No caso da linguagem Java, por pertencer ao paradigma de programação orientada a objetos, todas as ações operacionais são executadas dentro de uma classe que recebe o mesmo nome do programa gravado. Uma classe em Java contém a coleção de dados e códigos usados no programa.

4.1.1 Tipos de dados

Todo computador tem por princípio básico de funcionamento a capacidade de processar os *dados* advindos do mundo externo (entrada de dados) e transformá-los em *informações* (processamento de dados) que sejam úteis para seus usuários de alguma forma específica (saída de dados e/ou informações).

A linguagem Java fornece ao programador um conjunto de tipos de dados predefinidos (tipos primitivos ou tipos básicos) para a manipulação de valores. Esses dados poderão ser dos tipos: numérico inteiro, numérico real, caracteres e lógicos.

São caracterizados por tipos inteiros os dados numéricos positivos e negativos, excluindo qualquer número fracionário. Na linguagem Java, esse tipo de dado pode ser referenciado por um de quatro identificadores existentes:

Tipo de dado inteiro	Faixa de abrangência	Tamanho
byte	de -128 até 127	8 bits (1 byte)
short	de -32.768 até 32.767	16 bits (2 bytes)
int	de -2.147.483.648 até 2.147.483.647	32 bits (4 bytes)
long	de -9.223.372.036.854.775.808 até 9.223.372.036.854.775.807	64 bits (8 bytes)

Por padrão interno do compilador Java para qualquer computador ou sistema operacional, os valores inteiros fornecidos para um programa são sempre tratados como sendo do tipo **int**, ou seja, um valor inteiro simples de 32 bits.

São caracterizados por tipos reais os dados numéricos positivos e negativos representados pelo uso de um ponto flutuante, onde existe a definição do expoente (porção inteira do valor) e a mantissa (porção fracionada do valor). O tipo de dado real também permite o uso de valores inteiros Na linguagem Java, esse tipo de dado pode ser referenciado por um de dois identificadores existentes:

Tipo de dado real	Faixa de abrangência	Tamanho
float	de -3.40292347e+38 até 3.40282347e+38	32 bits (4 bytes)
double	de -1.79769313486231570e+308 até 1.79769313486231570e+308	64 bits (8 bytes)

Por padrão interno do compilador Java para qualquer computador ou sistema operacional, os valores reais fornecidos para um programa são sempre tratados como sendo do tipo **double**. Assim, o tipo **float** é usado para definir número de ponto flutuante de precisão simples (números fracionários com oito dígitos decimais de precisão absoluta) de 32 bits, enquanto o tipo **double** é utilizado para representar números de ponto flutuante de precisão dupla de 64 bits (com 17 dígitos decimais de precisão absoluta).

Tipos de dados caracteres ou com sequências de caracteres (*strings*) são representados por símbolos que possuam em sua formação letras, números e símbolos especiais, portanto eles são representados por dados alfanuméricos. A linguagem Java possibilita o uso de dados alfanuméricos do tipo **String** que são sequências de caracteres delimitados por aspas [" e "] e dados do tipo **char**, um único dado alfanumérico delimitado por apóstrofos [' e '].

O tipo de dado **char** formado apenas por valores positivos permite representar qualquer um dos caracteres alfanuméricos da tabela ASCII (American Standard Code for Information Interchange), incluindo-se os símbolos existentes ou não no teclado de uma forma individual. A representação de sequências de caracteres na linguagem Java ocorre a partir do padrão UNICODE, o qual estabelece um espaço de memória para cada caractere de 16 bits (2 bytes). Dessa forma, torna-se possível representar até 32.768 caracteres diferentes.

Tipo de dado caractere	Faixa de abrangência	Tamanho
char	de "\u0000" até "\uFFFF"	16 bits (2 bytes)

Do conjunto de caracteres que podem ser utilizados com o tipo **char** existem alguns que são considerados caracteres especiais (ou caracteres de *escape*). Um caractere especial é um caractere não imprimível, ou seja, ele não é apresentado visualmente, mas ocasiona e executa alguma ação predefinida. Esse tipo de caractere especial é formado por um código identificado a partir de uma letra e seguido do símbolo de **** (barra invertida).

Caractere especial (escape)	Significado
\n	Nova linha
\t	Tabulação
\b	Retroceder
\r	Retorno de carro
\f	Avança folha
\\	Barra invertida
\'	Apóstrofo
\"	Aspas
\d99	Definição de valor 99 como octal
\x99	Definição de valor 99 como hexadecimal
\u999d	Definição do caractere unicode 999d
\fca	Definição de valor hexadecimal FCA

Além do tipo primitivo **char** para a definição e uso de sequências de caracteres, tem-se disponível na linguagem Java a classe **String**, que permite trabalhar com sequências de caracteres como objetos instanciados, facilitando muito o trabalho de tratamento de sequências de caracteres considerados dados alfanuméricos.

Os tipos de dados lógicos (tipo booleano) possuem apenas um de dois valores: **true** (verdadeiro) e **false** (falso) e são referenciados pela palavra-chave **boolean**.

Tipo de dado lógico	Faixa de abrangência	Tamanho
boolean	true ou false	1 bit

Esse tipo de dado é empregado nas situações em que se deseja verificar o resultado de uma determinada condição ou expressão lógica.

4.1.2 Variáveis

O conceito de variável, no sentido da programação de computadores, é considerado uma região de memória (memória principal – memória RAM[5]) de um computador, que deve ser previamente identificada por um rótulo, cuja finalidade é armazenar os dados temporários de um programa. Uma variável armazena apenas um valor por vez. É considerado valor qualquer conteúdo armazenado em uma variável, seja este do tipo numérico (inteiro ou real), lógico, caractere ou objeto.

Toda variável deve ser definida com um nome, ou seja, um rótulo de identificação. Esse nome é usado para a identificação e posterior uso da variável dentro de um programa. Assim, é necessário estabelecer algumas regras para sua utilização:

> Nomes de variável podem ser atribuídos com um ou mais caracteres alfanuméricos;

> O primeiro caractere do nome de uma variável na linguagem Java deve ser um caractere alfabético, um caractere underscore ou um caractere cifrão;

> O nome de uma variável não pode possuir espaços em branco;

> Não pode ser nome de uma variável uma palavra reservada do conjunto de comandos da linguagem de programação em uso ou um nome já utilizado para outra variável;

> Não podem ser utilizados outros caracteres, a não ser letras e números, com exceção do caractere *underline* "_", que pode ser utilizado para simular a separação de duas palavras que compõem o nome de uma mesma variável, como por exemplo: NOME_ALUNO, ou, de acordo com a convenção oficial da linguagem, nomeAluno;

> A definição dos nomes de uma variável deve ser dada de forma consistente, ou seja, devem sempre ser dados seguindo a mesma regra em todos os programas que são desenvolvidos;

> A linguagem Java diferencia caracteres alfabéticos maiúsculos de minúsculos. Logo, uma variável chamada **Valor** não é a mesma variável chamada **VALOR**. Tome muito cuidado com esse detalhe.

Deve-se considerar que dentro de um programa de computador uma variável pode exercer dois papéis básicos: um papel de ação, quando é modificada ao longo do processamento de um programa de computador para vir a apresentar um determinado resultado, e um papel de controle, podendo essa variável ser "vigiada" e controlada durante a execução e o processamento de um programa de computador (esse tipo de variável será estudado nos capítulos que abordam a tomada de decisões e o uso de laços de repetição).

Uma variável pode ser simples, quando armazena apenas um valor por vez, ou composta (arranjo), quando é possível armazenar mais de um valor por vez, desde que esses valores estejam indexados em posições bem identificadas (esse conceito será estudado em capítulo específico).

---

[5] *Random Access Memory.*

Uma variável definida nas linguagens de programação orientadas a objetos representa por sua natureza um objeto. E para aqueles que possam duvidar dessa definição basta refletir sobre o que dizem Gosling, Joy, Steele e Bracha (2013, p. 41), ao afirmarem que:

> *A variable of a class type T can hold a null reference or a reference to an instance of class T or of any class that is a subclass of T. A variable of an interface type can hold a null reference or a reference to any instance of any class that implements the interface.*

Isso posto, fica claro entender que, além de uma variável poder ser definida a partir de um tipo primitivo de dados, pode também ser definida a partir de uma classe ou mesmo de subclasses definidas a partir de uma classe de instância maior. Dessa forma, uma variável definida a partir de uma classe é denominada objeto.

Para se fazer uso de variáveis em um programa de computador codificado na linguagem Java é obrigatório fazer a definição da variável associada a um determinado tipo de dado antes de o programa fazer uso da variável em questão. Apesar de a linguagem Java permitir que uma variável possa ser criada em qualquer parte do programa, as variáveis devem sempre ser criadas logo no início do programa, ou seja, após a definição do método **main()**. Além de ser um procedimento elegante, é um excelente hábito de programação, pois demonstra a qualidade e o cuidado técnico do programador de computadores. Tome muito cuidado para não adquirir esse terrível vício de definir variáveis em qualquer lugar do programa; defina-as sempre no início do programa.

Outro detalhe importante em relação ao uso de variáveis é o fato de se darem nomes que sejam significativos. O nome de uma variável deve ser como um mnemônico, ou seja, ao olhar o nome de uma variável ela deve indicar para você e para qualquer outra pessoa o seu significado, sua finalidade e seu tipo.

Cabe ressaltar aqui uma decisão didática para a definição do formato dos nomes das variáveis a serem usadas nas operações de ação e controle do programa. Toda variável definida para ação e/ou controle do programa será grafada nesta obra com caracteres maiúsculos e em itálico. As identificações que estiverem escritas com caracteres minúsculos em negrito estarão associadas a variáveis ou objetos definidos para administrar recursos internos da linguagem Java.

A definição de variáveis na linguagem Java obedece a seguinte sintaxe:

```
[final] <tipo> NOME [= <valor>];
```

em que **tipo** é a definição do tipo de dado primitivo que uma variável pode assumir, **NOME** é o nome de identificação a ser definido para a variável e a definição de **valor** é uma operação opcional de atribuição que poderá ou não definir um valor inicial para a variável. A parte sinalizada com o qualificador **final** pode ser usada opcionalmente para definir uma constante.

4.1.3 Constantes

É pertinente esclarecer que na linguagem Java não há o conceito de constante como em outras linguagens. O que existe é a possibilidade de definir uma variável que terá um valor que não poderá ser modificado ao longo da execução de um programa, simulando assim uma constante. Um rótulo de identificação criado sem o qualificador **final** poderá ter seu conteúdo modificado quantas vezes necessário ao longo da execução de um programa. Já os rótulos definidos com o qualificador **final** não poderão sofrer alteração de seu valor dentro do programa por serem a definição de uma constante.

O qualificador **final** não é somente usado à frente da identificação de um rótulo de variável ou de constante. Esse qualificador indica que o que por ele é qualificado se torna imutável. Sua forma mais comum de uso baseia-se na qualificação de variáveis, classes e métodos. Assim, se for usado:

- ➤ à frente da definição de uma variável, faz com que a variável não possa assumir nenhum valor a não ser o valor a ela inicialmente atribuído, tratando a variável como se fosse uma constante;

- ➤ à frente de uma classe, faz com que essa classe se torne privada, e não permitirá que outras classes possam herdar desta seus atributos ou métodos;

- ➤ à frente de um método, faz com que esse método não possa ser sobrescrito.

Há outros detalhes de uso sobre o qualificado **final**, mas muitos desses detalhes fogem do escopo deste trabalho e por essa razão não são apresentados, exceto a forma para tratamento do controle de múltiplas exceções, como será apresentado mais adiante neste capítulo.

4.1.4 Operadores aritméticos

Variáveis e constantes são elementos operacionais que podem ser usados para a elaboração de cálculos matemáticos por meio de pequenas ferramentas, chamadas operadores aritméticos. Os operadores aritméticos são classificados em duas categorias, **binários** ou **unários**. São binários quando atuam em operações de exponenciação, multiplicação, divisão, adição e subtração, pois os cálculos são efetuados sempre de dois em dois componentes de certa expressão matemática. São unários quando atuam na inversão de um valor, atribuindo a ele o sinal positivo ou negativo. A tabela seguinte apresenta um resumo dos operadores aritméticos utilizados na linguagem Java:

Operador	Operação	Tipo	Resultado
+	Manutenção de sinal	Unário	-
-	Inversão de sinal	Unário	-
%	Resto de divisão	Binário	Inteiro
/	Divisão	Binário	Inteiro ou Real
*	Multiplicação	Binário	Inteiro ou Real

Operador	Operação	Tipo	Resultado
+	Adição	Binário	Inteiro ou Real
-	Subtração	Binário	Inteiro ou Real
++	Incremento	Unário	Inteiro ou Real
--	Decremento	Unário	Inteiro ou Real
+=	Adição incremental	Binário	Inteiro ou Real
-=	Subtração incremental	Binário	Inteiro ou Real
*=	Multiplicação incremental	Binário	Inteiro ou Real
/=	Divisão incremental	Binário	Inteiro ou Real
Math.pow(base,expoente)	Exponenciação	Binário	Real
Math.sqrt(valor numérico)	Raiz quadrada	Unário	Real

Ao fazer uso de operadores aritméticos, deve-se ter em mente o nível de prioridade de operação desses operadores. Assim, atente para o fato de que primeiramente são efetuadas as operações de radiciação e exponenciação, depois as operações de divisão e multiplicação, para por fim serem efetuadas as operações de soma e subtração. Qualquer mudança nessa ordem deverá ser definida com a parte de expressão matemática entre parênteses.

Ao longo dos exemplos apresentados nesta obra serão mostradas diversas ações matemáticas fazendo uso de operadores aritméticos e também dos métodos específicos para esse tipo de processamento, como são os métodos **Math.pow()** e **Math.sqrt()**.

4.1.5 Entrada e saída de dados

As operações de acesso a entrada e saída de dados controlados pela linguagem Java ocorrem por meio dos fluxos de entrada e de saída.

As operações de entrada e saída de dados em modo console possuem um visual mais simples do que as entradas e saídas efetuadas em modo gráfico, mas normalmente caracterizam-se por serem executadas mais rapidamente.

Para realizar as operações de entrada de dados deve-se fazer uso de um recurso, denominado *stream*, ou seja, canal de comunicação com o periférico de entrada padrão. O JVM inicia uma aplicação considerando automaticamente que o *stream* de entrada de dados padrão é o teclado conectado ao computador.

O *stream* de entrada poderá ser manipulado pelo objeto **InputStreamReader()**, o qual deverá ser passado como parâmetro do construtor **BufferedReader**. A entrada de dados é sempre realizada como sendo uma sequência de caracteres *Unicode* (dados alfanuméricos). Quando se tratar da entrada de dados de um tipo inteiro ou real, essas entradas deverão ser tratadas respectivamente pelos métodos **parseInt()** da classe **Integer** e pelo método **parseFloat()** da classe **Float** para poderem estes ser associados as suas variáveis.

Para realizar as operações de saída de dados deve-se fazer uso de um *stream* (canal) de comunicação com o periférico de saída padrão. O JVM inicia uma aplicação considerando automaticamente que o *stream* de saída padrão é o periférico de monitor de vídeo conectado ao computador. Essa ação é executada pelas instruções de saída **System.out.print()** e **System.out.println()**. O método **print()** faz a apresentação do dado e mantém o cursor ao lado do dado. Já o método **println()** faz a apresentação do dado e movimenta o cursor para a próxima linha.

O programa a seguir efetuará a solicitação do nome, da idade e da altura de um indivíduo e apresentará no monitor de vídeo os dados informados após a entrada. No seu editor de textos, escreva o programa e grave-o com o nome **C04EX01.java**.

```java
import java.io.*;

class C04EX01 {

  public static void main(String args[]) {

    String NOME;
    int IDADE;
    float ALTURA;

    System.out.println();

    System.out.print("Entre seu nome ....: ");
    try {
      BufferedReader br = new BufferedReader(
      new InputStreamReader(System.in));
      NOME = br.readLine(); }
    catch (Exception e) {
      NOME = "";
    }

    System.out.print("Entre sua idade ...: ");
    try {
      BufferedReader br = new BufferedReader(
      new InputStreamReader(System.in));
      IDADE = Integer.parseInt(br.readLine()); }
    catch (Exception e) {
      IDADE = 0;
    }
```

```
  System.out.print("Entre sua altura ..: ");
  try {
    BufferedReader br = new BufferedReader(
    new InputStreamReader(System.in));
    ALTURA = Float.parseFloat(br.readLine()); }
  catch (Exception e) {
    ALTURA = 0;
  }

  System.out.println();
  System.out.print("Nome .............: " + NOME);
  System.out.print("\nIdade ............: " + IDADE + " anos");
  System.out.print("\nAltura ...........: " + ALTURA);
  System.out.println();

  }
}
```

Saia do editor de texto e na linha de comando escreva a chamada do compilador Java com a sintaxe **javac C04EX01.java**. Se não houver nenhum erro de sintaxe, a linha de comando apresentará o cursor piscando ao lado do *prompt*; neste momento use a sintaxe **java C04EX01** para executar e ver o resultado do programas.

As Figuras 4.1a, 4.1b e 4.1c mostram as imagens de execução e saída do programa em modo console, respectivamente nos sistemas operacionais Mac OS X, Fedora Linux e Microsoft Windows.

O exemplo anterior de programa, apesar de simples, do ponto de vista visual, apresenta uma série de novos detalhes em relação ao uso da linguagem Java.

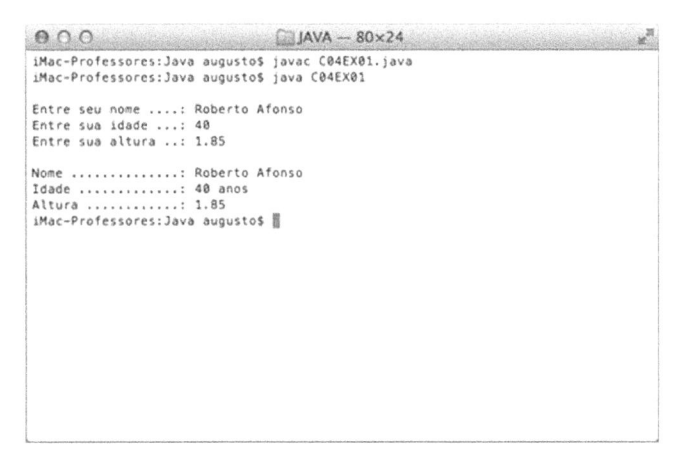

Figura 4.1a – Execução do programa C04EX01 (Mac OS X).

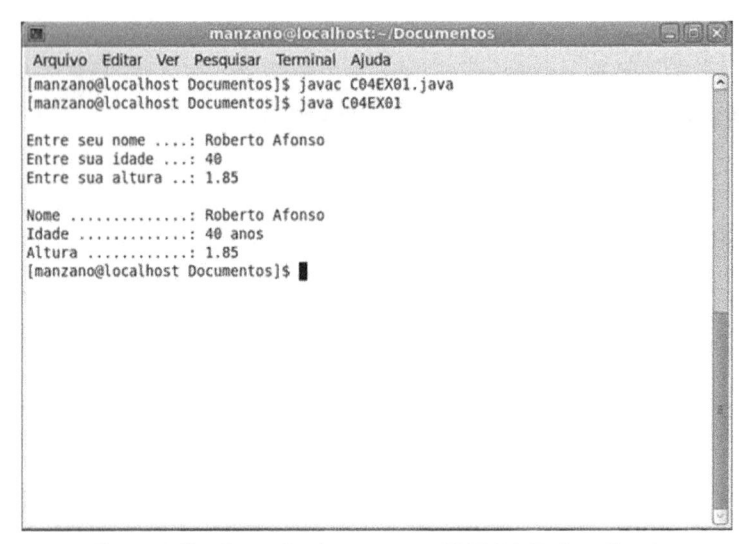

Figura 4.1b – Execução do programa C04EX01 (Fedora Linux).

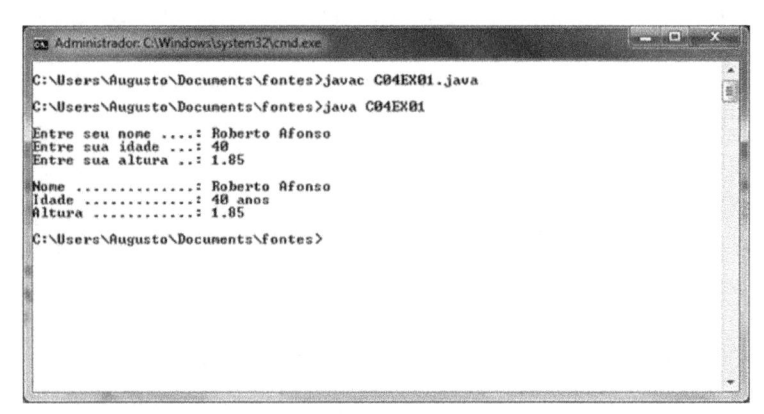

Figura 4.1c – Execução do programa C04EX01 (Microsoft Windows).

Neste contexto explicativo será dada ênfase às instruções não conhecidas em relação ao programa **C04EX01.java**. Assim, **import java.io.*;** indica a chamada do pacote (biblioteca externa) **java.io.***, que possui os recursos de tratamento das operações de entrada e saída. O símbolo asterisco indica que todos os recursos existentes no pacote **java.io** estarão disponíveis para uso.

As ações do programa são definidas na classe **C04EX01**, que deve ter o mesmo nome do programa. Normalmente essa é a forma mínima de escrever um programa em Java, pois um programa Java deve possuir no mínimo uma classe em seu código.

A classe mínima de um programa Java deve possuir o método principal de ação **main()** qualificado como **public static void**, em que o qualificador **void** indica que o método **main()** não efetuará nenhuma ação de devolução de valor quando o programa for encerrado, o qualificador **static** indica que haverá na memória apenas uma instância do método **main()** visível no programa e o qualificador **public** indica que o método **main()** é acessível sem nenhuma restrição no programa. Outro detalhe a ser considerado é o argumento existente no método **main()** denominado **String args[]**, que representa um conjunto de valores do tipo **String** que pode ser fornecido para o vetor **args[]** quando da execução do programa. Esse recurso é de uso opcional. Posteriormente, esses e outros detalhes serão mais bem explorados e explanados.

As instruções **String NOME;**, **int IDADE;** e **float ALTURA;** definem as variáveis que serão utilizadas na execução do programa. Note que também são definidos os tipos de dados que cada variável deverá armazenar.

Um detalhe importante são os nomes das variáveis utilizadas. As variáveis que estão sendo definidas como variáveis de ação para o programa, ou seja, as variáveis usadas nas operações de entrada e saída do programa: **NOME**, **IDADE** e **ALTURA** estão grafadas em caracteres maiúsculos e em itálico. As variáveis definidas para apoio nas operações exclusivas da linguagem denominadas "**br**" e "**e**" estão grafadas em caracteres minúsculos e em itálico. Assim, os demais programas estarão fazendo uso desse padrão.

No código do programa há o uso de três blocos de instruções **try / catch**, que têm por finalidade efetuar o tratamento do bloco de instruções de programa para efetivação de cada uma das entradas de dados. O conteúdo definido entre cada uma das instruções **try** e **catch** é pertencente a cada uma das entradas de dados.

Após a instrução **catch** ocorre a definição da execução de uma exceção caso ocorra erro na entrada de um dos dados. Exceções ocorrem quando há a necessidade de efetuar algum tipo de tratamento a uma ação que não se deseja que ocorra. Maiores detalhes em relação ao tratamento de exceções serão apresentados no próximo capítulo. Dessa forma, não se preocupe agora com esse detalhe. Por exemplo, considere o trecho de código que efetua a entrada do dado **IDADE**. Imagine o que aconteceria se houvesse uma entrada para a variável **IDADE** de um valor do tipo real. Em vez de o usuário informar que tem 20 anos, ele tente informar o valor 20.5 (tentando indicar que sua idade é de 20 anos e meio): certamente o programa seria interrompido, por ocorrer uma tentativa de entrada de um valor real em uma variável do tipo inteira. Assim, ao efetuar-se essa tentativa de entrada o erro ocorrerá, mas o fluxo do programa será automaticamente desviado para a primeira instrução indicada após a instrução **catch**. Neste caso, o fluxo é desviado para a linha em que a variável **IDADE** passa automaticamente a possuir o valor zero, evitando assim que o programa seja interrompido antes de sua finalização.

Observe que junto da instrução **catch** é passado o parâmetro **Exception e**, em que a variável denominada "**e**" é estabelecida como sendo do tipo objeto **Exception**, ou seja, a variável "**e**" é uma instância do objeto **Exception**. O objeto **Exception** é utilizado para capturar qualquer tipo de exceção, a qual será transferida para a variável "**e**". A variável "**e**" usada como parâmetro da instrução **catch** é uma variável também definida pelo desenvolvedor, mas sua definição ocorre de forma diferente das variáveis de ação do programa também definidas pelo desenvolvedor. É comum programas escritos com a linguagem Java possuírem variáveis de ação (como são as variáveis **NOME**, **IDADE** e **ALTURA**, que são aqui escritas em caracteres maiúsculos e em itálico) e variáveis associadas (instanciadas) a um determinado recurso interno da linguagem (escritas em minúsculas e definidas nesta obra como em negrito).

As variáveis instanciadas a um determinado recurso Java são normalmente representadas como siglas do nome do recurso em uso. Observe que a variável "**e**" está associada ao recurso **Exception**, em que "**e**" é o primeiro caractere do termo **Exception**. Essa mesma concepção foi utilizada no Capítulo 3 por ocasião da definição do exemplo do programa **AloMundo3.java** quando a variável "**g**" é definida como instância do objeto **Graphics**. Note também o uso da variável "**br**" definida nas linhas 15, 24 e 33 como sendo a abreviatura da classe **BufferedReader**.

Os trechos de instruções **new InputStreamReader(System.in)** existentes em três partes do programa são usados para definir o objeto **InputStreamReader()** a partir do comando **new**. Note que o objeto **InputStreamReader()** recebe como parâmetro o objeto **System.in**, formado pela classe **System**, e o *stream* **in** que é responsável por controlar o fluxo de entrada padrão (uso do teclado), que receberá pelo teclado os bytes informados como caracteres *Unicode*. Depois a definição do objeto **new InputStreamReader(System.in)** é passada como parâmetro para o construtor **BufferedReader()**, que criará na memória um objeto de fluxo para armazenar a entrada de dado no *buffer* de teclado, por meio do trecho de código **new BufferedReader(new InputStreamReader(System.in))**. O objeto a ser usado na entrada dos dados é atribuído à variável "**br**", sendo essa variável do tipo **BufferedReader**. O primeiro operador **new** tem por finalidade criar a instância do objeto indicado. Dessa forma, **new** consegue alocar espaço em memória para que o objeto definido seja manipulado.

As entradas dos dados são efetivadas por meio das instruções:

NOME = br.readLine();,
IDADE = Integer.parseInt(br.readLine()); e
ALTURA = Float.parseFloat(br.readLine());.

É importante lembrar e considerar que a entrada de dados em um programa de computador escrito na linguagem Java ocorre sempre no formato alfanumérico (caracteres *Unicode*) e que nos casos de haver a entrada de um dado a ser considerado numérico inteiro ou real estes deverão ser devidamente tratados, como está ocorrendo com o uso dos métodos **Integer.parseInt()** e **Float.parseFloat()**.

A instrução: **NOME = br.readLine();** atribui a variável **NOME** ao conteúdo armazenado no método **readLine()** da classe **br**. Note que para as variáveis **IDADE** e **ALTURA** o valor do método **readLine()** necessita ser convertido para seus tipos primitivos de dados por meio dos métodos **Integer.parseInt()** e **Float.parseFloat()**.

Para a variável **IDADE** está sendo utilizado o método **parseInt()** pertencente à classe **Integer**, que transforma o valor fornecido (aceito como uma sequência de caracteres *Unicode*) em um valor numérico do tipo inteiro. Algo semelhante ocorre em relação à variável **ALTURA**, quando se faz uso do método **parseFloat()**, pertencente à classe **Float**, para converter a sequência de caracteres informada em um valor numérico real.

O programa a seguir é uma versão do programa **C04EX01.java** e deverá ser gravado com o nome **C04EX02.java**. Nessa versão, o valor da altura (valor numérico real) será apresentado num formato visual um pouco diferente. Observe atentamente os pontos sinalizados em negrito. Após escrever o programa a seguir, grave-o com o nome **C04EX02.java**, compile-o com o comando **javac C04EX02.java** e execute-o com o comando **java C04EX02**.

```java
import java.io.*;
import java.text.DecimalFormat;

class C04EX02 {

  public static void main(String args[]) {

    String NOME;
    int IDADE;
    float ALTURA;

    DecimalFormat df = new DecimalFormat();

    System.out.println();

    System.out.print("Entre seu nome ....: ");
    try {
      BufferedReader br = new BufferedReader(
      new InputStreamReader(System.in));
      NOME = br.readLine(); }
    catch (Exception e) {
      NOME = "";
    }

    System.out.print("Entre sua idade ...: ");
    try {
      BufferedReader br = new BufferedReader(
      new InputStreamReader(System.in));
      IDADE = Integer.parseInt(br.readLine()); }
    catch (Exception e) {
      IDADE = 0;
    }

    System.out.print("Entre sua altura ..: ");
     try {
       BufferedReader br = new BufferedReader(
       new InputStreamReader(System.in));
       ALTURA = Float.parseFloat(br.readLine()); }
     catch (Exception e) {
       ALTURA = 0;
     }

    System.out.println();
    System.out.print("Nome ..............: " + NOME);
    System.out.print("\nIdade ............: " + IDADE + " anos");
    df.applyPattern("0.00");
    System.out.print("\nAltura ...........: " + df.format(ALTURA));
    System.out.println();

  }
}
```

Nessa segunda versão o programa apresenta o valor da altura fornecido formatado com duas casas decimais. Para formatar um valor numérico real na linguagem Java deve-se fazer uso da classe **java.text.DecimalFormat** indicada após o uso da instrução **import**. Essa classe permite alguns recursos de formatação, e uma das alternativas é trabalhar com os recursos de internacionalização da linguagem Java, que possibilita a formatação de um valor numérico de acordo com o país onde o programa está sendo executado. Assim, o símbolo de separação decimal pode ser apresentado como ponto ou vírgula, dependendo da forma como o sistema em uso esteja configurado.

Observe também a definição da variável "**df**", neste caso um objeto instanciado a partir da classe **DecimalFormat**, sendo este um objeto associado ao construtor **DecimalFormat()** definido pela sintaxe **DecimalFormat df = new DecimalFormat();**.

A linguagem Java, na definição que faz sobre objetos, que são, *grosso modo*, estruturas semelhantes a variáveis, faz uso da sintaxe:

```
class OBJETO = new Construtor([argumento]) [{código}];
```

em que **classe** será a definição de uma classe existente internamente na linguagem ou desenvolvida pelo programador, **OBJETO** a definição de um nome de identificação para o objeto criado (instanciado) a partir do tipo **classe**, **new** um comando operador que instancia um objeto e associa um **Construtor()** a ele para que este seja utilizável. Um **Construtor()** pode ou não possuir argumentos para a passagem de algum conteúdo, como também pode possuir ou não a definição de um código anexo definido entre os símbolos de chaves. Cabe ressaltar que o construtor é a definição de uma classe.

A classe **DecimalFormat** usada neste exemplo é configurada para apresentar um determinado modelo de formatação (*pattern*) por meio do método **applyPattern()** associado ao objeto representado pela variável "**df**". Note a definição do formato **0.00**, que permitirá a apresentação de valores numéricos do tipo real com o uso de duas casas decimais por meio da instrução: **df.format(ALTURA)**.

Um objeto é uma estrutura de dado que após ser instanciada a partir de uma classe passa a possuir acesso aos recursos dessa classe. Os recursos de uma classe poderão ser obtidos a partir de seus campos (atributos) ou métodos (funções). Na linguagem Java, um objeto pode ser referenciado com a sintaxe:

```
OBJETO.CAMPO;
OBJETO.Método([argumento]);
```

em que **ATRIBUTO** é um campo componente do **OBJETO** e **Método()** a definição de uma ação a ser executada sobre o objeto. O **Método()** de um objeto poderá possuir ou não argumento para a passagem de algum conteúdo.

Além do formato **0.00** indicado na linha de código **applyPattern()**, há a possibilidade de usar outros formatos como: [#] (tralha, também conhecido como *numeração*) para apresentar dígitos ou espaços em branco, [.] (ponto) para separar valores decimais, [-] (traço) para representar valores negativos, além, é claro, do [0] (zero) para apresentar dígitos ou valores zero se não houver nada a ser apresentado. Observe a tabela seguinte com alguns formatos:

Símbolo	Significado
0	Representação de números; se não houver número a ser apresentado, mostra zero.
#	Representação de números; se não houver número a ser apresentado, não mostra zero.
.	Ponto decimal usado para separar valores monetários, separação de decimais.
-	Apresentação de valores negativos.
,	Para separação de milhares.
E	Separa a mantissa do expoente num valor de notação científica.
;	Separa positivos de negativos em subpartes.
%	Multiplica por 100 e apresenta o valor em formato por cento.
\u2030	Multiplica por 1000 e apresenta o valor em formato por mil.

Foi utilizada nos programas anteriores como método de controle de fluxo de entrada de dados a classe **BufferedReader**, como mostra o trecho de código seguinte:

```
try {
  BufferedReader br = new BufferedReader(
  new InputStreamReader(System.in));
  NOME = bIr.readLine(); }
catch (Exception e) {
  NOME = "";
}
```

Apesar de a forma anterior ser funcional e a maneira mais comum de entrada de dados até o Java 1.4, ocorreu a partir do Java 1.5 (Java 5) a introdução da classe **Scanner** para ações de entrada de dados de maneira mais simples.

A classe **Scanner** foi inserida na linguagem Java a partir da versão 5.0. Dessa forma, é possível executar a mesma tarefa de entrada de uma forma mais simples. Observe o programa **C04EX03.java**. Note os pontos sinalizados em negrito. Após escrever o programa, grave-o com o nome **C04EX03.java**, compile-o com o comando **javac C04EX03.java** e execute-o com o comando **java C04EX03**.

```
import java.io.*;
import java.text.DecimalFormat;
import java.util.Scanner;

class C04EX03 {

  public static void main(String args[]) {

    String NOME;
    int IDADE;
    float ALTURA;
```

```
        DecimalFormat df = new DecimalFormat();
        Scanner s = new Scanner(System.in);

        System.out.println();

        System.out.print("Entre seu nome ....: ");
        NOME = s.nextLine();

        System.out.print("Entre sua idade ...: ");
        IDADE = s.nextInt();

        System.out.print("Entre sua altura ..: ");
        ALTURA = s.nextFloat();

        System.out.println();
        System.out.print("Nome ..............: " + NOME);
        System.out.print("\nIdade ............: " + IDADE + " anos");
        df.applyPattern("0.00");
        System.out.print("\nAltura ...........: " + df.format(ALTURA));
        System.out.println();

    }
}
```

Ao executar o programa entre as informações solicitadas, tome o cuidado de fornecer o valor numérico real com ponto ou vírgula, dependendo da configuração do sistema operacional. O método **nextFloat()** da classe **Scanner** opera de forma um pouco diferente do exemplo de entrada de valor numérico real apresentado no programa **C04EX03.java**.

O uso da classe **Scanner** é conseguido a partir da linha de código **import java.util.Scanner;**. Assim como outras classes, é necessário definir (instanciar) uma variável (objeto) a partir da classe **Scanner**, daí a existência da linha de código **Scanner s = new Scanner(System.in);**, em que a variável "**s**" está sendo definida a partir da classe **Scanner**. A parte do código definida como **new Scanner(System.in)** direciona o fluxo de operação como entrada, daí o uso de **System.in**.

Assim como outras classes, a classe **Scanner** possui um conjunto de métodos que facilitam sua operação. Nesse sentido, podem ser destacados os métodos:

➢ **nextLine()** – para entrada de dados do tipo string, pode-se usar apenas **next()**;

➢ **nextInt()** – para entrada de dados do tipo inteiro de 32 bits (**int**);

➢ **nextByte()** – para entrada de dado do tipo inteiro de 8 bits (**byte**);

➢ **nextLong()** – para entrada de dado do tipo inteiro de 64 bits (**long**);

➢ **nextFloat()** – para entrada de dado do tipo real de 32 bits (**float**);

➢ **nextDouble()** – para entrada de dado do tipo real de 64 bits (**double**);

➢ **nextChar()** – para a entrada de dado do tipo caractere de 16 bits (**char**).

Por ser o uso da classe **Scanner** mais simples que o uso da classe **BufferedReader**, essa forma será priorizada nos demais exemplos desta obra. No entanto, há certos tipos de ação de entrada de dados a que a classe **Scanner** não dá o devido suporte, e, quando isso ocorrer, voltar-se-á a utilizar a classe **BufferedReader**.

4.2 Programação com decisões

Para que seja possível fazer um programa de computador tomar decisões, é necessário primeiramente imputar uma condição. Uma condição é o estabelecimento de uma relação lógica entre variável *versus* variável ou entre variável *versus* constante por meio de um operador relacional.

4.2.1 Operadores relacionais

A relação existente entre os elementos (variável *versus* variável ou variável *versus* constante) de uma condição é conseguida com a utilização dos operadores relacionais, de acordo com a tabela seguinte:

Símbolo	Significado
==	Igual a
!=	diferente de (não igual)
>	maior que
<	menor que
>=	maior ou igual que
<=	menor ou igual que

Podem ser condições válidas as seguintes estruturas relacionais (condições): $A == B$, $A != B$, $A > B$, $A < B$, $A >= B$, $A <= B$ ou $A == 5$, $A != 5$, $A > 5$, $A < 5$, $A >= 5$, $A <= 5$.

O uso de operadores relacionais na definição de uma condição ocasiona o uso do conceito de desvio condicional. Uma decisão a ser tomada por um computador pode ser verdadeira ou falsa a partir da condição estabelecida. Se a condição for verdadeira, poderá ser executada certa ação; se a condição for falsa, poderá ser executada outra ação. Um desvio condicional pode ser simples ou composto.

4.2.2 Desvio condicional simples

Um desvio condicional será simples quando houver uma condição que desvia a execução do programa caso o resultado lógico avaliado seja verdadeiro. Se o resultado lógico avaliado for falso, nada acontecerá, e o programa simplesmente segue o seu fluxo de execução.

Um desvio condicional simples é definido na linguagem Java através da instrução **if**, que possui a seguinte sintaxe:

```
if <(condição)>
  <instrução executada quando a condição for verdadeira>;
<instrução executada após condição ser verdadeira e/ou falsa>;
```

Se o resultado lógico da condição for *verdadeiro*, será executada a instrução que estiver posicionada imediatamente abaixo da instrução **if**. Se o resultado lógico da condição for *falso*, será executada a instrução que estiver posicionada após o trecho de código considerado verdadeiro.

Caso venha a existir mais de uma instrução a ser executada com a condição verdadeira para uma determinada condição, elas devem estar inseridas em um bloco delimitado pelos símbolos **{** e **}**. Note que é considerado um bloco o conjunto de instruções entre um **{** e um **}**, conforme o exemplo seguinte:

```
if <(condição)>
   {
     <instrução 1 executada quando condição for verdadeira>;
     <instrução 2 executada quando condição for verdadeira>;
     <instrução 3 executada quando condição for verdadeira>;
     <instrução N executada quando condição for verdadeira>;
   }
<instrução executada após condição ser verdadeira e/ou falsa>;
```

A instrução **if** também poderá ser escrita utilizando-se uma forma visual um pouco diferente da apresentada anteriormente. Aliás, essas são as duas formas mais comuns de se encontrar programas codificados na linguagem Java. Observe a seguir a segunda forma também utilizada:

```
if <(condição)> {
   <instrução 1 executada quando condição for verdadeira>;
   <instrução 2 executada quando condição for verdadeira>;
   <instrução 3 executada quando condição for verdadeira>;
   <instrução N executada quando condição for verdadeira>;
}
<instrução executada após condição ser verdadeira e/ou falsa>;
```

Para exemplificar a utilização de decisão simples dentro de um programa, considere a necessidade de desenvolver um programa que efetue a leitura de dois valores numéricos inteiros, efetue a adição dos valores e apresente o seu resultado, caso o valor somado seja maior que 10. No seu editor de textos, escreva o programa e grave-o com o nome **C04EX04.java**.

Programação Essencial em Java

```java
import java.io.*;
import java.util.Scanner;

class C04EX04 {
  public static void main(String args[]) {

    int A, B, R;
    Scanner s = new Scanner(System.in);

    System.out.println();

    System.out.print("Entre o valor <A>: ");
    A = s.nextInt();

    System.out.print("Entre o valor <B>: ");
    B = s.nextInt();

    R = A + B;
    System.out.println();
    if (R > 10)
      System.out.print("Resultado = " + R);
    System.out.println();

  }
}
```

Saia do editor de texto e na linha de comando escreva a chamada do compilador Java com a sintaxe **javac C04EX04.java**, depois execute **java C04EX04** para ver o resultado do programa.

Faça duas execuções: na primeira execução entre com valores que somados gerem um resultado maior que 10, e na segunda execução com valores que somados sejam no máximo iguais a 10.

Perceba que, após a definição das variáveis como sendo do tipo **int**, é solicitada a leitura dos dois valores que são implicados pelas variáveis **A** e **B**. Depois é efetuado o processamento da operação da adição das variáveis **A** e **B**, o qual é implicado pela variável **R**. Nesse ponto, por meio de uma condição definida para a instrução **if**, o programa verifica se a condição é verdadeira (ou seja, se o valor da variável **R** é maior que 10); se for, o programa executa a linha que apresenta o resultado da operação; caso a condição seja falsa, o programa não apresentará nenhum resultado e será encerrado.

4.2.3 Desvio condicional composto

Anteriormente, foi visto como fazer uso da instrução **if** do tipo simples para avaliar uma determinada condição (desvio condicional simples). Agora será estudado como fazer uso da instrução **if ... else**.

Numa instrução **If ... else**, se a condição for *verdadeira*, será executada a instrução que estiver posicionada entre a instrução **if** e a instrução **else**. Sendo a condição *falsa*, será executada a instrução que estiver posicionada logo após a instrução **else**, como é indicado na seguinte sintaxe:

```
if <(<condição>)>
   <instrução executada quando condição for verdadeira>;
else
   <instrução executada quando condição for falsa>;
<instrução executada após condição ser verdadeira ou falsa>;
```

Caso seja necessário considerar mais de uma instrução para as condições *verdadeira* ou *falsa*, utilizar-se-á o conceito de delimitação de blocos através dos símbolos **{** e **}**, como indicado em seguida:

```
if <(condição)>
   {
     <instrução 1 executada quando condição for verdadeira>;
     <instrução 2 executada quando condição for verdadeira>;
     <instrução N executada quando condição for verdadeira>;
   }
else
   {
     <instrução 1 executada quando condição for falsa>;
     <instrução 2 executada quando condição for falsa>;
     <instrução N executada quando condição for falsa>;
   }
<instrução executada após condição ser verdadeira ou falsa>;
```

A instrução **if ... else** também poderá ser escrita utilizando-se uma forma visual um pouco diferente da apresentada anteriormente. Aliás, essas são as duas formas mais comuns de se encontrar programas codificados na linguagem Java. Observe a seguir a segunda forma também utilizada:

```
if <(condição)> {
   <instrução 1 executada quando condição for verdadeira>;
   <instrução 2 executada quando condição for verdadeira>;
   <instrução N executada quando condição for verdadeira>; }
else {
   <instrução 1 executada quando condição for falsa>;
   <instrução 2 executada quando condição for falsa>;
   <instrução N executada quando condição for falsa>;
}
<instrução executada após condição ser verdadeira ou falsa>;
```

Como exemplo, considere um programa que faça a leitura de dois valores numéricos do tipo inteiro e efetue a adição desses valores. Caso o resultado obtido seja maior que 10, o programa apresentará a mensagem "Resultado ultrapassa o valor dez.". Caso o resultado do valor somado não seja maior que 10, o programa deverá apresentar a mensagem "Re-

sultado não ultrapassa o valor dez.". No seu editor de textos, escreva o programa e grave-
-o com o nome **C04EX05.java**.

```java
import java.io.*;
import java.util.Scanner;

class C04EX05 {
  public static void main(String args[]) {

    int A, B, R;
    Scanner s = new Scanner(System.in);

    System.out.println();

    System.out.print("Entre o valor <A>: ");
    A = s.nextInt();

    System.out.print("Entre o valor <B>: ");
    B = s.nextInt();

    R = A + B;
    System.out.println();
    if (R > 10)
      System.out.print("Resultado ultrapassa o valor dez.");
    else
      System.out.print("Resultado nao ultrapassa o valor dez.");
    System.out.println();

  }
}
```

Saia do editor de texto e na linha de comando escreva a chamada do compilador Java com a sintaxe **javac C04EX05.java**. Execute a sintaxe **java C04EX05** para ver o resultado do programa. Faça duas execuções: na primeira execução entre com valores que somados gerem um resultado maior que 10, e na segunda execução, com valores que somados sejam no máximo iguais a 10.

Ao fazer um teste de execução do programa, se forem fornecidos os valores 5 e 5, o resultado apresentado será a mensagem "Resultado não ultrapassa o valor dez.". Caso sejam fornecidos os valores 5 e 7, o resultado apresentado será a mensagem "Resultado ultrapassa o valor dez.".

4.2.4 Operadores lógicos

Existem ocasiões em que é necessário trabalhar com o relacionamento de mais de uma condição para se tomar uma decisão. Para esses casos é necessário fazer uso dos operadores chamados *operadores lógicos* (ou *operadores booleanos*). Os operadores lógicos usados na linguagem Java são:

- **&&** ou **&** (operadores de conjunção),
- **||** ou **|** (operadores de disjunção),
- **^** (operador de disjunção exclusiva) e
- **!** (não – operador de negação).

Assim como os operadores aritméticos, os operadores lógicos também possuem prioridade para execução, sendo executados do maior para o menor os operadores de negação (**!**), operador de conjunção simples (**&**), operador de disjunção exclusiva (**^**), operador de disjunção simples (**|**), operador de conjunção duplo (**&&**) e o operador de disjunção duplo (**||**).

Os exemplos apresentados a seguir consideram o uso de duas condições para se estabelecer e tomar uma decisão. No entanto, essa relação lógica poderá ser construída com mais de duas condições, ou seja, com quantas condições forem necessárias.

Operador lógico de conjunção

O operador lógico de conjunção (**&&**) é utilizado quando dois relacionamentos lógicos de uma determinada condição necessitam ser verdadeiros para obter-se um resultado lógico verdadeiro, caso contrário o resultado do valor lógico retornado será falso. Se a primeira condição possui valor lógico falso, a segunda condição não é avaliada. Em seguida, é apresentada a tabela-verdade para esse tipo de operador:

Operador && (Operador "e")		
Condição 1	Condição 2	Resultado
Falsa	Falsa	Falso
Verdadeira	Falsa	Falso
Falsa	Verdadeira	Falso
Verdadeira	Verdadeira	Verdadeiro

O programa seguinte mostra, por meio da utilização do operador de conjunção **&&,** que somente será apresentada a mensagem: **O valor está entre 20 e 90** caso o valor fornecido para a variável **NUMERO** esteja entre 20 e 90. Qualquer valor fornecido fora da faixa definida apresentará a mensagem: **O valor não está entre 20 e 90**. No seu editor de textos, escreva o programa e grave-o com o nome **C04EX06.java**.

```
import java.io.*;
import java.util.Scanner;

class C04EX06 {
  public static void main(String args[]) {

    int NUMERO;
    Scanner s = new Scanner(System.in);
```

```
    System.out.println();

    System.out.print("Entre um valor: ");
    NUMERO = s.nextInt();

    if (NUMERO >= 20 && NUMERO <= 90)
      System.out.print("O valor esta entre 20 e 90");
    else
      System.out.print("O valor nao esta entre 20 e 90");
    System.out.println();

  }
}
```

Saia do editor de texto e na linha de comando escreva a chamada do compilador Java com a sintaxe **javac C04EX06.java**. Execute a sintaxe **java C05EX06** para ver o resultado do programa. Durante a execução do programa, efetue a entrada de valores dentro e fora da faixa para verificar a funcionalidade da tomada de decisão com o uso do operador lógico de conjunção.

O operador lógico de conjunção (**&**) é utilizado de forma semelhante ao operador lógico **&&**. A diferença está no fato de o operador lógico **&** realizar a verificação lógica de todas as condições envolvidas na decisão.

Operador lógico de disjunção

O operador lógico de disjunção (**||**) é utilizado quando pelo menos um dos relacionamentos lógicos de uma condição necessita ser verdadeiro para obter-se um resultado lógico verdadeiro, caso contrário o valor do resultado lógico retornado será falso. Se a primeira condição possuir valor lógico verdadeiro, a segunda condição não será avaliada. Em seguida é apresentada a tabela-verdade para esse tipo de operador:

Operador || (operador "ou")		
Condição 1	Condição 2	Resultado
Falsa	Falsa	Falso
Verdadeira	Falsa	Verdadeiro
Falsa	Verdadeira	Verdadeiro
Verdadeira	Verdadeira	Verdadeiro

O programa seguinte efetua e a leitura de um valor numérico inteiro referente aos códigos: 1, 2 ou 3. Qualquer outro valor deve apresentar a mensagem **Código inválido**. Se o valor estiver correto, apresentará o valor do código escrito por extenso. No seu editor de textos, escreva o programa e grave-o com o nome **C04EX07.java**.

```java
import java.io.*;
import java.util.Scanner;

class C04EX07 {
  public static void main(String args[]) {

    int CODIGO;
    Scanner s = new Scanner(System.in);

    System.out.println();

    System.out.print("Entre o codigo de acesso: ");
    CODIGO = s.nextInt();

    if (CODIGO == 1 || CODIGO == 2 || CODIGO == 3)
      {
        if (CODIGO == 1)
          System.out.println("um");
        if (CODIGO == 2)
          System.out.println("dois");
        if (CODIGO == 3)
          System.out.println("tres");
      }
    else
      System.out.println("codigo invalido");

    System.out.println();

  }
}
```

Saia do editor de texto e na linha de comando escreva a chamada do compilador Java com a sintaxe **javac C04EX07.java**. Execute a sintaxe **java C04EX07** para ver o resultado do programa. Efetue a entrada dos códigos de acesso que sejam válidos e inválidos para verificar a funcionalidade da tomada de decisão com o uso do operador lógico de disjunção.

O operador lógico de conjunção (|) é utilizado de forma semelhante ao operador lógico ||. A diferença está no fato de o operador lógico | realizar a verificação lógica de todas as condições envolvidas na decisão.

Operador lógico de disjunção exclusiva

O operador lógico de disjunção exclusiva (^) é utilizado quando se necessita que uma das condições seja falsa para obter um resultado lógico verdadeiro, caso contrário, se o valor lógico das condições for falso ou for verdadeiro, o valor do resultado lógico retornado será falso. Em seguida, é apresentada a tabela-verdade para o operador ^.

Operador ^ (operador "ou exclusivo")		
Condição 1	Condição 2	Resultado
Falsa	Falsa	Falso
Verdadeira	Falsa	Verdadeiro
Falsa	Verdadeira	Verdadeiro
Verdadeira	Verdadeira	Falso

O programa seguinte efetua a leitura do nome e do sexo de duas pessoas e determina se a partir do sexo fornecido essas pessoas podem ou não dançar a quadrilha, pois seus organizadores determinaram que os casais para a dança devem ser formados por pares heterogêneos. No seu editor de textos, escreva o programa e grave-o com o nome **C04EX08.java**.

```java
import java.io.*;
import java.util.Scanner;

class C04EX08 {
  public static void main(String args[]) {

    String NOME1, NOME2;
    int SEXO1, SEXO2, I;
    Scanner s1 = new Scanner(System.in);
    Scanner s2 = new Scanner(System.in);

    System.out.println();

    System.out.print("Entre o primeiro nome ....................: ");
    NOME1 = s1.nextLine();

    System.out.print("Entre o sexo: M --> [1] // F --> [2] .....: ");
    SEXO1 = s1.nextInt();

    System.out.print("Entre o segundo nome .....................: ");
    NOME2 = s2.nextLine();

    System.out.print("Entre o sexo: M --> [1] // F --> [2] .....: ");
    SEXO2 = s2.nextInt();

    if (SEXO1 == 1 ^ SEXO2 == 1)
      System.out.println(NOME1 + " pode dancar com " + NOME2);
    else
      System.out.println(NOME1 + " nao pode dancar com " + NOME2);

    System.out.println();

  }
}
```

Saia do editor de texto e na linha de comando escreva a chamada do compilador Java com a sintaxe **javac C04EX08.java**. Execute a sintaxe **java C04EX08** para ver o resultado do programa. Efetue a entrada do nome e do sexo de duas pessoas para verificar se elas podem dançar. Quando forem informados os sexos de mesma natureza, a mensagem dirá que as pessoas indicadas não podem dançar por estar descumprindo a regra estabelecida pela organização do evento.

Há um detalhe a ser considerado no programa **C04EX08.java** que é a utilização de uma variação da instrução **Scanner s = new Scanner(System.in);** anteriormente definida. Note que nesse programa estão sendo usadas as variáveis "**s1**" e "**s2**", em vez de definir uma única variável "**s**". Isso decorre de um efeito "desagradável" quando há a necessidade de efetuar entradas de dados do tipo caractere com entrada de dados do tipo numérica. Quando se opera com a entrada de um dado numérico e aciona-se a tecla **<Enter>** ocorre a limpeza automática do buffer (memória) de teclado. Quando se opera com a entrada de dados do tipo caractere, a limpeza do buffer não ocorre automaticamente, e o efeito de entrada do primeiro dado pula para a próxima entrada e perde-se a ação da primeira entrada. Por essa razão, faz-se o uso da definição das variáveis "**s1**" e "**s2**" no programa **C04EX08.java**.

Operador lógico de negação

O operador lógico de negação (**!**) é utilizado quando é necessário estabelecer que uma determinada condição deve ser não verdadeira ou deve ser não falsa. O operador **!** caracteriza-se por inverter o estado lógico de uma condição. Em seguida é apresentada a tabela-verdade para esse tipo de operador:

Operador ! (operador "não")	
Condição	Resultado
Verdadeira	Falso
Falso	Verdadeira

O operador **!** faz com que seja executada uma determinada operação, invertendo o resultado lógico da condição.

O exemplo seguinte apresenta, por meio da utilização do operador **!**, que somente será efetuado o cálculo de **X = (A + B) * C** se o valor da variável *X* não for maior que 5. Qualquer valor de 5 para baixo efetuará o cálculo **X = (A – B) * C**. Se forem informados os valores 5, 1 e 2, respectivamente, para as variáveis **A**, **B** e **C**, resultará para a variável **X** o valor 12, pois o valor 2 da variável *X* é controlado pela instrução **if** (!(*C* > 5)) como sendo verdadeiro, uma vez que não é maior que 5. Assim, os valores 5 e 1 são somados, resultando 6, e multiplicados por 2, resultando 12. Mas se forem informados os valores 5, 1 e 6, respectivamente, para as variáveis **A**, **B** e **C**, resultará para a variável **X** o valor 24 como sendo falso. Assim, os valores 5 e 1 são subtraídos, resultando 4, e multiplicados por 6, resultando 24. No seu editor de textos, escreva o programa e grave-o com o nome **C04EX09.java**.

```java
import java.io.*;
import java.util.Scanner;

class C04EX09 {
  public static void main(String args[]) {

    int A, B, C, X;
    Scanner s = new Scanner(System.in);

    System.out.println();

    System.out.print("Entre o valor <A>: ");
    A = s.nextInt();

    System.out.print("Entre o valor <B>: ");
    B = s.nextInt();

    System.out.print("Entre o valor <C>: ");
    C = s.nextInt();

    if (!(C > 5))
       X = (A + B) * C;
    else
       X = (A - B) * C;
    System.out.println("O resultado de X equivale a: " + X);

    System.out.println();

  }
}
```

Saia do editor de texto e na linha de comando escreva a chamada do compilador Java com a sintaxe **javac C04EX09.java**. Execute a sintaxe **java C04EX09** para ver o resultado do programa. Ao executar o programa, efetue a entrada dos valores anteriormente sugeridos para verificar a funcionalidade da tomada de decisão com o uso do operador lógico de negação.

Com relação ao uso de operadores lógicos na linguagem Java, é pertinente salientar um detalhe operacional muito importante: os operadores lógicos somente devem ser usados com dados de mesmo tipo. Relações lógicas com dados de tipos diferentes não são executadas pela linguagem Java. Caso haja a necessidade de fazer avaliação de operadores lógicos com tipos de dados diferentes, esses dados deverão ser convertidos para um tipo de dado em comum de forma que a avaliação lógica seja possível de ser realizada.

Avaliações lógicas possíveis de ser realizadas com operadores lógicos ocorrem sempre entre dados do mesmo tipo. Assim, o tipo inteiro deve ser relacionado com outro dado do tipo inteiro (entre si podem ser avaliados dados **long**, **int**, **short** e **byte**), o tipo real deve ser relacionado com outro dado do tipo real (entre si podem ser avaliados dados **float** e **double**). Dados do tipo lógico (**boolean**) não devem ser usados em relações lógicas com dados do tipo inteiro ou real. Os dados do tipo **String** ou **char** também não devem ser relacionados com outros tipos de dados quando do uso de operadores lógicos. Portanto, muita atenção em relação a esse detalhe da linguagem Java.

4.2.5 Desvio condicional de múltipla escolha

Note que, ao trabalhar com uma sequência grande de desvios condicionais encadeados ou mesmo sequenciais, pode-se deixar o programa difícil de ser interpretado. O programa anterior é um exemplo. Existe uma forma mais adequada e eficiente para atender a esse tipo de situação, que é a estrutura de controle com múltipla escolha, denominada estrutura **switch**, que possui a sintaxe:

```
switch <variável>
  {
    case <opção 1>: <operação 1>;        break;
    case <opção 2>: <operação 2>;        break;
    case <opção N>: <operação N>;        break;
    default       : <operação default>;  break;
  }
```

em que:

> <variável>   - nome da variável a ser controlada na decisão;

> <opção>   - conteúdo da variável a ser verificado (pode ser um **int** ou **String**);

> <operação>   - execução de alguma ação específica.

Observação

A instrução **default** da estrutura **switch** e qualquer operação a ela associada são opcionais, não caracterizando uma obrigatoriedade de uso. A instrução **break** tem a finalidade de desviar o processamento para fora do comando **switch**. Isso é necessário, uma vez que após o processamento da função ele retorna para a primeira instrução após sua chamada, que nesse caso será **break**.

A instrução **switch** também poderá ser escrita utilizando-se uma forma visual um pouco diferente da apresentada anteriormente. Aliás, essas são as duas formas mais comuns de se encontrar programas codificados na linguagem Java. Observe a seguir a segunda forma também utilizada:

```
switch <variável> {
  case <opção 1>: <operação 1>;        break;
  case <opção 2>: <operação 2>;        break;
  case <opção N>: <operação N>;        break;
  default       : <operação default>;  break;
}
```

Para exemplificar o uso dessa estrutura, será criado um programa bem simples que pedirá como entrada um valor numérico do tipo inteiro que esteja entre 1 e 12. Em seguida, o programa deve apresentar o nome do mês correspondente ao valor informado. Caso seja informado um valor de um mês inexistente, o programa deve avisar ao usuário o erro cometido. No seu editor de textos, escreva o programa e grave-o com o nome **C04EX10.java**.

```java
import java.io.*;
import java.util.Scanner;

class C04EX10 {
  public static void main(String args[]) {

    int MES;
    Scanner s = new Scanner(System.in);

    System.out.println();
    System.out.print("Entre um valor referente a um MES: ");
    MES = s.nextInt();
    System.out.println();

    if (MES ==  1)
      System.out.println("Janeiro");
    else
      if (MES ==  2)
        System.out.println("Fevereiro");
      else
        if (MES ==  3)
          System.out.println("Marco");
        else
          if (MES ==  4)
            System.out.println("Abril");
          else
            if (MES ==  5)
              System.out.println("Maio");
            else
              if (MES ==  6)
                System.out.println("Junho");
              else
                if (MES ==  7)
                  System.out.println("Julho");
                else
                  if (MES ==  8)
                    System.out.println("Agosto");
                  else
                    if (MES ==  9)
                      System.out.println("Setembro");
                    else
                      if (MES == 10)
                        System.out.println("Outubro");
                      else
                        if (MES == 11)
                          System.out.println("Novembro");
                        else
                          if (MES == 12)
                            System.out.println("Dezembro");
                          else
                            System.out.println("Mes invalido");

    System.out.println();

  }
}
```

Saia do editor de texto e na linha de comando escreva a chamada do compilador Java com a sintaxe **javac C04EX10.java**. Execute a sintaxe **java C04EX10** para ver o resultado do programa. Execute o programa testando valores entre 1 e 12 e também outros valores.

Há também uma outra possibilidade de indentação com o objetivo de melhorar a legibilidade visual de um programa que faz uso de uma sequência bastante extensa de instruções do tipo **if** encadeadas. Para tanto, no seu editor de textos, escreva o programa e grave-o com o nome **C04EX11.java**.

```java
import java.io.*;
import java.util.Scanner;

class C04EX11 {
  public static void main(String args[]) {

    int MES;
    Scanner s = new Scanner(System.in);

    System.out.println();
    System.out.print("Entre um valor referente a um MES: ");
    MES = s.nextInt();
    System.out.println();

    if (MES ==  1)
      System.out.println("Janeiro");
    else if (MES ==  2)
      System.out.println("Fevereiro");
    else if (MES ==  3)
      System.out.println("Marco");
    else if (MES ==  4)
      System.out.println("Abril");
    else if (MES ==  5)
      System.out.println("Maio");
    else if (MES ==  6)
      System.out.println("Junho");
    else if (MES ==  7)
      System.out.println("Julho");
    else if (MES ==  8)
      System.out.println("Agosto");
    else if (MES ==  9)
      System.out.println("Setembro");
    else if (MES == 10)
      System.out.println("Outubro");
    else if (MES == 11)
      System.out.println("Novembro");
    else if (MES == 12)
      System.out.println("Dezembro");
    else
      System.out.println("Mes invalido");

    System.out.println();

  }
}
```

Programação Essencial em Java

Saia do editor de texto e na linha de comando escreva a chamada do compilador Java com a sintaxe **javac C04EX11.java**. Execute a sintaxe **java C04EX11** para ver o resultado do programa.

Ao observar os programas **C04EX10.java** e **C04EX11.java**, nota-se a mudança na forma de indentação do código. A legibilidade do programa **C04EX11.java** é melhor que a legibilidade do programa **C04EX10.java**, mas a definição da estrutura de condição sequencial é a mesma.

Tendo visto a primeira e segunda versões do programa, a terceira versão fará o mesmo processamento, mas utilizando a instrução **switch**. No seu editor de textos, escreva o programa e grave-o com o nome **C04EX12.java**.

```java
import java.io.*;
import java.util.Scanner;

class C04EX12 {
  public static void main(String args[]) {

    int MES;
    Scanner s = new Scanner(System.in);

    System.out.println();
    System.out.print("Entre um valor referente a um MES: ");
    MES = s.nextInt();
    System.out.println();

    switch (MES)
      {
        case  1: System.out.println("Janeiro");      break;
        case  2: System.out.println("Fevereiro");    break;
        case  3: System.out.println("Marco");        break;
        case  4: System.out.println("Abril");        break;
        case  5: System.out.println("Maio");         break;
        case  6: System.out.println("Junho");        break;
        case  7: System.out.println("Julho");        break;
        case  8: System.out.println("Agosto");       break;
        case  9: System.out.println("Setembro");     break;
        case 10: System.out.println("Outubro");      break;
        case 11: System.out.println("Novembro");     break;
        case 12: System.out.println("Dezembro");     break;
        default: System.out.println("Mes invalido"); break;
      }
    System.out.println();

  }
}
```

Saia do editor de texto e na linha de comando escreva a chamada do compilador Java com a sintaxe **javac C04EX12.java**. Execute a sintaxe **java C04EX12** para ver o resultado do programa.

Perceba que as linhas que continham as instruções **if** nos programas **C04EX10.java** e **C04EX11.java** foram substituídas pelas linhas com a instrução **switch**.

A instrução **switch** aceita a definição de valores do tipo *string* a partir do Java 7. Assim, após cada comando **case** pode-se fazer uso de um valor definido entre aspas inglesas. Dessa forma, considere como exemplo desse tipo de aplicação um programa idêntico ao programa **C04EX12.java**, que será gravado com o nome **C04EX12STR.java**, e em vez de se fazer a entrada de valores numéricos entre os valores **1** e **12** far-se-á a entrada de *strings* (literais por extenso) como: **um**, **dois**, **três** (sem acento), **quatro** e assim por diante até **doze**. No seu editor de textos, escreva o programa e grave-o com o nome **C04EX12STR.java**. Atente para as partes marcadas em negrito.

```java
import java.io.*;
import java.util.Scanner;

class C04EX12STR {
  public static void main(String args[]) {

    String MES;
    Scanner s = new Scanner(System.in);

    System.out.println();
    System.out.print("Entre um valor referente a um MES: ");
    MES = s.nextLine();
    System.out.println();

    switch (MES)
      {
        case "um":     System.out.println("Janeiro");    break;
        case "dois":   System.out.println("Fevereiro");  break;
        case "tres":   System.out.println("Marco");      break;
        case "quatro": System.out.println("Abril");      break;
        case "cinco":  System.out.println("Maio");       break;
        case "seis":   System.out.println("Junho");      break;
        case "sete":   System.out.println("Julho");      break;
        case "oito":   System.out.println("Agosto");     break;
        case "nove":   System.out.println("Setembro");   break;
        case "dez":    System.out.println("Outubro");    break;
        case "onze":   System.out.println("Novembro");   break;
        case "doze":   System.out.println("Dezembro");   break;
        default:       System.out.println("Mes invalido"); break;
      }
    System.out.println();

  }
}
```

Saia do editor de texto e na linha de comando escreva a chamada do compilador Java com a sintaxe **javac C04EX12STR.java**. Execute a sintaxe **java C04EX12STR** para ver o resultado do programa.

É muito importante considerar que o uso da instrução **switch** do ponto de vista operacional de funcionalidade de um computador prevê apenas condições com operador relacionado do tipo "igual a". Em situações operacionais que envolvam outras formas de relações lógicas deve-se fazer uso da instrução **if** na forma sequencial ou encadeada.

4.2.6 Tratamento de exceções

A ação de tratamento de exceções está associada à capacidade de fazer em um programa o tratamento de erros operacionais, que ocorrem não devido a falhas de lógica de programação (cometer erros de lógica de programação é para um programador um sacrilégio), mas devido ao próprio uso do programa pelos usuários ou muitas vezes por operações internas da linguagem que precisam ser devidamente controladas.

No dia a dia do trabalho de desenvolvimento é muito comum ocorrerem erros na execução de um programa, que muitas vezes fogem do controle inicial do programador ou desenvolvedor. Esses erros acabam ocasionando a interrupção do funcionamento adequado do programa e até a perda irreversível de dados que estejam armazenados temporariamente na memória principal.

À medida que os programas se tornam mais complexos e maiores, aumenta a necessidade de se preocupar com o tratamento de possíveis erros que venham a ocorrer. O conceito de tratamento de erros por exceções usado pela linguagem Java foi projetado para situações em que um método (uma função) que detecta um erro não consegue lidar com esse erro e então aciona uma exceção (DEITEL & DEITEL, 2001).

O uso do tratamento de exceções na linguagem Java informa a necessidade de o programa estar vigiando possíveis erros operacionais e assim poder ter uma ação de tratamento desse erro para que o programa não seja interrompido e abortado da memória. Por exemplo, os programas definidos até este momento fazem um tratamento de exceção quando da solicitação da entrada de dados via teclado, pois a entrada é sempre aceita como uma sequência de caracteres e deve muitas vezes ser convertida para o formato específico desejado.

O conceito de erro de exceção pode também ocorrer por causa de algum tipo de erro gerado pelo programa, que inicialmente foge do conhecimento do desenvolvedor. Para o desenvolvedor tudo está aparentemente certo, sua lógica parece perfeita, mas o programa não aceita a implementação, e retorna uma série de erros, que deixa a equipe de desenvolvimento de "cabelo em pé".

Note que o conceito de exceção delimita um tipo de erro incomum, portanto não é qualquer tipo de erro. É fundamental ao desenvolvedor saber distinguir um erro de exceção de um erro comum, normalmente cometido por imperícia e falta de conhecimento da linguagem em uso.

O objetivo aqui não é apresentar uma abordagem completa desse tema, mas fornecer ao leitor uma base para que seja possível ir aprendendo com o tempo a tratar as exceções que venham a surgir nos sistemas desenvolvidos.

O trabalho de tratamento de erros não é uma tarefa muito fácil, pois é difícil saber onde um determinado erro pode ocorrer. É necessário desenvolver com o tempo a sensibilidade necessária para perceber esses detalhes.

Para a execução do tratamento de exceções na linguagem Java, esta utiliza como comando de tratamento a cláusulas **try** (testar), que pode fazer uso de um conjunto subsequente de exceções tratadas pela cláusula **catch** (capturar).

O trecho do código de programa que necessita ser testado (para saber se é válido) é definido após a instrução **try** e antes da instrução **catch** como se fosse uma ação válida. Se nenhum erro for constatado, o teste foi bem-sucedido e o programa continua seu processamento normalmente após o final do bloco **catch**. No entanto, se algum erro ocorrer na operação, o bloco **catch** é então executado, dando a possibilidade de se fazer o tratamento da exceção.

Talvez para um iniciante em programação de computadores a compreensão do conceito de tratamento de exceções seja um pouco confusa, mas, à medida que for usando a aplicação desse conceito em outros exemplos de programa, como ocorre nesta obra, ocorrerá, mesmo que lentamente, a devida compreensão. Na tentativa de facilitar essa questão, cabe aqui avaliar o seguinte trecho de programa, que foi apresentado no capítulo anterior, quando do uso da classe **BufferedReader**.

```
System.out.print("Entre sua altura ..: ");
try {
  BufferedReader br = new BufferedReader(
  new InputStreamReader(System.in));
  ALTURA = Float.parseFloat(br.readLine()); }
catch (Exception e) {
  ALTURA = 0;
}
```

Nesse trecho de código, a entrada do dado correspondente à altura fornecida pelo teclado é atribuída à variável **ALTURA**. Para que essa ação seja executada, é necessário primeiramente com a classe **BufferedReader** reservar um espaço de trabalho na memória, e isso ocorre com **BufferedReader br = new BufferedReader(new InputStreamReader(System.in));**, que está grafado em duas linhas e prepara a memória do computador para aceitar um dado de tipo **float**. No entanto, a entrada de dado é sempre aceita como uma sequência de caracteres, que necessita ser convertida para o formato desejado, que neste caso é o tipo **float**, que é tratado pelo trecho **ALTURA = Float.parseFloat(br.readLine());**.

Imagine que inadvertidamente o usuário, em vez de expressar o valor da altura de forma numérica o fizesse de forma alfabética, ou então simplesmente acionasse a tecla **<Enter>**. Nesse caso seria impossível armazenar na variável **ALTURA** o valor fornecido, pois a variável **ALTURA** somente pode aceitar valores do tipo **float**. Essa atitude do usuário ocasionará um erro (uma exceção, ao contexto natural de operação do programa) que efetua a interrupção abrupta do programa retornando o processamento do código para a linha de comando do sistema operacional sem concluir a execução do programa. Para evitar esse acidente operacional, a entrada do usuário fica definida dentro do bloco vigiado e testado pela instrução **try**, e se tudo estiver bem, nada acontecerá, mas se o usuário cometer a falha descrita, então a ação definida dentro do bloco **catch** é acionada e nesse caso força para a variável **ALTURA** o valor **0** (zero). O bloco **catch**, para capturar uma exceção, faz sempre uso de um parâmetro que é um objeto de exceção. Existem vários objetos de exceção na linguagem Java. **Exception** é um deles, e é usado para o tratamento genérico de qualquer exceção, e por essa razão deve ser usado com muita cautela, pois não é bom tratar qualquer erro de exceção de forma genérica. É melhor fazer o tratamento certo para uma certa exceção.

Além da possibilidade de definir mais de um bloco **catch** para o tratamento de exceções ou mesmo fazer o uso de **multi-catch,** há ainda a possibilidade de definir um bloco opcional denominado **finally**, o qual é processado independentemente de ocorrer ou não uma exceção no bloco **try**. No entanto, o bloco **finally** deve ser usado apenas em situações em que se deseja liberar os recursos usados no bloco **try**. Caso não se tenha nenhum uso específico de recurso, o bloco **finally** deve permanecer omitido. O código de tratamento de exceções pode ser escrito de acordo com a seguinte estrutura sintática:

```
try {
  Definição do código de programa que poderá gerar exceções.
  Por exemplo: ExceçãoTipo1, ExceçãoTipo2 e ExceçãoTipoN.
}
catch(ExceçãoTipo1 et1) {
  Definição do código de tratamento da exceção: ExceçãoTipo1.
}
catch(ExceçãoTipo2 et2) {
  Definição do código de tratamento da exceção: ExceçãoTipo2.
}
catch(ExceçãoTipoN etN) {
  Definição do código de tratamento da exceção: ExceçãoTipoN.
}
Finally {
  Definição do código que será executado ocorrendo
  ou não uma exceção.
}
```

Para demonstrar uma ocorrência de erro típico, considere um simples programa que tenha a finalidade de apresentar o resultado da divisão de dois valores do tipo **int** (para os tipos **float** e **double** esse tipo de exceção não se aplica, pois a divisão é tratada automaticamente pela plataforma Java). No seu editor de texto, escreva o programa seguinte e grave-o com o nome **C04EX13.java**.

```java
import java.io.*;

class C04EX13 {

  public static void main(String args[]) {

    int DIVIDENDO, DIVISOR, QUOCIENTE;

    System.out.println();

    System.out.print("Informe um valor do dividendo...: ");
```

```
    try {
      BufferedReader br = new BufferedReader(
      new InputStreamReader(System.in));
      DIVIDENDO = Integer.parseInt(br.readLine()); }
    catch (Exception e) {
      DIVIDENDO = 0;
    }

    System.out.print("Informe um valor do divisor.....: ");
    try {
      BufferedReader br = new BufferedReader(
      new InputStreamReader(System.in));
      DIVISOR = Integer.parseInt(br.readLine()); }
    catch (Exception e) {
      DIVISOR = 0;
    }

    QUOCIENTE = DIVIDENDO / DIVISOR;

    System.out.println();
    System.out.print("Resultado = " + QUOCIENTE);
    System.out.println();

  }
}
```

Saia do editor de texto e na linha de comando escreva a chamada do compilador Java com a sintaxe **javac C04EX13.java** e execute **java C04EX13** para ver o resultado do programa.

Ao executar o programa, se forem fornecidos, respectivamente, para o dividendo e para o divisor os valores **5** e **2,** obter-se-á um resultado **2** (considerando que o programa está calculando o quociente inteiro dos valores fornecidos de acordo com o tipo **int**). Mas se forem fornecidos os valores **5** e **0** (zero), o resultado não será apresentado, e em seu lugar ocorrerá a apresentação de uma mensagem de erro como:

```
Exception in thread "main" java.lang.ArithmeticException: / by zero
      at C04EX13.main(C04EX13.java:29)
```

O erro apresentado indica a tentativa de divisão por zero (**/ by zero**). Note que a mensagem de erro indica qual exceção foi capturada, no caso **ArithmeticException** pertencente ao pacote **java.lang**. Além dessas informações, a mensagem de erro indica que o erro ocorreu na (**at**) linha de código 29 do programa **C04EX13.main(C04EX13.java:29)**).

Observe que após ocorrer o erro o programa foi interrompido e assim abortado. Para evitar que um programa seja abortado e seja finalizado de forma mais natural é que se pode tratar uma exceção como erro. No exemplo apresentado, o erro de origem aritmética foi capturado pela exceção (que é um objeto) **ArithmeticException**, que poderá ser facilmente capturada com o bloco **try** para que o eventual erro seja tratado no bloco **catch**. Para tanto, a partir do editor de textos de sua preferência, grave o programa atual com o nome **C04EX13.java** e altere a indicação do nome da **C04EX13** para a classe **C04EX14** (indicado em negrito). Depois acrescente as linhas de código definidas em negrito a seguir.

```java
import java.io.*;

class C04EX14 {

  public static void main(String args[]) {

    int DIVIDENDO, DIVISOR, QUOCIENTE;

    System.out.println();

    System.out.print("Informe um valor do dividendo...: ");
    try {
      BufferedReader br = new BufferedReader(
      new InputStreamReader(System.in));
      DIVIDENDO = Integer.parseInt(br.readLine()); }
    catch (Exception e) {
      DIVIDENDO = 0;
    }

    System.out.print("Informe um valor do divisor.....: ");
    try {
      BufferedReader br = new BufferedReader(
      new InputStreamReader(System.in));
      DIVISOR = Integer.parseInt(br.readLine()); }
    catch (Exception e) {
      DIVISOR = 0;
    }

    try {

      QUOCIENTE = DIVIDENDO / DIVISOR;

      System.out.println();
      System.out.print("Resultado = " + QUOCIENTE);
      System.out.println();

    }

    catch (ArithmeticException ae) {

      System.out.println();
      System.out.print("Erro de divisao por zero.");
      System.out.println();

    }

  }
}
```

Saia do editor de texto e na linha de comando escreva a chamada do compilador Java com a sintaxe **javac C04EX14.java**. Execute a sintaxe **java C04EX14** para ver o resultado do programa.

Ao executar o programa, se forem fornecidos, respectivamente, para o dividendo e para o divisor os valores **5** e **2,** obter-se-á um resultado **2**. No entanto, se forem fornecidos os valores **5** e **0** (zero) o resultado não será apresentado, e em seu lugar será apresentada a mensagem **"Erro de divisao por zero."**, indicando que o erro de exceção do tipo **ArithmeticException** foi devidamente tratado.

Observe que sempre que ocorre a definição de controle sobre um determinado tipo de exceção na cláusula **catch**, essa exceção, que é um dos objetos da linguagem Java, é associada a uma variável que poderá ser usada para a realização de algum controle ou operação. Observe no uso da cláusula **catch (ArithmeticException ae)** a definição da variável "**ae**" (poderia ser outra variável) como sendo do tipo **ArithmeticException**. É muito comum encontrar as variáveis definidas dentro da cláusula **catch** ou mesmo associadas a objetos predefinidos da plataforma Java grafadas em caracteres minúsculos e sendo normalmente a abreviação do nome do objeto de exceção tratada. Se o leitor estiver atento, perceberá que esse conceito foi utilizado já algumas vezes.

Além da possibilidade de uso de exceções predefinidas existentes há a possibilidade de se fazer uso de exceções próprias a partir do uso da classe (recurso interno) **Exception**.

O programa a seguir mantém a ação de dividir dois valores numéricos inteiros. No seu editor de textos, escreva o código seguinte e grave-o com o nome **C04EX15.java**.

```java
import java.io.*;

class C04EX15 {

  public static void main(String args[]) {
    int DIVIDENDO, DIVISOR, QUOCIENTE;

    System.out.println();

    System.out.print("Informe um valor do dividendo...: ");
    try {
      BufferedReader br = new BufferedReader(
      new InputStreamReader(System.in));
      DIVIDENDO = Integer.parseInt(br.readLine()); }
    catch (Exception e) {
      DIVIDENDO = 0;
    }

    System.out.print("Informe um valor do divisor.....: ");
    try {
      BufferedReader br = new BufferedReader(
      new InputStreamReader(System.in));
      DIVISOR = Integer.parseInt(br.readLine()); }
    catch (Exception e) {
      DIVISOR = 0;
    }

    try {

      QUOCIENTE = DIVIDENDO / DIVISOR;
```

Programação Essencial em Java

```
    if (DIVISOR == 0)
      throw new Exception();

    System.out.println();
    System.out.print("Resultado = " + QUOCIENTE);
    System.out.println();

  }

  catch (Exception e) {

    System.out.println();
    System.out.print("Erro de divisao por zero.");
    System.out.println();

  }

 }
}
```

Saia do editor de texto e na linha de comando escreva a chamada do compilador Java com a sintaxe **javac C04EX15.java**. Execute a sintaxe **java C04EX15** para ver o resultado do programa.

Ao executar o programa, se forem fornecidos, respectivamente, para o dividendo e para o divisor os valores **5** e **2,** obter-se-á um resultado **2**. No entanto, se forem fornecidos os valores **5** e **0** (zero) o resultado não será apresentado, e em seu lugar será apresentada a mensagem **"Erro de divisao por zero."**, indicando que o erro de exceção definido no código de programa **Exception**: foi lançado pelo comando **throw** e em seguida será devidamente tratado quando o valor da variável **DIVISOR** estiver como valor **0** (zero).

Observe a seguir o uso bem simples (e apenas didático para dar uma ideia do uso) da cláusula **finally** no código de um programa. Tome como base o problema de divisão por zero desenvolvido com o nome **C04EX15.java**. No seu editor de textos, faça as mudanças indicadas em negrito a seguir e grave o com o nome **C04EX16.java**.

```
import java.io.*;

class C04EX16 {

  public static void main(String args[]) {
    int DIVIDENDO, DIVISOR, QUOCIENTE;

    System.out.println();

    System.out.print("Informe um valor do dividendo...: ");
    try {
      BufferedReader br = new BufferedReader(
      new InputStreamReader(System.in));
      DIVIDENDO = Integer.parseInt(br.readLine()); }
    catch (Exception e) {
      DIVIDENDO = 0;
    }
```

```
    System.out.print("Informe um valor do divisor.....: ");
    try {
      BufferedReader br = new BufferedReader(
      new InputStreamReader(System.in));
      DIVISOR = Integer.parseInt(br.readLine()); }
    catch (Exception e) {
      DIVISOR = 0;
    }

    try {

      QUOCIENTE = DIVIDENDO / DIVISOR;

      if (DIVISOR == 0)
        throw new Exception();

      System.out.println();
      System.out.print("Resultado = " + QUOCIENTE);
      System.out.println();

    }

    catch (Exception e) {

      System.out.println();
      System.out.print("Erro de divisao por zero.");
      System.out.println();

    }

    finally {

      System.out.println();
      System.out.print("Passei pelo bloco: finally.");
      System.out.println();

    }

  }
}
```

Saia do editor de texto e na linha de comando escreva a chamada do compilador Java com a sintaxe **javac C04EX16.java**. Execute a sintaxe **java C04EX16** para ver o resultado do programa.

Ao executar o programa, se forem fornecidos, respectivamente, para o dividendo e para o divisor os valores **5** e **2**, obter-se-á um resultado **2** e será em seguida apresentada a mensagem **"Passei pelo bloco: finally."**. No entanto, se forem fornecidos os valores **5** e **0** (zero) o resultado não será apresentado, e em seu lugar será apresentada a mensagem de erro **"Erro de divisao por zero."**. Em seguida será também apresentada a mensagem **"Passei pelo bloco: finally."**, indicando que sempre ocorre após a execução de um bloco **try** a execução do bloco **finally** independentemente de uma exceção ser ou não tratada.

Para fazer uso do bloco **finally** não é necessário possuir antecipadamente a definição de código de um bloco **catch**. Dessa forma são válidas as estruturas: **try / catch**, **try / finally**

Programação Essencial em Java

e **try / catch / finally**. Há muito mais a ser estudado a respeito do tratamento de erros e exceções. No entanto, esse estudo requer um maior conhecimento e intimidade com a linguagem Java. Por se tratar de um material de introdução ao estudo da linguagem Java, esse aprofundamento não será dado aqui, ficando esse estudo mais aprofundado por conta do leitor após a conclusão completa deste estudo.

Além das formas apresentadas, a linguagem Java 7 permite o uso de **multi-catch**. Para fazer uso desse recurso, o código de programa seguinte será uma variação do código de programa **C04EX16.java**, em que os trechos de código controlados pela classe **BufferedReader** serão substituídos pela classe **Scanner**.

O programa seguinte, assim como os demais, mantém a ação de dividir dois valores numéricos inteiros. No seu editor de textos, escreva o código seguinte gravando-o com o nome **C04EX16A.java**.

```java
import java.io.*;
import java.util.Scanner;

class C04EX16A {

  public static void main(String args[]) {

    int DIVIDENDO, DIVISOR, QUOCIENTE;
    Scanner s = new Scanner(System.in);

    System.out.println();

    try {

      System.out.print("Informe um valor do dividendo...: ");
      DIVIDENDO = s.nextInt();

      System.out.print("Informe um valor do divisor.....: ");
      DIVISOR = s.nextInt();

      QUOCIENTE = DIVIDENDO / DIVISOR;

      System.out.println();
      System.out.print("Resultado = " + QUOCIENTE);
      System.out.println();

    }

    catch (final ArithmeticException | Exception erro) {

      System.out.println();
      System.out.print("Erro de divisao por zero ou outro erro.\n");
      System.out.print("Tipo de excecao: " + erro + ".");
      System.out.println();

    }

  }
}
```

Saia do editor de texto e na linha de comando escreva a chamada do compilador Java com a sintaxe **javac C04EX16A.java**. Execute a sintaxe **java C04EX16A** para ver o resultado do programa.

Ao executar o programa, se forem fornecidos, respectivamente, para o dividendo e para o divisor os valores **5** e **2,** obter-se-á um resultado **2**. No entanto, se forem fornecidos os valores **5** e **0** (zero) o resultado não será apresentado, e em seu lugar será apresentada a mensagem de erro **"Erro de divisao por zero ou outro erro."**. Após a mensagem anterior é apresentada também a mensagem **"Erro de excecao: java.lang.ArithmeticException: / by zero."**. Mas se for informado um valor numérico real ou um valor alfabético para o dividendo ou para o divisor, ocorrerá, além da primeira mensagem, a apresentação da segunda mensagem: **"Erro de excecao: java.util.InputMismatchException."**.

A primeira mensagem apresentada indica a ocorrência de uma exceção do tipo **Exception** ou do tipo **ArithmeticException** por meio da execução da linha de código **catch** com a condição **(final ArithmeticException | Exception erro)**, em que a variável **"erro"** captura efetivamente a exceção ocorrida a partir de **ArithmeticException** ou **Exception**. Observe entre os nomes das exceções **ArithmeticException** e **Exception** o uso do operador "|" *pipe* (cachimbo) como sendo um operador lógico de disjunção.

Já é sabido que a exceção **ArithmeticException** ocorre quando há a tentativa de uma divisão por zero, mas a exceção **Exception** captura qualquer outra ocorrência de exceção que não seja a tentativa de divisão por zero e mostra junto à segunda mensagem o complemento de ocorrência **java.util.InputMismatchException**, indicando que **InputMismatchException** é a exceção ocorrida quando da tentativa da entrada de um dado incompatível com o tipo **int** das variáveis **DIVIDENDO** e **DIVISOR**.

O qualificador **final** é obrigatório no início da definição das exceções do tipo **multi-catch**, tendo como finalidade permitir apenas que a variável **"erro"** possa ser adequadamente inferida com o retorno dos valores gerados a partir de cada uma das exceções definidas. Nenhum outro valor será permitido para a variável **"erro"**.

Como visto, o tratamento de exceções evita que um erro inesperadamente interrompa a execução de um programa, pois é possível eventualmente interpretar a exceção ocorrida e finalizar o programa adequadamente ou dar outra ação lógica a ele.

O conjunto de objetos de exceções da linguagem Java é extenso, e uma forma de saber quais exceções estão associadas a uma determinada classe é consultar a documentação oficial da linguagem.

4.3 Programação com laços

Esta seção aborda um dos recursos de trabalho mais importantes na atividade de programar um computador. São os laços de repetição (também conhecidos como *loopings* ou malhas de repetição), que possibilitam a ação de repetir várias vezes um determinado trecho de programa. Dessa forma, é possível determinar repetições com números variados de vezes, desde laços finitos (quando se sabe o número de vezes que o laço deve ser executado) até laços indeterminados (quando não se sabe quantas vezes o laço deve ser executado).

4.3.1 Laço com condicional pré-teste

A estrutura de laço de repetição com verificação condicional inicial é um laço do tipo **enquanto** (*while*) que efetua um teste lógico no início de sua execução, verificando se é permitido executar o trecho de instruções subordinadas a esse laço.

A estrutura **while** tem o seu funcionamento controlado por condição. É possível executar um determinado conjunto de instruções enquanto a condição verificada permanecer *Verdadeira*. No momento em que essa condição se torna *Falsa* (e deve se tornar falsa), o processamento da rotina é desviado para fora do laço.

Sendo a condição *Falsa* logo no início do laço, as instruções contidas nele são ignoradas. Caso seja necessário executar mais de uma instrução para uma condição verdadeira dentro de um laço (o que é bastante comum), elas devem estar mencionadas dentro de um bloco definido com os símbolos **{** e **}**. Dessa forma, a instrução **while** deve ser escrita com a seguinte estrutura:

```
while <(condição)>
  {
    <instrução 1 executada enquanto a condição for verdadeira>
    <instrução 2 executada enquanto a condição for verdadeira>
    <instrução 3 executada enquanto a condição for verdadeira>
    <instrução N executada enquanto a condição for verdadeira>
  }
```

A instrução **while** também poderá ser escrita utilizando-se uma forma visual um pouco diferente da apresentada anteriormente. Aliás, essas são as duas formas mais comuns de se encontrar programas codificados na linguagem Java. Observe a seguir a segunda forma também utilizada:

```
while <(condição)> {
  <instrução 1 executada enquanto a condição for verdadeira>
  <instrução 2 executada enquanto a condição for verdadeira>
  <instrução 3 executada enquanto a condição for verdadeira>
  <instrução N executada enquanto a condição for verdadeira>
}
```

Como exemplo, considere o programa seguinte, que apresentará os valores numéricos inteiros de 1 até 5. Nesse caso, será necessário definir um contador para controlar a execução da apresentação dos valores de 1 até 5 por meio de um contador. Assim, a cada vez que for executado o trecho de apresentação do valor, o contador será incrementado de mais 1. No seu editor de textos, escreva o programa e grave-o com o nome **C04EX17.java**.

```java
import java.io.*;

class C04EX17 {
  public static void main(String args[]) {

    int I;
    System.out.println();

    I = 1;
    while (I <= 5)
      {
        System.out.println("Valor = " + I);
        I = I + 1;
      }

  }
}
```

Saia do editor de texto e na linha de comando escreva a chamada do compilador Java com a sintaxe **javac C04EX17.java**. Execute a sintaxe **java C04EX17** para ver o resultado do programa. Assim que o programa for inicializado, ocorre a apresentação no monitor de vídeo da mensagem "Valor = " seguida dos valores 1, 2, 3, 4 e 5, um em cada linha.

Observe a definição da variável **I** como sendo do tipo **int**. Depois note a definição do valor inicial da variável **I** com o valor **1**. A instrução **while** (*I* <= 5), que efetua a checagem da condição estabelecida, verificando que a condição é verdadeira, pois o valor da variável **I**, que nesse momento é **1**, é realmente menor ou igual a **5** e, enquanto for, deve processar as instruções contidas no laço.

Dentro do laço ocorrerá a execução da apresentação da mensagem "Valor = " seguida do valor da variável **I** no momento da execução da linha 11. Depois ocorrerá a execução da instrução **I = I + 1**, indicando o acréscimo de **1** à variável contador. Observe que num primeiro momento a variável **I** possui o valor **1** e somado a mais **1** (num segundo momento) passará a ter o valor **2**, ou seja, **I = I + 1**, sendo assim **I = 1 + 1,** que resultará **I = 2**. Após a variável **I** estar carregada com o valor **2**, o processamento do programa volta para a instrução **while** (*I* <= 5) indicada na linha 9, que verificará novamente a condição da variável. Sendo a condição *Verdadeira,* será executado o bloco de código definido dentro do laço. Quando o processamento do programa chegar na instrução **I = I + 1**, fará com que a variável **I** passe a ter o valor **3**. Dessa forma o programa processa novamente a rotina de instruções, passando o valor da variável **I** para **4**, que será verificado, e sendo menor ou igual a **5** será executada mais duas vezes até atingir o valor **6**, quando o laço será automaticamente encerrado.

Observação

Programadores Java costumam não utilizar como contador a forma **I = I + 1**, como foi apresentada no exemplo anterior. Eles preferem usar a forma **I += 1** ou a forma **I++**. A forma **I++** é normalmente usada quando a contagem é efetuada de uma em uma unidade, e a **I += 1**, quando o passo de contagem for com algum valor diferente de **1**. Vale ressaltar também que poderão ser utilizados, além de **+=**, os operadores **-=**, ***=** e **/=** para realizar outras operações de incremento ou decremento de valores em uma determinada variável. Nos próximos exemplos a forma **I = I + 1** não será mais utilizada.

Imagine agora uma situação na qual o usuário deseja executar o mesmo programa mais de uma vez, mas não sabe ao certo quantas vezes irá fazer essa execução. Observe que será difícil prever quantas vezes o usuário irá solicitar essa ação. Nesse caso, será necessário definir um segundo laço que seja executado enquanto a resposta do usuário para a execução do programa for **SIM**. Neste capítulo o conceito de **SIM** e **NÃO** será controlado por entrada numérica. Posteriormente, no Capítulo 10, o leitor aprenderá a fazer essa mesma ação utilizando resposta do tipo alfabética. Agora, no seu editor de textos, escreva o programa e grave-o com o nome **C04EX18.java**.

```java
import java.io.*;
import java.util.Scanner;

class C04EX18 {
  public static void main(String args[]) {

    int I, RESP;
    Scanner s = new Scanner(System.in);

    RESP = 1;
    while (RESP == 1)
      {

        System.out.println();

        I = 1;
        while (I <= 5)
          {
            System.out.println("Valor = " + I);
            I++;
          }

        System.out.println();
        System.out.println("Deseja continuar?");
        System.out.print("Tecle: [1] para SIM / [2] para NAO: ");
        RESP = s.nextInt();
      }

  }
}
```

Saia do editor de texto e na linha de comando escreva a chamada do compilador Java com a sintaxe **javac C04EX18.java**. Execute a sintaxe **java C04EX18** para ver o resultado do programa.

Note que no programa **C04EX18.java** foi inserido um segundo laço, que é controlado pela variável **RESP**, a qual enquanto tiver o seu valor igual a **1**, executará o bloco de instruções definidas no laço. Nesse caso, o número de vezes que a rotina vai se repetir será controlado pelo usuário e dependerá da informação fornecida para a variável **RESP**. Se o usuário responder **1**, o programa continuará; se responder **2**, o programa será encerrado.

A codificação de programas de computador em linguagem Java permite simplificar a forma escrita ao iniciar o valor de uma determinada variável. No programa anterior, é iniciada a variável **RESP** como sendo do tipo **int**, e antes de iniciar o laço essa variável é atribuída com o valor **1** para dar início ao processamento do laço de repetição. Da mesma forma ocorre também essa mesma característica com a variável **I**. Veja em seguida uma sugestão de simplificação da escrita do código do programa. No seu editor de textos, escreva o programa e grave-o com o nome **C04EX19.java**.

```java
import java.io.*;
import java.util.Scanner;

class C04EX19 {
  public static void main(String args[]) {

    int I, RESP = 1;
    Scanner s = new Scanner(System.in);

    while (RESP == 1)
      {
        System.out.println();

        I = 1;
        while (I <= 5)
          {
            System.out.println("Valor = " + I);
            I++;
          }

        System.out.println();
        System.out.println("Deseja continuar?");
        System.out.print("Tecle: [1] para SIM / [2] para NAO: ");
        RESP = s.nextInt();

      }

  }
}
```

Saia do editor de texto e na linha de comando escreva a chamada do compilador Java com a sintaxe **javac C04EX19.java**. Execute a sintaxe **java C04EX19** para ver o resultado do programa.

Perceba que após a inicialização da variável **RESP** com o seu tipo está sendo atribuído simultaneamente o valor da variável, que nesse caso é **1** (**int** I, **RESP = 1**;). Essa forma permite reduzir um pouco o número de linhas de código dos programas desenvolvidos.

Uma possibilidade de trabalho com a abordagem de definir o tipo, a variável e seu valor inicial quando do uso de valores grandes, principalmente com grandezas numéricas, é definir o valor separando o valor em grupos com caractere underline. Por exemplo, ao definir uma variável **X** com valor **1000000** (um milhão) como **int X = 1_000_000**, o compilador

Java irá entender que a informação **1_000_000** deve ser tratada como valor **1000000**. Esse recurso encontra-se incorporado a partir da versão 7 da linguagem Java. Veja em seguida um exemplo de um programa utilizando valores numéricos com underline. No seu editor de textos, escreva o programa e grave-o com o nome **C04EX20.java**.

```java
import java.io.*;
import java.text.DecimalFormat;
import java.util.Scanner;

class C04EX20 {
  public static void main(String args[]) {

    long X = 1_000_000, Y, R;
    DecimalFormat df = new DecimalFormat();
    Scanner s = new Scanner(System.in);

    System.out.println();
    System.out.print("Entre um valor inteiro (-128/127): ");
    Y = s.nextByte();

    R = X + Y + 3000000;

    df.applyPattern("#,###,##0");
    System.out.println("Resultado = " + df.format(R));

  }
}
```

Saia do editor de texto e na linha de comando escreva a chamada do compilador Java com a sintaxe **javac C04EX20.java**. Execute a sintaxe **java C04EX20** para ver o resultado do programa.

Ao executar o programa, qualquer valor fornecido para a variável **Y** gerará um erro de exceção (**InputMismatchException**) que esteja fora da faixa indicada (**-128/127**). O uso do caractere underline na definição de valores (podem até ser considerados valores constantes) funcionam bem com valores definidos de forma explícita dentro do programa, como ocorre com a instrução de processamento **R = X + Y + 3000000;**, ao fazer uso da adição do valor **3.000.000** junto ao valor fornecido para **Y** e o valor **1_000_000** definido junto à variável. O mesmo não se pode dizer quando da inserção de um valor via teclado, que, independentemente do seu tipo de dados, só aceita a entrada de valores na faixa do tipo **byte**. Observe que apesar de a variável **Y** ser do tipo **long** a entrada permitida é do tipo **byte**.

4.3.2 Laço condicional pós-teste

O laço de repetição com a verificação condicional no final efetua um teste lógico no final de um laço. Por ser parecida com a estrutura **while** (enquanto for), a estrutura em questão é denominada **do ... while** (faça... enquanto).

Seu funcionamento é controlado por condição, porém esse tipo de laço efetua a execução de um conjunto de instruções pelo menos uma vez antes de verificar a validade da condição estabelecida, diferentemente da estrutura **while**, que executa somente um conjunto de instruções enquanto a condição é verdadeira.

Dessa forma, **do ... while** tem seu funcionamento em sentido contrário a **while**, pois sempre irá processar um conjunto de instruções no mínimo uma vez, enquanto a condição for *Verdadeira*. Assim, a instrução **do ... while** deve ser escrita:

```
do
  {
    <perita instrução 1 até condição ser verdadeira>;
    <perita instrução 2 até condição ser verdadeira>;
    <perita instrução 3 até condição ser verdadeira>;
    <perita instrução N até condição ser verdadeira>;
  }
while <(condição)>;
```

A instrução **do ... while** também poderá ser escrita utilizando-se uma forma visual um pouco diferente da apresentada anteriormente. Aliás, essas são as duas formas mais comuns de se encontrar programas codificados na linguagem Java. Observe a seguir a segunda forma também utilizada:

```
do {
   <perita instrução 1 até condição ser verdadeira>;
   <perita instrução 2 até condição ser verdadeira>;
   <perita instrução 3 até condição ser verdadeira>;
   <perita instrução N até condição ser verdadeira>; }
while <(condição)>;
```

Para exemplificar a utilização desse tipo de estrutura de laço de repetição, será considerado como exemplo o programa que escreve valores de 1 a 5 utilizado na seção anterior. No seu editor de textos, escreva o programa e grave-o com o nome **C04EX21.java**.

```java
import java.io.*;

class C04EX21 {
  public static void main(String args[]) {

    int I = 1;;
    System.out.println();

    do
      {
        System.out.println("Valor = " + I);
        I++;
      }
    while (I <= 5);

  }
}
```

Saia do editor de texto e na linha de comando escreva a chamada do compilador Java com a sintaxe **javac C04EX21.java**. Execute a sintaxe **java C04EX21** para ver o resultado do programa.

Assim que o programa for executado, a variável contador é inicializada com o valor **1** (**I = 1**). Em seguida a instrução **do** indica que todo trecho de instruções situado no laço que antecede a instrução **while** (I <= 5) será executado enquanto a variável **I** for menor ou igual a 5.

Imagine uma situação na qual o usuário deseja executar uma determinada operação de programa mais de uma vez. Observe que será difícil prever quantas vezes o usuário vai solicitar essa ação. Nesse caso, é necessário definir um segundo laço que seja executado enquanto a resposta do usuário para a execução do programa for **SIM**. No seu editor de textos, escreva o programa e grave-o com o nome **C04EX22.java**.

```java
import java.io.*;
import java.util.Scanner;

class C04EX22 {
  public static void main(String args[]) {

    int I, RESP = 1;
    Scanner s = new Scanner(System.in);

    do
      {

        System.out.println();

        I = 1;
        do
          {
            System.out.println("Valor = " + I);
            I++;
          }
        while (I <= 5);

        System.out.println();
        System.out.println("Deseja continuar?");
        System.out.print("Tecle: [1] para SIM / [2] para NAO: ");
        RESP = s.nextInt();

      }
    while (RESP == 1);

  }
}
```

Saia do editor de texto e na linha de comando escreva a chamada do compilador Java com a sintaxe **javac C04EX22.java**. Execute a sintaxe **java C04EX22** para ver o resultado do programa.

Observe a utilização do segundo laço, que é controlado pela variável **RESP**, que, enquanto tiver o seu valor igual a **1**, executará o bloco de instruções subordinado à instrução **while**. Nesse caso, o número de vezes que a rotina vai se repetir será controlado pelo usuário e dependerá da informação fornecida para a variável **RESP**. Se o usuário responder **1**, o programa continuará; se responder **2**, o programa será encerrado.

4.3.3 Laço incondicional

Foram apresentadas duas formas de elaborar laços, uma usando o conceito **while** e outra usando o conceito **do ... while**. Com essas duas técnicas é possível desenvolver rotinas que efetuam a execução de um determinado laço um determinado número de vezes com a utilização de uma variável do tipo contador (variáveis que executam um determinado número de vezes) ou mesmo de uma variável que aguarde a resposta do usuário. Independentemente da forma de tratamento, ela é denominada variável de controle.

Existe uma outra forma que visa facilitar o uso de contadores finitos, sem fazer uso das estruturas anteriores. Os laços com **while** e **do ... while** passam a ser utilizados em loopings nos quais não se conhece de antemão o número de vezes que uma determinada sequência de instruções deve ser executada.

Os laços que possuem um número finito de execuções podem ser processados por meio de um laço de repetição executado pelo método **for()**, que tem seu funcionamento controlado por variável de controle do tipo contador, podendo ser crescente ou decrescente, tendo como sintaxe:

```
for (<início>; <fim>; <incremento>)
  <instruções>;
```

Caso venha a existir mais de uma instrução para ser executada dentro do laço, ela deve estar inserida em um bloco delimitado pelos símbolos { e }:

```
for (<início>; <fim>; <incremento>)
  {
    <instruções 1>;
    <instruções 2>;
    <instruções N>;
  }
```

A instrução **for** também poderá ser escrita utilizando-se uma forma visual um pouco diferente da apresentada anteriormente. Aliás, essas são as duas formas mais comuns de se encontrar programas codificados na linguagem Java. Observe a seguir a segunda forma também utilizada:

```
for (<início>; <fim>; <incremento>) {
  <instruções 1>;
  <instruções 2>;
  <instruções N>;
}
```

O laço **for** na linguagem Java é executado por um método que recebe três parâmetros de trabalho, separados por ponto e vírgula. O primeiro parâmetro é representado por uma variável e seu valor inicial, o segundo parâmetro é representado pela condição de finalização da execução do laço, e o terceiro e último parâmetro, pelo contador de incremento que ocorrerá entre o valor inicial e o valor final da contagem.

Para exemplificar a utilização desse tipo de estrutura de laço, será considerado como exemplo um programa que apresente valores inteiros entre 1 e 5, já utilizado nos demais exemplos deste capítulo. No seu editor de textos, escreva o programa e grave-o com o nome **C04EX23.java**.

```
import java.io.*;

class C04EX23 {
  public static void main(String args[]) {

    int I;
    System.out.println();

    for (I = 1; I <= 5; I++)
      System.out.println("Valor = " + I);

  }
}
```

Saia do editor de texto e na linha de comando escreva a chamada do compilador Java com a sintaxe **javac C04EX23.java**. Execute a sintaxe **java C04EX23** para ver o resultado do programa.

Quando executada no programa a instrução **for()**, a variável **I** é iniciada com valor **1** (primeiro parâmetro) e incrementada com mais **1** (terceiro parâmetro) até atingir o valor **5** (segundo parâmetro).

O laço **for()** poderia também ter sido definido como **for (int** I = 1; I <= 5; I++) com a finalidade de definir a variável **I** do tipo **int** de forma direta, em vez de ser definido como **for** (I = 1; I <= 5; I++), em que a variável **I** está definida de forma indireta. A escolha da forma a ser utilizada é de cada programador ou desenvolvedor. Os autores desta obra tem por preferência definir as variáveis de forma indireta e antes do início da rotina. Essa característica foi adquirida ao longo de sua experiência profissional na utilização de linguagens diferentes de forma simultânea, tendo que adotar uma conduta homogênea de trabalho, em um ambiente de trabalho extremamente heterogêneo.

Caso queira proceder a uma versão do programa em que o usuário decida se vai ou não executá-lo mais uma vez, será necessário definir um segundo laço utilizando os comandos **while** ou **do ... while**, pois o laço **for** não está preparado para tratar esse tipo de condição.

4.4 Linhas de comentário

Um dos pontos importantes em programação é a possibilidade de se definir no código escrito linhas de comentários que possam ser úteis para o programador se lembrar de detalhes e/ou características definidos no momento de uma eventual manutenção do código escrito.

Nesse sentido, a linguagem Java proporciona algumas formas de definição de linhas de comentários internas. É propício informar que linhas de comentário utilizadas para documentar ou relatar trechos de programa são desconsideradas pelo compilador, ou seja, durante a compilação do código-fonte na geração de um código *bytecode* todas as linhas de comentários são retiradas do código *bytecode*. Assim, crie o hábito de usar muitas linhas de comentários em seu código.

A definição de linhas de comentário é efetuada na linguagem Java por meio do uso de símbolos delimitadores, que podem ser definidos de três formas diferentes; **//**, **/* */** e **/** */**, que, respectivamente, podem ser usados para definir comentários de linha, comentários de blocos e comentários de documentação. Cada delimitador, como pode ser percebido, tem uma finalidade operacional de documentação diferente.

O programa seguinte exemplifica o uso de linhas de comentário em um código de programa Java, mas acrescenta detalhes ainda não vistos. Assim, escreva no seu editor de textos o programa a seguir grave-o com o nome **C04EX24.java** e observe os pontos marcados em negrito.

```java
/**
   Programa exemplo para cálculo de tabuada de um valor numérico qualquer
   fornecido a partir do teclado para operação em modo console.
*/

/*
   Programa .......: Tabuada (C04EX24.java)
   Autor(es) ......: Augusto Manzano & Roberto Affonso
   Data ...........: 10/06/2010
   Versão .........: 1.2
   Revisão.........: 25/07/2010
*/
import java.io.*;
import java.util.Scanner;

class C04EX24 {
  public static void main(String args[]) {

    int N, I, R;
    Scanner s = new Scanner(System.in);
```

```
    System.out.println();
    System.out.println("Programa: TABUADA");
    System.out.println();
    System.out.print("Entre um valor inteiro para o calculo: ");
    N = s.nextInt();

    System.out.println();

    /**
      O trecho de código seguinte é responsável pela apresentação
      Da tabuada de um valor numérico qualquer.
    */

    for (I = 1; I <= 10; I++) {
      // Cálculo da tabuada propriamente dito
      R = N * I;
      // Apresentação da tabuada no formato: N X I = R
      System.out.printf("%3d X %2d = %3d\n", N, I, R);
    }

  }
}
```

Saia do editor de texto e na linha de comando escreva a chamada do compilador Java com a sintaxe **javac C04EX24.java**. Em seguida execute a sintaxe **java C04EX24** para ver o resultado do programa.

Observe os detalhes em relação às formas das linhas de comentário. As linhas que se iniciam com **/**** caracterizam-se por serem linhas de comentários de documentação, a linha iniciada por **/*** caracteriza-se por ser linha de comentário de certo bloco, e as linhas iniciadas por **//** caracterizam-se por serem linhas de comentários para as linhas do código do programa.

No laço **for** do programa, após o cálculo do resultado da tabuada do valor numérico fornecido ocorre o uso da instrução **System.out.printf();**, que possibilita definir saídas formatadas em modo console na linguagem Java. Observe dentro do *string* da instrução **System.out.printf();** o uso dos delimitadores de formatação **%3d** e **%2d**, que possuem como característica operacional formatar a apresentação de valores decimais, daí o uso do caractere **d**. Todo código de formatação de saída é sempre precedido do símbolo **%** (percentagem). O valor numérico definido entre o símbolo **%** e o símbolo **d** estabelece a quantidade de espaços que será utilizada para a saída do valor numérico alinhando-o na dimensão estabelecida da direita para a esquerda. O delimitador de formatação **%3d** permite a apresentação alinhada de valores entre **1** e **999** mantendo-se as unidades embaixo das unidades, as dezenas embaixo das dezenas e as centenas embaixo das centenas. Se for usado para apresentar um valor na casa de milhar, ocorrerá um deslocamento da esquerda para a direita, obrigando a aumentar o valor de **3** para **4**. Outro detalhe usado na instrução é o caractere de controle **\n** (já apresentado, mas não demonstrado) que efetua o avanço de linha após escrever a mensagem.

Todo código de formatação é precedido do caractere **%** (percentagem) e possui um código diferente para o tratamento do tipo de dado a ser apresentado. Veja em seguida uma tabela com alguns códigos de formatação para **System.out.printf()**.

Código	Função
%c	Permite a escrita de apenas um caractere.
%d	Permite a escrita de números inteiros decimais.
%e	Realiza-se a escrita de números em notação científica.
%f	É feita a escrita de números reais (ponto flutuante).
%s	Efetua-se a escrita de uma série de caracteres, um string.
%u	Escreve-se um número decimal sem sinal.

4.5 Operações de conversão de tipos de dados

É muito comum na linguagem Java haver a necessidade de converter dados de um tipo para outros. A forma mais comum dessa ocorrência é em relação à entrada de dados quando se usam os métodos **parseInt()** ou **parseFloat()**. No entanto, há momentos em que é necessário efetuar esse tipo de ação logo no momento de atribuição de um valor a uma variável, quando é preciso atribuir um valor de um tipo a uma variável de outro tipo, tendo-se uma operação de *casting*. As ações de casting podem ser implícitas ou explícitas.

4.5.1 Casting implícito

No caso de uso de casting implícito, a linguagem Java efetua a conversão do dado de modo automático, seguindo uma rotina interna de tratamento de tipos de dados que obedece à seguinte sequência de tratamento: **byte**, **short**, **int**, **long**, **float** e **double**. Nesse caso, se declarada uma variável do tipo **byte** e se fizer a atribuição dessa variável em outra variável do tipo **long**, ocorrerá a ação de casting implícito, ou seja, o valor do tipo **byte** é convertido automaticamente para o tipo para **long**. Note que o casting implícito ocorre automaticamente de um tipo menor para um tipo maior.

Para exemplificar o uso de casting implícito, considere o programa a seguir, que mostra algumas situações desse tipo de operação, gravando-o com o nome **C04EX25.java**.

```java
import java.io.*;

class C04EX25 {
  public static void main(String args[]) {

    long A = 10;
    float B = 7L;
    double C = 5.3f;

    System.out.println();

    System.out.println("A = " + A);
    System.out.println("B = " + B);
    System.out.println("C = " + C);

  }
}
```

Saia do editor de texto e na linha de comando escreva a chamada do compilador Java com a sintaxe **javac C04EX25.java**. Execute a sintaxe **java C04EX25** para ver o resultado do programa.

Note no programa a definição de algumas ações de casting implícito, como a apresentada na linha de código **long A = 10**, em que a variável **A** é definida como sendo do tipo **long** e estando atribuída ao valor **10**, que é por padrão um valor do tipo **int**, pois toda vez que se faz a declaração de um valor em Java este é por padrão um valor do tipo **int**.

A linha de código **float B = 7L** está indicando que a variável **B** do tipo **float** está sendo atribuída ao valor **7** do tipo **long**. Note que ao lado direito do valor **7** foi colocada a letra **L** para indicar que o valor é do tipo **long**, pois se o **L** não for usado o valor **7** será considerado do tipo **int**, uma vez qualquer valor atribuído a uma variável é por padrão sempre do tipo **int**.

Na linha de código **double C = 5.3f** a variável do tipo **double** está sendo atribuída ao valor **5.3** do tipo **float**. Se omitido o **f** ao lado direito do valor **5.3**, a linguagem Java assumiria por padrão o valor **5.3** como sendo do tipo **double**.

Em resumo, uma operação de casting implícito ocorre quando se armazena em uma variável um dado menor ou igual ao tamanho definido para essa variável.

4.5.2 Casting explícito

No caso de uso de casting explícito, a conversão do dado não ocorre de modo automático, como ocorre com as ações de casting implícito. Quem deve tratar a conversão, nesse caso, é o próprio programador.

O casting explícito ocorre quando se tenta armazenar um valor maior que o espaço reservado para ela na variável definida. Para exemplificar o uso de casting explícito, considere o programa seguinte, gravando-o com o nome **C04EX26.java**.

```java
import java.io.*;

class C04EX26 {
  public static void main(String args[]) {

    double A = 10.55;
    int B = (int) A;
    System.out.println();

    System.out.println("A = " + A);
    System.out.println("B = " + B);

  }
}
```

Saia do editor de texto e na linha de comando escreva a chamada do compilador Java com a sintaxe **javac C04EX26.java**. Em seguida execute a sintaxe **java C04EX26** para ver o resultado do programa.

No programa anterior, a linha de código **double A = 10.55** efetua a definição do valor **10.55** do tipo **double** para a variável **A** também do tipo **double**.

Na linha de código **int B = (int) A** está sendo realizada manualmente uma operação de casting explícito, pois o conteúdo da variável **A** do tipo **double** está sendo atribuído forçosamente, com a definição **(int)** antes da variável **A,** para a variável **B,** que é do tipo **int**. Isso é feito dessa forma pois não é possível efetuar diretamente a ação com a linha de código **int B = (int) A**, uma vez que não é possível de forma implícita transferir conteúdo de uma variável que ocupa maior espaço de memória para uma outra variável que ocupa um espaço menor.

Ao ser executado o programa, são mostrados os valores **10.55** e **10**. Observe que a operação de casting explícito poda parte do valor. Nesse caso, a mantissa **.55** do valor **10** para a variável **A** foi truncada e perdida para a variável **B**. As operações de casting explícito devem ser usadas com muito cuidado.

4.6 Exercícios de fixação

1) Desenvolva a codificação em linguagem Java dos programas de computador com uso de programa sequencial. Não se esqueça de ir gravando cada programa. Como sugestão, você pode gravar o exercício "a" como EXERC04EX1A (Capítulo 4, Exercício 1a), o exercício "b" como EXERC04EX1B, e assim por diante.

   a. Efetuar o cálculo da quantidade de litros de combustível gasta em uma viagem utilizando um automóvel que faz 12 km por litro. Para obter o cálculo, o usuário deve fornecer o tempo gasto na viagem e a velocidade média. Dessa forma, será possível obter a distância percorrida com a fórmula DISTANCIA = TEMPO * VELOCIDADE. Tendo o valor da distância, basta calcular a quantidade de litros de combustível utilizada na viagem com a fórmula: LITROS_USADOS = DISTANCIA / 12. O programa deve apresentar os valores da velocidade média, tempo gasto, a distância percorrida e a quantidade de litros utilizada na viagem. Dica: trabalhe com valores reais.

   b. Ler uma temperatura em graus Celsius e apresentá-la convertida em graus Fahrenheit. A fórmula de conversão a ser utilizada poderá ser F = (9 * C + 160) / 5, em que a variável F representa a temperatura em graus Fahrenheit e a variável C é a temperatura em graus Celsius. Resolva o exercício utilizando as duas fórmulas.

   c. Ler uma temperatura em graus Fahrenheit e apresentá-la convertida em graus Celsius. A fórmula de conversão a ser utilizada poderá ser C = ((F – 32) * 5) / 9, em que a variável F é a temperatura em graus Fahrenheit e a variável C é a temperatura em graus Celsius. Resolva o exercício utilizando as duas fórmulas.

   d. Ler uma temperatura em graus Celsius e apresentá-la convertida em graus Kelvin. A fórmula de conversão a ser utilizada é K = C + 273.15, em que a variável K é a temperatura em graus Kelvin e a variável C é a temperatura em graus Celsius.

e. Ler uma temperatura em graus Kelvin e apresentá-la convertida em graus Celsius. A fórmula de conversão a ser utilizada é C = K − 273.15, em que a variável C é a temperatura em graus Celsius e a variável K é a temperatura em graus Kelvin.

f. Ler uma temperatura em graus Fahrenheit e apresentá-la convertida em graus Kelvin. A fórmula de conversão a ser utilizada é K = (F − 32) * 5 / 9 + 273.15, em que a variável F é a temperatura em graus Fahrenheit e a variável K é a temperatura em graus Kelvin.

g. Ler uma temperatura em graus Kelvin e apresentá-la convertida em graus Fahrenheit. A fórmula de conversão a ser utilizada é F = (9 * (K − 273.15) + 160) / 5, em que a variável F é a temperatura em graus Fahrenheit e a variável K é a temperatura em graus Kelvin.

h. Calcular e apresentar o valor do volume de um galão (uma lata de óleo), utilizando a fórmula: V = 3.141592653589793 * R * R * A, em que as variáveis: V, R e A representam, respectivamente, o volume, o raio e a altura.

i. Calcular e apresentar o valor do peso de uma esfera (bola), utilizando a fórmula de conversão: P = D * 4 * 3.141592653589793 * R * R * R / 3, em que as variáveis: P, D e R representam, respectivamente, o peso, a densidade e o raio.

j. Ler dois valores inteiros para as variáveis A e B e efetuar a troca dos valores de modo que a variável A passe a possuir o valor da variável B e a variável B passe a possuir o valor da variável A. Apresentar os valores trocados.

2) Desenvolva a codificação em linguagem Java dos programas de computador com o uso de tomadas de decisão. Não se esqueça de ir gravando cada programa. Como sugestão, você pode gravar o exercício "a" como EXERC04EX2A (Capítulo 4, Exercício 2a), o exercício "b" como EXERC04EX2B e assim por diante.

   a. Ler dois valores numéricos inteiros e apresentar o resultado da diferença do maior valor em relação ao menor valor.

   b. Ler um valor inteiro qualquer positivo ou negativo e apresentar o número lido como um valor positivo.

   c. Ler quatro valores reais referentes a quatro notas escolares de um aluno e apresentar uma mensagem informando se o aluno foi aprovado ou reprovado. Para determinar a aprovação do aluno, considere a média escolar maior ou igual a 5. Apresentar junto das mensagens o valor da média do aluno.

   d. Ler três valores inteiros (variáveis A, B e C) e apresentá-los em ordem crescente.

   e. Ler quatro valores inteiros e apresentar somente aqueles que forem divisíveis por 2 e 3.

   f. Ler quatro valores inteiros e apresentar somente aqueles que forem divisíveis por 2 ou 3.

   g. Ler um valor inteiro que esteja entre a faixa numérica de 1 a 9. O programa deve indicar uma das seguintes mensagens: "O valor está na faixa permitida", caso o valor fornecido esteja entre 1 e 9, ou "O valor está fora da faixa permitida", caso o valor seja menor que 0 ou maior que 9.

   h. Ler cinco valores inteiros e apresentar o maior e o menor valores informados. Não efetue a ordenação desses valores.

   i. Ler um valor inteiro qualquer e apresentar mensagem informando se o valor é par ou ímpar.

3) Desenvolva a codificação em linguagem Java dos programas de computador com o uso de laço de repetição *while*. Não se esqueça de ir gravando cada programa. Como sugestão, você pode gravar o exercício "a" como EXERC04EX3A (Capítulo 4, Exercício 3a), o exercício "b" como EXERC04EX3B e assim por diante.

   a. Apresentar os quadrados dos números inteiros de 15 a 200.

   b. Apresentar o total da soma obtida dos 100 primeiros números inteiros, representados pela sequência: 1+2+3+4+5+6+7+...+97+98+99+100.

   c. Apresentar todos os valores numéricos inteiros ímpares situados na faixa de 0 a 20.

   d. Apresentar todos os números divisíveis por 4 que sejam menores que 30. Inicie a contagem com o valor 1 (um).

   e. Apresentar o resultado do somatório de todos os valores pares existentes na faixa numérica de 1 a 50.

   f. Apresentar o resultado inteiro do fatorial de um número qualquer. Se for fornecido o valor 5, deverá ser apresentado o valor 120, ou seja, 5! = 1 x 2 x 3 x 4 x 5.

4) Desenvolva a codificação em linguagem Java dos programas de computador com o uso de laço de repetição *do...while*. Não se esqueça de ir gravando cada programa. Como sugestão, você pode gravar o exercício "a" como EXERC04EX4A (Capítulo 4, Exercício 4a), o exercício "b" como EXERC04EX4B e assim por diante.

5) Desenvolva a codificação em linguagem Java dos programas de computador com o uso de laço de repetição *for*. Não se esqueça de ir gravando cada programa. Como sugestão, você pode gravar o exercício "a" como EXERC04EX5A (Capítulo 4, Exercício 5a), o exercício "b" como EXERC04EX5B e assim por diante.

Métodos Internos

5

Este capítulo aborda o uso de métodos internos à linguagem Java. Nesse sentido, apresentam-se métodos para operações matemáticas, manipulação de cadeias de caracteres, conversão de tipos de dados e a manipulação de data/hora.

5.1 Operações matemáticas

É notória a capacidade de um computador para execução de variados cálculos matemáticos. Foram apresentados no capítulo anterior diversos programas que cumpriam essa tarefa. Além das capacidades de cálculo já apresentadas, a linguagem Java conta com o auxílio da classe **Math** para a efetivação de diversos cálculos matemáticos que possuem algoritmos mais sofisticados.

A classe **Math** possui internamente duas constantes matemáticas: **Math.PI** com o valor 3.14159265358979323846 e **Math.E** para cálculos de logaritmos naturais com valor de 2.71828182845904523544. Além das constantes, a classe **Math** possui um conjunto de 22 métodos matemáticos para a realização de variados cálculos, tais como cálculos trigonométricos, exponenciais, logarítmicos, entre outras formas existentes.

> **Nota**
>
> O termo *método* é empregado em uma linguagem de programação de computadores orientada a objetos com o mesmo significado que o termo *função* é empregado em uma linguagem de programação de computadores convencional.

A classe de operações matemáticas **Math** possui um grande conjunto de métodos para atender diversas necessidades matemáticas. Não é objetivo deste capítulo ser um completo manual dessas operações, mesmo porque há uma farta documentação da linguagem que pode ser obtida junto ao seu fornecedor. Assim, serão apresentados alguns exemplos de uso e aplicação desses métodos.

A classe **Math** possui métodos trigonométricos, tais como **acos()**, **asin()**, **atan()**, **atan2()**, **cos()**, **sin()** e **tan()**; métodos exponenciais, tais como: **pow()** e **sqrt()**; métodos logarítmicos, tais como: **exp()** e **log()** e ainda possui um conjunto de outros métodos para manipulação numérica, tais como: **abs()**, **ceil()**, **floor()**, **IEEEremainder()**, **max()**, **min()**, **random()**, **rint()** e **round()**.

O programa seguinte demonstra de forma geral o uso de alguns dos métodos da classe **Math**. Ao lado de cada método consta o valor que será impresso após a execução do programa. No seu editor de textos, escreva o programa e grave-o com o nome **C05EX01.java**.

```
import java.io.*;

class C05EX01 {
  public static void main(String args[]) {

    System.out.println();
    System.out.println(Math.acos(-1));     //    3.141592653589793
    System.out.println(Math.asin(-1));     //   -1.5707963267948966
    System.out.println(Math.atan(1));      //    0.7853981633974483
    System.out.println(Math.sin(1));       //    0.8414709848078965
    System.out.println(Math.tan(4));       //    1.1578212823495777
    System.out.println(Math.pow(2,3));     //    8.0
    System.out.println(Math.sqrt(9.0));    //    3.0
    System.out.println(Math.exp(1));       //    2.7182818284590455
    System.out.println(Math.log(3));       //    1.0986122886681096
    System.out.println(Math.abs(-9));      //    9
    System.out.println(Math.ceil(2.03));   //    3.0
    System.out.println(Math.floor(2.03));  //    2.0
    System.out.println(Math.max(10,3));    //    10
    System.out.println(Math.min(10,3));    //    3
    System.out.println(Math.rint(18.7));   //    19.0
    System.out.println(Math.round(5.8));   //    6

  }
}
```

Saia do editor de texto e na linha de comando escreva a chamada do compilador Java com a sintaxe **javac C05EX01.java**. Em seguida execute a sintaxe **java C05EX01** para ver o resultado do programa.

5.2 Manipulação de cadeias de caracteres

As cadeias de caracteres são sequências alfanuméricas delimitadas como uma sequência de caracteres entre aspas inglesas. A referência em inglês a essa sequência de caracteres se faz com o termo *string*.[6] Uma cadeia de caracteres, ou seja, um *string*, é considerada em linguagem Java um objeto instanciado a partir da classe **String** pertencente ao pacote **java.lang**.

O tratamento de dados do tipo string na linguagem Java é conseguido com o uso da classe **String** que possui internamente um conjunto de métodos para a manipulação e o tratamento desse tipo de dados. Nesse sentido, está presente um grande conjunto de métodos para a manipulação de strings. No entanto, serão apresentados a seguir apenas os métodos **charAt()**, **concat()**, **equals()**, **equalsIgnoreCase()**, **length()**, **replace()**, **substring()**, **toLowerCase()**, **toUpperCase()** e **trim()**.

Um string em linguagem Java caracteriza-se por ser um arranjo de caracteres dispostos sequencialmente, sendo o primeiro caractere desse arranjo o de índice 0, o segundo caractere de índice 1, o terceiro caractere de índice 2 e assim por diante, até o último caractere. Por exemplo, considere o string seguinte exatamente como escrito: **"Programação com Java"**. Internamente na memória, esse string fica assim definido:

P	r	o	g	r	a	m	a	c	a	o		c	O	m		J	a	v	a
0	1	2	3	4	5	6	7	8	9	10	11	12	13	14	15	16	17	18	19

Note que o primeiro caractere da sequência apresentada está posicionado na posição 0, o segundo caractere está posicionado na posição 1, e assim por adiante até o último caractere posicionado na posição 19. Observe que o string exemplo possui um total de 20 caracteres.

Serão indicados a seguir alguns exemplos de uso dos métodos de manipulação de strings. A indicação a seguir está em ordem alfabética e não contempla na sua totalidade todos os métodos existentes na classe **String**. Estão sendo indicados apenas os mais comuns e mais importantes métodos do conjunto todo.

O método **charAt()** da classe **String** possibilita apresentar o caractere existente e indicado em uma determinada posição do string e definida por meio do parâmetro **x**. O parâmetro **x** caracteriza-se por ser um valor do tipo **int**, de 0 (zero) até a última posição válida

---

[6] O termo "string" no idioma inglês caracteriza-se por ser um substantivo que pode ser usado tanto no gênero masculino como no gênero feminino, ou seja, é um substantivo de dois gêneros. Como substantivo de gênero masculino refere-se a: barbante, fio, cordel, colar, cordão ou tendão. Como substantivo de gênero feminino refere-se a: corda, fileira, nervura, série, carreira ou sequência. Na esfera de programação de computadores para os norte-americanos o termo é usado para fazer referência a um cordão (um colar) imaginário em que os caracteres se encontram presos e delimitados entre aspas. Assim, a forma correta de referência ao substantivo "string" é usá-lo no gênero masculino, devendo-se portanto mencioná-lo como sendo "**um string**" e não "**uma string**", como muitos o fazem, mesmo sabendo que esse substantivo pode ser usado no feminino.

de um string. O método **chatAt()** retorna o caractere da posição indicada como sendo um dado do tipo **char**.

Considerando-se como exemplo o string **"Programacao com Java"**, o programa seguinte demonstra o uso do método **charAt()**, que apresentará o caractere da 16.ª posição, contado a partir da posição de índice 0. No seu editor de textos, escreva o programa e grave-o com o nome **C05EX02.java**.

```java
import java.io.*;

class C05EX02 {
  public static void main(String args[]) {

    String TEXTO = "Programacao com Java";

    System.out.println();
    System.out.println(TEXTO.charAt(16));

  }
}
```

Saia do editor de texto e na linha de comando escreva a chamada do compilador Java com a sintaxe **javac C05EX02.java**. Em seguida execute a sintaxe **java C05EX02** para ver o resultado do programa, que apresentará como resultado o caractere **J**.

Note que é apresentado o caractere **J,** que é o caractere armazenado na 16.ª posição, ou seja, o 17.º caractere da sequência total de caracteres definidos para o string **"Programacao com Java"**.

O método **concat()** da classe **String** possibilita apresentar como uma, duas ou mais sequências de caracteres indicadas. O parâmetro **x** caracteriza-se por ser um valor do tipo **String**. Concatenação é a ação de efetuar a junção de dois ou mais strings formando um outro string.

Considerando-se como exemplo os strings **"Olá, "** e **"Mundo!"** o programa seguinte demonstra o uso do método **concat()** para a obtenção da mensagem **"Olá, Mundo!"**. No seu editor de textos, escreva o programa e grave-o com o nome **C05EX03.java**.

```java
import java.io.*;

class C05EX03 {
  public static void main(String args[]) {

    String TEXTO1 = "Alo, ";
    String TEXTO2 = "Mundo!";

    System.out.println(TEXTO1.concat(TEXTO2));
    System.out.println(TEXTO1 + TEXTO2);

  }
}
```

Saia do editor de texto e na linha de comando escreva a chamada do compilador Java com a sintaxe **javac C07EX23.java**. Em seguida execute a sintaxe **java C07EX23** para ver o resultado do programa, que apresentará como resultado as mensagens "**Alo, Mundo!**", duas vezes.

Os métodos **equals()** e **equalsIgnoreCase()** da classe **String** possibilitam efetuar a comparação entre strings, permitindo verificar se dois strings possuem o mesmo conteúdo. O parâmetro **x** caracteriza-se por ser um valor do tipo **String**. Usa-se o método **equals()** quando se deseja verificar se ambos os strings são iguais considerando-se a diferença entre caracteres maiúsculos e caracteres minúsculos. Caso queira comparar dois strings desconsiderando o fato de seus caracteres serem maiúsculos ou minúsculos, deve-se usar o método **equalsIgnoreCase()**.

Um detalhe a ser considerado é o fato de não confundir as comparações realizadas com os métodos **equals()** e **equalsIgnoreCase()** e a comparação efetuada com o operador relacional de igualdade (==). Os métodos **equals()** e **equalsIgnoreCase()** possibilitam verificar o conteúdo de duas variáveis, enquanto o operador == possibilita comparar se os conteúdos de uma determinada variável apontam para um determinado objeto.

Considerando-se como exemplo os strings **"PROGRAMACAO COM JAVA"** e **"programacao com java"** o programa seguinte demonstra o uso dos métodos **equals()** e **equalsIgnoreCase()** para a verificação de se ambos os strings são iguais ou diferentes. No seu editor de textos, escreva o programa e grave-o com o nome **C05EX04.java**.

```java
import java.io.*;

class C05EX04 {
  public static void main(String args[]) {

    String TEXTO1 = "PROGRAMACAO COM JAVA";
    String TEXTO2 = "programacao com java";

    System.out.println();

    if (TEXTO1.equals(TEXTO2))
      System.out.println("Os textos sao iguais");
    else
      System.out.println("Os textos sao diferentes");

    if (TEXTO1.equalsIgnoreCase(TEXTO2))
      System.out.println("Os textos sao iguais");
    else
      System.out.println("Os textos sao diferentes");

  }
}
```

Saia do editor de texto e na linha de comando escreva a chamada do compilador Java com a sintaxe **javac C05EX04.java**. Em seguida execute a sintaxe **java C05EX04** para ver o resultado do programa, que apresentará como resultado as mensagens "**Os textos sao diferentes**" e "**Os textos sao iguais**".

O método **length()** da classe **String** possibilita apresentar o valor do tamanho de uma sequência de caracteres (um string).

Considerando-se como exemplo o string **"Programacao com Java"**, o programa seguinte demonstra o uso do método **length()** no sentido de ser apresentado o total de caracteres do string em foco. No seu editor de textos, escreva o programa e grave-o com o nome **C05EX05.java**.

```
import java.io.*;

class C05EX05 {
  public static void main(String args[]) {

    String TEXTO = "Programacao com Java";
    int TAMANHO = TEXTO.length();

    System.out.println(TAMANHO);

  }
}
```

Saia do editor de texto e na linha de comando escreva a chamada do compilador Java com a sintaxe **javac C05EX05.java**. Em seguida execute a sintaxe **java C05EX05** para ver o resultado do programa, que apresentará como resultado o valor **20**.

O método **replace()** da classe **String** possibilita efetuar a troca de um determinado caractere de um string por outro caractere indicado. Os parâmetros **x** e **y** caracterizam-se por serem valores do tipo **String**. O parâmetro **x** representa o caractere existente no string que será substituído pelo caractere indicado no parâmetro **y**.

Considerando-se como exemplo o string **"Programacao com Java"**, o programa seguinte efetuará a substituição de todos os caracteres "**a**" por caracteres "**e**". Observe que os caracteres a serem verificados e substituídos estão delimitados entre sinais de apóstrofo e não de aspas. No seu editor de textos, escreva o programa e grave-o com o nome **C05EX06.java**.

```
import java.io.*;

class C05EX06 {
  public static void main(String args[]) {

    String TEXTO = "Programacao com Java";

    System.out.println(TEXTO.replace('a', 'e'));

  }
}
```

Saia do editor de texto e na linha de comando escreva a chamada do compilador Java com a sintaxe **javac C05EX06.java**. Em seguida execute a sintaxe **java C05EX06** para ver o resultado do programa, que apresentará como resultado a mensagem "**Programacao com Jeve**".

Métodos Internos

O método **substring()** da classe **String** possibilita desmembrar um string em determinados trechos. Os parâmetros **x** e **y** caracterizam-se por serem valores do tipo **int**. O parâmetro **x** determina o início do trecho de um string e o parâmetro **y** determina o final do trecho a ser desmembrado.

Considerando-se como exemplo o string **"Computador"**, o programa seguinte efetuará o desmembramento do string **Computador** em três segmentos, identificados como **Com**, **puta** e **dor**. No seu editor de textos, escreva o programa e grave-o com o nome **C05EX07.java**.

```java
import java.io.*;

class C05EX07 {
  public static void main(String args[]) {

    String TEXTO = "Computador";

    System.out.println(TEXTO.substring(0, 3));
    System.out.println(TEXTO.substring(3, 7));
    System.out.println(TEXTO.substring(7, 10));

  }
}
```

Saia do editor de texto e na linha de comando escreva a chamada do compilador Java com a sintaxe **javac C05EX07.java**. Em seguida execute a sintaxe **java C05EX07** para ver o resultado do programa, que apresentará como resultado a mensagem "**Com**", "**puta**" e "**dor**".

Os métodos **toLowerCase()** e **toUpperCase()** da classe **String** possibilitam efetuar a formatação de um string de modo que todo ele seja escrito em caracteres minúsculos se for usado o método **toLowerCase()** ou em caracteres maiúsculos se for usado o método **toUpperCase()**.

Considerando-se como exemplo o string **"Programacao com Java"**, o programa seguinte demonstra o uso dos métodos **toLowerCase()** e **toUpperCase()** para a formatação respectiva do string em caracteres minúsculos e caracteres maiúsculos. No seu editor de textos, escreva o programa e grave-o com o nome **C05EX08.java**.

```java
import java.io.*;

class C05EX08 {
  public static void main(String args[]) {

    String TEXTO = "Programacao com Java";

    System.out.println(TEXTO.toLowerCase());
    System.out.println(TEXTO.toUpperCase());

  }
}
```

Saia do editor de texto e na linha de comando escreva a chamada do compilador Java com a sintaxe **javac C05EX08.java**. Em seguida execute a sintaxe **java C05EX08** para ver o resultado do programa, que apresentará como resultado as mensagens "**programacao com java**" e "**PROGRAMACAO COM JAVA**".

O método **trim()** da classe **String** possibilita efetuar a remoção de eventuais espaços em branco que existam no início e no fim de um determinado string. Esse recurso não elimina espaços eventualmente existentes entre os caracteres de um string.

Considerando-se como exemplo o string "   **Programacao com Java**   " que possui antes do primeiro caractere e depois do último caractere de toda a sequência três espaços em branco em cada extremidade, o programa deverá apresentar a mensagem com e sem os referidos espaços existentes nas extremidades. No seu editor de textos, escreva o programa e grave-o com o nome **C05EX09.java**.

```
import java.io.*;

class C05EX09 {
  public static void main(String args[]) {

    String TEXTO = "   Programacao com Java   ";

    System.out.println("Com  espacos: [" + TEXTO + "]");
    System.out.println("Sem  espacos: [" + TEXTO.trim() + "]");

  }
}
```

Saia do editor de texto e na linha de comando escreva a chamada do compilador Java com a sintaxe **javac C05EX09.java**. Em seguida execute a sintaxe **java C05EX09** para ver o resultado do programa, que apresentará como resultado as mensagens "**Com espacos: [Programacao com Java   ]**" e "**Sem espacos: [Programacao com Java]**".

O método **valueOf()** da classe **String** possui a finalidade de efetuar a conversão de diversos tipos de dados em seu equivalente string. O parâmetro **x** representa o nome da variável que será convertida, podendo essa variável ser um dado do tipo inteiro ou real.

A ação de conversão conseguida com o método **valueOf()** ocorre de forma estática. Um método de ação estática está associado à classe em uso, e não a uma instância particular dessa mesma classe. Isso posto, indica que, ao se expressar um valor numérico (inteiro ou real) na forma de uma sequência de caracteres (string), esse valor não está associado a um objeto ou variável do tipo string, pois é na verdade um tipo de dado numérico. Assim, o método **valueOf()** é que fará a criação automática do conteúdo como sendo um objeto do tipo string, sem que esse objeto seja explicitamente criado previamente.

5.3 Conversão de tipos de dados

Considere-se como exemplo um programa que solicite a entrada de dois valores, um valor do tipo inteiro (a idade de uma pessoa) e outro valor do tipo real (a altura). Esse programa apresentará essas informações numéricas como sendo informações do tipo **String**. No seu editor de textos, escreva o programa e grave-o com o nome **C05EX10.java**.

```java
import java.io.*;
import java.util.Scanner;

class C05EX10 {
  public static void main(String args[]) {

    int IDADE;
    float ALTURA;
    Scanner s = new Scanner(System.in);

    System.out.println();

    System.out.print("Idade ....: ");
    IDADE = s.nextInt();

    System.out.print("Altura ...: ");
    ALTURA = s.nextFloat();

    System.out.println();
    if (IDADE <= 1)
      System.out.println("Idade " + String.valueOf(IDADE) + " ano");
    else
      System.out.println("Idade " + String.valueOf(IDADE) + " anos");
    System.out.println("Altura " + String.valueOf(ALTURA));
    System.out.println();

  }
}
```

Saia do editor de texto e na linha de comando escreva a chamada do compilador Java com a sintaxe **javac C05EX10.java**. Em seguida execute a sintaxe **java C05EX10** para ver o resultado do programa, que poderá mostrar a mensagem no plural ou no singular, dependendo do valor da variável **IDADE**.

Particularmente, observe atentamente o trecho de código do programa que faz referência ao uso do método **valueOf()** da classe **String**, conforme descrito em seguida:

```java
if (IDADE <= 1)
  System.out.println("Idade " + String.valueOf(IDADE) + " ano");
else
  System.out.println("Idade " + String.valueOf(IDADE) + " anos");
System.out.println("Altura " + String.valueOf(ALTURA));
```

Note que os valores fornecidos para as variáveis **IDADE** (variável do tipo **int** – inteiro) e **ALTURA** (variável do tipo **float** – real) são convertidos para seu formato string e concatenados juntamente e respectivamente com as mensagens: **Idade** e **ano** (ou **anos**); e **Altura**.

"O mesmo resultado pode ser conseguido com uma forma simplificada de sintaxe" em que a concatenação é determinada de forma direta e os valores numéricos são convertidos automaticamente em seus equivalentes em string. Dessa maneira, o trecho anteriormente comentado também poderia ser assim escrito:

```java
if (IDADE <= 1)
  System.out.println("Idade " + IDADE + " ano");
else
  System.out.println("Idade " + IDADE + " anos");
System.out.println("Altura " + ALTURA);
```

O método **valueOf()** tem sua aplicação numa esfera ainda maior, pois é encontrado em outras classes de objetos diferentes da classe **String**. Esse método pode também ser usado para efetuar a conversão de um dado do tipo **String** em seu equivalente numérico de tipo inteiro ou tipo real, ou seja, pode ser utilizado em uma situação inversa ao exemplo da situação anteriormente exposta.

No entanto, para efetuar essa ação de conversão é necessário seguir um caminho um pouco diferente, pois esse tipo de conversão ocorrerá de um objeto para um dado de tipo primitivo, e não como foi realizado, de um tipo primitivo para um objeto. Por essa razão, torna-se necessário fazer uso de classes específicas para essa ação, denominadas classes de empacotamento (*wrapper classes*). As classes de empacotamento para a conversão de objetos em tipos de dados primitivos estão disponibilizadas no pacote **java.lang**.

Dessa forma, para converter valores do tipo **float** deve-se usar a classe **Float**; para converter valores do tipo **double** deve-se usar a classe **Double**; para converter valores do tipo **int** deve-se usar a classe **Integer**; para converter valores do tipo **byte** deve-se usar a classe **Byte**; e para converter valores do tipo **long** deve-se usar a classe **Long**.

Considere-se como exemplo um programa semelhante ao programa anterior, mas com o uso da classe **BufferReader**. A classe **BufferReader** necessita de um tratamento de dados, diferentemente da classe **Scanner**, que efetua o tratamento automaticamente. Nesse caso, o programa a seguir transformará o conteúdo fornecido como **String** em seus equivalentes para o tipo **int** (no caso da idade) e **float** (no caso da altura). No seu editor de textos, escreva o programa e grave-o com o nome **C05EX11.java**.

```java
import java.io.*;

class C05EX11 {
  public static void main(String args[]) {

    String IDADETXT, ALTURATXT;
    int IDADE;
    float ALTURA;

    System.out.println();

    System.out.print("Idade ....: ");
    try {
```

```
    BufferedReader br = new BufferedReader(
    new InputStreamReader(System.in));
    IDADETXT = br.readLine(); }
  catch (Exception e) {
    IDADETXT = "";
  }

  System.out.print("Altura ...: ");
  try {
    BufferedReader br = new BufferedReader(
    new InputStreamReader(System.in));
    ALTURATXT = br.readLine(); }
  catch (Exception e) {
    ALTURATXT = "";
  }

  IDADE = Integer.valueOf(IDADETXT).intValue();
  ALTURA = Float.valueOf(ALTURATXT).floatValue();

  System.out.println();
  if (IDADE <= 1)
    System.out.println("Idade " + IDADE + " ano");
  else
    System.out.println("Idade " + IDADE + " anos");
  System.out.println("Altura " + ALTURA);
  System.out.println();

  }
}
```

Saia do editor de texto e na linha de comando escreva a chamada do compilador Java com a sintaxe **javac C05EX11.java**. Em seguida execute a sintaxe **java C05EX11** para ver o resultado do programa.

No quesito funcionalidade operacional, os programas anteriores são semelhantes, mas no quesito funcionalidade lógica os programas possuem diferenças. Note que o programa **C05EX11** apresenta o uso das classes empacotadas **Integer** e **Float**, que ficam evidentes nas linhas de código:

```
IDADE = Integer.valueOf(IDADETXT).intValue();
ALTURA = Float.valueOf(ALTURATXT).floatValue();
```

Observe que as variáveis **IDADE** e **ALTURA** são atribuídas, respectivamente, pelos comandos **Integer.valueOf(IDADETXT).intValue();** e **Float.valueOf(ALTURATXT).floatValue();**, que efetuam a conversão de um valor armazenado em um objeto do tipo **String,** nesse caso representados pelas variáveis **IDADETXT** e **ALTURATXT**, que possuem um valor do tipo string e que são convertidos para seus respectivos valores inteiro e real.

Tomando por base o comando **Integer.valueOf(IDADETXT).intValue();**, tem-se a definição da classe **Integer** com o uso do método **valueOF()** do tipo estático, que pega o conteúdo do tipo string da variável **IDADETXT** e o transforma em um valor do tipo inteiro por intermédio da instância do método **intValue()**. A mesma explicação, levando-se em consideração as suas diferenças, se aplica ao comando **Float.valueOf(ALTURATXT).floatValue();**.

Como anteriormente, existe uma forma mais simples de resolver o problema de conversão de valores do tipo string em seus equivalentes do tipo inteiro e real. Em vez de utilizar **Integer.valueOf(IDADETXT).intValue();** e **Float.valueOf(ALTURATXT).floatValue();**, pode-se fazer uso de **Integer.parseInt(IDADETXT);** e **Float.parseFloat(ALTURATXT);**, como já demonstrado em outros exemplos anteriores.

O uso de conversão de valores ou conversão de tipos de dados não se restringe apenas às funcionalidades do método **valueOf()** de uma das classes apresentadas. Há a possibilidade de realizar essa ação de algumas formas peculiares na linguagem Java. Nesse sentido, pode-se fazer conversões nas seguintes esferas:

- de um código ASCII para uma sequência de caracteres;
- extração de código ASCII de uma sequência de caracteres;
- de dupla precisão para sequência de caracteres;
- de precisão simples para sequência de caracteres;
- de hexadecimal para inteiro;
- de binário para inteiro;
- de caractere para inteiro em valor ASCII;
- de inteiro para hexadecimal;
- de inteiro para binário;
- de inteiro para sequência de caracteres;
- de inteiro longo para sequência de caracteres;
- de inteiro curto para sequência de caracteres;
- de sequência de caracteres para valor de dupla precisão;
- de sequência de caracteres para valor de precisão simples;
- de sequência de caracteres para valor inteiro;
- de sequência de caracteres para valor inteiro longo;
- de sequência de caracteres para valor inteiro curto;
- de lógico para inteiro;
- de inteiro para lógico.

Esse tipo de conversão recebe o nome de *coerção* (*type casting*) de dados. Essa forma de tratamento de dados faz a conversão de um tipo de dados mais complexo em uma forma

Métodos Internos

de dado mais simples. Esse tipo de ação ocasiona perda de precisão, e, por essa razão, necessita ser explicitado para que o compilador consiga fazer a conversão. Esse efeito é conseguido com o uso do tipo de dado pretendido entre parênteses antes de a expressão ser convertida.

A seguir são apresentados alguns exemplos de como realizar diversas formas de conversão de tipos de dados. Não é o objetivo mostrar todas as conversões possíveis, mas mostrar noções de como esse trabalho pode ser realizado e assim permitir que o leitor desenvolva seu próprio aprimoramento e conhecimento prático dessa questão.

De um código ASCII para uma sequência de caracteres (de código ASCII para String)

O exemplo a seguir demonstra a conversão de um código ASCII[7] para o seu equivalente em **String**. Ao se definir o valor numérico inteiro, o programa apresenta o caractere correspondente ao código numérico indicado. No seu editor de texto, escreva o código seguinte e grave-o com o nome **C05EX12.java**.

```java
import java.io.*;
import java.util.Scanner;

class C05EX12 {
  public static void main(String args[]) {

    int ASCII;
    String STR;
    Scanner s = new Scanner(System.in);

    System.out.println();
    System.out.print("Entre um codigo ASCII: ");
    ASCII = s.nextInt();
    STR = new Character((char)ASCII).toString();

    System.out.println();
    System.out.print(ASCII + " corresponde ao caractere " + STR);
    System.out.println();

  }
}
```

Saia do editor de texto e na linha de comando escreva a chamada do compilador Java com a sintaxe **javac C05EX12.java**. Em seguida execute a sintaxe **java C05EX12** para ver seu resultado.

Entre com um valor válido de acordo com a tabela apresentada no Apêndice A, de preferência um valor que represente um caractere do tipo alfanumérico, e verifique o resultado. Por exemplo, se for fornecido o valor **65,** o programa apresentará como resposta o caractere **A**.

---

[7] Ver Apêndice A.

A conversão do valor de um tipo de dado para o outro tipo de dado e a captura do caractere ocorrem com a linha de código **STR = new Character((char)ASCII).toString();**, em que a variável **STR** é instanciada a partir da classe **Character** por meio do método **toString()**. Observe que o parâmetro da classe **Character** é a definição da variável **ASCII** precedida do operador **(char)**. Note que **(char)** faz a conversão do valor **int** de **ASCII** para seu equivalente no tipo **char** e depois é convertido em formato **String** pelo método **toString()**. O uso de **(char)** antes da variável **ASCII** efetua a conversão do tipo propriamente dito. Essa técnica de conversão pode ser usada para outros tipos de dados.

Extração de código ASCII de uma sequência de caracteres (de String para código ASCII)

O exemplo a seguir demonstra a extração dos códigos ASCII de uma sequência de caracteres definida. No seu editor de texto, escreva o código seguinte e grave-o com o nome **C05EX13.java**.

```java
import java.io.*;

class C05EX13 {
  public static void main(String args[]) {

    String STR = "ESTUDO DE JAVA";
    int I, SEQASCII;
    char CARACTERE;

    System.out.println();
    for (I = 0; I < STR.length(); I++) {
      CARACTERE = STR.charAt(I);
      System.out.print(" " + CARACTERE + " ");
    }

    System.out.println();
    for (I = 0; I < STR.length(); I++) {
      CARACTERE = STR.charAt(I);
      SEQASCII = (int)CARACTERE;
      System.out.print(SEQASCII + " ");
    }

    System.out.println();

  }
}
```

Saia do editor de texto e na linha de comando escreva a chamada do compilador Java com a sintaxe **javac C05EX13.java**. Em seguida execute a sintaxe **java C05EX13** para ver seu resultado.

Observe, ao executar o programa, que será apresentado cada caractere da mensagem **ESTUDO DE JAVA**, e abaixo da mensagem é apresentado o seu código ASCII equivalente. A decomposição em caracteres da mensagem armazenada na variável **STR** é executada pelo primeiro laço **for** por intermédio do método **charAt()**. Já a apresentação do código ASCII de cada caractere é efetuada pelo segundo laço **for** por meio do método **charAt()** e do operador **(int)** atribuído à variável **SEQASCII**.

De dupla precisão para sequência de caracteres (de double para String)

O exemplo a seguir demonstra a conversão de um valor numérico real de precisão dupla para o seu equivalente em **String**. Ao se definir o valor numérico do tipo **double** o programa apresenta o valor como sendo um **String**. No seu editor de texto, escreva o código a seguir e grave-o com o nome **C05EX14.java**.

```java
import java.io.*;

class C05EX14 {
  public static void main(String args[]) {

    double VALOR = 23.78976;
    String STR;

    STR = Double.toString(VALOR);

    System.out.println();
    System.out.print("Valor = " + STR);
    System.out.println();

  }
}
```

Saia do editor de texto e na linha de comando escreva a chamada do compilador Java com a sintaxe **javac C05EX14.java**. Em seguida execute a sintaxe **java C05EX14** para ver seu resultado.

Observe, ao executar o programa, que a linha de código **System.out.print("Valor = " + STR);** apresenta o valor da variável **STR** com seu conteúdo convertido a partir da variável **VALOR** por meio do método **toString()** da classe **Double**.

De precisão simples para sequência de caracteres (de float para String)

O exemplo a seguir demonstra a conversão de um valor numérico real de precisão simples para o seu equivalente em **String**. Ao se definir o valor numérico do tipo **float** o programa apresenta o valor como sendo um **String**. No seu editor de texto, escreva o código a seguir e grave-o com o nome **C05EX15.java**.

```java
import java.io.*;

class C05EX15 {
  public static void main(String args[]) {

    float VALOR = 35;
    String STR;

    STR = Float.toString(VALOR);

    System.out.println();
    System.out.print("Valor = " + STR);
    System.out.println();

  }
}
```

Saia do editor de texto e na linha de comando escreva a chamada do compilador Java com a sintaxe **javac C05EX15.java**. Em seguida execute a sintaxe **java C05EX15** para ver seu resultado.

Observe, ao executar o programa, que a linha de código **System.out.print("Valor = " + STR);** apresenta o valor da variável **STR** com seu conteúdo convertido a partir da variável **VALOR** por meio do método **toString()** da classe **Float**.

De hexadecimal para inteiro (de hexadecimal para integer)

O exemplo a seguir demonstra a conversão de um valor numérico hexadecimal que deve ser fornecido como sendo uma sequência de caracteres para seu equivalente inteiro. No exemplo apresentado, o valor hexadecimal **A** é mostrado como valor inteiro correspondente **10**. No seu editor de texto, escreva o código a seguir e grave-o com o nome **C05EX16.java**.

```java
import java.io.*;

class C05EX16 {
  public static void main(String args[]) {

    String HEXSTR = "A";
    int INTEIRO;

    INTEIRO = Integer.valueOf(HEXSTR, 16).intValue();

    System.out.println();
    System.out.print("Valor = " + INTEIRO);
    System.out.println();

  }
}
```

Saia do editor de texto e na linha de comando escreva a chamada do compilador Java com a sintaxe **javac C05EX16.java** e em seguida execute **java C05EX16** para ver seu resultado.

Observe que o valor hexadecimal **A** definido para a variável **HEXSTR** do tipo **STRING** é convertido para seu equivalente inteiro pelo método **valueOf()** da classe **Integer** com o uso de dois parâmetros, sendo o primeiro parâmetro o valor hexadecimal informado como uma sequência de caracteres e o segundo parâmetro a base de conversão **16**. Também há a possibilidade de efetuar no programa a mesma conversão utilizando-se no lugar da linha de código **INTEIRO = Integer.valueOf(HEXSTR, 16).intValue();** a linha de código **INTEIRO = Integer.parseInt(HEXSTR, 16);**.

De binário para inteiro (de binário para integer)

O exemplo a seguir demonstra a conversão de um valor numérico binário que deve ser fornecido como sendo uma sequência de caracteres para seu equivalente inteiro. No exemplo apresentado, o valor hexadecimal **1010** é mostrado como valor inteiro correspondente **10**. No seu editor de texto, escreva o código a seguir e grave-o com o nome **C05EX17.java**.

```java
import java.io.*;

class C05EX17 {
  public static void main(String args[]) {

    String BINSTR = "1010";
    int INTEIRO;

    INTEIRO = Integer.valueOf(BINSTR, 2).intValue();

    System.out.println();
    System.out.print("Valor = " + INTEIRO);
    System.out.println();

  }
}
```

Saia do editor de texto e na linha de comando escreva a chamada do compilador Java com a sintaxe **javac C05EX17.java**. Em seguida execute a sintaxe **java C05EX17** para ver seu resultado.

Observe que o valor hexadecimal **A** definido para a variável **BINSTR** do tipo **STRING** é convertido para seu equivalente inteiro pelo método **valueOf()** da classe **Integer** com o uso de dois parâmetros, sendo o primeiro parâmetro o valor hexadecimal informado como uma sequência de caracteres e o segundo parâmetro a base de conversão **2**. Também há a possibilidade de efetuar no programa a mesma conversão utilizando-se no lugar da linha de código **INTEIRO = Integer.valueOf(BINSTR, 2).intValue();** a linha de código **INTEIRO = Integer.parseInt(BINSTR, 2);**.

De caractere para inteiro em valor ASCII (de char para integer)

O exemplo a seguir demonstra a conversão de um caractere da tabela ASCII em seu valor ASCII inteiro. No exemplo apresentado, o valor caractere ASCII **'A'** é mostrado como seu valor ASCII correspondente, ou seja, **65**. No seu editor de texto, escreva o código a seguir e grave-o com o nome **C05EX18.java**.

```java
import java.io.*;

class C05EX18 {
  public static void main(String args[]) {

    char CARACTERE = 'A';
    int INTEIRO;

    INTEIRO = (int)CARACTERE;

    System.out.println();
    System.out.print("Valor = " + INTEIRO);
    System.out.println();

  }
}
```

Saia do editor de texto e na linha de comando escreva a chamada do compilador Java com a sintaxe **javac C05EX18.java**. Em seguida execute a sintaxe **java C05EX18** para ver seu resultado.

Ao ser executado o programa, o valor **65** armazenado na variável **INTEIRO** é apresentado, pois a linha de código **INTEIRO = (int)CARACTERE;** transforma o caractere armazenado na variável **CARACTERE** em seu equivalente inteiro por meio de do operador **(int)**. Observe que sequências de caracteres são definidas entre aspas, e caracteres são definidos entre apóstrofos.

De inteiro para hexadecimal (de integer para hexadecimal)

O exemplo a seguir demonstra a conversão de um valor numérico inteiro em seu equivalente hexadecimal em tipo **String**. No exemplo apresentado, o valor inteiro **11** é mostrado como valor hexadecimal correspondente **B**. No seu editor de texto, escreva o código seguinte e grave-o com o nome **C05EX19.java**.

```java
import java.io.*;

class C05EX19 {
  public static void main(String args[]) {

    int INTEIRO = 11;
    String HEXSTR;
```

```
    HEXSTR = Integer.toString(INTEIRO, 16).toUpperCase();

    System.out.println();
    System.out.print("Valor = " + HEXSTR);
    System.out.println();

  }
}
```

Saia do editor de texto e na linha de comando escreva a chamada do compilador Java com a sintaxe **javac C05EX19.java**. Em seguida execute a sintaxe **java C05EX19** para ver seu resultado.

O programa apresenta a variável **HEXSTR** com o valor **B** obtido com auxilio do método **toString()** da classe **Integer** com a definição de dois parâmetros, sendo o primeiro parâmetro o valor inteiro e o segundo parâmetro a base de conversão. O método **toUpperCase()** da classe **String** faz a conversão do caractere de valor hexadecimal para o formato maiúsculo. O método **toUpperCase()** pode ser suprimido, e nesse caso o valor é apresentado em caracteres minúsculos. Também há a possibilidade de efetuar no programa a mesma conversão utilizando-se o método **toHexString()** com a seguinte linha de código **HEXSTR = Integer.toHexString(INTEIRO).toUpperCase();**.

De inteiro para binário (de integer para binário)

O exemplo a seguir demonstra a conversão de um valor numérico inteiro em seu equivalente binário em tipo **String**. No exemplo apresentado, o valor inteiro **10** é mostrado como valor hexadecimal correspondente **1010**. No seu editor de texto, escreva o código a seguir e grave-o com o nome **C05EX20.java**.

```
import java.io.*;

class C05EX20 {
  public static void main(String args[]) {

    int INTEIRO = 10;
    String BINSTR;

    BINSTR = Integer.toString(INTEIRO, 2);

    System.out.println();
    System.out.print("Valor = " + BINSTR);
    System.out.println();

  }
}
```

Saia do editor de texto e na linha de comando escreva a chamada do compilador Java com a sintaxe **javac C05EX20.java**. Em seguida execute a sintaxe **java C05EX20** para ver seu resultado.

O programa apresenta a variável **BINSTR** com o valor **1010** obtido com auxílio do método **toString()** da classe **Integer** com a definição de dois parâmetros, sendo o primeiro parâmetro o valor inteiro e o segundo parâmetro a base de conversão. Também há a possibilidade de efetuar a mesma conversão utilizando-se o método **toBinaryString()** com a seguinte linha de código **BINSTR = Integer.toBinaryString(INTEIRO);**.

De inteiro para sequência de caracteres (de integer para String)

O exemplo a seguir demonstra a conversão de um valor numérico do tipo **int** (conceito matemático) em valor numérico (conceito alfanumérico) do **String**. No exemplo apresentado, o valor inteiro **10** é mostrado como uma sequência de caracteres **"10"**. No seu editor de texto, escreva o código a seguir e grave-o com o nome **C05EX21.java**.

```
import java.io.*;

class C05EX21 {
  public static void main(String args[]) {

    int INTEIRO = 10;
    String STR;

    STR = Integer.toString(INTEIRO);

    System.out.println();
    System.out.print("Valor = " + STR);
    System.out.println();

  }
}
```

Saia do editor de texto e na linha de comando escreva a chamada do compilador Java com a sintaxe **javac C05EX21.java**. Em seguida execute a sintaxe **java C05EX21** para ver seu resultado.

O programa apresenta a variável **STR** armazenada com a sequência de caracteres **1** e **0** representando o valor numérico **10** obtido com auxílio do método **toString()** da classe **Integer**. Também há a possibilidade de efetuar a mesma conversão utilizando-se a linha de código **BINSTR = "" + INTEIRO;**.

De inteiro longo para sequência de caracteres (De long para String)

O exemplo a seguir demonstra a conversão de um valor numérico do tipo **long** (conceito matemático) em valor numérico (conceito alfanumérico) do **String**. No exemplo apresentado, o valor inteiro **10** é mostrado como uma sequência de caracteres **"10"**. No seu editor de texto, escreva o código seguinte e grave-o com o nome **C05EX22.java**.

Métodos Internos

```
import java.io.*;

class C05EX22 {
  public static void main(String args[]) {

    long LONGO = 10;
    String STR;

    STR = Long.toString(LONGO);

    System.out.println();
    System.out.print("Valor = " + STR);
    System.out.println();

  }
}
```

Saia do editor de texto e na linha de comando escreva a chamada do compilador Java com a sintaxe **javac C05EX22.java**. Em seguida execute a sintaxe **java C05EX22** para ver seu resultado.

O programa apresenta a variável **STR** armazenada com a sequência de caracteres **1** e **0** representando o valor numérico **10** obtido com auxílio do método **toString()** da classe **Long**.

De inteiro curto para sequência de caracteres (de byte para String)

O exemplo a seguir demonstra a conversão de um valor numérico do tipo **byte** (conceito matemático) em valor numérico (conceito alfanumérico) do **String**. No exemplo apresentado, o valor inteiro **10** é mostrado como uma sequência de caracteres **"10"**. No seu editor de texto, escreva o código a seguir e grave-o com o nome **C05EX23.java**.

```
import java.io.*;

class C05EX23 {
  public static void main(String args[]) {

    byte CURTO = 10;
    String STR;

    STR = Byte.toString(CURTO);

    System.out.println();
    System.out.print("Valor = " + STR);
    System.out.println();

  }
}
```

Saia do editor de texto e na linha de comando escreva a chamada do compilador Java com a sintaxe **javac C05EX23.java**. Em seguida execute a sintaxe **java C05EX23** para ver seu resultado.

O programa apresenta a variável **STR** armazenada com a sequência de caracteres **1** e **0** representando o valor numérico **10** obtido com auxílio do método **toString()** da classe **Byte**.

De sequência de caracteres para valor de dupla precisão (de String para double)

O exemplo a seguir demonstra a conversão de um valor numérico definido como sequência de caracteres do tipo **String** como valor numérico do tipo **double**. No exemplo apresentado, o valor **"10.89"** será mostrado como **10.89**. No seu editor de texto, escreva o código a seguir e grave-o com o nome **C05EX24.java**.

```java
import java.io.*;

class C05EX24 {
  public static void main(String args[]) {

    String STR = "10.89";
    double VALOR;

    VALOR = Double.valueOf(STR).doubleValue();

    System.out.println();
    System.out.print("Valor = " + VALOR);
    System.out.println();

  }
}
```

Saia do editor de texto e na linha de comando escreva a chamada do compilador Java com a sintaxe **javac C05EX24.java**. Em seguida execute a sintaxe **java C05EX24** para ver seu resultado.

O programa apresenta a variável **VALOR** armazenada com o valor de dupla precisão **10.89** definido inicialmente como uma sequência de caracteres **"10.89"** na variável **STR** do tipo **String**. A conversão de dupla precisão ocorre com o método **doubleValue()**, que é aplicado sobre o método **valueOf()** da classe **Double**.

De sequência de caracteres para valor de precisão simples (de String para float)

O exemplo a seguir demonstra a conversão de um valor numérico definido como sequência de caracteres do tipo **String** como valor numérico do tipo **float**. No exemplo apresentado, o valor **"10"** será mostrado como **10.0**. No seu editor de texto, escreva o código a seguir e grave-o com o nome **C05EX25.java**.

Métodos Internos

```java
import java.io.*;

class C05EX25 {
  public static void main(String args[]) {

    String STR = "10";
    float VALOR;

    VALOR = Float.valueOf(STR).floatValue();

    System.out.println();
    System.out.print("Valor = " + VALOR);
    System.out.println();

  }
}
```

Saia do editor de texto e na linha de comando escreva a chamada do compilador Java com a sintaxe **javac C05EX25.java**. Em seguida execute a sintaxe **java C05EX25** para ver seu resultado.

O programa apresenta a variável **VALOR** armazenada com o valor de precisão simples **10.0** definido inicialmente como uma sequência de caracteres "**10**" na variável **STR** do tipo **String**. A conversão de dupla precisão ocorre com o método **floatValue()** que é aplicado sobre o método **valueOf()** da classe **Float**.

De sequência de caracteres para valor inteiro (de String para integer)

O exemplo a seguir demonstra a conversão de um valor numérico definido como sequência de caracteres do tipo **String** como valor numérico do tipo **int**. No exemplo apresentado, o valor "**10**" será mostrado como valor **10** do tipo **int**. No seu editor de texto, escreva o código a seguir e grave-o com o nome **C05EX26.java**.

```java
import java.io.*;

class C05EX26 {
  public static void main(String args[]) {

    String STR = "10";
    int INTEIRO;

    INTEIRO = Integer.valueOf(STR).intValue();

    System.out.println();
    System.out.print("Valor = " + INTEIRO);
    System.out.println();

  }
}
```

Saia do editor de texto e na linha de comando escreva a chamada do compilador Java com a sintaxe **javac C05EX26.java**. Em seguida execute a sintaxe **java C05EX26** para ver seu resultado.

O programa apresenta a variável **INTEIRO** armazenada com o valor **10** definido inicialmente como uma sequência de caracteres "**10**" na variável **STR** do tipo **String**. A conversão do tipo **int** ocorre com o método **intValue()** que é aplicado sobre o método **valueOf()** da classe **Integer**. Também há a possibilidade de efetuar a mesma conversão utilizando-se o método **parseInt()** com a seguinte linha de código **INTEIRO = Integer.parseInt(STR);**.

De sequência de caracteres para valor inteiro longo (de String para long)

O exemplo a seguir demonstra a conversão de um valor numérico definido como sequência de caracteres do tipo **String** como valor numérico do tipo **long**. No exemplo apresentado, o valor "**10**" será mostrado como valor **10** do tipo **long**. No seu editor de texto, escreva o código a seguir e grave-o com o nome **C05EX27.java**.

```java
import java.io.*;

class C05EX27 {
  public static void main(String args[]) {

    String STR = "10";
    long LONGO;

    LONGO = Long.valueOf(STR).longValue();

    System.out.println();
    System.out.print("Valor = " + LONGO);
    System.out.println();

  }
}
```

Saia do editor de texto e na linha de comando escreva a chamada do compilador Java com a sintaxe **javac C05EX27.java**. Em seguida execute a sintaxe **java C05EX27** para ver seu resultado.

O programa apresenta a variável **LONGO** armazenada com o valor **10** definido inicialmente como uma sequência de caracteres "**10**" na variável **STR** do tipo **String**. A conversão do tipo **long** ocorre com o método **longValue()** que é aplicado sobre o método **valueOf()** da classe **Long**. Também há a possibilidade de efetuar a mesma conversão utilizando-se o método **parseLong()** com a seguinte linha de código **INTEIRO = Integer.parseLong(STR);**.

Métodos Internos

De sequência de caracteres para valor inteiro curto (de String para byte)

O exemplo a seguir demonstra a conversão de um valor numérico definido como sequência de caractere do tipo **String** como valor numérico do tipo **byte**. No exemplo apresentado o valor **"10"** será mostrado como valor **10** do tipo **byte**. No seu editor de texto, escreva o código a seguir e grave-o com o nome **C05EX28.java**.

```java
import java.io.*;

class C05EX28 {
  public static void main(String args[]) {

    String STR = "10";
    byte CURTO;

    CURTO = Byte.valueOf(STR).byteValue();

    System.out.println();
    System.out.print("Valor = " + CURTO);
    System.out.println();

  }
}
```

Saia do editor de texto e na linha de comando escreva a chamada do compilador Java com a sintaxe **javac C05EX28.java** e em seguida execute **java C05EX28** para ver seu resultado.

O programa apresenta a variável **CURTO** armazenada com o valor **10** definido inicialmente como uma sequência de caracteres **"10"** na variável **STR** do tipo **String**. A conversão do tipo **byte** ocorre com o método **byteValue()**, que é aplicado sobre o método **valueOf()** da classe **Long**. Também há a possibilidade de efetuar a mesma conversão utilizando-se o método **parseByte()** com a seguinte linha de código **INTEIRO = Integer.parseByte(STR);**.

De lógico para inteiro (de boolean para integer)

O exemplo a seguir demonstra a conversão de um dado do tipo lógico (**boolean**) para o seu equivalente em inteiro (**int**). Ao se definir um valor lógico, o programa retornará seu resultado como inteiro. Nesse caso, o programa retorna **1** (um) se a condição for verdadeira ou **0** (zero) se a condição for falsa. Esse tipo de ação é útil quando se tem problemas em avaliar condições de dados de tipos diferentes. No seu editor de texto, escreva o código a seguir e grave-o com o nome **C05EX29.java**.

```
import java.io.*;

class C05EX29 {
  public static void main(String args[]) {

    boolean LOGICO = true;
    int INTEIRO;

    INTEIRO = (LOGICO)?1:0;

    System.out.println();
    System.out.println("Valor verdadeiro de LOGICO ...: " + LOGICO);
    System.out.println("Valor verdadeiro de INTEIRO ..: " + INTEIRO);
    System.out.println();

  }
}
```

Saia do editor de texto e na linha de comando escreva a chamada do compilador Java com a sintaxe **javac C05EX29.java**. Em seguida execute a sintaxe **java C05EX29** para ver seu resultado.

Observe que o programa apresentará o valor **true** e o valor **1** quando for executado. Para conseguir converter um valor lógico em valor inteiro foi utilizada no programa a linha de código **INTEIRO = (LOGICO)?1:0;**, em que a variável **LOGICO** do tipo **boolean** é questionada de sua validade lógica pelo operador **?** (interrogação – uma pergunta), que poderá possuir um de dois valores, sendo **1** (um) se o valor for verdadeiro ou **0** (falso) se o valor for falso. Esse conceito de avaliação lógica que retorna um valor é semelhante à função **SE** de uma planilha eletrônica como *MS-Excel* ou *BrOffice.org Calc*.

De inteiro para lógico (de integer para boolean)

O exemplo a seguir demonstra a conversão de um dado do tipo inteiro (**int**) para o seu equivalente em tipo lógico (**boolean**). Será considerado neste exemplo um valor lógico verdadeiro quando o valor inteiro correspondente for diferente de zero. No seu editor de texto, escreva o código a seguir e grave-o com o nome **C05EX30.java**.

```
import java.io.*;

class C05EX30 {
  public static void main(String args[]) {

    int INTEIRO = 0;
    boolean LOGICO;

    LOGICO = INTEIRO != 0;

    System.out.println();
    System.out.println("Valor verdadeiro de INTEIRO ..: " + INTEIRO);
    System.out.println("Valor verdadeiro de LOGICO ...: " + LOGICO);
    System.out.println();

  }
}
```

Saia do editor de texto e na linha de comando escreva a chamada do compilador Java com a sintaxe **javac C05EX30.java**. Em seguida execute a sintaxe **java C05EX30** para ver seu resultado.

Observe que o programa apresentará o valor **1** e o valor **false** quando for executado. Para conseguir converter um valor inteiro em valor lógico foi utilizada no programa a linha de código **LOGICO = INTEIRO != 0;**, em que a variável **INTEIRO** do tipo **int** tem seu valor questionado por ser este diferente de zero. Se o valor for diferente de zero, esse resultado é verdadeiro. Caso contrário o resultado é falso.

5.4 Data e hora

O processo de uso de datas e horas na linguagem Java vem sendo desenvolvido ao longo de sua existência. Já existiram as classes de controle de data e hora **Date** (versões anteriores ao Java 1.7) e **Calendar** (introduzida na versão 1.7 como substituta à classe **Date**), e agora na versão 1.8 é introduzido um conjunto de classes sob a ótica da norma ISO 8601 para controle de valores relacionados a datas e horas. No entanto, a classe **Calendar** continua existindo na versão 1.8 e pode continuar a ser usada.

O controle de tempo em um computador é baseado em um valor numérico que aumenta a cada instante. No caso da linguagem Java, esse valor é iniciado em zero a partir da data de 1 de janeiro de 1970 às 0h0min0s. Até a versão 1.7, esse tempo era medido em milissegundos, e a partir da versão 1.8 essa medida passou a ser em nanossegundos, dando maior precisão aos cálculos envolvendo data e horas. Para um ser humano, a contagem de tempo é realizada sob outra ótica, e a nova API (*Application Programming Interface*) de classe do Java passou a abranger também o aspecto natural humano para facilitar seu uso.

A manipulação de datas e de horas ocorre na linguagem Java a partir do pacote **java.time**, que possui acesso às classes **Clock**, **Duration**, **Instant**, **LocalDate**, **LocalDateTime**, **LocalTime**, **MonthDay**, **OffsetDateTime**, **OffsetTime**, **Period**, **Year**, **YearMonth**, **ZonedDateTime**, **ZoneId**, **ZoneOffset**; às enumerações **DayOfWeek**, **Month** e à exceção **DateTimeException**.

A classe **Clock** é usada para acessar o instante atual de tempo, data e hora por meio de uma zona de tempo.

A classe **Duration** é usada para medir a quantidade de tempo a cada 34,5 segundos.

A classe **Instant** é usada para definir um marco de tempo a ser medido durante certa execução de código.

A classe **LocalDate** é usada para definir a data do sistema no formato ISO (AAAA-MM-DD) sem uso de fuso horário.

A classe **LocalDateTime** é usada para definir a data e hora do sistema no formato ISO (AAAA-MM-DDTHH:MM:SS) sem uso de fuso horário.

A classe **LocalTime** é usada para definir um tempo em horas, minutos e segundos do sistema no formato ISO (HH:MM:SS) sem uso de fuso horário.

A classe **MonthDay** é usada para o mês e o dia de calendário no formato ISO (--MM-DD).

A classe **OffsetDateTime** é usada para definir a data e hora do sistema com deslocamento de fuso horário UTC/Greenwich no formato ISO (AAAA-MM-DDTHH:MM:SS+HH:MM).

A classe **OffsetTime** é usada para definir a hora do sistema com deslocamento de fuso horário UTC/Greenwich no formato ISO (HH:MM:SS+HH:MM).

A classe **Period** é usada para medir a quantidade de tempo baseada no calendário do sistema.

A classe **Year** é usada para definir um ano do calendário no sistema no formato ISO (AAAA).

A classe **YearMonth** é usada para definir um ano e mês do calendário no sistema no formato ISO (AAAA-MM).

A classe **ZonedDateTime** é usada para definir data e hora do calendário no sistema com fuso horário no formato ISO (AAAA-MM-DDTHH:MM:SS+HH:MM) para certa região do globo terrestre.

A classe **ZoneId** é usada para definir um ID para a identificação de fuso horário para certa região do globo terrestre.

A classe **ZoneOffset** é usada para definir um deslocamento de fuso horário padrão UTC/Greenwich como +MM:MM.

A enumeração **DayOfWeek** é usada para definir um dia da semana como "Segunda-feira".

A enumeração **Month** é usada para definir um mês do calendário como "Agosto".

A exceção **DateTimeException** é usada para interceptar um problema que ocorra com os cálculos de datas e de horas.

Considerando-se como exemplo um programa que apresente um relatório com informações sobre a data atual do sistema em uso, faça no seu editor de textos a escrita do exemplo a seguir, depois grave o programa com o nome **C05EX31.java**.

```
import java.io.*;
import java.time.*;

class C05EX31 {
  public static void main(String args[]) {

    LocalDate DATA = LocalDate.now();        // Data do sistema
    DayOfWeek DDS = DATA.getDayOfWeek();     // Dia da semana
    int       DDM = DATA.getDayOfMonth();    // Dia do mes
    Month     MES = DATA.getMonth();         // Mes do ano
    int       NDM = DATA.getMonthValue();    // Numero do mes
    int       ANO = DATA.getYear();          // Ano
    int       NDA = DATA.getDayOfYear();     // Numero de dias no ano
```

Métodos Internos

```
    System.out.println();
    System.out.println("Data do sistema .........: " + DATA);
    System.out.println("Dia da semana ...........: " + DDS);
    System.out.println("Dia do mes ..............: " + DDM);
    System.out.println("Mes .....................: " + MES);
    System.out.println("Numero do mes ...........: " + NDM);
    System.out.println("Numero de dias no ano ...: " + NDA);
    System.out.println("Ano .....................: " + ANO);
    System.out.println();

  }
}
```

Saia do editor de texto e na linha de comando escreva a chamada do compilador Java com a **javac 05EX31.java**. Em seguida execute a sintaxe **java C05EX31** para ver o resultado do programa com as mensagens relacionadas à data extraída do sistema.

A instrução **import java.time.*;** dá acesso aos recursos de tratamento de operações para calendários usada pelo objeto **DATA** da classe **LocalDate** instanciado a partir do método construtor **LocalDate.now()** e pelas variáveis **DDS** (dia da semana), **DDM** (dia do mês), **MES**, **NDM** (número do mês no calendário), **ANO** e **NDA** (número de dias no ano). Note que as variáveis usadas no programa são do tipo **int** exceto as variáveis **DDS** e **MES** que, respectivamente, são tipadas a partir de **DayOfWeek** e **Month**.

Os métodos do tipo **get()** associados ao objeto **DATA** com suas complementações efetuam o retorno das informações:

➤ getDayOfWeek() – usada para retornar o nome do dia da semana da data relacionada;

➤ getDayOfMonth() – usada para retornar o dia do mês da data relacionada;

➤ getMonth() – usada para retornar o nome do mês da data relacionada;

➤ getMonthValue() – usada para indicar o número do mês da data relacionada;

➤ getYear() – usada para apresentar o número do ano da data relacionada;

➤ getDayOfYear() – usada para indicar o número de dias percorridos junto à data indicada a partir de 1 de janeiro da data referenciada.

Em relação à manipulação de horas com a linguagem Java, deve ser usada a classe **LocalTime**, que tem seu funcionamento semelhante ao da classe **LocalDate**. Assim, considerando um programa que apresente informações sobre a hora atual do sistema em uso, faça no seu editor de textos a escrita do exemplo a seguir, depois grave o programa com o nome **C05EX32.java**.

```
import java.io.*;
import java.time.*;

class C05EX32 {
  public static void main(String args[]) {
```

```
    LocalTime  HORA = LocalTime.now();  // Hora do sistema
    int        HOR = HORA.getHour();    // Pega apenas a hora
    int        MIN = HORA.getMinute();  // Pega apenas o minuto
    int        SEG = HORA.getSecond();  // Pega apenas o segundo

    System.out.println();
    System.out.println("Hora ............: " + HOR);
    System.out.println("Minutos..........: " + MIN);
    System.out.println("Segundos ........: " + SEG);
    System.out.println();

  }
}
```

Saia do editor de texto e na linha de comando escreva a chamada do compilador Java com a sintaxe **javac C05EX32.java**. Em seguida execute a sintaxe **java C05EX32** para ver o resultado da execução do programa.

Os métodos do tipo **get()** associados ao objeto **HORA** com suas complementações efetuam o retorno das informações:

➤ getHour() – usada para retornar as horas;

➤ getMinute() – usada para retornar os minutos;

➤ getSeconda()– usada para retornar os segundos.

Os programas anteriores fizeram uso das classes **LocalDate** e **LocalTime** para mostrar detalhes sobre data e hora. No entanto, há a classe **LocalDateTime**, que fornece recursos para usar elementos de uma data ou hora a partir do mesmo objeto. Assim, considerando um programa que apresente informações sobre a data e a hora atuais do sistema, faça no seu editor de textos a escrita do exemplo a seguir, depois grave o programa com o nome **C05EX33.java**.

```
import java.io.*;
import java.time.*;

class C05EX33 {
  public static void main(String args[]) {

    LocalDateTime DTHR = LocalDateTime.now();
    int HOR = DTHR.getHour();
    int MIN = DTHR.getMinute();
    int SEG = DTHR.getSecond();
    int NAS = DTHR.getNano();  // Pega o nanosegundo

    System.out.println();
    System.out.println("Data do sistema ....: " + DTHR);
    System.out.println("Hora ...............: " + HOR);
    System.out.println("Minutos.............: " + MIN);
    System.out.println("Segundos ...........: " + SEG);
    System.out.println("Nanosegundos .......: " + NAS);
    System.out.println();

  }
}
```

Métodos Internos

Saia do editor de texto e na linha de comando escreva a chamada do compilador Java com a sintaxe **javac C05EX33.java**. Em seguida execute a sintaxe **java C05EX33** para ver o resultado da execução do programa.

A classe **LocalDateTime** permite obter informações do conjunto de dados da data e hora do sistema operacional. Dentre os métodos usados e conhecidos destaca-se neste exemplo o **getNano()**, que retorna o valor de nanossegundos da hora do sistema.

Os exemplos apresentados mostram recursos de obtenção de informações de data e hora a partir da hora atual do sistema, mas é possível definir datas específicas para fazer essas mesmas ações a partir do método **of()** associado a uma das classes já apresentadas. Assim, observe o código de programa a seguir, programa **C05EX34.java**, que mostra dados extraídos a partir da data de **26/04/1965**.

```java
import java.io.*;
import java.time.*;

class C05EX34 {
  public static void main(String args[]) {

    LocalDate DATA = LocalDate.of(1965, 4, 26); // Data especifica
    DayOfWeek DDS1 = DATA.getDayOfWeek();
    int       DDS2 = DDS1.getValue();
    int       NDA  = DATA.getDayOfYear();

    System.out.println();
    System.out.println("Data especifica ..........: " + DATA);
    System.out.println("Dia da semana (extenso) .: " + DDS1);
    System.out.println("Dia da semana (numero) ..: " + DDS2);
    System.out.println("Numero de dias no ano ...: " + NDA);
    System.out.println();

  }
}
```

Observe no programa a definição de uma data específica pelo método **of(1965, 4, 26)** associado ao objeto **DATA**. Note o uso do método **getValue()** do tipo **int** associado ao objeto **DDS1**, que possui o nome do dia da semana e retorna o número correspondente desse dia. Para a data de **26/04/1965** tem-se o retorno do dia **MONDAY** (segunda-feira) correspondendo ao numero de dia da semana **1**, sendo domingo o dia **0** e sábado o dia **6**.

Saia do editor de texto e na linha de comando escreva a chamada do compilador Java com a sintaxe **javac C05EX34.java**. Em seguida execute a sintaxe **java C05EX34** para ver o resultado da execução do programa.

O método **of()** usado no programa anterior para definir uma data específica pode ter seus argumentos fornecidos de uma maneira um pouco diferente quando do uso da enumeração **Month** associada à constante que representa o mês. Assim, observe a linha em negrito do programa **C05EX35.java**.

```
import java.io.*;
import java.time.*;

class C05EX35 {
  public static void main(String args[]) {

    LocalDate DATA = LocalDate.of(1965, Month.APRIL, 26);
    DayOfWeek DDS1 = DATA.getDayOfWeek();
    int       DDS2 = DDS1.getValue();
    int       NDA  = DATA.getDayOfYear();

    System.out.println();
    System.out.println("Data especifica ..........: " + DATA);
    System.out.println("Dia da semana (extenso) .: " + DDS1);
    System.out.println("Dia da semana (numero) ..: " + DDS2);
    System.out.println("Numero de dias no ano ...: " + NDA);
    System.out.println();

  }
}
```

Saia do editor de texto e na linha de comando escreva a chamada do compilador Java com a sintaxe **javac C05EX35.java**. Em seguida execute a sintaxe **java C05EX35** para ver o resultado da execução do programa.

Observe no programa anterior o uso do método **of(1965, Month.APRIL, 26)** com a obtenção do mês de calendário a partir da enumeração **Month** com a constante **APRIL**.

Assim como operações de definição de datas específicas podem ser feitas, também podem ser feitas definições em relação a horas. Nesse caso, para manipular uma hora específica como **13:25:47** basta usar no programa a linha de código.

```
LocalTime HORA1 = LocalTime.of(13, 25, 47);
```

Além dos recursos já apresentados, é possível fazer uso de diversas outras possibilidades. Assim, antes de ver mais alguns exemplos de programas que manipulem datas e horas, serão apresentados alguns recursos que podem ser incorporados nos programas:

➤ Apresentar o número de dias decorridos dentro de certo ano informado. Por exemplo, o centésimo décimo sexto dia a partir de 1 de janeiro de 2014, nesse caso 26 de abril de 2014.

```
LocalDate DIA = LocalDate.ofYearDay(2014, 116);
System.out.println(DIA);
```

A informação anterior também pode ser obtida por meio da instrução.

```
LocalDate DIA = Year.of(2014).atDay(116);
System.out.println(DIA);
```

Métodos Internos

> Apresentar a hora do computador no padrão UTC (*Universal Time Coordinated*), ou seja, hora universal no formato tempo universal coordenado.

```
LocalTime HORA = LocalTime.now(Clock.systemUTC());
System.out.println(HORA);
```

> Apresentar o ano da data atual do sistema.

```
Year ANO = Year.now();
System.out.println(ANO);
```

> Definir um ano específico, por exemplo, 2014.

```
Year ANO = Year.of(2014);
System.out.println(ANO);
```

> Definir se dado ano é bissexto, por exemplo, ao informar 2016, que resultará na apresentação da mensagem *true* (verdadeiro) ou *false* (falso) quando o ano informado não for bissexto.

```
Year ANO = Year.of(2016);
boolean BIS = ANO.isLeap();
System.out.println(BIS);
```

> Apresentar a quantidade de dias existente em um certo ano; se o ano informado for bissexto, mostra 366 dias; senão, mostra 365 dias.

```
Year ANO = Year.of(2016);
int DIAS = ANO.length();
System.out.println(DIAS);
```

> Acrescentar um número de dias em certa data; por exemplo, 5 dias, à data do atual do sistema.

```
LocalDate DATA = LocalDate.now().plusDays(5);
System.out.println(DATA);
```

> Diminuir um número de dias em certa data; por exemplo, 6 dias, a data do atual do sistema.

```
LocalDate DATA = LocalDate.now().minusDays(6);
System.out.println(DATA);
```

> Acrescentar certo número de horas e minutos na data atual do sistema; por exemplo, adicionar 7 horas e 25 minutos.

```
LocalDateTime
  DTHR = LocalDateTime.now().plusHours(7).plusMinutes(25);
System.out.println(DTHR);
```

> Estabelecer definições de zonas de tempo para operações entre datas de diferentes fusos horários.

```
ZoneId SP = ZoneId.of("America/Sao_Paulo");
ZoneId NY = ZoneId.of("America/New_York");
ZoneId LA = ZoneId.of("America/Los_Angeles");
ZoneId BL = ZoneId.of("Europe/Berlin");
ZoneId PR = ZoneId.of("Europe/Paris");
```

> Apresentação de fuso horário entre as cidades de São Paulo e Paris na data de 9 de maio de 2014 a partir das 12h, sendo Paris com mais duas horas a partir da data e hora fornecidas e São Paulo com menos três horas da data fornecida.

```
ZoneId SP = ZoneId.of("America/Sao_Paulo");
ZoneId PR = ZoneId.of("Europe/Paris");
LocalDateTime DT = LocalDateTime.of(2014, 5, 9, 12, 0);
ZonedDateTime PRDH = ZonedDateTime.of(DT, PR);
ZonedDateTime SPDH = ZonedDateTime.of(DT, SP);
System.out.println(PRDH);
System.out.println(SPDH);
```

> Estabelecer o deslocamento de tempo sobre certo fuso horário de certa data e hora definidas, por exemplo, acrescentar na informação de fuso horário mais 5 horas na data de 9 de maio de 2014 às 12h.

```
LocalDateTime DT = LocalDateTime.of(2014, 5, 9, 12, 0);
System.out.println(DT);
ZoneOffset DESLOC = ZoneOffset.of("+05:00");
OffsetDateTime NOVO = OffsetDateTime.of(DT, DESLOC);
System.out.println(NOVO);
```

A operação de deslocamento de tempo em fuso horário pode ser realizada em substituição à instrução **OffsetDateTime NOVO = OffsetDateTime.of(DT, DESLOC);**, com:

```
OffsetDateTime NOVO = OffsetDateTime.of(DT, DESLOC);
```

Métodos Internos

Outro exemplo de programa com manipulação de datas é o caso de um programa que calcule a diferença de dias entre duas datas. Para tanto, escreva o código a seguir em seu editor de textos e grave o programa com o nome **C05EX36.java**.

```java
import java.io.*;
import java.time.*;
import java.time.temporal.*;
import java.util.Scanner;

class C05EX36 {
  public static void main(String args[]) {

    LocalDate DATA1;
    LocalDate DATA2;

    int DIA1, MES1, ANO1;
    int DIA2, MES2, ANO2;
    long DIFERENCA;

    String EDATA1;
    String EDATA2;
    Scanner s = new Scanner(System.in);

    System.out.println();

    System.out.print("Entre a 1a. data no formato DD/MM/AAAA: ");
    EDATA1 = s.nextLine();

    System.out.print("Entre a 2a. data no formato DD/MM/AAAA: ");
    EDATA2 = s.nextLine();

    System.out.println();

    DIA1 = Integer.parseInt(EDATA1.substring( 0, 2));
    MES1 = Integer.parseInt(EDATA1.substring( 3, 5)) - 1;
    ANO1 = Integer.parseInt(EDATA1.substring( 6,10));

    DATA1 = LocalDate.of(ANO1, MES1, DIA1);

    DIA2 = Integer.parseInt(EDATA2.substring( 0, 2));
    MES2 = Integer.parseInt(EDATA2.substring( 3, 5)) - 1;
    ANO2 = Integer.parseInt(EDATA2.substring( 6,10));

    DATA2 = LocalDate.of(ANO2, MES2, DIA2);

    if (DATA1.compareTo(DATA2) > 0)
       DIFERENCA = ChronoUnit.DAYS.between(DATA2, DATA1);
    else
       DIFERENCA = ChronoUnit.DAYS.between(DATA1, DATA2);

    System.out.println("Diferenca de dias = " + DIFERENCA);

  }
}
```

Saia do editor de texto e na linha de comando escreva a chamada do compilador Java com a sintaxe **javac C05EX36.java**. Em seguida execute a sintaxe **java C05EX36** para ver o resultado do programa.

Entre com a primeira data como **20/06/2010** e com a segunda data como **10/06/2010**. Depois entre com a primeira data como **10/06/2010** e com a segunda data como **20/06/2010**. Note que o programa apresenta o resultado da diferença de dias entre as datas sempre de forma positiva.

No programa **C05EX36.java** é usado o método e **compareTo()**, que efetua a comparação entre os objetos da classe **LocalDate** detectando, nesse caso, se a primeira data é maior que a segunda data informada. Se **DATA1.compareTo(DATA2)** for maior que zero, é sinal de que a primeira data é maior que a segunda. Pode-se ainda usar os operadores relacionais de igualdade para saber se as datas são iguais e menor que zero para saber se a segunda data é maior que a primeira.

Além do pacote **java.time**, está sendo usado neste exemplo o pacote **java.time.temporal**, necessário para uso do recurso **ChronoUnit**, que obtém o valor de diferença entre duas datas. O uso do método **DAYS.between()** permite obter a diferença de dias entre as datas informadas, podendo-se fazer uso também dos métodos **MONTHS.between()** para obter a diferença entre meses e **YEARS.between()** para obter a diferença entre anos.

Observe que não importa a forma como as datas são fornecidas ao programa, ele sempre retorna a diferença de dias entre elas como sendo um valor positivo. Isso ocorre devido às linhas de código a seguir:

```
if (DATA1.compareTo(DATA2) > 0)
   DIFERENCA = ChronoUnit.DAYS.between(DATA2, DATA1);
else
   DIFERENCA = ChronoUnit.DAYS.between(DATA1, DATA2);
```

Para finalizar a exposição deste capítulo, segue um programa que exemplifica o controle para um estacionamento que funciona 24 horas. O programa em questão solicita a data e a hora de entrada e também de saída, solicita ainda o valor da hora do estacionamento e apresenta o cálculo do valor a ser pago. Escreva o código a seguir em seu editor de textos e grave o programa com o nome **C05EX37.java**.

```
import java.io.*;
import java.time.*;
import java.time.temporal.*;
import java.text.*;
import java.util.Scanner;

class C05EX37 {
  public static void main(String args[]) {

    LocalDateTime DATA1;
    LocalDateTime DATA2;

    int DIA1, MES1, ANO1, HOR1, MIN1;
    int DIA2, MES2, ANO2, HOR2, MIN2;
```

```java
        double VLRHR, FRACAO, VLRTOT;

        String EDATA1, EHORA1;
        String EDATA2, EHORA2;

        Scanner s = new Scanner(System.in);
        DecimalFormat df = new DecimalFormat();

        System.out.println();
        System.out.println("*** Estacionamento 24 Horas ***");
        System.out.println();
        System.out.println();

        System.out.print("Entre data de entrada [DD/MM/AAAA] ...: ");
        EDATA1 = s.nextLine();

        System.out.print("Entre hora de entrada [HH:MM] ........: ");
        EHORA1 = s.nextLine();

        System.out.print("Entre data de saida [DD/MM/AAAA] .....: ");
        EDATA2 = s.nextLine();

        System.out.print("Entre hora de saida [HH:MM] ..........: ");
        EHORA2 = s.nextLine();

        System.out.print("Entre o valor da hora em R$ ..........: ");
        VLRHR = s.nextDouble();

        System.out.println();

        DIA1 = Integer.parseInt(EDATA1.substring( 0, 2));
        MES1 = Integer.parseInt(EDATA1.substring( 3, 5)) - 1;
        ANO1 = Integer.parseInt(EDATA1.substring( 6,10));
        HOR1 = Integer.parseInt(EHORA1.substring( 0, 2));
        MIN1 = Integer.parseInt(EHORA1.substring( 3, 5));

        DATA1 = LocalDateTime.of(ANO1, MES1, DIA1, HOR1, MIN1);

        DIA2 = Integer.parseInt(EDATA2.substring( 0, 2));
        MES2 = Integer.parseInt(EDATA2.substring( 3, 5)) - 1;
        ANO2 = Integer.parseInt(EDATA2.substring( 6,10));
        HOR2 = Integer.parseInt(EHORA2.substring( 0, 2));
        MIN2 = Integer.parseInt(EHORA2.substring( 3, 5));

        DATA2 = LocalDateTime.of(ANO2, MES2, DIA2, HOR2, MIN2);

        FRACAO = VLRHR / 60;

        if (DATA1.compareTo(DATA2) > 0)
           VLRTOT = ChronoUnit. SECONDS.between(DATA2, DATA1) / 60 * FRACAO;
        else
           VLRTOT = ChronoUnit. SECONDS.between(DATA1, DATA2) / 60 * FRACAO;

        df.applyPattern("0.00");
        System.out.println("Valor a ser pago = " + df.format(VLRTOT));

    }
}
```

Saia do editor de texto e na linha de comando escreva a chamada do compilador Java com a sintaxe **javac C05EX34.java**. Em seguida execute a sintaxe **java C05EX34** para ver o resultado do programa.

Em primeiro lugar, entre com a data de chegada ao estacionamento como sendo **20/06/2010** e com a hora de entrada como sendo **08:00**. Depois entre com a data de saída como sendo **20/06/2010** e com a hora de saída como sendo **09:00**. Por último, informe o valor da hora estacionada como sendo, por exemplo, **1.99** e observe a saída apresentada como **1,99**. Depois faça testes com outros valores de data e hora.

No código anterior, é importante chamar a atenção para o processamento do cálculo a ser pago pelo tempo de estacionamento por meio do trecho de código:

```
FRACAO = VLRHR / 60;

if (DATA1.compareTo(DATA2) > 0)
   VLRTOT = ChronoUnit. SECONDS.between(DATA2, DATA1) / 60 * FRACAO;
else
   VLRTOT = ChronoUnit. SECONDS.between(DATA1, DATA2) / 60 * FRACAO;
```

Observe que a instrução **FRACAO = VLRHR / 60;** pega o valor fornecido para a hora e o divide por **60**. Dessa forma, obtém-se o valor de um minuto de estacionamento, podendo-se efetuar a cobrança por essa fração de tempo.

Outro ponto importante no processamento é a linha de código que efetua o cálculo do valor total: **VLRTOT = ChronoUnit.SECONDS.between(DATA2, DATA1) / 60 * FRACAO;**. Note que após efetuar o cálculo da diferença de tempo em segundos, de modo semelhante ao do programa **C05EX36.java**, o valor obtido é dividido por **60**, que é a fração de tempo a ser multiplicada pela fração do valor de cobrança calculado. Depois esse valor é multiplicado pela fração do valor por segundo, gerando assim o valor a ser pago.

Perceba que para obter a diferença de segundos entre horas estacionadas está sendo usado o método **SECONDS.between()**.

Métodos e Pacotes
6

Este capítulo abrange o uso de métodos (sub-rotinas) e a criação de pacotes (bibliotecas de métodos) definidos pelo programador. Nesse sentido, são indicados o conceito de método, conceito de pacote, métodos definidos pelo programador, passagem de parâmetros, recursividade, acesso a métodos de classes externas e pacote definido pelo programador.

6.1 Conceito de métodos e pacotes

As linguagens orientadas a objetos fazem uso de sub-rotinas especiais vinculadas às classes, que em Java e C# são normalmente chamadas de métodos; em C++ são chamadas de funções membros; em Object Pascal são chamadas de procedimentos membros e funções membros, entre outras denominações que podem a vir ser encontradas.

A linguagem Java, por ser orientada a objetos, segue uma estrutura operacional semelhante em alguns pontos ao paradigma da programação estruturada, mas principalmente na possibilidade da criação de métodos externos à definição de uma classe, além dos métodos vinculados a certa classe.

De forma ampla, pode-se entender método como um trecho de código de programa que é independente de qualquer parte do programa, mas vinculado ao programa com atribuições bem-definidas. Os métodos são um conjunto de instruções que efetuam uma tarefa específica. De forma geral, os métodos em Java podem ser do tipo procedimento (quando não retornam valor após sua chamada) ou do tipo função (quando retornam valor após sua chamada). Os métodos podem receber valores de entrada (parâmetros, que em orientação a objetos são chamados de mensagens), podem ser internos (quando são parte de um pacote da linguagem) ou externos (quando definidos pelo programador tanto para uso em um código de programa como em pacotes criados pelo próprio programador). Assim, nota-se que a linguagem Java é baseada no uso de sub-rotinas, uma vez que muitos dos comandos usados são métodos, como: **parseInt()**, **parseFloat()**, **parseDouble()**, **readLine()** e **applyPattern()**, entre outros já apresentados e utilizados nos muitos exemplos anteriores.

A utilização do recurso de método torna o trabalho de desenvolvimento com linguagem Java algo bastante versátil, já que:

> Em termos de modularidade, tem-se o programa dividido em vários módulos, e cada módulo desempenha uma ação particular. Essa estratégia de programação facilita a manutenção dos programas construídos.

> O programador torna-se capaz de criar seus próprios pacotes de métodos pessoais, o que faz com que a programação se torne mais eficiente, porque é possível aproveitar códigos de programa que já foram testados e revisados anteriormente (esse é um dos conceitos básicos que norteiam o trabalho de desenvolvimento com o uso da programação orientação a objetos), os quais podem ser usados sem problema em novos programas.

No geral, problemas complexos exigem algoritmos complexos, mas sempre é possível dividir um problema grande em problemas menores. Dessa forma, cada parte menor tem um algoritmo mais simples, e é esse trecho menor que na linguagem Java pode se tornar um método.

Quando um método é chamado por um programa principal (ou por outra rotina ou mesmo sub-rotina), ele é executado, e ao seu término o controle de processamento do programa retorna automaticamente para a primeira linha de instrução após a linha que efetuou a chamada do método em questão.

Além dos métodos internos, é possível criar os seus próprios métodos (métodos externos). A construção de um método externo segue os mesmos cuidados de programação já estudados e aplicados nos capítulos anteriores.

Na linguagem Java é possível desenvolver três formas de comportamento para um método: o primeiro, quando o método é executado e não retorna nenhum valor para a rotina chamadora; o segundo, quando um método tem a capacidade de retornar apenas um valor à função chamadora; e por último, quando um método trabalha com passagem de parâmetros por valor e por referência. Mais adiante essas três formas serão apresentadas.

Um pacote de métodos é um conjunto de rotinas predefinidas (métodos internos) existentes como recursos adicionais para serem usadas pelo programador e/ou desenvolvedor, disponíveis nos arquivos de pacotes, que são colocados em uso por meio do comando **import**, normalmente o primeiro comando de um programa codificado em linguagem Java.

A título de ilustração, são apresentados em seguida alguns dos principais pacotes existentes (não todos) que acompanham o compilador de linguagem Java. Apresenta-se também uma rápida descrição de cada pacote em particular. No entanto, para uma descrição mais detalhada, sugere-se consultar a documentação oficial do produto.

Pacote	Descrição
java.applet	Possui todas as classes necessárias para o uso do conceito de programa em applets.
java.awt	Possui todas as classes para a criação de interface gráfica com usuário.

Pacote	Descrição
java.beans	Possui as classes relacionadas ao desenvolvimento de componentes do tipo *beans* – componentes baseados na arquitetura *JavaBeans*.
java.io	Possui os streams de entrada e saída para programação principalmente em modo console.
java.lang	Possui as classes que são fundamentais para o desenvolvimento de programas com a linguagem de programação Java.
java.security	Possui as classes e as interfaces para o uso e tratamento do conceito de segurança.
java.sql	Possui o conjunto de APIs para acesso e processamento das ações de armazenagem de dados em bancos de dados relacionais que serão controlados com a linguagem Java.
java.text	Possui as classes e as interfaces para o tratamento de textos, datas e números.

6.2 Métodos definidos pelo programador

A partir de uma noção básica de como utilizar os pacotes da linguagem Java, você aprenderá a criar os próprios métodos, que serão desenvolvidos com os mesmos cuidados de programação já estudados e aplicados até esse momento. A definição de um método ocorre segundo a sintaxe a seguir:

```
[modificador] [tipo] [retorno] [nome(<mensagem>)] {
  <corpo do código do método>
  <return (<valor>)>
}
```

em que:

modificador – é representado por um identificador da linguagem que define a visibilidade de um determinado atributo ou método. Na linguagem Java é possível usar como qualificadores os valores: *private* (o atributo ou o método somente pode ser acessado dentro da classe a que pertence); *public* (o atributo ou método pode ser acessado fora da classe a que pertence por outro código de programa); *protected* (o atributo ou método somente pode ser acessado pela classe a que pertence ou por suas classes-filha que estejam herdando as características de comportamento da classe-pai); *sem a definição de um qualificador* (o atributo ou método pode ser acessado pela própria classe ou pelas classes que pertençam ao mesmo pacote). Como complementação do qualificador em uso, utiliza-se uma segunda palavra opcional reservada denominada *static*, que tem por finalidade indicar que o atributo ou método pertence à classe a ele associada, em vez de a alguma instância particular.

tipo – representa o fato de um método ser ou não estático. Um método é estático quando sinalizado com o termo **static**. O método estático mais comum na linguagem Java é o método **main()**. Um método estático é aquele que é aplicado à classe e não necessariamente a um objeto. Para associar um método a um objeto, este deve ser definido de modo não estático. Um método do tipo estático tem seu funcionamento executado dentro de uma classe como uma função independente da classe.

retorno – representa o tipo de dado que será retornado pelo método. Assim, para a definição de um método função podem ser utilizados os tipos primitivos: *byte* (retorno de valor numérico inteiro de 1 "bit"); *short* (retorno de valor numérico inteiro de 32 "bits"); *int* (retorno de valor numérico inteiro de 16 "bits"); *long* (retorno de valor numérico inteiro de 64 "bits"); *float* (retorno de valor numérico real de 32 "bits"); *doublé* (retorno de valor numérico real de 64 "bits"); *char* (retorno de uma sequência de caracteres com tamanho de 16 "bits"); *boolean* (retorno de um valor lógico "true" ou "false" com tamanho de 1 "bit"). Caso deseje trabalhar sem nenhum retorno, deve-se então usar a palavra reservada *void* para a definição de um método de procedimento.

nome – é a definição de um nome de identificação para o método. As regras de definição de nomes devem seguir as mesmas regras de definição de nomes para variáveis apresentadas no Capítulo 4 desta obra.

mensagem – é a definição normalmente de variáveis que recebem valores externos enviados pelo programa. Dentro do método, os valores recebidos são integralizados e utilizados em seu processamento. O uso do conceito de parâmetros representa um mecanismo de comunicação entre um programa que chama um determinado método e o próprio método. O uso de parâmetros é opcional e dependerá de uma série de circunstâncias a serem avaliadas e analisadas por quem desenvolve o programa.

corpo do código do método – é a parte do método em que o código de processamento e ação de seu trabalho é definido; é onde os parâmetros reais, quando definidos, são formalizados, tratados e processados.

return (<valor>) – a palavra reservada *return* somente existirá em um módulo quando este tiver a necessidade de retornar para fora de sua execução um determinado valor, representado pelo parâmetro *valor*.

Para fazer uma apresentação bem simples de como o mecanismo de criação de métodos pode ser usado, considere o programa a seguir, o qual, a partir do programa principal, efetuará a chamada (invocará) da ação de um método (uma sub-rotina) chamado **SubRotina()**. No seu editor de textos, escreva o programa proposto e grave-o com o nome **C06EX01.java**.

```
import java.io.*;

class C06EX01 {

  public static void main(String args[]) {
    System.out.println("Execucao do programa principal - 1");
    SubRotina();
    System.out.println("Execucao do programa principal - 2");
  }

  public static void SubRotina() {
    System.out.println("Execucao da sub-rotina");
  }

}
```

Saia do editor de texto e na linha de comando escreva a chamada do compilador Java com a sintaxe **javac C06EX01.java**. Em seguida execute a sintaxe **java C06EX01** para ver o resultado do programa, que apresentará as mensagens:

```
Execucao do programa principal - 1
Execucao da sub-rotina
Execucao do programa principal - 2
```

Observe a definição do método principal **main()** e do método **SubRotina()** na classe **C06EX01**. Note o fato de a classe **C06EX01** incorporar o método **main()** como programa principal e o método **SubRotina()** como uma sub-rotina desenvolvida pelo programador.

Assim que o programa é executado, a classe **C06EX01** invoca (chama) a execução do método **main()**, que em seguida executa e apresenta a primeira mensagem, depois o método **main()** invoca o método **SubRotina()**. Nessa etapa ocorre o desvio do programa para os limites de ação do método **SubRotina()**, que apresenta a mensagem a ele definida e retorna o fluxo de execução do programa ao módulo **main()**, que dá continuidade ao programa. Atente para o fato de a **SubRotina()** do tipo **void** ser um método de procedimento do programa.

O programa exemplo a seguir mostra métodos como sub-rotinas do tipo procedimento. Note o fato de cada método do programa ser do tipo **static**. Esse programa mostra uma calculadora simples, que por meio de um menu de seleções no programa principal indica a operação matemática que poderá ser realizada (adição, subtração, multiplicação e divisão). Esse programa deve dar ao usuário a possibilidade de escolher uma das operações aritméticas, além da escolha de saída e encerramento do programa. Escolhida a opção desejada, deve ser solicitada a entrada de dois números reais de dupla precisão, em seguida deve ser processada a rotina (o módulo) da operação escolhida para que ocorra a apresentação do resultado desejado. No seu editor de textos, escreva o programa e grave-o com o nome **C06EX02.java**.

```
// C08EX02.java
// Programa Calculadora

import java.io.*;
import java.util.Scanner;
import java.text.*;

class C06EX02 {
  public static void main(String args[]) {

    byte OPCAO = 0;
    Scanner opcao = new Scanner(System.in);
```

```java
    // Programa principal

    while (OPCAO != 5) {

      System.out.println();
      System.out.println();
      System.out.println("------------------------");
      System.out.println("   Programa Calculadora   ");
      System.out.println("      Menu Principal      ");
      System.out.println("------------------------");
      System.out.println();
      System.out.println("[1] ............ Adicao");
      System.out.println("[2] ......... Subtracao");
      System.out.println("[3] ...... Multiplicacao");
      System.out.println("[4] ........... Divisao");
      System.out.println("[5] .... Fim de Programa");
      System.out.println();
      System.out.print("Escolha uma opcao: ");
      OPCAO = opcao.nextByte();
      if (OPCAO != 5 || OPCAO != 0) {
        switch (OPCAO) {
          case 1: rotadicao();        break;
          case 2: rotsubtracao();     break;
          case 3: rotmultiplicacao(); break;
          case 4: rotdivisao();       break;
        }
      }
    }
  }

  // Modulo de Adicao

  public static void rotadicao() {

    double R, A, B;
    DecimalFormat df = new DecimalFormat();
    Scanner s = new Scanner(System.in);

    System.out.println();
    System.out.println();
    System.out.println("Rotina de Adicao");
    System.out.println("----------------");
    System.out.println();
    System.out.print("Entre um valor para a variavel [A]: ");
    A = s.nextDouble();
    System.out.print("Entre um valor para a variavel [B]: ");
    B = s.nextDouble();
    R = A + B;
    System.out.println();
    df.applyPattern("0.00");
    System.out.println("O resultado entre A e B = " + df.format(R));
    pausa();

  }
```

```java
// Modulo de Subtracao

public static void rotsubtracao() {

    double R, A, B;
    DecimalFormat df = new DecimalFormat();
    Scanner s = new Scanner(System.in);

    System.out.println();
    System.out.println();
    System.out.println("Rotina de Subtracao");
    System.out.println("-------------------");
    System.out.println();
    System.out.print("Entre um valor para a variavel [A]: ");
    A = s.nextDouble();
    System.out.print("Entre um valor para a variavel [B]: ");
    B = s.nextDouble();
    R = A - B;
    System.out.println();
    df.applyPattern("0.00");
    System.out.println("O resultado entre A e B = " + df.format(R));
    pausa();

}

// Modulo de Multiplicacao

public static void rotmultiplicacao() {

    double R, A, B;
    DecimalFormat df = new DecimalFormat();
    Scanner s = new Scanner(System.in);

    System.out.println();
    System.out.println();
    System.out.println("Rotina de Multiplicacao");
    System.out.println("-----------------------");
    System.out.println();
    System.out.print("Entre um valor para a variavel [A]: ");
    A = s.nextDouble();
    System.out.print("Entre um valor para a variavel [B]: ");
    B = s.nextDouble();
    R = A * B;
    System.out.println();
    df.applyPattern("0.00");
    System.out.println("O resultado entre A e B = " + df.format(R));
    pausa();

}
```

```java
// Modulo de Divisao

public static void rotdivisao() {

  double R, A, B;
  DecimalFormat df = new DecimalFormat();
  Scanner s = new Scanner(System.in);

  System.out.println();
  System.out.println();
  System.out.println("Rotina de Divisao");
  System.out.println("-----------------");
  System.out.println();
  System.out.print("Entre um valor para a variavel [A]: ");
  A = s.nextDouble();
  System.out.print("Entre um valor para a variavel [B]: ");
  B = s.nextDouble();
  if (B == 0) {
    System.out.println();
    System.out.println("Erro de divisao"); }
  else {
    R = A / B;
    System.out.println();
    df.applyPattern("0.00");
    System.out.println("O resultado entre A e B = " + df.format(R));
    pausa();

  }

}

// Modulo de Pausa

public static void pausa() {

  byte ENTER;

  System.out.println();
  System.out.print("Tecle <ENTER> para voltar ao menu: ");
  try {
    BufferedReader br = new BufferedReader(
    new InputStreamReader(System.in));
    ENTER = Byte.parseByte(br.readLine()); }
  catch (Exception e) {
    ENTER = 0;
  }

  }
}
```

Saia do editor de texto e na linha de comando escreva a chamada do compilador Java com a sintaxe **javac C08EX02.java**. Em seguida execute a sintaxe **java C08EX02** para ver o resultado das ações de cada uma das opções selecionadas no menu do programa (do método) principal.

Observe os cinco métodos criados, **rotsoma()**, **rotsubtracao()**, **rotmultiplicacao()**, **rotdivisao()** e **pausa()**, definidos abaixo do método **main()**. Note que todos os métodos estão indicados como tipo de retorno de valor **void**, uma vez que nenhum desses métodos gera um valor de retorno. Além dessa característica, os métodos estão fazendo uso do qualificador **public**, indicando que os métodos definidos são visíveis e podem ser usados dentro da classe **C08EX02**. Além do qualificador **public**, está sendo definido o qualificador como do tipo **static**, indicando que os métodos podem também ser acessados exatamente da classe **C08EX02**.

Note que cada método definido no programa tem por finalidade ler dois valores e processar o referido cálculo, apresentando em seguida o respectivo resultado da operação selecionada. Em cada um dos métodos **rotsoma()**, **rotsubtracao()**, **rotmultiplicacao()** e **rotdivisao()** encontra-se a definição das variáveis **A**, **B**, **R** e **df** dentro de cada um dos quatro métodos destinados às operações matemáticas do programa. Essas variáveis são consideradas variáveis locais, uma vez que seu ciclo de vida está relacionado à execução do método a que elas pertencem. Quando o método é encerrado e retorna ao trecho de programa que fez sua chamada, essas variáveis são destruídas da memória. As variáveis do tipo local são também referenciadas na linguagem Java como sendo: variáveis de stack, variáveis temporárias, variáveis automáticas ou variáveis de método.

> **Nota**
>
> Diferentemente de outras linguagens de programação de computadores, a linguagem de programação Java não possui o conceito de variáveis globais. Em seu lugar existem as variáveis de instância, que são os campos de um objeto. Esse assunto ainda será abordado com maior profundidade.

Perceba que ao final de cada método que efetua a ação de cálculo do programa está sendo utilizado o método **pausa()**, que tem por finalidade fazer uma pausa no final da execução de cada rotina antes de retornar ao menu principal. Esse método está operando com a classe **BufferReader**, uma vez que ação de acionar **<Enter>** não é interpretada pela classe **Scanner** adequadamente.

6.3 Passagem de parâmetro e recursividade

O uso de passagem de parâmetros em um método tem por finalidade efetuar um ponto de comunicação bidirecional entre as rotinas que compõem o programa. Essa técnica é muito útil em função do uso maciço de variáveis locais e pode ocorrer de duas maneiras: **formal** e **real**.

Serão considerados *parâmetros formais* quando forem declarados por meio de variáveis juntamente com a identificação do nome do método; e serão considerados *parâmetros reais* quando ocorrer a substituição dos parâmetros formais durante a utilização do método pelo programa que efetuou a chamada daquele método.

Considere como exemplo de utilização de parâmetros formais e reais o código do programa a seguir, que efetuará a solicitação de um valor inteiro e apresentará o resultado do fatorial do valor fornecido. No seu editor de textos, escreva o programa e grave-o com o nome **C06EX03.java**.

```java
import java.io.*;
import java.util.Scanner;

class C06EX03 {

  public static void main(String args[]) {

    byte X;
    Scanner s = new Scanner(System.in);

    System.out.println();
    System.out.println("-------------------------");
    System.out.println("    Programa Fatorial    ");
    System.out.println("-------------------------");
    System.out.println();
    System.out.print("Entre um valor inteiro (de 0 ate 25): ");
    X = s.nextByte();
    System.out.println();
    fatorial(X);
    System.out.println();
  }

  public static void fatorial(byte N) {
    long FAT = 1;
    if (N == 0)
      FAT = 0;
    else
      for (int I = 1; I <= N; I++)
        FAT *= I;
    System.out.println("Fatorial de " + N + " = " + FAT);
  }

}
```

Saia do editor de texto e na linha de comando escreva a chamada do compilador Java com a sintaxe **javac C08EX03.java**. Em seguida execute a sintaxe **java C08EX03** para ver o resultado da ação do programa. Por exemplo, informando o valor **5** o resultado calculado será **120.**

Tomando por base o código do programa **C06EX03**, ter-se-á em uso o conceito de passagem de parâmetro, em que ocorre no método **main()** o uso de um parâmetro real representado pela variável **X**. Quando da definição do método **fatorial()**, este se encontra definido como **fatorial(byte N)**, indicando que a variável **N** é o parâmetro real. Dessa forma, o método **main()** realiza seu processamento e integraliza a entrada do usuário como uma ação real. Depois, quando da chamada do método **fatorial()**, este formaliza a recepção do valor da variável **X** transferindo seu conteúdo para a variável **N**.

Além da forma apresentada, pode-se também efetuar a passagem de parâmetro para fora do método chamado. Para tanto, considere como exemplo o programa a seguir. No seu editor de textos, escreva o programa e grave-o com o nome **C06EX04.java**.

Métodos e Pacotes

```
import java.io.*;
import java.util.Scanner;

class C06EX04 {

  public static void main(String args[]) {

    byte X;
    long R;
    Scanner s = new Scanner(System.in);

    System.out.println();
    System.out.println("-------------------------");
    System.out.println("    Programa Fatorial    ");
    System.out.println("-------------------------");
    System.out.println();
    System.out.print("Entre um valor inteiro (de 0 ate 25): ");
    X = s.nextByte();
    System.out.println();
    R = fatorial(X);
    System.out.println();
    System.out.println("Fatorial de " + X + " = " + R);
  }

  public static long fatorial(byte N) {
    long FAT = 1;
    if (N == 0)
      FAT = 0;
    else
      for (int I = 1; I <= N; I++)
        FAT *= I;
    return(FAT);
  }

}
```

Saia do editor de texto e na linha de comando escreva a chamada do compilador Java com a sintaxe **javac C08EX04.java**. Em seguida execute a sintaxe **java C08EX04** para ver o resultado da ação do programa. Por exemplo, informando o valor **5** (cinco), o resultado calculado será **720**.

O exemplo anterior faz no final do código uso do método **fatorial()**, o qual possui definida no final do código a instrução **return(FAT)**, que tem por finalidade retornar ao método **main()** o valor existente na variável **FAT**. O retorno ocorre diretamente no método **fatorial(X)** e é atribuído seu conteúdo à variável **R**. Observe que para essa funcionalidade se está definindo o método **fatorial()** como sendo do tipo **int** e não **void**, como ocorreu no exemplo anterior.

É possível desenvolver funções que fazem chamadas a si mesmas. Esse efeito denomina-se *recursividade*. Como exemplo de função recursiva, considere o resultado do cálculo da fatorial de um número qualquer. Tal como nos exemplos anteriores. Assim, considere o código de programa a seguir, a ser gravado com o nome **C08EX04A.java**.

```
import java.io.*;
import java.util.Scanner;

class C06EX04A {

  public static void main(String args[]) {

    long X, R;
    Scanner s = new Scanner(System.in);

    System.out.println();
    System.out.println("-------------------------");
    System.out.println("    Programa Fatorial    ");
    System.out.println("-------------------------");
    System.out.println();
    System.out.print("Entre um valor inteiro (de 0 ate 25): ");
    X = s.nextByte();
    System.out.println();
    R = fatorial(X);
    System.out.println();
    System.out.println("Fatorial de " + X + " = " + R);
  }

  public static long fatorial(long  N) {
    if (N <= 0)
      return(1);
    else
      return(fatorial(N - 1) * N);
  }

}
```

Saia do editor de texto e na linha de comando escreva a chamada do compilador Java com a sintaxe **javac C08EX04A.java**. Em seguida execute a sintaxe **java C08EX04A** para ver o resultado da ação do programa. Por exemplo, informando o valor **5** (cinco) o resultado calculado será **720**. Observe que nessa versão do programa as variáveis envolvidas são todas do tipo **long**, pois de outra forma ocorrerá erro na compilação do programa.

Ao observar o trecho de função recursiva **fatorial(byte N)**, nota-se que para a condição **N <= 1** verdadeira o retorno será o valor **1**. Se a condição for falsa, será retornado o resultado da operação matemática **return(fatorial(N - 1) * N);**. O parâmetro **N** determina o número de vezes que a operação deve ser efetuada, e **fatorial(N - 1)** é a execução de uma nova instância da chamada da função **fatorial** a si mesma com o valor do parâmetro **N** menos **1**.

Imagine a função recursiva **fatorial()** receber como passagem de parâmetro o valor inteiro **5**, ou seja, **fatorial(5)**. Nesse caso, o resultado dessa operação será **120**. Para chegar a esse resultado, são necessários os seguintes passos:

1) Ao passar o conteúdo **5** para a função recursiva **fatorial()** e pelo fato de esse valor não ser menor ou igual a **1**, será efetuada a operação **return(fatorial(N - 1) * N);**. Nesse caso, **return(fatorial(4) * 5);**, sendo o valor **5** armazenado na pilha de memória.

Métodos e Pacotes

2) Em seguida, o conteúdo **4** obtido a partir de **5 - 1**, e não sendo um valor menor ou igual a **1**, é passado à função recursiva **fatorial()**, que efetua a operação **return(fatorial(N - 1) * N)**. Nesse caso, **return(fatorial(3) * 4);**, sendo o valor **4** armazenado na pilha de memória.

3) O conteúdo **3** obtido a partir de **4 - 1**, e não sendo um valor menor ou igual a **1**, é passado à função recursiva **fatorial()**, que efetua a operação **return(fatorial(N - 1) * N)**. Nesse caso, **return(fatorial(2) * 3);**, sendo o valor **3** armazenado na pilha de memória.

4) Depois, o conteúdo **2** obtido a partir de **3 - 1**, e não sendo um valor menor ou igual a **1**, é passado à função recursiva **fatorial()**, que efetua a operação **return(fatorial(N - 1) * N)**. Nesse caso, **return(fatorial(1) * 2);**, sendo o valor **2** armazenado na pilha de memória.

5) Por último, o conteúdo **1** obtido a partir de **2 - 1** é menor ou igual a **1** e, por essa razão, é atribuído a **return(fatorial(N - 1) * N);** o valor **1**. Nesse caso, a função recursiva **fatorial()** retorna o valor **1** e multiplica-o pelo valor **2** armazenado na pilha, obtendo o resultado **2,** que é então retornado pela própria função recursiva **fatorial()**. Nesse caso, o valor **1** é destruído da memória, permanecendo em memória apenas o valor **2**.

6) Na sequência, o valor **2** retornado é multiplicado pelo valor empilhado **3**, obtendo o valor **6,** que é então retornado pela função recursiva **fatorial()** e o valor **2** é destruído da memória, permanecendo em memória apenas o valor **6**.

7) Após o retorno, o valor **6** é multiplicado pelo valor empilhado **4**, obtendo o valor **24,** que é então retornado pela função recursiva **fatorial()** e o valor **6** é destruído da memória, permanecendo em memória apenas o valor **24**.

8) Por último, o valor **24** é multiplicado pelo valor empilhado **5**, obtendo o valor **120,** que é então retornado pela função recursiva **fatorial()** e o valor **24** é destruído da memória, permanecendo em memória apenas o valor **120**.

O processo de recursividade é considerado muito elegante em programação, pois facilita a abstração e a modularidade no desenvolvimento de funções que podem ser complexas. No entanto, por causa do efeito de empilhamento, essa estratégia pode consumir grande espaço de memória.

6.4 Acesso a métodos de classes externas

Uma característica de programação que pode a vir a ser utilizada com a linguagem de programação Java é o uso do conceito de acesso a métodos definidos em classes externas, ou seja, a possibilidade de acessar métodos definidos em classes de outros programas diferentes do programa em uso. Dessa forma, pode-se usar esse recurso como uma das formas de reaproveitamento de código de programa, uma vez que métodos já desenvolvidos e testados podem ser plenamente usados por outros programas.

Qualquer método definido para uma determinada classe em um determinado programa poderá ser utilizado em outro programa, desde que o método externo esteja associado à classe a que ele pertence. Assim, no programa em desenvolvimento, deve-se fazer uso da sintaxe: **classe.método()**, em que **classe** é o nome do programa gravado e **método()** é o método a que se deseja ter acesso. Esse recurso somente será executado caso o programa da classe externa esteja gravado no mesmo diretório (ou pasta) do programa que esteja efetuando a chamada ao recurso externo.

A título de demonstração, considere um programa que efetue a leitura de um valor numérico e inteiro e apresente o resultado do fatorial do valor numérico fornecido. No seu editor de textos, escreva o programa a seguir e grave-o com o nome **C06EX05.java**.

```java
import java.io.*;
import java.util.Scanner;

class C06EX05 {

  public static void main(String args[]) {

    byte X;
    long R;
    Scanner s = new Scanner(System.in);

    System.out.println();
    System.out.println("------------------------");
    System.out.println("    Programa Fatorial   ");
    System.out.println("------------------------");
    System.out.println();
    System.out.print("Entre um valor inteiro (de 0 ate 25): ");
    X = s.nextByte();
    System.out.println();
    R = C06EX04.fatorial(X);
    System.out.println();
    System.out.println("Fatorial de " + X + " = " + R);

  }

}
```

Saia do editor de texto e na linha de comando escreva a chamada do compilador Java com a sintaxe **javac C06EX05.java**. Em seguida execute a sintaxe **java C06EX05** para ver o resultado da ação do programa. Por exemplo, informando o valor **4** (quatro) obtém-se o resultado **24**.

O exemplo anterior faz uso do método **fatorial()** pertencente à classe externa **C06EX04** definida no programa **C06EX04.java**. Essa ação de chamada externa é conseguida pela linha de instrução **R = C06EX04.fatorial(X);**, a qual faz uso da sintaxe **classe.método()**, representada por **C06EX04.fatorial(X);**.

> **Nota**
>
> Caso o seu sistema operacional seja o MS-Windows 95 ou 98, será necessário acrescentar no arquivo *autoexec.bat* à linha de comando **SET CLASSPATH=;.;** a fim de que o recurso de acesso a métodos externos funcione adequadamente.

Um detalhe importante a ser considerado é o fato de que, quando se faz a compilação do programa **C06EX05.java**, ocorre também de forma automática a compilação do programa **C06EX04.java**, uma vez que existem entre os dois códigos de programa um vínculo em comum.

6.5 Pacote definido pelo programador

Já foi apresentado em outras ocasiões o uso de pacotes pela linguagem Java por meio da instrução **import**. Nesse aspecto, há a possibilidade de se fazer uso de pacotes que venham a ser definidos pelo próprio programador, os quais poderão ser utilizados pelo próprio programador ou distribuídos para uso de outros profissionais da área de desenvolvimento.

Para que um pacote seja definido pelo programador, ele deverá ser criado em um determinado diretório e nesse pacote deverá existir pelo menos a definição de uma classe e/ou um método, pois um pacote é um conjunto de classes/métodos armazenados no mesmo lugar que pode ser reutilizado por vários programas. O pacote em si deverá ter um nome formado apenas por caracteres minúsculos, e esse nome poderá ser dividido em segmentos separados por pontos, como já ocorreu no uso de alguns exemplos anteriores, tal como o uso dos pacotes **java.io.***, **java.util.***, entre outros.

Para o caso de pacotes que sejam distribuídos a terceiros, é recomendado o uso de um nome reverso ao nome utilizado na definição do endereço URL do autor do pacote, como orienta o desenvolvedor oficial da linguagem Java. Por exemplo, um pacote hipotético de nome **finance** desenvolvido pela Editora Érica, com URL: **http://www.editoraerica.com.br**, deve ser indicado como **br.com.editoraerica.finance**. Dessa forma, mesmo que outra empresa crie um pacote chamado **finance**, não haverá risco de um pacote se sobrepor a outro, o que permitirá utilizar pacotes com o mesmo nome de fornecedores diferentes (GOSLIN et al., 2013, p. 163-175).

Outro detalhe importante em relação ao uso de pacotes é o local onde o pacote deverá estar gravado. Por exemplo, o pacote de nome **finance** desenvolvido pela Editora Érica com nome de identificação **br.com.editoraerica.finance** deverá estar gravado na sequência de pastas **br\com\editoraerica** (caso esteja em uso o ambiente Windows) ou na sequência de diretórios **br/com/editoraerica** (caso esteja em uso o ambiente Linux ou UNIX, como Mac OS X). A definição do local de gravação, dependendo da configuração e do sistema operacional em uso, poderá ser um pouco diferente da forma aqui indicada. Considere o aqui exposto como mera informação didática. Independentemente do sistema operacional em uso, desde que respeitada a estrutura da árvore de diretórios em relação ao nome do pacote definido, deve-se usar no programa que chamará o pacote a instrução **import** seguida do nome do pacote definido.

Considerando o pacote **br.com.editoraerica.finance**, deve-se usar no programa que chamará o pacote a instrução **import br.com.editoraerica.finance.*;**.

A criação de um pacote ocorre com o uso da instrução **package <nome do pacote>** seguida de ponto e vírgula, não sendo permitido mais de uma instrução **package** no mesmo arquivo de pacote. Essa instrução determinará o local onde o pacote será gravado.

A partir dessas considerações, serão iniciadas as explicações para o desenvolvimento de um pacote desenvolvido pelo próprio programador. Nesse caso, o pacote de métodos para o uso de cálculos financeiros é chamado **FinanMax.java**.

O pacote **FinanMax.java** pretende fornecer um conjunto básico de métodos para aplicação de cálculos financeiros. Por ser um pacote básico e didático, ele conterá apenas os métodos mais comuns para os cálculos financeiros, contemplando assim algumas operações típicas como as mostradas na tabela a seguir.

Pacote FinanMax.java	
Métodos	
Nome	Descrição
cterm(i, fv, pv)	Retorna o valor do número de períodos de um investimento
fv(pmt, i, n, tipo)	Retorna o valor futuro de um investimento
pmt(pv, i, n, tipo)	Retorna o valor de uma prestação periódica
pv(pmt, i, n, tipo)	Retorna o valor presente de um investimento
rate(fv, pv, n, periodo)	Retorna o valor da taxa de juros periódica
term(pmt, i, fv)	Retorna o número de pagamentos de um investimento

Note que os nomes dos métodos estão sendo definidos no idioma inglês. Isso não é obrigatório, foi uma decisão tomada para manter compatibilidade no uso dos métodos em relação à nomenclatura encontrada em calculadoras financeiras.

Para a classe **FinanMax()** serão considerados apenas valores numéricos do tipo **double**. O programa a seguir conterá apenas métodos a serem utilizados externamente, daí serem definidos como **static**. No seu editor de textos, escreva o programa a seguir e grave-o com o nome **FinanMax.java**.

```
package br.com.editoraerica.livro.java;
import java.io.*;

public class FinanMax {

  // Metodo: cterm()

  public static double cterm(double I, double FV, double PV) {
    double CTERM = Math.log(FV / PV) / Math.log(1 + I);
    return(CTERM);
  }
```

Métodos e Pacotes

```java
// Metodo: fv()

public static double fv(double PMT, double I, double N, float TIPO) {
  double FV = PMT * ((Math.pow(1 + I, N) - 1) / I);
  if (TIPO == 1)
    FV = FV * (1 + I);
  return(FV);
}

// Metodo: pmt()

public static double pmt(double PV, double I, double N, float TIPO) {
  double PMT = PV * I / (1 - Math.pow((1 + I), (N * -1)));
  if (TIPO == 1)
    PMT = PMT / (1 + I);
  return(PMT);
}

// Metodo: pv()

public static double pv(double PMT, double I, double N, float TIPO) {
  double PV = PMT * ((1 - Math.pow((1 + I), (N * -1))) / I);
  if (TIPO == 1)
    PV = PV * (1 + I);
  return(PV);
}

// Metodo: rate()

public static double rate(double FV, double PV, double N, float PERIODO)
{
    double RATE = (Math.pow((FV / PV), (1 / N)) - 1);
    if (PERIODO == 1)
      RATE = Math.pow(1 + RATE, 12) - 1;
    return(RATE * 100);
}

// Metodo: term()

public static double term(double PMT, double I, double FV) {
  double TERM = Math.log(1 + (FV * I / PMT)) / Math.log(1 + I);
  return(Math.abs(TERM));
}

}
```

Um ponto importante no código anterior é em relação à instrução de criação do pacote definida na primeira linha do código do programa em que se encontra a definição **package br.com.editoraerica.livro.java;**. Note que o pacote **FinanMax** é um pacote **java** para um **livro** de propriedade de **editoraerica** registrada com endereço de Internet do tipo **com** situado em **br** (Brasil).

Saia do editor de texto e na linha de comando do sistema operacional escreva a chamada do compilador Java com a sintaxe:

javac -d . FinanMax.java

Observe que após a chave de compilação **-d** está sendo usado um ponto (**.**) antes do nome **FinanMax.java**. A colocação desse ponto permite criar a árvore de diretórios a partir do local onde estão sendo compilados os programas, nesse caso **fontes**, onde a biblioteca será instalada. Talvez nos sistemas operacionais Linux e Mac OS X seja necessário executar a compilação na conta de usuário **root**.

Se não houver nenhum erro de sintaxe, a linha de comando será apresentada com o cursor piscando ao lado do prompt para todos os sistemas operacionais em uso.

Não é objetivo deste livro ensinar matemática financeira. Assim, não será feita uma discussão sobre as fórmulas financeiras utilizadas. Serão feitos apenas alguns comentários gerais com relação à forma de uso dos métodos do pacote **FinanMax**, os quais podem ser utilizados para fazer análise de prestações, valores de empréstimos e investimentos.

Ao fazer uso dos métodos financeiros aqui apresentados, torna-se necessário tomar alguns cuidados e seguir algumas regras:

> Ao informar as taxas de juros, faça-o com elas já convertidas, ou seja, para informar 14,5% escreva no parâmetro correspondente o valor 0.145. Não são válidas as formas 14.5% ou mesmo 14.5.

> A unidade de tempo deverá ser compatível com a taxa de juros informada. Se a taxa de juros de 14,5% for anual e a periodicidade (tempo) for mensal, o valor da taxa deverá ser dividido pelo valor do tempo. Por exemplo, a taxa 14,5% a.a. em relação ao tempo em meses deverá ser escrita 0.145/12.

> Os métodos financeiros destinados a cálculos de séries de pagamentos apresentados, com exceção do método **term()**, operam com dois tipos de anuidades: anuidades pagas ao final de cada período e anuidades pagas no início de cada período. Uma anuidade caracteriza-se por ser um investimento composto por uma série de pagamentos iguais. Para anuidades pagas ao final de cada período, utilize no parâmetro correspondente ao tipo de anuidade o valor 0 (zero). Para anuidades pagas no início de cada período, utilize no parâmetro correspondente o valor 1 (um).

No pacote **FinanMax** estão definidos seis métodos financeiros, dois deles destinados a calcular operações financeiras simples, que são **cterm()** e **rate()**, e quatro destinados a efetuar cálculos de séries de pagamento, que são **fv()**, **pmt()**, **pv()** e **term()**. Para exemplificar os métodos desenvolvidos, são apresentados seis programas demonstrativos de cada método em particular.

O método **cterm()** efetua o cálculo do número de períodos necessários para que um investimento **pv** (valor presente) atinja um **fv** (valor futuro), rendendo uma **i** (taxa) de juros composta fixa no período.

Métodos e Pacotes

O programa seguinte demonstra o uso do método **cterm()**. Para esse programa, considere que você tenha efetuado um depósito de R$ 10.000,00 em uma conta de investimentos e espera receber o dobro do capital investido. A financeira garante a você uma taxa de juros de 10% ao ano, paga sobre o capital investido mensalmente. Quantos anos levará para o capital inicial ser dobrado?

A seguir está o código do programa que faz uso do método **cterm()**. No seu editor de textos, escreva o programa a seguir e grave-o com o nome **C06EX06.java**.

```java
import java.io.*;
import java.text.DecimalFormat;
import br.com.editoraerica.livro.java.FinanMax;

class C06EX06 {
  public static void main(String args[]) {

    DecimalFormat df = new DecimalFormat("0.0");

    double I  = 0.10 / 12;
    double FV = 20000;
    double PV = 10000;
    double R  = FinanMax.cterm(I, FV, PV) / 12;

    System.out.println();
    System.out.println("Media de " + df.format(R) + " anos");

  }
}
```

Saia do editor de texto e na linha de comando escreva a chamada do compilador Java com a sintaxe **javac C06EX06.java**. Em seguida execute a sintaxe **java C06EX06** para ver o resultado, que apresentará a mensagem "**Media de 7,0 anos**".

O método **fv()** efetua o cálculo do valor futuro de um investimento com base em uma série de pagamentos iguais **pmt** (prestação), uma taxa periódica de juros **i** (taxa), para um determinado período de pagamento **n** (tempo). O parâmetro **tipo** determina o tipo de anuidade a ser utilizada no cálculo.

O programa seguinte demonstra o uso do método **fv()**. Para esse programa, considere que você esteja com vontade de efetuar depósitos anuais de R$ 2.000,00 em uma conta de previdência privada por um prazo de 20 anos a uma taxa de juros de 7,5%. Qual será o valor acumulado ao final dos 20 anos? No momento do contrato você poderá escolher fazer os depósitos no início de cada ano (2 de janeiro) ou no final de cada ano (30 de dezembro). Qual será a melhor opção de investimento de depósito?

A seguir está o código do programa que faz uso do método **fv()**. No seu editor de textos, escreva o programa a seguir e grave-o com o nome **C06EX07.java**.

```java
import java.io.*;
import java.text.DecimalFormat;
import br.com.editoraerica.livro.java.FinanMax;

class C06EX07 {
  public static void main(String args[]) {

    DecimalFormat df = new DecimalFormat("0,000.00");

    double PMT = 2000;
    double I   = 0.075;
    double N   = 20;
    float  TIPO;
    double R1, R2;

    System.out.println();

    TIPO = 0;
    R1 = FinanMax.fv(PMT, I, N, TIPO);
    System.out.println("Final de periodo  R$ " + df.format(R1));

    TIPO = 1;
    R2 = FinanMax.fv(PMT, I, N, TIPO);
    System.out.println("Inicio de periodo R$ " + df.format(R2));

  }
}
```

Saia do editor de texto e na linha de comando escreva a chamada do compilador Java com a sintaxe **javac C06EX07.java**. Em seguida execute a sintaxe **java C06EX07** para ver o resultado, que apresentará as mensagens "**Final de periodo R$ 86.609,36**" e "**Inicio de periodo R$ 93.105,06**".

O método **pmt()** efetua o cálculo do valor das prestações relacionadas aos pagamentos periódicos para liquidar um empréstimo **pv** (valor presente) considerando-se uma taxa de juros periódica **i** (taxa) e um período **n** (tempo) para pagamento do empréstimo. O parâmetro **tipo** determina o tipo de anuidade a ser utilizada no cálculo.

O programa seguinte demonstra o uso do método **pmt()**. Para esse programa, considere que você tenha solicitado um empréstimo de R$ 22.000,00 para a compra de um automóvel, sendo o prazo de pagamento de 2 anos a uma taxa de juros de 12% ao ano. Quanto você pagará de prestação mensal? Qual será a melhor opção de pagamento, no início do mês ou no final do mês?

A seguir está o código do programa que faz uso do método **fv()**. No seu editor de textos escreva o programa seguinte e grave-o com o nome **C06EX08.java**.

```java
import java.io.*;
import java.text.DecimalFormat;
import br.com.editoraerica.livro.java.FinanMax;

class C06EX08 {
  public static void main(String args[]) {

    DecimalFormat df = new DecimalFormat("0,000.00");

    double PV = 22000;
    double I  = 0.12/12;
    double N  = 24;
    float  TIPO;
    double R1, R2;

    System.out.println();

    TIPO = 0;
    R1 = FinanMax.pmt(PV, I, N, TIPO);
    System.out.println("Final de periodo  R$ " + df.format(R1));

    TIPO = 1;
    R2 = FinanMax.pmt(PV, I, N, TIPO);
    System.out.println("Inicio de periodo R$ " + df.format(R2));

  }
}
```

Saia do editor de texto e na linha de comando escreva a chamada do compilador Java com a sintaxe **javac C06EX08.java**. Em seguida execute a sintaxe **java C06EX08** para ver o resultado, que apresentará as mensagens "**Final de periodo R$ 1.035,62**" e "**Inicio de periodo R$ 1.025,36**".

O método **pv()** efetua o cálculo do valor presente de um investimento, com base em uma série de pagamentos iguais **pmt** (prestação), descontada a taxa periódica de juros **i** (taxa), para um determinado período de pagamento **n** (tempo). O parâmetro **tipo** determina o tipo de anuidade a ser utilizada no cálculo.

O programa seguinte demonstra o uso do método **pv()**. Para esse programa, considere que você tenha ganhado o valor de R$ 1.000.000,00, mas não poderá sacar o montante à vista. O pagamento pode ser feito de duas formas:

1) Em 20 parcelas anuais de R$ 50.000,00 no final de cada ano com juros de 8% ao ano.

2) Um único pagamento à vista de R 400.000,00.

A seguir está o código do programa que faz uso do método **fv()**. No seu editor de textos, escreva o programa seguinte e grave-o com o nome **C06EX09.java**.

```java
import java.io.*;
import java.text.DecimalFormat;
import br.com.editoraerica.livro.java.FinanMax;

class C06EX09 {
  public static void main(String args[]) {

    DecimalFormat df = new DecimalFormat("000,000.00");

    double PMT = 50000;
    double I   = 0.08;
    double N   = 20;
    double R;

    System.out.println();

    R = FinanMax.pv(PMT, I, N, 0);
    System.out.println("Valor de R$ " + df.format(R));

  }
}
```

Saia do editor de texto e na linha de comando escreva a chamada do compilador Java com a sintaxe **javac C06EX09.java**. Em seguida execute a sintaxe **java C06EX09** para ver o resultado, que apresentará a mensagem "**Valor de R$ 490.907,37**".

Note que o programa retorna o valor de R$ 490.907,37, o que significa que esse valor no tempo presente equivale ao mesmo valor de R$ 1.000.000,00 daqui a 20 anos. Assim, talvez seja melhor receber o valor de R$ 400.000,00 em parcela única à vista.

O método **rate()** efetua o cálculo do valor da taxa de juros periódica necessária para que um investimento **vp** (valor presente) atinja um valor **vf** (valor futuro) ao longo de um período **n** (tempo). O parâmetro **período** determina se a taxa retornada é mensal ou anual.

O programa seguinte demonstra o uso do método **rate()**. Para esse programa, considere que você tenha investido R$ 10.000,00 em ações com vencimento em 5 anos. As ações possuem um valor de vencimento de R$ 18.000,00. Qual é a taxa de juros mensal e anual?

A seguir está o código do programa que faz uso do método **rate()**. No seu editor de textos, escreva o programa seguinte e grave-o com o nome **C06EX10.java**.

```java
import java.io.*;
import java.text.DecimalFormat;
import br.com.editoraerica.livro.java.FinanMax;

class C06EX10 {
  public static void main(String args[]) {

    DecimalFormat df = new DecimalFormat("0.00");

    double FV = 18000;
    double PV = 10000;
```

```
    double N  = 60;
    float PERIODO;
    double R1, R2;

    System.out.println();

    PERIODO = 0;
    R1 = FinanMax.rate(FV, PV, N, PERIODO);
    System.out.println("Taxa a. m. = " + df.format(R1) + "%");

    PERIODO = 1;
    R2 = FinanMax.rate(FV, PV, N, PERIODO);
    System.out.println("Taxa a. a. = " + df.format(R2) + "%");

  }
}
```

Saia do editor de texto e na linha de comando escreva a chamada do compilador Java com a sintaxe **javac C06EX10.java**. Em seguida execute a sintaxe **java C06EX10** para ver o resultado, que apresentará as mensagens "**Taxa a. m. = 0,98%**" e "**Taxa a. a. = 12,47%**".

O método **term()** efetua o cálculo do número de pagamentos **pmt** (prestação) necessários para que um investimento renda até o valor **fv** (valor futuro) a uma taxa de juros periódica **i** (taxa).

O programa seguinte demonstra o uso do método **term()**. Para esse programa, considere que você deposita R$ 2.000,00 em uma conta de investimento. A financeira paga 7,5% ao ano de juros. Quanto tempo levará para que você possa acumular o montante de R$ 100.000,00?

A seguir está o código do programa que faz uso do método **rate()**. No seu editor de textos, escreva o programa seguinte e grave-o com o nome **C06EX11.java**.

```
import java.io.*;
import java.text.DecimalFormat;
import br.com.editoraerica.livro.java.FinanMax;

class C06EX11 {
  public static void main(String args[]) {

    DecimalFormat df = new DecimalFormat("0.0");

    double PMT = 2000;
    double I   = 0.075;
    double FV  = 100000;
    double R = FinanMax.term(PMT, I, FV);

    System.out.println();
    System.out.println("Levara " + df.format(R) + " anos");

  }
}
```

Saia do editor de texto e na linha de comando escreva a chamada do compilador Java com a sintaxe **javac C06EX11.java**. Em seguida execute a sintaxe **java C06EX11** para ver o resultado com a apresentação da mensagem "**Levara 21,5 anos**".

O método **term()** também pode ser utilizado para calcular o tempo que se levará para efetuar o pagamento de um empréstimo. Imagine um empréstimo de R$ 10.000,00 a uma taxa de juros mensal de 10% pagando-se uma prestação de R$ 1.174,60. Para esse tipo de operação, o valor futuro deve ser informado como um valor negativo. Quanto tempo se levará para saldar essa dívida? No seu editor de textos, escreva o programa seguinte e grave-o com o nome **C06EX12.java**.

```java
import java.io.*;
import java.text.DecimalFormat;
import br.com.editoraerica.livro.java.FinanMax;

class C06EX12 {
  public static void main(String args[]) {

    DecimalFormat df = new DecimalFormat("0.0");

    double PMT = 1174.60;
    double I   = 0.10;
    double FV  = -10000;
    double R = FinanMax.term(PMT, I, FV);

    System.out.println();
    System.out.println("Levara " + df.format(R) + " meses");

  }
}
```

Saia do editor de texto e na linha de comando escreva a chamada do compilador Java com a sintaxe **javac C06EX12.java**. Em seguida execute a sintaxe **java C06EX12** para ver o resultado, que apresentará a mensagem "**Levara 20,0 meses**".

Com essas informações, acreditamos ter passado uma boa ideia da forma e do conceito de desenvolvimento e uso de pacotes.

POO Aplicada

Este capítulo mostra de forma simples a aplicação do paradigma de orientação a objetos em Java. Nesse sentido, são abordados a fundamentação teórica do tema (classe, objetos, atributo e método), herança, encapsulamento, construtores, finalizadores, poliformismo, sobrecarga de métodos e interface.

7.1 Fundamentação teórica

Apesar de alguns puristas não concordarem, o paradigma da programação orientada a objetos possui forte influência do paradigma da programação estruturada, sendo esses paradigmas complementares. O fato de linguagens como Java, C# ou SmallTalk serem orientadas a objetos não desmerece ou sobrepõe as linguagens voltadas ao paradigma da programação estruturada. Por isso, caro leitor, não desenvolva jamais uma mentalidade preconceituosa a esse respeito. Um profissional de desenvolvimento de software deve ser uma pessoa pronta a trabalhar com qualquer tipo de paradigma de programação. Afinal de contas, essa é sua profissão. Não seja um motorista "profissional" que só dirige carro 1000.

Ouve-se muito dizer que programação orientada a objetos é mais sofisticada, que é abstrata, entre outros adjetivos e definições. Tudo isso serve somente para criar confusão na mente dos alunos novatos. Na experiência de sala de aula, como professores, sempre que essas questões vêm à tona vemos a aflição dos alunos. Não deixe esse tipo de conceito errôneo penetrar sua mente.

Para um estudante que conheça o paradigma da programação estruturada, entender a princípio o que vem a ser programação orientada a objetos é algo rápido, desde que se façam os paralelos corretos. Visando reproduzir aqui esse efeito de sala de aula e com o objetivo de trazer para a programação orientada a objetos o programador da programação estruturada, considere as seguintes questões triviais, pedindo-se, é claro, licença poética aos puristas de plantão:

Programação Estruturada	Programação Orientada a Objetos
Nesse tipo de programação, quando há a necessidade de trabalhar com dados heterogêneos, faz-se uso da estrutura de dados denominada **registro**.	Nesse tipo de programação, quando há a necessidade de trabalhar com dados heterogêneos, faz-se uso da estrutura de dados denominada **classe**.
Numa estrutura de **registro** é possível definir as variáveis (chamadas de campos), que serão os pontos de armazenagem dos dados.	Numa estrutura de **classe** é possível definir as variáveis (chamadas de atributos) que serão os pontos de armazenagem dos dados.
Um **registro** permite a definição apenas de campos, e toda a operação de consistência sobre os dados dos campos é tratada externamente.	Uma **classe** permite a definição de atributos, e toda a operação de consistência sobre os dados dos atributos pode ser realizada por meio da definição de métodos e assim ser tratada internamente.
Sub-rotinas são formadas por elementos descritos como **funções, módulos, procedimentos,** entre outras denominações.	Sub-rotinas são formadas por elementos denominados **métodos**.
A consistência de dados dos campos de um **registro** é operacionalizada por meio de sub-rotinas que são definidas no código principal do programa.	A consistência de dados dos atributos de uma **classe** é operacionalizada por meio de métodos (**procedimentos** e/ou **funções**) que podem ser definidos no código da própria classe ou mesmo definidos no código do programa principal.
Passagem de parâmetro entre sub-rotinas ou mesmo com o programa principal.	Passagem de mensagem (ou dependendo da linguagem parâmetros) entre métodos ou mesmo com o programa principal.
Definição estática de variáveis.	Definição de objetos via instância.

Normalmente esse paralelo é suficiente para que um novato no paradigma da programação orientada a objetos que tenha noção do paradigma da programação estruturada venha a entender os detalhes iniciais da orientação a objetos. Assim cria-se uma base para que os demais conceitos sejam então apresentados e entendidos ao seu tempo.

7.2 Classe, objeto, atributo e método

O conceito de programação com orientação a objetos foi inicialmente descrito no Capítulo 2. Durante o desenrolar dos capítulos anteriores foram apresentados diversos elementos de programação que deram a base operacional do funcionamento técnico da linguagem Java. Tudo o que foi apresentado relaciona-se direta ou indiretamente a programação orientada a objetos. Nesta etapa do estudo será realizado o trabalho de implementação prática dos conceitos já apresentados e indiretamente já utilizados.

Neste capítulo serão apresentadas formas de definição e identificação de objetos definidos a partir de classes criadas do ponto zero, além do estabelecimento de atributos (campos) e dos métodos (funções membro) que poderão ser utilizados.

A definição dos quatro pilares de sustentação do conceito de programação orientada a objetos ocorre praticamente de forma simultânea quando da definição de uma classe propriamente dito, pois é a partir de uma classe definida que tudo começa. Nessa etapa do trabalho deve-se ter o máximo de cuidado. Ao definir uma classe principal (classe-pai), ela deve manter uma estrutura de atributos e métodos o mais genérica possível para todos os seus objetos dependentes, ou mesmo para as suas subclasses (classe-filho). A classe-filho pode conter os atributos e métodos mais particulares para determinados objetos de certa classe-pai.

Uma classe na linguagem Java é um tipo de dado definido pelo programador com a instrução **class**, ou seja, é em sua essência um tipo de dado derivado (dado definido pelo próprio programador). Uma classe possui a característica de agregar elementos (atributos e métodos) que serão associados (instanciados) a um ou mais objetos, os quais terão a partir da classe a capacidade de armazenar dados (seus atributos) e possuir funcionalidades (seus métodos). Um tipo classe é declarado com a instrução **class**, que possui a seguinte sintaxe:

```
<qualificador> class [<nome da classe>] {
   <lista dos tipos e seus atributos)>
   <lista dos métodos>
}
```

em que:

qualificador - é um elemento opcional que representa o tipo de uma classe; pode ser: **public** e **abstract** ou **final**. Quando do uso do qualificador **public** antes do nome de uma classe, esta é por definição uma classe pública e pode ser usada de uma forma muito extensa dentro do código do programa. Quando se utiliza o qualificador **public**, a classe definida deverá possuir o mesmo nome que o arquivo-fonte do programa seguido da extensão **.java**, podendo ser usada apenas uma classe pública dentro do código do programa. Uma classe **abstract** torna-se explicitamente uma classe abstrata, diferenciando-a de uma classe concreta. As classes concretas são classes que permitem o uso de instâncias delas, enquanto uma classe abstrata não permite instâncias. Uma classe abstrata é utilizada com o único propósito de ser uma classe-pai (de ser uma superclasse), de forma que as classes-filho (ou subclasses) herdem da classe abstrata superior todas as suas características. Uma classe definida como **final** não permite que outras classes herdem dela suas características (não pode ser uma *superclasse*), ou seja, uma classe **final** é uma classe estéril, pois não pode gerar classe-filho (subclasse). O qualificador deve ser omitido quando aquela classe for usada dentro do próprio programa em execução.

nome da classe - é o nome de identificação da classe a ser definida após a instrução **class**, que nesta obra será escrito em caracteres minúsculos precedidos do caractere maiúsculo **T**. Assim fica fácil diferenciar códigos de classes de programas mais comuns. O nome da classe será grafado em itálico.

chaves esquerda e direita – em que o código de operação da classe é definido, ou seja, os dados (atributos, também chamados por alguns autores de variáveis-membro) e os métodos (funcionalidade, também chamada por alguns autores de função) são definidos e codificados.

A título de uma simples demonstração, considere a definição de uma classe denominada **Taluno()**, contendo os atributos **NOME** e **MEDIA**, a qual será associada (instanciada) a um objeto denominado **ALUNO** por meio do operador **new**.

```
class Taluno {
  String NOME;
  float MEDIA;
}

Taluno ALUNO = new Taluno();
```

Neste exemplo, tem-se a definição da classe **Taluno()**, a qual possui os atributos (os membros de dados, os campos) **NOME** e **MEDIA**, que passaram a estar vinculados ao objeto **ALUNO** quando do uso da linha de código **Taluno ALUNO = new Taluno();**. Observe que nesse sentido **ALUNO** não é considerado variável do tipo de dado **Taluno** (classe), e sim um objeto pertencente à classe **Taluno()**, ou seja, um objeto instanciado a partir da classe **Taluno()**, ou seja, um objeto **ALUNO** é uma instância da classe **Taluno()**, possuindo os atributos de dados **NOME** (**ALUNO.NOME**) e **MEDIA** (**ALUNO.MEDIA**). Note que assim a referência a ser feita para acessar os atributos de um objeto é com a utilização de um ponto separador, como um operador de escopo.

Um detalhe importante em relação ao uso do operador **new** é que qualquer objeto criado é um objeto único na memória. Não existirão dois objetos com o mesmo nome. Os atributos definidos a um objeto a partir da classe a que foi instanciado pertencem apenas a esse objeto.

Para exemplificar o que foi exposto, será desenvolvido um programa que manipulará um objeto simples instanciado a partir da classe **Taluno()**. No seu editor de textos, escreva o código a seguir e grave-o com o nome **C07EX01.java**. A parte marcada em negrito refere-se à definição da classe **Taluno()** e à definição do objeto **ALUNO**.

```java
import java.io.*;
import java.util.Scanner;

class C07EX01 {

  public static void main(String args[]) {

    class Taluno {
      String NOME;
      float MEDIA;
    }

    Taluno ALUNO = new Taluno();
    Scanner s = new Scanner(System.in);

    System.out.println();

    System.out.print("Entre nome ....: ");
    ALUNO.NOME = s.nextLine();

    System.out.print("Entre media ...: ");
    ALUNO.MEDIA = s.nextFloat();

    System.out.println();
    System.out.println("Nome ........: " + ALUNO.NOME);
    System.out.println("Media .......: " + ALUNO.MEDIA);
    System.out.println();

  }
}
```

Saia do editor de texto e na linha de comando escreva a chamada do compilador Java com a sintaxe **javac C07EX01.java**. Em seguida execute a sintaxe **java C07EX01** para ver o resultado do programa.

Observe no código do programa a definição da classe **Taluno()** sem um qualificador. Classes definidas internamente no código de programa não necessitam da definição de um qualificador quando são públicas (dentro do código), a menos que a classe definida seja **abstract** ou **final**. A tentativa de uso do qualificador **public** de forma interna gera um erro na compilação. Assim, o qualificador **public** não pode ser usado nesta versão do programa.

Além da definição da classe **Taluno()**, o objeto **ALUNO** está sendo definido e criado pela linha de código **Taluno ALUNO = new Taluno();**, em que, por meio do operador **new**, o objeto **ALUNO** está sendo instanciado.

Se notar a linha seguinte após a instanciação do objeto **ALUNO** você verá a definição do objeto **s** a partir da linha de código **Scanner s = new Scanner(System.in)**, em que o objeto **s** está sendo instanciado a partir da classe **Scanner**. Neste exemplo tem-se o uso de dois objetos (**ALUNO** e **s**), um definido a partir da classe **Taluno()** criada no programa e outro da classe **Scanner** do pacote **java.util.Scanner**.

Atente para o uso dos atributos **NOME** e **MEDIA** associados ao objeto **ALUNO** quando das ações de entrada e saída desses dados.

A definição de classe (com atributos e métodos) em Java pode ocorrer de duas formas: interna (in-line) e externa (off-line).

A forma de uso dependerá de alguns fatores que o desenvolvedor deve levar em consideração, pois ambas possuem vantagens e desvantagens. O programa **C07EX01.java** mostra exemplo de uso de uma classe interna.

Para exemplificar o uso de classe externa (off-line), será desenvolvida uma segunda versão do programa anterior, que também manipulará um objeto simples instanciado a partir da classe **Taluno()**.

Para usar uma classe definida externamente, é necessário seguir dois passos: o primeiro passo com o desenvolvimento do código da classe que será gravado com o nome da própria classe, e o segundo passo com o código propriamente dito do programa. Assim, no seu editor de textos, escreva o programa a seguir e grave-o com o nome **Taluno.java**.

```java
public class Taluno {
  String NOME;
  float MEDIA;
}
```

O código anterior deve ser gravado com o nome **Taluno.java**. Note que nesse caso está sendo usado o qualificador **public**, indicando que a classe é pública e pode ser acessada por qualquer programa que a chame.

Em seguida apresenta-se o código do programa que instanciará o objeto **ALUNO** a partir da classe externa **Taluno()**. No seu editor de texto, escreva o código a seguir e grave-o com o nome **C07EX02.java**.

```
import java.io.*;
import java.util.Scanner;

class C07EX02 {

  public static void main(String args[]) {

    Taluno ALUNO = new Taluno();
    Scanner s = new Scanner(System.in);

    System.out.println();

    System.out.print("Entre nome ....: ");
    ALUNO.NOME = s.nextLine();

    System.out.print("Entre media ...: ");
    ALUNO.MEDIA = s.nextFloat();

    System.out.println();
    System.out.println("Nome ........: " + ALUNO.NOME);
    System.out.println("Media .......: " + ALUNO.MEDIA);
    System.out.println();

  }
}
```

Saia do editor de texto e na linha de comando escreva a chamada do compilador Java com a sintaxe **javac C07EX02.java**. Em seguida execute a sintaxe **java C07EX02** para ver o resultado. Entre com um nome e uma média quando solicitado e veja a apresentação do resultado.

É importante manter o código da classe externa com o código do programa que faz seu uso no mesmo local. Assim, os códigos **Taluno.java** e **C07EX02.java** devem estar gravados no mesmo diretório (ou pasta).

Note que nos exemplos anteriores foram definidos apenas atributos na classe **Taluno()**, mas nenhum método foi criado. Assim, é válido lembrar que um método está relacionado à forma de funcionamento de um objeto pertencente a uma classe, ou seja, o método é uma função que possibilita a um objeto possuir comportamento lógico, além do comportamento de armazenamento de dados, representado por seu atributo.

Na sequência será definido para a classe **Taluno()** um método que verificará se o aluno está ou não aprovado. O método **CondAluno** (condição do aluno) receberá dois parâmetros, a nota do aluno e o limite de média para aprovação, para então retornar o valor **true** (verdadeiro) caso o aluno esteja aprovado ou retornar **false** (falso) caso o aluno esteja reprovado. A definição de métodos independe do fato de uma classe ser interna ou externa.

```
public class Taluno2 {
  String NOME;
  float MEDIA;

  public static boolean CondAluno(float ALUMEDIA, double CORMEDIA) {
    boolean CONDALUNO = true;
```

```
    if (ALUMEDIA < CORMEDIA)
       CONDALUNO = false;
    return(CONDALUNO);
  }

}
```

Note na parte em negrito do código a definição do método **CondAluno()** com os argumentos (parâmetros, ou mensagens) **ALUMEDIA** e **CORMEDIA**. Veja que esse método receberá no parâmetro **ALUMEDIA** o valor da média do aluno e no parâmetro **CORMEDIA**, o valor da média de aprovação. Sendo o valor de **ALUMEDIA** menor que o valor de **CORMEDIA**, então o resultado é falso, pois a nota do aluno é menor que a média de aprovação. Caso contrário, o resultado da operação permanecerá verdadeiro. Outro detalhe no método é o uso da variável local **CONDALUNO** do tipo **boolean** inicializada com o valor **true**.

Após escrever no seu editor de textos o programa anterior, grave-o com o nome **Taluno2.java**. Depois codifique o programa a seguir e grave-o com nome **C07EX03.java**. Na sequência, atente para o trecho em negrito.

```
import java.io.*;
import java.util.Scanner;

class C07EX03 {

  public static void main(String args[]) {

    Taluno2 ALUNO = new Taluno2();
    Scanner s = new Scanner(System.in);

    System.out.println();

    System.out.print("Entre nome ....: ");
    ALUNO.NOME = s.nextLine();

    System.out.print("Entre media ...: ");
    ALUNO.MEDIA = s.nextFloat();

    System.out.println();
    System.out.println("Nome ........: " + ALUNO.NOME);
    System.out.println("Media .......: " + ALUNO.MEDIA);
    System.out.println();
    System.out.print("Situacao ....: ");

    if (ALUNO.CondAluno(ALUNO.MEDIA, 5.0))
       System.out.println("Aprovado");
    else
       System.out.println("Reprovado");
    System.out.println();

  }
}
```

Saia do editor de texto e na linha de comando escreva a chamada do compilador Java com a sintaxe **javac C07EX03.java**. Em seguida execute a sintaxe **java C07EX03** para ver o resultado. Faça duas execuções, uma com média favorável e outra com média desfavorável, para ver os resultados apresentados pelo programa.

Note no programa **C07EX03.java** o uso do método **CondAluno** pertencente à classe **Taluno2** instanciado juntamente com objeto **ALUNO**. Essa instância é definida pela linha de código **Taluno2 ALUNO = new Taluno2();**. Assim, o objeto **ALUNO** tem acesso aos atributos da classe **Taluno2**, que são **NOME** e **MEDIA**, e também tem acesso ao método **CondAluno** da referida classe.

O método **CondAluno()** da classe **Taluno2** também pode ser usado dissociado do objeto definido no programa, ou seja, pode ser usado diretamente desde que a classe a que pertence seja indicada a sua frente. Assim, observe a linha em negrito dessa versão do programa a seguir. Escreva o programa em seu editor de texto e grave-o com o nome **C07EX04.java**.

```java
import java.io.*;
import java.util.Scanner;

class C07EX04 {

  public static void main(String args[]) {

    Taluno2 ALUNO = new Taluno2();
    Scanner s = new Scanner(System.in);

    System.out.println();

    System.out.print("Entre nome ....: ");
    ALUNO.NOME = s.nextLine();

    System.out.print("Entre media ...: ");
    ALUNO.MEDIA = s.nextFloat();

    System.out.println();
    System.out.println("Nome ........: " + ALUNO.NOME);
    System.out.println("Media .......: " + ALUNO.MEDIA);
    System.out.println();
    System.out.print("Situacao ....: ");

    if (Taluno2.CondAluno(ALUNO.MEDIA, 5.0))
      System.out.println("Aprovado");
    else
      System.out.println("Reprovado");
    System.out.println();

  }
}
```

Observe a definição da linha de código **if (Taluno2.CondAluno(ALUNO.MEDIA, 5.0))**, em que o método **CondAluno()** é indicado juntamente da classe a que pertence, ou seja, a classe **Taluno2**. O uso da forma **Taluno2.CondAluno()** se aplica apenas aos métodos de uma classe, o que não pode ser feito em relação aos seus atributos, que deverão sempre ser instanciados em um objeto previamente definido.

Saia do editor de texto e na linha de comando escreva a chamada do compilador Java com a sintaxe **javac C07EX04.java**. Em seguida execute a sintaxe **java C07EX04** para ver o resultado.

É interessante ter uma noção básica de como a criação de variáveis e objetos ocorre na memória do computador com o uso da linguagem Java, ou seja, conhecer o escopo de visibilidade desses elementos. Assim, o escopo de variáveis e objetos na linguagem Java é a forma de visibilidade que esses elementos possuem dentro do programa e como podem ser utilizados, considerando-se as áreas de armazenagem **heap** (usada para a criação dos objetos) e **stack** (usada para a criação de variáveis e dos parâmetros passados aos métodos).

Uma variável instanciada a partir de uma classe (tipo de dado derivado) não armazena o objeto da classe, diferentemente de quando uma variável é associada a um tipo de dado primitivo, pois a variável associada a um objeto guarda apenas uma referência ao objeto. Esse conceito assemelha-se ao uso de ponteiros na linguagem C, uma vez que a variável do tipo ponteiro não armazena dados e sim um endereço de memória da variável que está apontando.

Quando se faz a instanciação de um objeto a partir de uma classe, usa-se o operador **new**. Esse operador aloca na memória uma área e retorna uma referência sobre a área alocada, ou seja, retorna o endereço de memória onde o objeto foi instanciado e associa o objeto à variável utilizada. Dessa forma, a variável usada tem acesso ao endereço de memória onde o objeto foi definido.

Para ter uma noção do que ocorre na memória quando do uso de variáveis e objetos, veja o programa a seguir e grave-o com nome **C07EX05.java**.

```java
import java.io.*;
import java.util.Scanner;

class C07EX05 {

  public static void main(String args[]) {

    class TLivro {
      String NOME;
    }

    TLivro LIVRO1 = new TLivro();
    TLivro LIVRO2 = new TLivro();
    TLivro LIVRO3 = LIVRO2;

    float VALOR1, VALOR2, VALOR3;

    LIVRO1.NOME = "A Ilha do Tesouro";
    LIVRO2.NOME = "A Máquina do Tempo";
    LIVRO3.NOME = "20.000 Leguas Submarinas";
```

```
        System.out.println();
        System.out.println("Livro 1: " + LIVRO1.NOME);
        System.out.println("Livro 2: " + LIVRO2.NOME);
        System.out.println("Livro 3: " + LIVRO3.NOME);

        VALOR1 = 10.55f;
        VALOR2 = 12.67f;
        VALOR3 = VALOR2;

        System.out.println();
        System.out.println("Valor 1: " + VALOR1);
        System.out.println("Valor 2: " + VALOR2);
        System.out.println("Valor 3: " + VALOR3);
        System.out.println();

    }
}
```

Saia do editor de texto e na linha de comando escreva a chamada do compilador Java com a sintaxe **javac C07EX05.java**. Em seguida execute a sintaxe **java C07EX05** para ver o resultado do programa.

Ao ser executado o programa, serão apresentados os resultados sobre o comportamento das variáveis dos objetos. Note que em relação aos objetos são apresentadas as saídas:

```
Livro 1: A Ilha do Tesouro
Livro 2: 20.000 Leguas Submarinas
Livro 3: 20.000 Leguas Submarinas
```

Observe que nesse trecho da saída os objetos **LIVRO2** e **LIVRO3** apresentam o mesmo conteúdo, ou seja, **"20.000 Leguas Submarinas"** mesmo tendo sido definidos para esses objetos os valores **"A Máquina do Tempo" e "20.000 Leguas Submarinas"**. Note que ao se definir o objeto **LIVRO3** com a instrução **TLivro LIVRO3 = LIVRO2** fez-se a associação do objeto **LIVRO3** com a mesma área de memória em que o objeto **LIVRO2** está instanciado. Assim, tem-se dois objetos operando na mesma área de memória, e, por isso, o valor do objeto **LIVRO3** se sobrepôs ao valor do objeto **LIVRO2** e não o inverso, como ocorre com o uso de variáveis. Note que os objetos **LIVRO2** e **LIVRO3** são espelhos um do outro, o que for feito em um se reflete no outro. Esse efeito se dá por ocorrer uma referência a uma área de memória em que um objeto é criado e a forma como a variável é instanciada.

Em relação ao uso das variáveis **VALOR2** e **VALOR3**, a variável **VALOR3** foi atribuída com o valor da variável **VALOR2**. Se efetuada alteração do valor da variável **VALOR3**, nada ocorrerá em relação à variável **VALOR2**.

Assim como é possível instanciar uma variável ao endereço de memória em que se encontra um objeto, pode-se também retirar a instância do objeto em relação a essa variável. Para que isso seja executado, basta atribuir à variável de objeto o valor **null**, que significa lugar nenhum, para retirar a referência ao objeto.

Para ter uma noção do que ocorre com a retirada da referência de um objeto a uma variável, considere o programa a seguir e grave-o com o nome **C07EX06.java**.

```java
import java.io.*;
import java.util.Scanner;

class C07EX06 {

  public static void main(String args[]) {

    class TLivro {
      String NOME;
    }

    TLivro LIVRO1 = new TLivro();
    TLivro LIVRO2 = new TLivro();

    LIVRO1.NOME = "A Ilha do Tesouro";
    LIVRO2.NOME = "20.000 Leguas Submarinas";

    System.out.println();
    System.out.println("Livro 1: " + LIVRO1.NOME);
    System.out.println("Livro 2: " + LIVRO2.NOME);

    LIVRO1 = null;

    System.out.println();
    System.out.println("Livro 1: " + LIVRO1.NOME);
    System.out.println("Livro 2: " + LIVRO2.NOME);
    System.out.println();

  }
}
```

Saia do editor de texto e na linha de comando escreva a chamada do compilador Java com a sintaxe **javac C07EX06.java**. Em seguida execute a sintaxe **java C07EX06** para ver o resultado do programa.

Ao rodar do programa, ocorrerá a interrupção da execução na tentativa de escrever a variável **LIVRO1** após o uso do valor **null**. Note que a variável **LIVRO1** perdeu acesso à área de memória em que o objeto associado a ela foi criado.

Ao se anular o acesso de uma variável ao seu objeto correspondente, a variável perde o acesso, mas o objeto continua armazenado na área de **heap**. A destruição do objeto no **heap** ocorre de forma automática, sem interferência do programador, por meio do recurso da JVM que é executado em segundo plano chamado *Garbage Collector* (coletor de lixo). Assim, toda vez que um objeto é desvinculado da sua variável de acesso, a memória anteriormente em uso é liberada.

7.3 Encapsulamento, escopo e visibilidade

Na programação orientada a objetos é possível fazer uso de um objeto mesmo que não se conheçam todos os seus atributos ou métodos. Dessa forma, é possível desenvolver bibliotecas (pacotes) de classes e objetos que possam ser utilizadas por terceiros.

Imagine, por exemplo, um pacote que trate recursos de impressão, código de barras, cálculo de datas (como foi apresentado), em que não é necessário saber como as classes e objetos foram definidos e quais são os atributos, mas apenas como eles funcionam, como são os seus métodos. O conceito de encapsulamento decorre da necessidade de esconder recursos que não são de interesse para o usuário. Proporciona estabelecer o conjunto de recursos que podem ser visíveis ou invisíveis, os quais são definidos pelos modificadores de acesso **public**, **private**, **package** e **protected**.

Ao desenvolver uma classe, pode-se definir que é possível acessar todas as partes de seus recursos (atributos e métodos), que são qualificados pelo modificador de acesso **public**. No entanto, podem-se definir recursos que somente sejam acessados por intermédio de um método predefinido dentro da própria classe, que são aqueles com qualificador do tipo **private** (os recursos são visíveis na classe em que são declarados) ou **protected** (utilizado com relação ao conceito de herança, pois permite que seus recursos sejam utilizados apenas pela própria classe e também pelas classes derivadas da classe principal; é apresentado na próxima seção). O modificador de acesso **package** foi apresentado em capítulo próprio.

Os modificadores de acesso são usados para determinar o nível de visibilidade de atributos e de métodos (encapsulamento). Um atributo ou método marcado como **private** dentro de uma classe não poderá ser usado diretamente pelo objeto instanciado a partir dessa classe.

De forma geral, na programação orientada a objetos é aconselhável que os atributos de uma classe sejam do tipo **private** e os métodos de acesso aos atributos privados sejam **public**. No entanto, os métodos qualificados como **private** deverão ser métodos auxiliares para o controle do código da classe e não deverão ser acessados fora dela. Dessa maneira, faz-se com que os objetos de um programa colaborem entre si com a ação de troca de mensagens no acesso a seus atributos privados pelas chamadas efetuadas por seus métodos públicos, evitando a manipulação direta de seus atributos.

Quando se tem atributos definidos em uma classe como **private**, eles somente poderão ser acessados por meio de métodos de acesso à escrita de dado e de acesso à leitura de dado de um atributo. Os métodos para esse tipo de acesso são chamados de métodos **getters** (efetuam a leitura do dado de um atributo do tipo privado) e **setters** (efetuam a escrita do dado em um atributo do tipo privado).

Além da definição do nível de encapsulamento de atributos e métodos, há a possibilidade de se fazer a definição de modificadores de acesso para classes. Normalmente, na linguagem Java a definição de uma classe é feita com modificador **public**, considerando-se que em Java apenas uma classe poderá ser do tipo **public** e deverá ter o mesmo nome do programa.

Caso seja necessário usar mais de uma classe, apenas uma será **public**, e poderão ser usadas classes dentro de classes de forma encadeada. As classes que não são declaradas como **public** são classes do tipo **inner class**.

O programa a seguir apresenta o conceito de uso do qualificador **private** no estabelecimento de um atributo privado para o registro do valor do atributo **MEDIA**. No seu editor de texto, escreva o código da classe **Taluno4()** e grave-o em seguida com o nome **Taluno4.java**.

```java
public class Taluno4 extends Tsala {

  public String NOME;
  public float N1, N2;
  private float MEDIA;

  public float CalcMedia(float NT1, float NT2) {
    MEDIA = (NT1 + NT2) / 2;
    return(MEDIA);
  }

  public static boolean CondAluno(float ALUMEDIA, double CORMEDIA) {
    boolean CONDALUNO = true;
    if (ALUMEDIA < CORMEDIA)
      CONDALUNO = false;
    return(CONDALUNO);
  }

}
```

Observe no código do programa **Taluno4.java** onde se encontra a definição da classe **Taluno4** com a proposta de três atributos públicos, sendo **NOME** do tipo **String** e **N1** e **N2** do tipo **float**. Note o uso antes da definição dos atributos **NOME**, **N1** e **N2** do qualificador **public**, que na verdade é opcional e não foi utilizado nos exemplos anteriores de definição de classe. No entanto, observe a definição de um atributo denominado **MEDIA** do tipo **float** como sendo **private**. Nesse caso, o atributo **MEDIA** é privado e somente pode ser usado dentro da classe **Taluno4**, ou seja, o atributo **MEDIA** não possui visibilidade externa, pois está encapsulado e nesse caso necessitará de um método do tipo **setters** para ser acessado.

Após a definição dos atributos, são definidos os métodos **CalcMedia()** para o cálculo de média e **CondAluno()** para a verificação da condição do aluno – já conhecido e utilizado anteriormente. Note que no método **CalcMedia()** há a definição dos parâmetros **NT1** e **NT2** que fornecem para o método os valores das notas. Internamente, o método **CalcMedia()** faz uso do atributo **MEDIA** para calcular e retornar o valor da média calculada de forma pública. Observe que o resultado da média é transferido ao atributo **MEDIA** pelo método do tipo setters **CalcMedia()** e não de forma direta.

A seguir é apresentado o código do programa que fará uso da classe **Taluno4**. Em seu editor de texto, escreva o programa seguinte grave-o com o nome **C07EX07.java**.

```java
import java.io.*;
import java.util.Scanner;

class C07EX07 {

  public static void main(String args[]) {

    Taluno4 ALUNO = new Taluno4();
    Scanner s = new Scanner(System.in);
    boolean R;

    System.out.println();
    System.out.print("Entre nome .....: ");
    ALUNO.NOME = s.nextLine();

    System.out.print("Entre a nota 1 .: ");
    ALUNO.N1 = s.nextFloat();

    System.out.print("Entre a nota 2 .: ");
    ALUNO.N2 = s.nextFloat();

    System.out.print("Entre a sala ...: ");
    ALUNO.SALA = s.nextInt();

    System.out.println();
    System.out.println("Nome ........: " + ALUNO.NOME);
    System.out.println("Media .......: " +
    ALUNO.CalcMedia(ALUNO.N1,ALUNO.N2));
    System.out.println("Sala ........: " + ALUNO.SALA);
    System.out.println();
    System.out.print("Situacao ....: ");

    R = Taluno2.CondAluno(ALUNO.CalcMedia(ALUNO.N1,ALUNO.N2), 5.0);

    if (R)
      System.out.println("Aprovado");
    else
      System.out.println("Reprovado");
    System.out.println();

  }
}
```

Saia do editor de texto e na linha de comando escreva a chamada do compilador Java com a sintaxe **javac C07EX07.java**. Em seguida execute a sintaxe **java C07EX07** para ver o resultado.

O programa **C07EX07.java** para acesso de escrita e leitura ao atributo privado **MEDIA** faz uso do método público **CalcMedia()**, que pega duas notas passadas por parâmetro, soma--as e divide por 2, atribuindo o resultado junto ao atributo **MEDIA** e dando o retorno do valor desse atributo. Observe que o acesso de escrever o valor da média calculada e retornar seu resultado é totalmente realizado pelo método **CalcMedia()**. Isso posto, deve-se sempre projetar métodos de acesso aos atributos que sejam privados ou mesmo protegidos.

Para exemplificar melhor o uso de métodos do tipo **getters** e **setters**, considere um programa de controle de conta corrente que deverá efetuar operações de depósitos e saques sobre um atributo protegido. Em seu editor de texto, escreva o programa a seguir e grave-o com o nome **C07EX08.java**.

```java
import java.io.*;
import java.util.Scanner;

public class C07EX08 {

  static class ContaCorrente {

    private static double SALDO;

    public static void setSaqueContaCorrente(double VALOR)
    {
      SALDO -= VALOR;
    }

    public static void setDepositoContaCorrente(double VALOR)
    {
      SALDO += VALOR;
    }

    public static double getSaldoContaCorrente()
    {
      return SALDO;
    }

  }

  static ContaCorrente BANCO = new ContaCorrente();
  static Scanner s = new Scanner(System.in);

  public static void main(String args[]) {

    int OPCAO = 0;
    while (OPCAO != 3)
    {
      System.out.println();
      System.out.println("Saldo Bancario");
      System.out.println("--------------");
      System.out.println();
      System.out.println("Saldo = " + BANCO.getSaldoContaCorrente());
      System.out.println();
      System.out.println("1 - Depositar");
      System.out.println("2 - Sacar");
      System.out.println("3 - Fim de Programa");
      System.out.println();
      System.out.print("Escolha uma opcao: ");
      OPCAO = s.nextInt();
      s.nextLine();
      if (OPCAO != 3)
```

```
      {
        switch (OPCAO)
        {
          case 1: Depositar(); break;
          case 2: Sacar();     break;
          default:
            System.out.println("Opcao invalida");
          break;
        }
      }
    }
  }

  public static void Depositar() {
    double VALOR;
    System.out.println();
    System.out.println("Acao: Depositar");
    System.out.println("---------------");
    System.out.println();
    System.out.println("Saldo = " + BANCO.getSaldoContaCorrente());
    System.out.println();
    System.out.print("Entre valor de deposito: ");
    VALOR = s.nextDouble();
    BANCO.setDepositoContaCorrente(VALOR);
  }

  public static void Sacar() {
    double VALOR;
    System.out.println();
    System.out.println("Acao: Sacar");
    System.out.println("-----------");
    System.out.println();
    System.out.println("Saldo = " + BANCO.getSaldoContaCorrente());
    System.out.println();
    System.out.print("Entre valor a ser sacado: ");
    VALOR = s.nextDouble();
    BANCO.setSaqueContaCorrente(VALOR);
  }

}
```

Saia do editor de texto e na linha de comando escreva a chamada do compilador Java com a sintaxe **javac C07EX08.java** .Em seguida execute a sintaxe **java C07EX08** para ver o resultado do programa.

O programa **C07EX08.java** mostra a aplicação de encapsulamento privado para o atributo **SALDO** da classe **ContaCorrente**. Note que a classe **ContaCorrente** é uma classe do tipo **inner class**, sendo representada como classe **static**. Lembre-se de que em um programa Java somente uma classe pode ser definida como **public**, e neste caso trata-se da classe **C07EX08**.

Observe que para acessar o atributo privado **SALDO** o programa possui dois métodos do tipo setter, sendo os métodos **setSaqueContaCorrente()** e **setDepositoContaCorrente()**

POO Aplicada

do tipo procedimento para efetuar as operações de saque e depósito junto à conta corrente. Além dos métodos setters, a classe possui um método getter do tipo função com a finalidade de obter o valor do saldo da conta-corrente: **getSaldoContaCorrente()**.

Os objetos **BANCO** e **s** das classes **ContaCorrente** e **Scanner** são definidos como **static**, pelo fato de ambos os objetos estarem partilhando a mesma informação na memória, ou seja, usar a variável **VALOR** para passar seu conteúdo para o atributo privado **SALDO**.

O uso de **static** pode estar relacionado a atributos e métodos de uma classe: associado a certo atributo, faz referência ao mesmo atributo para todos os objetos instanciados a partir de uma única classe, de forma que todos os objetos partilhem na memória esse mesmo atributo. Ocorrendo mudança no atributo estático, a mudança feita será visível para todos os objetos instanciados. Se definido um método como estático, esse método fica exclusivo para a classe a que pertence, podendo ser usado apenas sobre os atributos da classe.

Variáveis, objetos e classes na linguagem Java são recursos que podem ser definidos na memória sob dois aspectos: um global e outro local. A definição de um recurso global fica disponibilizada para qualquer parte do programa, e a definição de um recurso local fica disponível apenas dentro do bloco do método em que o recurso foi definido. O programa **C07EX08.java** fez uso desse princípio de escopo, sendo a classe **ContaCorrente** definida como global e as variáveis **VALOR** dos métodos **Sacar()** e **Depositar()** definidas como locais.

Se criada uma variável dentro de um método **main()**, ela será visível dentro dos limites de escopo desse método. Se definido outro método fora do método **main()**, a variável definida no método **main()** não será visualizada por esse método, pelo fato de essa variável ser local. Qualquer recurso global definido antes da função **main()** deve por padrão ser definido sempre como estático.

Como exemplo de definição de escopo e visibilidade de recursos, o programa a seguir mostra as variáveis **X** e **Y** sendo respectivamente **X** global fora da função **main()** e **Y** local dentro da função **main()** e definido como local na função **calculo()**. O programa faz uso da variável **X** na função **cálculo()**. Em seu editor de texto, escreva o programa a seguir e grave-o com o nome **C07EX09.java**.

```java
import java.io.*;

class C07EX09 {

  static int X = 1;

  public static void main(String args[]) {

    int Y = 0;

    System.out.println("Saida do Programa Principal");

    System.out.println();
    System.out.println("X = " + X);
    System.out.println("Y = " + Y);
```

```
    X++;
    Y++;

    System.out.println();
    System.out.println("X = " + X);
    System.out.println("Y = " + Y);
    System.out.println();

    calculo();
  }

  public static void calculo() {
    int Y = 99;

    System.out.println("Saida da Funcao Calculo");

    System.out.println();
    System.out.println("X = " + X);
    System.out.println("Y = " + Y);

    X++;
    Y++;

    System.out.println();
    System.out.println("X = " + X);
    System.out.println("Y = " + Y);
  }

}
```

Saia do editor de texto e na linha de comando escreva a chamada do compilador Java com a sintaxe **javac C07EX09.java**. Em seguida execute a sintaxe **java C07EX09** para ver o resultado do programa.

Ao se fazer a execução do programa, será apresentado como saída o seguinte resultado:

```
Saida do Programa Principal

X = 1
Y = 0

X = 2
Y = 1

Saida da Funcao Calculo

X = 2
Y = 99

X = 3
Y = 100
```

Note que na parte do título **Saída do Programa Principal** mostram-se inicialmente a variável **X** com valor **1** e a variável **Y** com valor **0**, e num segundo momento a variável **X** passa a ser **2** e a variável **Y** passa a ser **1**. No momento em que ocorre a apresentação do título **Saída da Função Cálculo**, a variável **X** continua a apresentar seu valor como **3** e **4**, mas a variável **Y** da função **calculo()** não se refere à função **Y** do método **main()**, apresentando os valores **99** e **100**. Dessa forma, as variáveis **Y** dos métodos **calculo()** e **main()** não são em hipótese alguma as mesmas variáveis: são variáveis diferentes e definidas localmente nos métodos em uso, diferentemente da variável **X** definida antes do método **main()**, que pode ser usada em todas as funções do código do programa.

7.4 Herança

A ação de se criar herança na linguagem Java relaciona-se ao fato de uma classe herdar de outra classe suas características. Assim, uma classe-filho (*subclasse*) herda da classe-pai (*superclasse*) todos os atributos e métodos que sejam a ele públicos. Por isso, é possível reutilizar o código que já foi escrito e testado na classe hierarquicamente maior. Esse conceito, se bem aplicado, pode proporcionar um tempo de ganho no desenvolvimento de novos sistemas de forma maior, pois não é necessário "reinventar a roda".

É importante ressaltar que a linguagem de programação Java só permite que uma classe-filho herde características apenas de uma classe-pai. Não é permitido fazer uso de herança múltipla encontrada em outras linguagens de programação orientadas a objeto, como ocorre com a linguagem C++. Para neutralizar essa característica operacional, Java fornece o uso do conceito de interface, que será apresentado mais adiante.

A ação de herança depende do nível de encapsulamento dos atributos e métodos de uma classe. Só podem ser herdados elementos de uma classe que estejam encapsulados a partir dos tipos **public** e **protected**. Elementos encapsulados com tipo **private** não são passados na definição de herança.

Como exemplo de herança, considere a existência de uma classe chamada **Tsala** (que será a classe-pai) com o atributo **SALA** (atributo genérico), e que a classe **Taluno3** (que será a classe-filho e herdará da classe-pai o atributo **SALA**, podendo fazer uso desse atributo como se fosse seu próprio atributo.

Para exemplificar essa situação, será primeiramente desenvolvida uma classe-pai abstrata chamada **Tsala**, que não será usada para instanciar nenhum objeto a partir dela. Assim, no seu editor de texto, escreva o código a seguir e grave-o com o nome **Tsala.java**.

```
abstract class Tsala {
  int SALA;
}
```

Quando se define uma classe como **abstract** está-se dizendo que essa classe não poderá ser associada a um objeto. Essa estratégia é adequada no uso de herança, pois só poderá ser criado um objeto a partir da classe-filho, mas não poderá ser instanciado um objeto a partir da classe-pai, por ser esta do tipo abstrata.

Em seguida será preparado o código da classe-filho **Taluno3** com a capacidade de herdar o atributo **SALA** da classe **Tsala**. Para tanto, no seu editor de texto escreva o programa a seguir e grave-o com o nome **Taluno3.java**.

```java
public class Taluno3 extends Tsala {

  String NOME;
  float MEDIA;

  public static boolean CondAluno(float ALUMEDIA, double CORMEDIA) {
    boolean CONDALUNO = true;
    if (ALUMEDIA < CORMEDIA)
      CONDALUNO = false;
    return(CONDALUNO);
  }

}
```

No código anterior, observe na primeira linha o uso da instrução **extends**, a qual possibilita à classe **Taluno3** herdar da classe **Tsala** o que lá estiver definido. A instrução **extends** estende para uma classe filho-filho todos os atributos e métodos públicos da classe-pai. É a esse conceito em programação orientada a objetos que se dá o nome de herança.

Em seguida apresenta-se o programa que faz uso do conceito de herança. Em seu editor de texto, escreva o programa a seguir e grave-o com o nome **C07EX10.java**.

```java
import java.io.*;
import java.util.Scanner;

class C07EX10 {

  public static void main(String args[]) {

    Taluno3 ALUNO = new Taluno3();
    Scanner s = new Scanner(System.in);

    System.out.println();
    System.out.print("Entre nome ....: ");
    ALUNO.NOME = s.nextLine();

    System.out.print("Entre media ...: ");
    ALUNO.MEDIA = s.nextFloat();

    System.out.print("Entre a sala ..: ");
    ALUNO.SALA = s.nextInt();

    System.out.println();
    System.out.println("Nome ........: " + ALUNO.NOME);
    System.out.println("Media .......: " + ALUNO.MEDIA);
    System.out.println("Sala ........: " + ALUNO.SALA);
    System.out.println();
    System.out.print("Situacao ....: ");
```

```
    if (Taluno2.CondAluno(ALUNO.MEDIA, 5.0))
      System.out.println("Aprovado");
    else
      System.out.println("Reprovado");
    System.out.println();

  }
}
```

Saia do editor de texto e na linha de comando escreva a chamada do compilador Java com a sintaxe **javac C07EX10.java**. Em seguida execute a sintaxe **java C07EX10** para ver o resultado.

Os atributos e métodos definidos como **private** não são acessíveis às classes derivadas (classe-filho ou *subclasse*). Os atributos ou métodos que são automaticamente herdados são os qualificados como **public**, que devem ser evitados, e **protected**.

O código de programa a seguir apresenta o uso do conceito de uso do qualificador **protected** da definição do atributo **SALA** da classe **Tsala2**. No seu editor de texto, escreva o programa indicado e grave-o com o nome **Tsala2.java**.

```
abstract class Tsala2 {
  protected int SALA;
}
```

A seguir está o código do programa que define a classe **Taluno5.java** com a definição da herança do atributo protegido **SALA** oriundo da classe **Tasala2**. No seu editor de texto, escreva o programa indicado e grave-o com o nome **Taluno5.java**.

```
public class Taluno5 extends Tsala2 {

  public String NOME;
  public float N1, N2;
  private float MEDIA;

  public float CalcMedia(float NT1, float NT2) {
    MEDIA = (NT1 + NT2) / 2;
    return(MEDIA);
  }

  public static boolean CondAluno(float ALUMEDIA, double CORMEDIA) {
    boolean CONDALUNO = true;
    if (ALUMEDIA < CORMEDIA)
      CONDALUNO = false;
    return(CONDALUNO);
  }

}
```

Na sequência é definido o programa que fará uso da classe **Taluno5**, que por sua vez herda da classe **Tsala2** o atributo protegido **SALA**. No seu editor de texto, escreva o programa indicado e grave-o com o nome **C07EX11.java**.

```
import java.io.*;
import java.util.Scanner;

class C07EX11 {

  public static void main(String args[]) {

    Taluno5 ALUNO = new Taluno5();
    Scanner s = new Scanner(System.in);

    System.out.println();
    System.out.print("Entre nome .....: ");
    ALUNO.NOME = s.nextLine();

    System.out.print("Entre a nota 1 .: ");
    ALUNO.N1 = s.nextFloat();

    System.out.print("Entre a nota 2 .: ");
    ALUNO.N2 = s.nextFloat();

    System.out.print("Entre a sala ...: ");
    ALUNO.SALA = s.nextInt();

    System.out.println();
    System.out.println("Nome ........: " + ALUNO.NOME);
    System.out.println("Media .......: " +
    ALUNO.CalcMedia(ALUNO.N1,ALUNO.N2));
    System.out.println("Sala ........: " + ALUNO.SALA);
    System.out.println();
    System.out.print("Situacao ....: ");

    if (Taluno2.CondAluno(ALUNO.CalcMedia(ALUNO.N1,ALUNO.N2), 5.0))
       System.out.println("Aprovado");
    else
       System.out.println("Reprovado");
    System.out.println();

  }
}
```

Saia do editor de texto e na linha de comando escreva a chamada do compilador Java com a sintaxe **javac C07EX11.java**. Em seguida execute a sintaxe **java C07EX11** para executar e ver o resultado.

Note que, ao executar o programa **C07EX11.java**, o atributo **SALA** definido como **protected** é tratado de forma semelhante ao formato de um qualificador **private**, mas com a mesma flexibilidade do qualificador **public**. No geral, é mais compensador utilizar o qualificador **protected**, deixando o qualificador **public** para situações mais genéricas e comuns.

7.5 Construtores e finalizadores

Construtor é um método de uma determinada classe que possui como finalidade a tarefa de inicializar os atributos de uma classe toda vez que um objeto é instanciado na memória, reservando o espaço de memória necessário para sua operação. Como método de uma classe, um construtor pode receber passagens de parâmetros. A declaração de um método construtor é definida com o mesmo nome da classe a ser tratada. Caso não seja definido um método construtor, a linguagem Java assume o uso de um construtor padrão sem nenhum parâmetro de operação, o qual inicializa as variáveis numéricas com zero, os valores lógicos com falso e objetos definidos como nulos.

O código de programa a seguir apresenta o uso de um construtor e um finalizador (destrutor) dentro da definição da classe **Tsala3**, os quais estão definidos em negrito. No seu editor de texto, escreva o código apresentado e grave em seguida o programa com o nome **Tsala3.java**.

```
abstract class Tsala3 {

  public int SALA;

  Tsala3() {}
  protected void finalize() {}

}
```

Observe no código anterior a definição do método construtor **Tsala3() {}** definido abaixo da definição do atributo **SALA**, e também da definição do método destrutor, ou seja, do método finalizador **finalize() {}**. Note que o método construtor é sempre definido com o mesmo nome da classe a que pertence, e o método finalizador é a definição do método **finalize()** qualificado sempre como **protected** e tendo como valor de retorno um conteúdo do tipo **void**.

Na sequência será definido para a classe **Taluno6** um construtor um pouco mais elaborado que o construtor **Tsala3() {}**. Assim, escreva no seu editor de texto o código a seguir e grave-o com o nome **Taluno6.java**.

```
public class Taluno6 extends Tsala3 {

  public String NOME;
  public float N1, N2;
  private float MEDIA;

  Taluno6() {
    NOME = "";
    N1 = 0;
    N2 = 0;
  }

  protected void finalize() {}

  public float CalcMedia(float NT1, float NT2) {
    MEDIA = (NT1 + NT2) / 2;
    return(MEDIA);
  }

  public static boolean CondAluno(float ALUMEDIA, double CORMEDIA) {
    boolean CONDALUNO = true;
    if (ALUMEDIA < CORMEDIA)
      CONDALUNO = false;
    return(CONDALUNO);
  }

}
```

Note na citação do construtor **Taluno6()** a definição de seus valores indiciais. Nesse caso, quando a classe **Taulo6** for executada, o método construtor irá alocar na memória uma instância para o atributo **NOME** com valor branco e para os atributos **N1** e **N2** instanciará na memória uma área zerada.

Em seguida é definido o programa que fará uso da classe **Taluno6**, que por sua vez herda da classe **Tsala3** o atributo protegido **SALA**. Tanto na classe **Tsala3** como na classe **Taluno6** está ocorrendo o uso de construtores e finalizadores. No seu editor de texto, escreva o programa indicado e grave-o com o nome **C07EX12.java**.

```java
import java.io.*;
import java.util.Scanner;

class C07EX12 {

  public static void main(String args[]) {

    Taluno6 ALUNO = new Taluno6();
    Scanner s = new Scanner(System.in);

    System.out.println();
    System.out.print("Entre nome .....: ");
    ALUNO.NOME = s.nextLine();

    System.out.print("Entre a nota 1 .: ");
    ALUNO.N1 = s.nextFloat();

    System.out.print("Entre a nota 2 .: ");
    ALUNO.N2 = s.nextFloat();

    System.out.print("Entre a sala ...: ");
    ALUNO.SALA = s.nextInt();

    System.out.println();
    System.out.println("Nome ........: " + ALUNO.NOME);
    System.out.println("Media .......: " +
    ALUNO.CalcMedia(ALUNO.N1,ALUNO.N2));
    System.out.println("Sala ........: " + ALUNO.SALA);
    System.out.println();
    System.out.print("Situacao ....: ");

    if (Taluno2.CondAluno(ALUNO.CalcMedia(ALUNO.N1,ALUNO.N2), 5.0))
      System.out.println("Aprovado");
    else
      System.out.println("Reprovado");
    System.out.println();

  }
}
```

Saia do editor de texto e na linha de comando escreva a chamada do compilador Java com a sintaxe **javac C07EX12.java**. Em seguida execute a sintaxe **java C07EX12** para ver o resultado.

Um método construtor tem por finalidade auxiliar a inicialização dos valores de atributos que em uma classe estejam qualificados como **private** ou **protected**. Isso é feito quando se define o uso do método construtor com passagem de parâmetro. O programa a seguir demonstra o uso da forma proposta. Assim, escreva no seu editor de texto o programa a seguir e grave-o com o nome **Taluno7.java**. Observe atentamente o trecho em negrito.

```
public class Taluno7 extends Tsala3 {

  public String NOME;
  public float N1, N2;
  private float MEDIA;

  Taluno7(String N, float X, float Y, int SL) {
    NOME = N;
    N1 = X;
    N2 = Y;
    SALA = SL;
  }

  protected void finalize() {}

  public float CalcMedia(float NT1, float NT2) {
    MEDIA = (NT1 + NT2) / 2;
    return(MEDIA);
  }

  public static boolean CondAluno(float ALUMEDIA, double CORMEDIA) {
    boolean CONDALUNO = true;
    if (ALUMEDIA < CORMEDIA)
      CONDALUNO = false;
    return(CONDALUNO);
  }

}
```

Observe junto ao código do programa **Taluno7.java** a definição do método construtor com parâmetros, como indicado pela linha de código **Taluno7(String N, float X, float Y, int SL)**. Observe também as relações de atribuição entre os parâmetros e os atributos da classe em uso.

A partir deste ponto, considere o código a seguir para o programa que fará uso dos parâmetros dentro de um método construtor. No seu editor de texto, escreva o programa indicado e grave-o com o nome **C07EX13.java**. Atente para os trechos em negrito.

```java
import java.io.*;

class C07EX13 {

  public static void main(String args[]) {

    Taluno7 ALUNO = new Taluno7("Augusto Manzano",10,9,5);

    MostraDados(ALUNO);

    ALUNO.NOME = "Roberto Affonso";
    ALUNO.N1 = 10;
    ALUNO.N2 = 10;
    ALUNO.SALA = 6;

    MostraDados(ALUNO);

  }

  public static void MostraDados(Taluno7 DADOS) {
    System.out.println();
    System.out.println("Nome ........: " + DADOS.NOME);
    System.out.println("Media .......: " +
    DADOS.CalcMedia(DADOS.N1,DADOS.N2));
    System.out.println("Sala ........: " + DADOS.SALA);
    System.out.println();
    System.out.print("Situacao ....: ");
    if (Taluno2.CondAluno(DADOS.CalcMedia(DADOS.N1,DADOS.N2), 5.0))
      System.out.println("Aprovado");
    else
      System.out.println("Reprovado");
    System.out.println();
  }

}
```

Saia do editor de texto e na linha de comando escreva a chamada do compilador Java com a sintaxe **javac C07EX13.java**. Em seguida execute a sintaxe **java C07EX13** para ver o resultado.

Note que na linha de código **Taluno7 ALUNO = new Taluno7("Augusto Manzano",10,9,5);** é realizada uma instância para o objeto **ALUNO** com a definição dos valores iniciais que serão armazenados em uma área de alocação de memória. Note que o método construtor faz o preenchimento implícito de todos os atributos de uma classe quando um objeto a partir dessa classe for instanciado. Nesse caso, o objeto **ALUNO** recebe os dados **Augusto Manzano**, **10**, **9** e **5** respectivamente, os quais são apresentados pelo método **MostraDados()**. Observe que o método **MostraDados()** recebe como parâmetro um valor do tipo objeto, em que o objeto **ALUNO** passa seu conteúdo, seus valores para a variável **DADOS** instanciada a partir de um tipo objeto denominado **Taluno7**.

Em seguida, os valores do objeto **ALUNO** são preenchidos de forma explícita, pois são definidos diretamente junto aos seus atributos: **ALUNO.NOME = "Roberto Affonso"**, **ALUNO.N1 = 10**, **ALUNO.N2 = 10** e **ALUNO.SALA = 6** para então ser chamado pela segunda vez o método **MostraDados()**.

O próximo programa tem por finalidade mostrar outro exemplo de uso de método construtor com passagem de parâmetro. Nesse caso, o programa apresenta o uso de uma classe **Tsala** definida internamente no código que visa gerenciar a quantidade de alunos da sala. No seu editor de texto, escreva o programa a seguir e grave-o com o nome **C07EX14.java**. Atente para os trechos em negrito.

```java
import java.io.*;

class C07EX14 {

  public static void main(String args[]) {

    class Tsala {

      private int QUANTIDADE;

      public Tsala(int QUANTIDADE) {
        this.QUANTIDADE = QUANTIDADE;
      }

      public int PegaQuant() {
        return QUANTIDADE;
      }

      protected void finalize() {}

    }

    Tsala SALA = new Tsala(10);

    System.out.println();
    System.out.println("Quantidade em sala = " + SALA.PegaQuant());
    System.out.println();

  }
}
```

Saia do editor de texto e na linha de comando escreva a chamada do compilador Java com a sintaxe **javac C07EX14.java**. Em seguida execute a sintaxe **java C07EX14** para ver o resultado.

Observe a linha de código **Tsala SALA = new Tsala(10)**, em que se define a variável **SALA** como objeto da classe **Tsala**, tendo seu atributo privado **QUANTIDADE** inicializado pelo método construtor **Tsala()** com a definição do valor **10**. Note que com o método construtor **Tsala()** foi possível inicializar o atributo privado **QUANTIDADE**.

Um método construtor permite acesso de escrita de dados dentro da classe de maneira semelhante a um método do tipo setter.

O programa **C07EX13.java** faz uso do operador **this** (este) dentro da classe. O operador **this** é usado quando há a necessidade de identificar e diferenciar nomes repetidos usados para nomear um atributo da classe e um parâmetro de um método. Note que na classe **Tsala** há um atributo chamado **QUANTIDADE** e que no método construtor **Tsala()** ocorre a definição do parâmetro **QUANTIDADE**. Dentro do método **Tsala(int QUANTIDADE)** existe a linha de código **this.QUANTIDADE = QUANTIDADE**, em que a parte **this.QUANTIDADE** se refere ao atributo da classe e **QUANTIDADE** após o atributo refere-se ao parâmetro do método construtor.

Se o nome de um atributo não corresponder ao nome de um parâmetro ou de uma variável local pertencente a uma classe, o uso do operador **this** é desnecessário. Veja como exemplo o programa **C07EX15.java** idêntico ao programa **C07EX14.java** utilizando rótulos diferentes para os nomes do atributo e do parâmetro. No seu editor de texto, escreva o programa a seguir e grave-o com o nome **C07EX15.java**. Atente para os trechos em negrito.

```
import java.io.*;

class C07EX15 {

  public static void main(String args[]) {

    class Tsala {

      private int QUANTIDADE;

      public Tsala(int X) {
        QUANTIDADE = X;
      }

      public int PegaQuant() {
        return QUANTIDADE;
      }

      protected void finalize() {}

    }

    Tsala SALA = new Tsala(10);

    System.out.println();
    System.out.println("Quantidade em sala = " + SALA.PegaQuant());
    System.out.println();

  }
}
```

Saia do editor de texto e na linha de comando escreva a chamada do compilador Java com a sintaxe **javac C07EX15.java**. Em seguida execute a sintaxe **java C07EX15** para ver o resultado.

7.6 Poliformismo

O motivo de estar em uso o termo *poliformismo* em detrimento do termo *polimorfismo* encontra-se justificado no Capítulo 2 desta obra. De maneira geral, o termo *poliformismo* é a contração de **poly** (muitos) e **morphic** (formas), ou seja, muitas formas.

Na programação orientada a objetos, *poliformismo* é a capacidade que um método de um objeto possui de assumir formas diferentes para a sua execução. Assim, poliformismo proporciona a capacidade de escrever métodos que se comportem corretamente para objetos de tipos diferentes (JANSA, 1995), ou seja, é a capacidade de estabelecer uma única interface para vários métodos membros.

A ideia de uso de poliformismo pode ocorrer numa linguagem orientada a objetos de quatro formas diferentes, porém nem toda linguagem de programação orientada a objetos opera todas as formas de poliformismo. Assim, considere os modos de:

- poliformismo universal paramétrico;
- poliformismo universal de inclusão;
- poliformismo *ad hoc* de sobrecarga;
- poliformismo *ad hoc* de coerção.

A linguagem Java opera com as quatro formas de poliformismo, mas, por ser uma linguagem em constante evolução, nem sempre foi assim.

O **poliformismo universal paramétrico** é a forma mais pura de poliformismo. Ocorre quando são utilizadas estruturas preestabelecidas (cenários ou contextos) de operação. Cada cenário possui uma ação preestabelecida. Assim, um objeto pode ser usado harmoniosamente em diferentes cenários sem a necessidade de ser efetivamente modificado. Esse tipo de ação na linguagem Java é conseguido com o uso das interfaces **Collection** (**List** e **Set**) e **Map**, que serão apresentadas no próximo capítulo.

O **poliformismo universal de inclusão** ocorre quando um ponteiro de uma classe-filho indica uma instância sobreposta na classe-pai. Essa é a forma mais simples de construção polimórfica, pois a classe-pai tem seu método de mesmo nome sobreposto pelo método da classe-filho, sem que a classe-pai perca seu método próprio. De certa forma, é como se a classe-pai herdasse um recurso da classe-filho, como se fosse uma herança ao contrário. Esse tipo de ação será apresentado a seguir.

O **poliformismo** *ad hoc* **de sobrecarga** ocorre quando são usados vários métodos com o mesmo nome de identificação, mas possuindo número de parâmetros diferentes. Essa é a forma de poliformismo mais simples, comum e essencial, e será também apresentada a seguir.

O **poliformismo** *ad hoc* **de coerção** ocorre quando se faz uso de recursos de conversões de tipos de dados de uma variável em outro tipo de dado a fim de efetuar uma operação em um método, evitando um erro de tipo, permitindo assim, por exemplo, tratar uma variável de tipo inteiro como se fosse uma variável de tipo real. Esse tipo de ação foi apresentado no Capítulo 5.

A seguir serão apresentados exemplos de poliformismo universal de inclusão e poliformismo *ad hoc* de sobrecarga.

Com o objetivo de apresentar um exemplo simples do uso do conceito de poliformismo do tipo sobrecarga, considere um programa que forneça como resposta a área de algumas figuras geométricas. Para tanto, esse programa estará configurado por dois códigos distintos.

O primeiro código definido é a construção da classe que será utilizada, a qual se segue. No seu editor de texto, escreva o código a seguir e grave-o com o nome **Tarea.java**.

```java
public class Tarea {

  public static long Area(int X) {
    long AREA = X * X;
    return(AREA);
  }

  public static double Area(float R, float H) {
    double AREA = R * R * 3.14159 * H;
    return(AREA);
  }

  public static int Area(int X, int Y, int Z) {
    int AREA = X * Y * Z;
    return(AREA);
  }

}
```

O segundo código é o do programa propriamente dito. No seu editor de texto, escreva o programa a seguir e grave-o com o nome **C07EX16.java**.

```java
import java.io.*;

class C07EX16 {

  public static void main(String args[]) {

    Tarea A = new Tarea();

    System.out.println();
    System.out.println("Area: Quadrado ..: " + A.Area(5));
    System.out.println("Area: Cubo ......: " + A.Area(5, 6, 7));
    System.out.println("Area: Cilindro ..: " + A.Area(7, 3));
    System.out.println();
  }

}
```

Observe no código da classe **Tarea** a definição de três métodos diferentes com o mesmo nome: **Area**. Note que cada método trata de uma forma diferente (mais de uma forma, é polifórmico) de parâmetro e assim está capacitado a realizar uma tarefa diferente da outra. Quando da execução do programa **C07EX16.java**, a seleção do método a ser usado ocorre automaticamente, e essa decisão depende do número de parâmetros em uso no momento da chamada do método.

O termo poliformismo é usado quando o comportamento de um objeto pode assumir, além de sua forma, a de outros objetos. Isso pode ocorrer de duas maneiras: por meio da alteração dos métodos e dos atributos, ou seja, quando ocorre de certa forma a seleção automática de diferentes métodos com mesmo nome, como mostrado no exemplo anterior (poliformismo *ad hoc* de sobrecarga).

O efeito de poliformismo pode ocorrer diretamente em objetos definidos no programa que os manipulará, de forma externa (poliformismo universal de inclusão), como será apresentado em seguida. Para tanto, considere um programa que execute um método da classe-pai e depois um método da classe-filho, ambos com o mesmo nome. Após a execução dos métodos de cada classe, far-se-á a sobreposição do método da classe-filho sobre o método da classe-pai, de forma que a classe-pai perca acesso ao seu próprio método e assuma para execução o método da classe-filho. No seu editor de texto, escreva o programa a seguir e grave-o com o nome **C07EX17.java**.

```java
import java.io.*;

class Tpai {

  protected void Executa() {
    System.out.println("Acao na classe-pai");
  }

}

class Tfilho extends Tpai {

  protected void Executa() {
    System.out.println("Acao na classe-filho");
  }

}

class C07EX17 {
  public static void main(String args[]) {

    Tpai PAI = new Tpai();
    Tfilho FILHO = new Tfilho();

    PAI.Executa();
    FILHO.Executa();

    PAI = FILHO;
    PAI.Executa();

  }
}
```

Saia do editor de texto e na linha de comando escreva a chamada do compilador Java com a sintaxe **javac C07EX17.java**. Em seguida execute a sintaxe **java C07EX17** para ver o resultado do programa, semelhante ao que se segue:

```
Acao na classe-pai
Acao na classe-filho
Acao na classe-filho
```

Note no programa **C07EX17.java** a definição de duas classes: a classe **Tpai** como sendo a classe-pai, a superclasse com a definição de um método denominado **Executa** do tipo **void** que apresenta a mensagem **Acao na classe-pai**, e também a definição da classe **Tfilho** como sendo a classe-filho, a subclasse com a definição de um método denominado **Executa** do tipo **void** que apresenta a mensagem **Acao na classe-filho**. Observe também que ambas as classes possuem o método **Executa()** de mesmo tipo, ou seja, tipo **void**, e possuem o mesmo nome, tendo como diferença a sua ação interna. Os métodos a serem usados na ação de poliformismo não podem em hipótese alguma ser definidos como **static**, pois se assim forem definidas não permitirão a ocorrência de poliformismo. Então já sabe, quando quiser usar poliformismo de sobreposição, os métodos das classes envolvidos nessa ação não podem estar configurados como **static**.

Observe a definição dos objetos **PAI** e **FILHO** e a execução do método **Executa()** associado ao objeto **PAI** que apresenta a mensagem **Acao na classe-pai**. Note também a execução do método **Executa()** associado ao objeto **FILHO**, que apresenta a mensagem **Acao na classe-filho**.

Na sequência encontra-se o objeto **PAI** associado ao objeto **FILHO**. Quando isso ocorre, o objeto **PAI** assume o método **Executa()** do objeto **FILHO**. Isso fica claro quando é apresentada a mensagem **Acao na classe-filho**, em que ocorre a sobreposição do método **Executa()** da classe **Tpai** pelo método **Executa()** da classe **Tfilho**. Assim, o objeto **PAI** assume o método **Executa()** do objeto **FILHO** e perde temporariamente o acesso ao seu método **Executa()**, ou seja, o objeto **PAI** assume a forma do objeto **FILHO**, efetuando assim a ação de poliformismo.

7.7 Sobrecarga de métodos

É fundamental tomar cuidado para não confundir dois conceitos diferentes (poliformismo de sobrecarga e sobrecarga de métodos), que aos olhos de uma pessoa inexperiente em programação de computadores com o uso da linguagem de programação Java podem passar despercebidos e ser considerados a mesma coisa.

O conceito de sobrecarga de métodos ainda não havia sido explorado nesta obra e se refere normalmente aos métodos desenvolvidos dentro de um método **main()** e que são utilizados exclusivamente pelo próprio programa, sem que haja interação com outros códigos externos, ou seja, tudo é realizado dentro do próprio código em execução. A sobrecarga de métodos também é referenciada como *sobrescrita de métodos* ou pelo termo em inglês *overriding*.

Para exemplificar essa ocorrência, considere um programa de cálculo de áreas geométricas. No seu editor de texto, escreva o programa a seguir e grave-o com o nome **C07EX18.java**.

```java
import java.io.*;
import java.util.Scanner;

class C07EX18 {

  public static void main(String args[]) {

    String VALOR;
    long N1;
    double N2;
    int N3;
    Scanner s = new Scanner(System.in);

    System.out.println();
    System.out.print("Entre um valor ....: ");
    VALOR = s.nextLine();

    System.out.println();
    N1 = Long.valueOf(VALOR).longValue();
    System.out.println("Area: Quadrado ..: " + Area(N1));
    N3 = Integer.valueOf(VALOR).intValue();
    System.out.println("Area: Cubo ......: " + Area(N3, N3, N3));
    N2 = Float.valueOf(VALOR).floatValue();
    System.out.println("Area: Cilindro ..: " + Area(N2, N2));
    System.out.println();
  }

  public static long Area(long X) {
    long AREA = X * X;
    return(AREA);
  }

  public static double Area(double R, double H) {
    double AREA = R * R * 3.14159 * H;
    return(AREA);
  }

  public static int Area(int X, int Y, int Z) {
    int AREA = X * Y * Z;
    return(AREA);
  }
}
```

Saia do editor de texto e na linha de comando escreva a chamada do compilador Java com a sintaxe **javac C07EX18.java**. Em seguida execute a sintaxe **java C07EX18** para ver o resultado do programa após a entrada de um valor numérico (do tipo inteiro, pois o do tipo real ocasionará erro na entrada).

7.8 Interface

A linguagem Java não faz uso de herança múltipla. No entanto, é possível simular essa ação com o uso do conceito de *interface*. Herança múltipla advém do fato de uma determinada *subclasse* (classe-filho) herdar atributos e/ou métodos de duas ou mais *superclasses* (classes-pai). Esse é um dos conceitos mais poderosos a ser usado em uma linguagem orientada a objetos. O conceito de herança múltipla é semelhante a um filho que herda do pai os olhos claros e da mãe os cabelos cacheados. Nós seres humanos somos fruto de heranças múltiplas a partir de nossos pais.

Uma *interface* caracteriza-se por ser um conjunto de métodos, constantes ou variáveis, que não possuem nenhum valor ou ação preestabelecidos. As *interfaces* não possuem atributos, são sempre estruturas vazias e estabelecem uma espécie de contrato a ser seguido entre as classes envolvidas, pois possibilitam especificar o que uma classe pode oferecer em termos de métodos a outra classe, o que resulta numa poderosa ação de abstração de objetos (JANDL JR, 2002).

De forma geral, a definição de uma interface é bastante semelhante à definição de uma classe. De acordo com Chan, Steven & Iasi (1999), as diferenças principais entre interface e classe são:

➤ uma interface, assim como uma classe abstrata, fornece os nomes dos métodos, mas dos mesmos;

➤ qualquer classe pode vir a implementar características de várias interfaces, neutralizando assim a inexistência de herança na linguagem Java;

➤ um programa não pode em hipótese alguma instanciar uma interface;

➤ todos os métodos definidos numa interface são implicitamente **public** ou **abstract**. Não é possível usar outros qualificadores;

➤ todas as definições de variáveis em uma interface, seus atributos, são qualificados apenas como **public**, **static** e **final**. Não é possível usar outros qualificadores;

➤ todos os métodos devem ser implementados pela classe que venha a utilizar uma determinada interface;

➤ uma interface não possui raiz ascendente final. Dessa forma, as interfaces se encontram em uma hierarquia independente, podendo ser utilizadas livremente.

Uma interface fornece a capacidade e a liberdade de estabelecer um conjunto de métodos, constantes ou variáveis que poderão ser implementados em qualquer classe que venha a ser definida. Na prática, o conceito de uso de interface possibilita o uso do conceito de desenvolvimento de classes abstratas puras.

Para fazer uso e implementar o conceito de interface, deve-se fazer uso de uma sintaxe semelhante à forma apresentada a seguir:

```
interface Tpai2 {
  // Declaração de métodos, constantes e variáveis
}

interface Tmae2 {
  // Declaração de métodos, constantes e variáveis
}

class Tfilho2 implements Tpai2, Tmae2 {
  // Código da classe filho com tratamento de características herdadas
}

Tfilho2 PROLE = new Tfilho2();
```

Observe que a classe **Tfilho2** instanciada no objeto **PROLE** possui como característica operacional herdar por meio do conceito de interface as possíveis características das interfaces **Tpai2** e **Tmae2**. Assim, é como se a classe **Tfilho2** tivesse internamente essas mesmas características que está interfaceando (de certa forma herdando, ou, melhor dizendo, implementando) das interfaces **Tpai2** e **Tmae2**. A implementação de características decorre do uso da instrução **implements**.

O conjunto de programas a seguir demonstra de forma básica o uso do conceito de aplicação de interface na linguagem Java sob um aspecto mais prático. Serão desenvolvidos quatro programas.

O primeiro código a ser escrito será o da interface **Tpai2** com a definição do nome de um método abstrato denominado **olhos()**. No seu editor de texto, escreva o código a seguir e grave-o com o nome **Tpai2.java**.

```
public interface Tpai2 {
  public abstract String olhos();
}
```

O segundo código a ser escrito será o da interface **Tmae2** com a definição do nome de um método abstrato denominado **cabelos()**. No seu editor de texto, escreva o código a seguir e grave-o com o nome **Tmae2.java**.

```
public interface Tmae2 {
  public abstract String cabelos();
}
```

O terceiro código a ser escrito será o da classe **Tfilho2**, que por meio do conceito de interface implementa para si o método **olhos()** com retorno do valor *claros* e o método **cabelos()** com retorno do valor *cacheados* definidos respectivamente nas interfaces **Tpai2** e **Tmae2**. No seu editor de texto, escreva o código a seguir e grave-o com o nome **Tfilho2.java**.

```
class Tfilho2 implements Tpai2, Tmae2 {

  public String olhos() {
    return("claros");
  }

  public String cabelos() {
    return("cacheados");
  }

}
```

O quarto e último código a ser escrito será o programa propriamente dito, que apresentará como resultado os dados de um determinado filho. No seu editor de texto, escreva o código a seguir e grave-o com o nome **C07EX19.java**.

```
import java.io.*;

public class C07EX19 {
  public static void main(String args[]) {

    Tfilho2 PROLE = new Tfilho2();

    System.out.println("O filho possui olhos " + PROLE.olhos());
    System.out.println("O filho possui cabelos " + PROLE.cabelos());

  }
}
```

Saia do editor de texto e na linha de comando escreva a chamada do compilador Java com a sintaxe **javac C07EX19.java**. Em seguida execute a sintaxe **java C07EX19** para ver o resultado.

O uso do conceito de interface cria uma estrutura de dado abstrata, como apresentado nos quatro conjuntos de programa do exemplo anterior. Note que o objeto **PROLE** instanciado a partir da classe **Tfilho2** herda da classe **Tfilho2** os métodos **olhos()** e **cabelos()** que pertencem às interfaces **Tpai2** e **Tmae2**. Note que a classe **Tfilho2** consegue, por meio do conceito de interface, simular uma relação de múltipla herança.

Arranjos

8

Este capítulo mostra como fazer uso de arranjos (vetores ou matrizes) na linguagem Java. Assim, são apresentadas as formas de uso de arranjo unidimensional, ordenação de elementos, pesquisas em arranjos, arranjo bidimensional, arranjo com argumentos, coleções, mapas e arranjos dinâmicos.

8.1 Arranjo unidimensional

De acordo com Resende (2006), as linguagens de programação de computadores existentes dão suporte ao uso do conceito de arranjos de uma dimensão (vetores ou listas de valores) e com mais de uma dimensão, normalmente duas dimensões (tabelas) existentes na ciência matemática. Na linguagem Java a base desse suporte são os arranjos.

Um arranjo unidimensional é representado por seu tipo, seu nome e seu tamanho (dimensão) entre colchetes. Os arranjos utilizados na linguagem Java se caracterizam por serem instâncias de objetos definidos a partir do tipo de dado a ser manipulado. Assim, possuem a seguinte sintaxe:

```
tipo ARRANJO[] = new tipo[dimensão];
```

em que:

- ➤ <tipo>   - o tipo de dado primitivo ou classe;
- ➤ <arranjo>   - o nome atribuído ao arranjo;
- ➤ <dimensão>   - o tamanho do arranjo em número de elementos.

Uma variável simples é uma estrutura de dados que somente pode conter um valor por vez. No caso de um arranjo, essa variável pode armazenar mais de um valor por vez, pois os arranjos são dimensionados exatamente para essa finalidade. Vale ressaltar que a manipulação dos elementos de um arranjo ocorre de forma individualizada, pois não é possível efetuar a manipulação de todos os elementos do conjunto ao mesmo tempo.

Para se ter uma ideia de como utilizar arranjos em uma determinada situação, serão apresentados em seguida alguns exemplos de aprendizagem no tocante a esse critério de programação. Assim, considere um programa que calcule e apresente a média geral de uma turma de oito alunos de acordo com a tabela seguinte, em que se tem o número de alunos (coluna **Aluno**), as posições de armazenamento no arranjo (coluna **Índice**) e as médias de cada aluno da sala (coluna **Média**).

Aluno	Índice	Média
1	0	4.5
2	1	6.5
3	2	8.0
4	3	3.5
5	4	6.0
6	5	7.0
7	6	6.5
8	7	6.0
Média Geral:		6.0

Em seguida, basta escrever um programa para efetuar o cálculo da média geral das oito médias de cada um dos alunos. Assim, ter-se-ia então uma única variável indexada (o arranjo), contendo todos os valores das oito médias. Isso seria representado da seguinte forma:

```
MDG[0] = 4.5
MDG[1] = 6.5
MDG[2] = 8.0
MDG[3] = 3.5
MDG[4] = 6.0
MDG[5] = 7.0
MDG[6] = 6.5
MDG[7] = 6.0
```

Observe que o nome do arranjo é um só (neste caso **MDG** – MéDia Geral); o que muda é a informação indicada dentro dos colchetes. A essa informação dá-se o nome *índice*, sendo esse o endereço em que o *elemento* está armazenado, ou seja, os valores da média de cada aluno indicado após o sinal de atribuição (=).

Levando em consideração a proposta apresentada anteriormente, será desenvolvido em seguida um programa que gerencie tal finalidade. No seu editor de texto, escreva o programa a seguir e grave-o com o nome **C08EX01.java**.

Arranjos

```java
import java.io.*;
import java.text.DecimalFormat;
import java.util.Scanner;

class C08EX01 {
  public static void main(String args[]) {

    float MDG[] = new float[8];
    float SOMA = 0, MEDIA;
    int I;
    DecimalFormat df = new DecimalFormat("0.00");
    Scanner s = new Scanner(System.in);

    System.out.println();

    for (I = 0; I <= 7; I++) {
      System.out.print("Media media " + (I + 1) + "o. aluno: ");
      MDG[I] = s.nextFloat();
      SOMA += MDG[I];
    }

    MEDIA = SOMA / 8;

    System.out.println();
    System.out.println("Media Geral = " + df.format(MEDIA));

  }
}
```

Saia do editor de texto e na linha de comando escreva a chamada do compilador Java com a sintaxe **javac C08EX01.java**. Em seguida execute a sintaxe **java C08EX01** para ver o resultado do programa. Dependendo da configuração do sistema operacional, os dados numéricos do tipo real devem ter o expoente separado da mantissa com vírgula ou com ponto.

Observe que a instrução **float MDG[] = new float[8];** define a dimensão para a variável arranjo **MDG[]**, fazendo dessa variável um objeto do tipo **float**. Note que está sendo usada para formatar a apresentação do dado numérico de forma direta a instrução **DecimalFormat df = new DecimalFormat("0.00");**.

A instrução **System.out.print("Entre media do " + (I + 1) + "o. aluno: ");** apresenta a mensagem de entrada. O uso do artifício **(I + 1)** faz com que sejam apresentados os valores ordinais para a entrada. Dessa forma, o valor da variável **I** que possui a posição real do arranjo é somado ao valor **1**, apresentando a informação em formato ordinal na mensagem de entrada. Observe que quando o valor do índice for 0 será dada a entrada da primeira nota; quando for 1, será a entrada da segunda nota e assim por diante.

O programa seguinte tem por objetivo efetuar a leitura de dez elementos de um arranjo **A** unidimensional.

Construir um arranjo **B** de mesmo tipo, observando a seguinte lei de formação: se o valor do índice for par, o valor deve ser multiplicado por 5; sendo ímpar, deve ser somado com 5. Ao final, mostrar os conteúdos dos dois arranjos. No seu editor de texto, escreva o programa a seguir e grave-o com o nome **C08EX02.java**.

```java
import java.io.*;
import java.util.Scanner;

class C08EX02 {

  public static void main(String args[]) {

    int A[] = new int[10];
    int B[] = new int[10];

    int I;

    Scanner s = new Scanner(System.in);

    // Entrada de dados

    System.out.println();
    for (I = 0; I <= 9; I++) {
      System.out.print("Entre o " + (I + 1) + "o. elemento: ");
      A[I] = s.nextInt();
    }

    // Processamento par ou impar

    for (I = 0; I <= 9; I++)
      if (I % 2 == 0)
        B[I] = A[I] * 5;
      else
        B[I] = A[I] + 5;

    // Apresentacao dos arranjos

    System.out.println();
    for (I = 0; I <= 9; I++)
      System.out.println("A[" + (I + 1) + "] = " + A[I]);
    System.out.println();
    for (I = 0; I <= 9; I++)
      System.out.println("B[" + (I + 1) + "] = " + B[I]);

  }
}
```

Saia do editor de texto e na linha de comando escreva a chamada do compilador Java com a sintaxe **javac C08EX02.java**. Em seguida execute a sintaxe **java C08EX02** para ver o resultado do programa.

Observe que são utilizados no programa três laços de repetição do tipo **for**: o primeiro laço controla a entrada dos dados no arranjo **A**, o segundo laço verifica se cada índice do arranjo **A** é par ou ímpar e faz as devidas operações, atribuindo ao arranjo **B** os elementos calculados, e o terceiro laço é utilizado para apresentar ambos os arranjos.

No programa anterior há um detalhe novo, que são as linhas com o uso dos símbolos de barras duplas (**//**). Esses símbolos são usados quando se deseja colocar no código do programa linha de comentários para ilustrar ou explicar trechos do código a ser executado. Esse recurso é interessante para fazer uma documentação do código de programa para eventuais consultas posteriores ao seu desenvolvimento.

No laço de repetição destinado ao processamento, é utilizada a instrução **if (I % 2 == 0);**, em que **%** é um operador aritmético da linguagem Java que possibilita extrair o valor do resto de uma divisão sempre de números inteiros (o operador **%** não pode ser usado com valores do tipo real – **float** e **double**). Essa operação recebe o nome de módulo. Qualquer valor de dividendo dividido por 2 que tiver um resto igual a zero tem como dividendo um número par. Se o resto da divisão for 1, o dividendo é um valor ímpar.

O programa seguinte efetua a leitura de cinco elementos para um arranjo **A** unidimensional e apresenta ao final o resultado da soma de todos os elementos que sejam ímpares. No seu editor de texto, escreva o programa a seguir e grave-o com o nome **C08EX03.java**.

```java
import java.io.*;
import java.util.Scanner;

class C08EX03 {
  public static void main(String args[]) {

    int A[] = new int[5];
    int I, SOMA = 0;
    Scanner s = new Scanner(System.in);

    // Entrada de dados

    System.out.println();
    for (I = 0; I <= 4; I++) {
      System.out.print("Entre o " + (I + 1) + "o. elemento: ");
      A[I] = s.nextInt();
    }

    // Processamento par ou impar

    for (I = 0; I <= 4; I++)
    if (A[I] % 2 != 0)
      SOMA += A[I];

    // Apresentacao dos arranjos

    System.out.println();
    System.out.println("Soma = " + SOMA);

  }
}
```

Saia do editor de texto e na linha de comando escreva a chamada do compilador Java com a sintaxe **javac C08EX03.java**. Em seguida execute a sintaxe **java C08EX03** para ver o resultado do programa.

Observe neste exemplo que no laço de repetição destinado ao processamento foi utilizada a instrução **if (A[I] % 2 != 0);** para verificar se o elemento informado pelo teclado é um valor ímpar; em sendo, ele é acumulado na variável **SOMA**, que ao final apresenta o resultado do somatório de todos os elementos ímpares informados durante a etapa de execução da entrada de dados do programa.

8.2 Ordenação de elementos

Uma das atividades mais requisitadas no trabalho de programação de computadores é sem dúvida a necessidade de ordenar o conteúdo (elementos) de tabelas (arranjos, sejam de uma ou mais dimensões). Existem diversas técnicas de ordenação que podem ser implementadas em um programa de computador, tais como inserção direta, inserção direta com busca binária, incremento decrescente (shellsort), bolha (bubblesort), agitação (shakesort), pente (combsort), partição e troca (quicksort), seleção direta; seleção em árvore (heapsort); árvore amarrada (threadedheapsort); indexação direta (radixsort), intercalação simples (mergesort) e listas de colisões, segundo apresentado por Azeredo (1996).

Esta obra utiliza um método de ordenação baseado em uma técnica de permuta apresentado na obra *Algoritmos - Lógica para Desenvolvimento de Programação de Computadores*, da Editora Érica, o qual é aplicado no código de programa seguinte. Mas além desse algoritmo desenvolvido manualmente será mostrado um recurso de ordenação existente e na linguagem Java que efetua essa ação de maneira automática.

Observe a seguir a codificação da ordenação de cinco valores inteiros. Atente para o uso dos dois laços **for()** de forma encadeada. Vale salientar que no caso de encadeamento será executada primeiro a rotina mais interna, passando o processamento para a rotina mais externa quando a rotina mais interna fechar o seu ciclo. No seu editor de texto, escreva o programa a seguir e grave-o com o nome **C08EX04.java**.

```
import java.io.*;
import java.util.Scanner;

class C08EX04 {
  public static void main(String args[]) {

    int A[] = new int[5];
    int I, J, X;
    Scanner s = new Scanner(System.in);

    // Entrada de dados

    System.out.println();
    for (I = 0; I <= 4; I++) {
      System.out.print("Entre o " + (I + 1) + "o. elemento: ");
      A[I] = s.nextInt();
    }
```

Arranjos

```
    // Processamento ordenacao

    for (I = 0; I <= 3; I++)
      for (J = I + 1; J <= 4; J++)
        if (A[I] > A[J]) {
          X = A[I];
          A[I] = A[J];
          A[J] = X;
        }

    // Apresentacao dos arranjos

    System.out.println();
    for (I = 0; I <= 4; I++)
      System.out.println((I + 1) + "o. valor = " + A[I]);

  }
}
```

Saia do editor de texto e na linha de comando escreva a chamada do compilador Java com a sintaxe **javac C08EX04.java**. Em seguida execute a sintaxe **java C08EX04** para ver o resultado do programa.

O primeiro detalhe a ser observado é a utilização de uma segunda variável no processo de ordenação, no caso, a variável **J**. Observe que somente quando a variável **J** atinge o valor 4 é que esse laço de repetição se encerra, retornando o processamento ao laço da variável **I**, acrescentando mais um a **I** até que **I** atinja o seu limite e ambos os laços sejam encerrados.

O segundo detalhe a ser observado é a utilização do algoritmo de troca, utilizado junto da instrução **if** (A[I] > A[J]). Após a verificação dessa condição, sendo o primeiro número maior que o segundo, efetua-se a sua troca com a sequência:

X = A[I]
A[I] = A[J]
A[J] = X

Considere o vetor **A[I]** com o valor 8 e o vetor **A[J]** com o valor 9. Ao final, **A[I]** deve estar com 9 e **A[J]** deve estar com 8. Para conseguir esse efeito, é necessária a utilização de uma variável de apoio, que será chamada **X**.

Para que o vetor **A[I]** fique livre para receber o valor do vetor **A[J]**, **X** deve ser implicado pelo valor do vetor **A[I]**, assim **X** passa a ser 8. Nesse momento, pode-se implicar o valor de **A[J]** em **A[I]**. Dessa forma, o vetor **A[I]** passa a possuir o valor 9. Em seguida, o vetor **A[J]** é implicado pelo valor que está em **X**. Ao final desse processo, ter-se-á **A[I]** com 8 e **A[J]** com 9.

O próximo exemplo fará a apresentação de cinco nomes no formato de ordenação alfabética ascendente. No seu editor de texto, escreva o programa a seguir e grave-o com o nome **C08EX05.java**.

```java
import java.io.*;
import java.util.Scanner;

class C08EX05 {
  public static void main(String args[]) {

    String A[] = new String[5], X;
    int I, J;
    Scanner s = new Scanner(System.in);

    // Entrada de dados

    System.out.println();
    for (I = 0; I <= 4; I++) {
      System.out.print("Entre o " + (I + 1) + "o. nome: ");
      A[I] = s.nextLine();
    }

    // Processamento ordenacao

    for (I = 0; I <= 3; I++)
      for (J = I + 1; J <= 4; J++)
        if (A[I].compareTo(A[J]) > 0) {
          X = A[I];
          A[I] = A[J];
          A[J] = X;
        }

    // Apresentacao dos arranjos

    System.out.println();
    for (I = 0; I <= 4; I++)
      System.out.println((I + 1) + "o. nome = " + A[I]);

  }
}
```

Saia do editor de texto e na linha de comando escreva a chamada do compilador Java com a sintaxe **javac C08EX05.java**. Em seguida execute a sintaxe **java C08EX05** para ver o resultado do programa.

Cada caractere que compõe um string é guardado na memória de um computador segundo um valor numérico a ele definido de acordo com a tabela ASCII. Esse código numérico é um elemento padronizado para todos os sistemas computacionais, e é com base nesse código numérico que o processo de ordenação tanto numérica quanto string ocorre. Cada caractere, seja ele um número, um símbolo alfabético, um símbolo de pontuação, tem um peso dentro da tabela ASCII, ou seja, possui um valor previamente determinado e padronizado.

O programa anterior efetua a ordenação a partir de elementos do tipo string e para tanto necessitou do uso de um método próprio para tal execução, denominado **compareTo()**.

O método **compareTo()** efetua a comparação de dois strings, retornando um de três valores possíveis:

➤ maior que zero (> 0), caso o primeiro string seja maior que o segundo string;

➤ igual a zero (= 0), caso o primeiro string seja igual ao segundo string;

➤ menor que zero (< 0), caso o primeiro string seja menor que o segundo string.

Quando se utilizam dados do tipo string não é possível fazer uso dos operadores relacionais (=, <, >, <=, >=, !=), pois eles trabalham apenas com dados dos tipos numéricos e lógicos, lembrando que avaliações lógicas entre dados de tipos diferentes podem também ocasionar erros. Em dados do tipo string, os operadores relacionais ocasionam erros, e é por essa razão que se deve fazer uso do método **compareTo()**.

Os exemplos anteriores mostram a execução das ordenações realizadas com algoritmos feitos pelo programador, mas, como informado, a linguagem Java possui um recurso para a efetivação dessas ações sem que seu programador se preocupe com essa ação. Para tanto, deve-se usar o método **sort()** da classe **Array** de **java.util**.

O programa **C08EX06.java** a seguir apresenta a ordenação de dez elementos inteiros de uma matriz **A** de uma dimensão.

```java
import java.io.*;
import java.util.*;

class C08EX06 {
  public static void main(String args[]) {

    int A[] = new int[10];
    int I;
    Scanner s = new Scanner(System.in);

    // Entrada de dados

    System.out.println();
    for (I = 0; I <= 9; I++)
    {
      System.out.print("Entre o " + (I + 1) + "o. elemento: ");
      A[I] = s.nextInt();
    }

    // Ordenacao

    Arrays.sort(A);

    // Apresentacao do arranjo

    System.out.println();
    for (I = 0; I <= 9; I++)
    {
      System.out.printf("%3do. valor = %s\n", I + 1, A[I]);
    }

  }
}
```

Saia do editor de texto e na linha de comando escreva a chamada do compilador Java com a sintaxe **javac C08EX06.java**. Em seguida execute a sintaxe **java C08EX06** para ver o resultado do programa.

Observe que a operação de ordenação é executada pela instrução **Arrays.sort(A)**, que pertence à classe **java.util.Arrays**. Em relação aos demais programas de ordenação, este é codificado em um menor número de linhas de código.

Caso queira efetuar uma ordenação em ordem decrescente, basta primeiramente solicitar a ordenação da matriz e em seguida usar a instrução **Collections.reverseOrder()**. No entanto, para que esse recurso possa ser usado é necessário trocar o tipo de dado usado na matriz de **int** para a classe **Integer**, como mostra o programa **C08EX07.java**.

```java
import java.io.*;
import java.util.*;

class C08EX07 {
  public static void main(String args[]) {

    Integer A[] = new Integer[10];
    int I;
    Scanner s = new Scanner(System.in);

    // Entrada de dados

    System.out.println();
    for (I = 0; I <= 9; I++)
    {
      System.out.print("Entre o " + (I + 1) + "o. elemento: ");
      A[I] = s.nextInt();
    }

    // Ordenacao

    Arrays.sort(A, Collections.reverseOrder());

    // Apresentacao do arranjo

    System.out.println();
    for (I = 0; I <= 9; I++)
    {
      System.out.printf("%3do. valor = %s\n", I + 1, A[I]);
    }

  }
}
```

Saia do editor de texto e na linha de comando escreva a chamada do compilador Java com a sintaxe **javac C08EX07.java**. Em seguida execute a sintaxe **java C08EX07** para ver o resultado do programa.

8.3 Pesquisas em arranjos

A utilização de arranjos pode gerar longas tabelas de valores, dificultando a localização de um determinado elemento de forma rápida. Imagine um arranjo possuindo 4.000 elementos (4.000 nomes de pessoas). Será que você conseguiria, de forma manual, encontrar rapidamente, em menos de 1 segundo, um elemento desejado mesmo estando a lista de nomes em ordem alfabética? Certamente que não.

Para solucionar esse tipo de problema, você pode fazer pesquisas em arranjos com o uso de algoritmos específicos para essa ação. Nesse sentido, duas possibilidades podem ser usadas, sendo os modelos: de pesquisa sequencial e de pesquisa binária. Assim como com a ordenação, a linguagem Java possui recursos que simplificam essa ação. No entanto, serão apresentados primeiramente os algoritmos clássicos para este exercício, e após apresentada a Seção 8.6 deste capítulo será mostrado como usar um comando específico para esse tipo de ação.

8.3.1 Modelo de pesquisa sequencial

O modelo de pesquisa sequencial consiste em efetuar a busca da informação desejada a partir do primeiro elemento, sequencialmente, até o último. Localizando a informação no caminho, ela é apresentada. Esse modelo de pesquisa é lento se comparado a outros modelos com mesma finalidade, porém é bastante eficiente nos casos em que um arranjo se encontra com seus elementos desordenados.

Com o objetivo de demonstrar a técnica de aplicação do modelo de pesquisa sequencial, considere o programa a seguir, que receberá a entrada de dez valores inteiros e disponibilizará para o usuário a capacidade de ir pesquisando os valores armazenados no arranjo. No seu editor de texto, escreva o programa a seguir e grave-o com o nome **C08EX08.java**.

```java
import java.io.*;
import java.util.Scanner;

class C08EX08 {
  public static void main(String args[]) {

    int A[] = new int[10], I, J, PESQ;
    boolean ACHA;
    String RESP;
    Scanner s = new Scanner(System.in);

    // Entrada de dados

    System.out.println();
    for (I = 0; I <= 9; I++) {
      System.out.print("Entre o " + (I + 1) + "o. elemento: ");
      A[I] = s.nextInt();
    }
```

```
// Pesquisa de dados

do {

  System.out.println();
  System.out.print("Entre o valor a ser pesquisado: ");
  PESQ = s.nextInt();

  I = 0;
  ACHA = false;
  while (I <= 9 & ACHA == false)
    if (PESQ == A[I])
      ACHA = true;
    else
      I++;

  if (ACHA == true)
    System.out.print(PESQ + " localizado na posicao " + (I + 1));
  else
    System.out.print(PESQ + " nao foi localizado");

  System.out.println();
  System.out.println();
  System.out.print("Continua? [S]im / [N]ao + <Enter>. ");
  try {
    BufferedReader br = new BufferedReader(
    new InputStreamReader(System.in));
    RESP = br.readLine(); }
  catch (Exception e) {
    RESP = "";
  }
  RESP = RESP.toUpperCase(); }

  while (RESP.compareTo("S") == 0);

  }
}
```

A variável **I** é definida com valor zero. Sendo essa variável responsável por controlar a ação de busca dentro do arranjo **A**, a variável lógica **ACHA** é atribuída com o valor **false** (falso), indicando que nada foi ainda achado no arranjo. A variável **ACHA** nesse contexto está sendo utilizada como um sinalizador de busca. Caso ocorra a localização de um determinado elemento dentro do arranjo, essa variável será sinalizada com o valor **true** (verdadeiro), ou seja, a busca foi verdadeira.

Em seguida, a instrução **while** indica que, enquanto o valor da variável **I** for menor ou igual a **9** e simultaneamente o valor da variável **ACHA** for igual a **false**, a busca deve ser processada. Assim que a condição do laço se torna falsa, o fluxo do programa desvia a execução para a etapa seguinte.

A instrução **if** definida dentro do laço verifica se o valor da variável **PESQ** é igual ao valor da variável indexada **A[I]**, que na primeira execução está indicando o valor de índice **0**. Se nesse momento for igual ao valor da variável **PESQ** com o conteúdo da posição **A[0]**, então o valor procurado foi encontrado, e nesse caso a linha 5 é executada, atribuindo o valor **true** à variável **ACHA**. Nesse caso, o fluxo do programa é desviado para a linha 9.

Após o laço, há uma segunda instrução **if** que verifica a condição (**ACHA == true**). Se a condição for verdadeira, será indicado o fato de a informação ter sido localizada e em que posição do arranjo isso ocorreu. Caso contrário, será apresentada mensagem informando o insucesso da pesquisa.

Saia do editor de texto e na linha de comando escreva a chamada do compilador Java com a sintaxe **javac C08EX08.java**. Em seguida execute a sintaxe **java C08EX08** para ver o resultado do programa.

8.3.2 Modelo de pesquisa binária

O modelo de pesquisa binária é em média mais rápido que o primeiro modelo (pesquisa sequencial), porém exige que o arranjo esteja previamente ordenado, pois o modelo binário "divide" o arranjo em duas partes e "procura" saber se a informação a ser pesquisada está na posição que marca o meio da divisão. Se estiver, então achou e encerra o processo. Caso não esteja, o modelo verifica se o conteúdo da busca está acima ou abaixo da linha que marca a divisão da tabela.

Neste ponto, se a possibilidade de localizar estiver acima, a porção do ponto marcado como meio para baixo é totalmente desprezada. Em seguida o modelo repete o mesmo processo de divisão para a parte da tabela considerada válida.

Caso a localização da informação desejada não ocorra, o modelo efetua novamente outra divisão em duas partes e pergunta se aquela informação está acima ou abaixo, e assim vai sendo executada até encontrar ou não a informação pesquisada.

Devido a esse processo ir dividindo o arranjo sempre em duas partes, o volume de dados a ser verificado sempre diminui na metade. Por essa razão, o modelo recebe a denominação de pesquisa binária e é em média mais rápido que o modelo sequencial.

Com o objetivo de demonstrar a técnica de aplicação do modelo de pesquisa binária, considere o programa a seguir, que receberá a entrada de dez nomes, fará a ordenação alfabética ascendente e disponibilizará para o usuário a capacidade de ir pesquisando os nomes armazenados no arranjo. No seu editor de texto, escreva o programa a seguir e grave-o com o nome **C08EX09.java**.

```java
import java.io.*;
import java.util.Scanner;

class C08EX09 {
  public static void main(String args[]) {

    String A[] = new String[10], X, PESQ, RESP;
    int I, J, MEIO, COMECO, FINAL;
    boolean ACHA;
    Scanner s = new Scanner(System.in);

    // Entrada de dados

    System.out.println();
    for (I = 0; I <= 9; I++) {
      System.out.print("Entre o " + (I + 1) + "o. nome: ");
      A[I] = s.nextLine();
    }

    // Processamento ordenacao

    for (I = 0; I <= 8; I++)
      for (J = I + 1; J <= 9; J++)
        if (A[I].compareTo(A[J]) > 0) {
          X = A[I];
          A[I] = A[J];
          A[J] = X;
        }

    // Apresentacao nomes ordenados

    System.out.println();
    for (I = 0; I <= 9; I++)
      System.out.println((I + 1) + "o. nome = " + A[I]);

    // Apresentacao por pesquisa binario

    do {

      System.out.println();
      System.out.print("Entre o valor a ser pesquisado: ");
      PESQ = s.nextLine();

      COMECO = 0;
      FINAL = 9;
      MEIO = 0;
      ACHA = false;
      while (COMECO <= FINAL & ACHA == false) {
        MEIO = (COMECO + FINAL) / 2;
        if (PESQ.compareTo(A[MEIO]) == 0)
          ACHA = true;
```

```
        else
          if (PESQ.compareTo(A[MEIO]) < 0)
            FINAL = MEIO - 1;
          else
            COMECO = MEIO + 1;
      }

      if (ACHA == true)
        System.out.print(PESQ + " esta na posicao " + (MEIO + 1));
      else
        System.out.print(PESQ + " nao foi localizado");

      System.out.println();
      System.out.println();
      System.out.print("Continua? [S]im / [N]ao + <Enter>. ");
      try {
        BufferedReader br = new BufferedReader(
        new InputStreamReader(System.in));
        RESP = br.readLine(); }
      catch (Exception e) {
        RESP = "";
      }
      RESP = RESP.toUpperCase(); }

    while (RESP.compareTo("S") == 0);

  }
}
```

São definidos os valores iniciais respectivamente das variáveis **COMECO**, **FINAL**, **MEIO** e **ACHA**. O laço definido mantém a pesquisa em execução enquanto o **COMECO** for menor ou igual ao **FINAL** e, simultaneamente, o valor da variável **ACHA** seja **false**. Assim, dentro do laço o programa calcula a posição central da tabela, e esse valor é sempre inteiro. Observe a utilização do operador aritmético de divisão "**/**". Quando utilizado com valores inteiros, gera um resultado (quociente) inteiro; quando usado com valores reais, gera um resultado real.

Depois de ter o valor calculado para a variável **MEIO**, o processamento do programa verifica se o conteúdo da posição central **A[MEIO]** é igual ao valor da variável **PESQ**. Então o conteúdo procurado foi localizado e a variável **ACHA** passa a ter o valor **true**, indicando o sucesso da busca. Se a condição de busca não for igual, pode ocorrer uma de duas situações após ocorrer a verificação, em que o programa checa em qual porção da tabela o dado procurado tende a estar. Se for a porção de cima (**if (PESQ.compareTo(A[MEIO]) < 0)**) será a variável **FINAL** atribuída ao valor da posição **MEIO – 1** (linha 11); ao contrário, se for a porção de baixo, será a variável **COMECO** atribuída ao valor da posição **MEIO + 1** (linha 13).

Saia do editor de texto e na linha de comando escreva a chamada do compilador Java com a sintaxe **javac C08EX09.java**. Em seguida execute a sintaxe **java C08EX09** para ver o resultado do programa.

8.4 Arranjo bidimensional

Uma estrutura de dados do tipo arranjo pode também ser composta com mais de uma coluna. Nesse caso, esse será um arranjo bidimensional, ou seja, uma tabela que poderá ser formada por várias linhas e várias colunas.

Assim como num arranjo unidimensional, no arranjo multidimensional os elementos são manipulados individualmente. Considerando o uso de arranjos bidimensionais, ter-se-á para essa situação o uso de dois índices, um controlando o posicionamento de linha e o outro controlando o posicionamento de coluna. Dessa forma, a referência **TABELA[2,3]** faz menção a um elemento armazenado na linha **2** e coluna **3** do arranjo **TABELA**.

Um arranjo bidimensional é representado por seu tipo, seu nome e seu tamanho (dimensão) em linhas e seu tamanho em colunas, ambas as dimensões entre colchetes. Assim, possui a seguinte sintaxe:

```
tipo ARRANJO[] = new tipo[dimensão linha][dimensão coluna];
```

em que:

➤   <tipo>   - o tipo de dado primitivo ou classe;

➤   <arranjo>   - o nome atribuído ao arranjo;

➤   <dimensão linha>   - o tamanho do arranjo em número de linhas;

➤   <dimensão coluna>   - o tamanho do arranjo em número de colunas.

No sentido de exemplificar esse tipo de estrutura de dado, considere um programa de computador que efetuará a entrada de quatro notas escolares de oito alunos de uma sala de aula. No seu editor de texto, escreva o programa a seguir e grave-o com o nome **C08EX10.java**.

```java
import java.io.*;
import java.text.DecimalFormat;
import java.util.Scanner;

class C08EX10 {
  public static void main(String args[]) {

    float NOTA[][] = new float[8][4];
    byte I, J;
    DecimalFormat df = new DecimalFormat("00.00");
    Scanner s = new Scanner(System.in);

    for (I = 0; I <= 7; I++) {
      System.out.println();
      System.out.println();
      System.out.println("Aluno ---> " + (I + 1));
      System.out.println();
      for (J = 0; J <= 3; J++) {
```

Arranjos

```
       System.out.print((J + 1) + "a. Nota = ");
       NOTA[I][J] = s.nextFloat();
     }
  }

  System.out.println();
  System.out.println("Aluno Nota1 Nota2 Nota3 Nota4");
  System.out.println("----------------------------");

  for (I = 0; I <= 7; I++) {
    System.out.print((I + 1) + " --> ");
    for (J = 0; J <= 3; J++)
      System.out.print(df.format(NOTA[I][J]) + " ");
    System.out.println();
  }

  System.out.println();

  }
}
```

Saia do editor de texto e na linha de comando escreva a chamada do compilador Java com a sintaxe **javac C08EX10.java**. Se não houver nenhum erro de sintaxe, a linha de comando será após alguns instantes apresentada com o cursor piscando ao lado do prompt. Nesse momento use a sintaxe **java C08EX10** para executar e ver o resultado do programa.

A instrução **float NOTA[][] = new float[8][4];** faz uso de um arranjo bidimensional com oito linhas e quatro colunas que será manipulado pelo trecho de código do programa. Observe também o uso da referência **NOTA[I][J]**, em que a variável **I** está controlando o acesso à linha da tabela (do arranjo) e a variável **J** está controlando o acesso à coluna na tabela.

8.5 Arranjo com argumentos

Nesta seção o leitor terá contato com uma abordagem que já está em uso indiretamente desde o primeiro exemplo de programa apresentado nesta obra, que é o uso e a definição de um conceito básico de arranjo.

Observe o seguinte código de programa: **public static void main(String args[])**, que está sendo usado em todos os programas desenvolvidos. Note que no parâmetro do método **main()** a definição do arranjo **String args[]** permite fazer uso do conceito de arranjo de argumentos. Um detalhe a ser considerado é que também pode ser escrito **String args[]** como **String[] args**, sem alterar basicamente seu comportamento.

Para exemplificar esse tipo de ação, considere um programa que calcule e apresente o valor do resultado de um fatorial de um valor fornecido como parâmetro. No seu editor de texto, escreva o programa a seguir e grave-o com o nome **C08EX11.java**.

```java
import java.io.*;

class C08EX11 {
  public static void main(String args[]) {
    int F = 1, I = 1, N;
    N = Integer.parseInt(args[0]);
    for (I = 1; I <= N; I++)
      F *= I;
    System.out.println(F);
  }
}
```

Saia do editor de texto e na linha de comando escreva a chamada do compilador Java com a sintaxe **javac C08EX11.java**. Em seguida execute a sintaxe **java C08EX11 5** para ver o resultado do programa com a resposta do valor fornecido como parâmetro. Tenha o cuidado de não executar somente o comando **java C08EX11**, pois sem o parâmetro será gerado um erro em tempo de execução e o programa é abortado.

Observe a linha de código **N = Integer.parseInt(args[0]);**, a qual atribui para a variável **N** o valor passado como parâmetro para o primeiro elemento da variável arranjo: **args[0]**.

O próximo exemplo tem por finalidade passar como parâmetro quatro valores das notas escolares de um aluno para então o programa calcular a média do aluno e indicar se ele foi *aprovado* ou *reprovado*. No seu editor de texto, escreva o programa a seguir e grave-o com o nome **C08EX12.java**.

```java
import java.io.*;
import java.text.DecimalFormat;

class C08EX12 {
  public static void main(String args[]) {

    float N1, N2, N3, N4, MD;
    DecimalFormat df = new DecimalFormat("0.00");

    N1 = Float.parseFloat(args[0]);
    N2 = Float.parseFloat(args[1]);
    N3 = Float.parseFloat(args[2]);
    N4 = Float.parseFloat(args[3]);

    MD = (N1 + N2 + N3 + N4) / 4;

    if (MD >= 5)
      System.out.print("Aluno Aprovado com Media ");
    else
      System.out.print("Aluno Reprovado com Media ");
    System.out.println(df.format(MD));

  }
}
```

Arranjos

Saia do editor de texto e na linha de comando escreva a chamada do compilador Java com a sintaxe **javac C08EX12.java**. Em seguida execute a sintaxe **java C08EX12 9 7.5 8 4.5** para ver o resultado do programa.

Caso esqueça de fornecer as notas como parâmetro, será apresentado um erro conforme o seguinte:

```
Exception in thread "main" java.lang.ArrayIndexOutOfBoundsException: 0
        at C08EX10.main(C08EX09.java:10)
```

Tome cuidado de na ação de chamada do programa **C08EX12** fornecer os quatro valores referentes às notas separados por um espaço em branco para ver a resposta retornada pelo programa.

No entanto, a exceção **ArrayIndexOutOfBoundsException** pode ser tratada como um bloco **try / catch**. No seu editor de texto, escreva o programa a seguir e grave-o com o nome **C08EX13.java**.

```java
import java.io.*;
import java.text.DecimalFormat;

class C08EX13 {
  public static void main(String args[]) {

    float N1, N2, N3, N4, MD;
    DecimalFormat df = new DecimalFormat("0.00");

    try {
      N1 = Float.parseFloat(args[0]);
      N2 = Float.parseFloat(args[1]);
      N3 = Float.parseFloat(args[2]);
      N4 = Float.parseFloat(args[3]);

      MD = (N1 + N2 + N3 + N4) / 4;

      if (MD >= 5)
        System.out.print("Aluno Aprovado com Media ");
      else
        System.out.print("Aluno Reprovado com Media ");
      System.out.println(df.format(MD)); }
    catch (ArrayIndexOutOfBoundsException aioobe) {
      System.out.println();
      System.out.println("Uso: C08EX11 A B C D");
      System.out.println("Onde, A B C D sao notas escolares.");
    }

  }
}
```

Saia do editor de texto e na linha de comando escreva a chamada do compilador Java com a sintaxe **javac C08EX13.java**. Em seguida execute a sintaxe **java C08EX13 9 7.5 8 4.5** para ver o resultado do programa.

Depois, execute novamente o programa apenas com o comando **java C08EX13** e observe que o erro é agora tratado, evitando a interrupção abrupta do programa.

8.6 Coleções e mapas com arranjo dinâmico

Todos os exemplos apresentados anteriormente fizeram uso de arranjos do tipo estático, ou seja, de arranjos em que se conhece de antemão o número de elementos que serão nela armazenados. No entanto, nem sempre é possível trabalhar com essa abordagem. Há situações em que há a necessidade de se trabalhar com arranjos em que não se sabe de antemão quantos elementos este deverá armazenar. Assim, é necessário fazer uso de arranjos dinâmicos. Para essa finalidade, a linguagem Java possui algumas classes de apoio a essa ação, podendo-se destacar as classes **ArrayList()**, **HashSet()** e **HashMap()**, que serão usadas para a definição de arranjos dinâmicos.

Os recursos discutidos nesta seção podem ser usados tanto em arranjos estáticos como em arranjos dinâmicos. Assim, serão aqui apresentadas as interfaces de ação **Map** e **Collection**.

A interface **Collection** fornece suas funcionalidades às interfaces **List** e **Set**. Assim, serão apresentados de forma essencial os recursos básicos de acesso e uso das interfaces **List**, **Set** e **Map**.

8.6.1 Interface List

A interface **List** será utilizada em conjunto com a classe **ArrayList()**, como demonstrado a seguir. Um arranjo do tipo **List** é usado no sentido de se criar uma lista de objetos, permitindo a existência de elementos duplicados. Para tanto, considere um programa em que o usuário escolherá o número de entradas de elementos em seu arranjo e após a efetivação das entradas o programa fará a apresentação desses dados. Assim, considere o programa a seguir escrevendo-o em seu editor de texto e gravando-o com o nome **C08EX14.java**. O programa efetuará a entrada e a apresentação de nomes de pessoas.

```
import java.io.*;
import java.util.*;

class C08EX14 {

  public static void main(String args[]) {

    List<String> LISTA = new ArrayList<>();

    int T;
    String N;
```

Arranjos

```
    Scanner s1 = new Scanner(System.in);
    Scanner s2 = new Scanner(System.in);

    // Entrada dos nomes

    System.out.println();
    System.out.print("Quantos nomes a entrar? ");
    T = s1.nextInt();

    System.out.println();
    for (int I = 0; I < T; I++) {
      System.out.printf("Entre o %3do. nome: ", I + 1);
      N = s2.nextLine();
      LISTA.add(N);
    }

    // Apresentacao dos nomes

    System.out.println();
    for (int I = 0; I < LISTA.size(); I++) {
      N = LISTA.get(I);
      System.out.printf("%3do. nome = %s\n", I + 1, N);
    }

  }
}
```

Saia do editor de texto e na linha de comando escreva a chamada do compilador Java com a sintaxe **javac C08EX14.java**. Em seguida execute a sintaxe **java C08EX14** para ver o resultado do programa.

A instrução **List<String> LISTA = new ArrayList<>();** estabelece para o objeto **LISTA** instanciado a partir da classe **ArrayList()** sua relação com a interface **List** que herda suas funcionalidades da interface **Collection**. A parte relacionada ao uso de um arranjo dinâmico sobre o objeto **LISTA** é controlada exclusivamente pela classe **ArrayList()** pertencente a **java.util.ArrayList**. A interface **List** estabelece para o objeto **LISTA** o tipo de dado que será usado, ou seja, operar com dados do tipo **String**. O mesmo acontece em relação à definição da instância do objeto **LISTA** em que **new ArrayList<>()** informa que a classe **ListArray()** deverá operar com dados do tipo **String**, como citado em **List<String>**. Para trabalhar com dados diferentes do tipo **String** pode-se fazer a substituição do tipo dentro dos símbolos **<>** (chamado de operador diamante), junto à interface **List**, sendo possível o uso dos tipos::

➤ **Integer** para dados do tipo **int**;

➤ **Byte** para dados do tipo **byte**;

➤ **Long** para dados do tipo **long**;

➤ **Short** para dados do tipo **short**;

➤ **Float** para dados do tipo **float**;

➤ **Double** para dados do tipo **double**.

Assim que o objeto **LISTA** está definido e instanciado, é possível efetuar uma série de ações, como, por exemplo, entrar com os dados por meio do método **add()**, apresentar um dado da lista por meio do método **get()** e verificar o tamanho dessa lista com o método **size()** após as eventuais entradas. O método **size()** não faz uso de nenhum parâmetro, mas os métodos **add()** e **get()** usam como parâmetro respectivamente a entrada do dados na lista por meio do método **add(N)** e a saída do dado de uma posição por meio do método **get(I)**, em que a variável **I** é usada para acessar o elemento na posição da lista.

O método **add()** pode ser usado de uma forma um pouco diferente da forma apresentada no programa **C08EX14.java**. Para tanto, observe no programa **C08EX15.java** as partes do código marcadas em negrito. Escreva o programa no seu editor de texto e grave-o com o nome indicado.

```java
import java.io.*;
import java.util.*;

class C08EX15 {

  public static void main(String args[]) {

    List<String> LISTA = new ArrayList<>();

    int T;
    String N;

    Scanner s1 = new Scanner(System.in);
    Scanner s2 = new Scanner(System.in);

    // Entrada dos nomes

    System.out.println();
    System.out.print("Quantos nomes a entrar? ");
    T = s1.nextInt();

    System.out.println();
    for (int I = 0; I < T; I++) {
      System.out.printf("Entre o %3do. nome: ", I + 1);
      N = s2.nextLine();
      LISTA.add(I, N);
    }

    // Apresentacao dos nomes

    System.out.println();
    for (int I = 0; I < LISTA.size(); I++) {
      N = LISTA.get(I);
      System.out.printf("%3do. nome = %s\n", I + 1, N);
    }

  }
}
```

Arranjos

Saia do editor de texto e na linha de comando escreva a chamada do compilador Java com a sintaxe **javac C08EX15.java**. Em seguida execute a sintaxe **java C08EX15** para ver o resultado do programa.

Ao ser executado o programa, não será percebida nenhum diferença operacional do ponto de vista de seu uso. A diferença está apenas no código em que o método **add(I, N)** está efetuando a adição do elemento **N** na posição **I** do objeto **LISTA**.

O uso da interface **List** possibilita outras ações operacionais sobre um objeto do tipo lista, diferentemente dos métodos **add()**. **get()** e **size()**. Do conjunto de métodos existentes pode-se destacar os métodos **remove()**, que remove um item da lista; **clear()**, que limpa todo o conteúdo da lista; e **set()**, que possibilita alterar certo item da lista. Esses métodos fazem com que as operações sobre objetos do tipo **List** sejam mais sofisticadas do que as operações executadas sobre arranjos de outros tipos; como os demonstrados nas seções anteriores.

Para demonstrar esses novos métodos, considere o programa **C08EX16.java**, que, após solicitar o número de inserções e apresentar a listagem geral, demonstra a alteração de um item, a remoção de um item e a remoção de todos os itens. Para tanto, no seu editor de texto escreva o programa a seguir e grave-o com o nome sugerido.

```java
import java.io.*;
import java.util.*;

class C08EX16 {

  public static void main(String args[]) {

    List<String> LISTA = new ArrayList<>();

    int T, I;
    String N;

    Scanner s1 = new Scanner(System.in);
    Scanner s2 = new Scanner(System.in);

    // Entrada dos nomes

    System.out.println();
    System.out.print("Quantos nomes a entrar? ");
    T = s1.nextInt();

    System.out.println();
    for (I = 0; I < T; I++) {
      System.out.printf("Entre o %3do. nome: ", I + 1);
      N = s2.nextLine();
      LISTA.add(I, N);
    }
```

```java
    // Apresentacao dos nomes

    System.out.println();
    for (I = 0; I < LISTA.size(); I++) {
      N = LISTA.get(I);
      System.out.printf("%3do. nome = %s\n", I + 1, N);
    }

    // Alteracao de um nome da lista

    System.out.println();
    System.out.printf("Entre a posicao a ser substituida ..: ");
    I = s1.nextInt();
    System.out.printf("Entre novo nome ....................: ");
    N = s2.nextLine();
    LISTA.set(I - 1, N);

    // Apresentacao dos nomes apos mudanca

    System.out.println();
    for (I = 0; I < LISTA.size(); I++) {
      N = LISTA.get(I);
      System.out.printf("%3do. nome = %s\n", I + 1, N);
    }

    // Remocao de um item da lista

    System.out.println();
    System.out.printf("Entre a posicao a ser removida .....: ");
    I = s1.nextInt();
    LISTA.remove(I - 1);

    // Apresentacao dos nomes apos remocao de um item
    // A lista esta com menos um item

    System.out.println();
    for (I = 0; I < LISTA.size(); I++) {
      N = LISTA.get(I);
      System.out.printf("%3do. nome = %s\n", I + 1, N);
    }

    // Remocao de todos os itens da lista

    LISTA.clear();

    // Apresentacao dos nomes apos remocao de todos os itens
    // A lista nao sera apresenta, pois esta vazia
    // O laço for nao sera executado

    System.out.println();
    for (I = 0; I < LISTA.size(); I++) {
      N = LISTA.get(I);
      System.out.printf("%3do. nome = %s\n", I + 1, N);
    }

  }
}
```

Arranjos   239

Saia do editor de texto e na linha de comando escreva a chamada do compilador Java com a sintaxe **javac C08EX16.java**. Em seguida execute a sintaxe **java C08EX16** para ver o resultado do programa.

A instrução **LISTA.set(I - 1, N);** permite efetuar uma nova inserção na posição indicada por meio do método **set()**. O uso de **I – 1** se faz necessário no sentido de indicar para o método **set()** a posição numérica real do arranjo em que se fará a alteração. Algo semelhante se encontra junto à instrução **LISTA.remove(I - 1);**, em que se define a posição do item a ser retirado da lista. Já a instrução **LISTA.clear();** por meio do método **clear()** elimina todos os itens da lista, tornando-a vazia.

8.6.2 Interface Set

A interface **Set** será utilizada em conjunto com a classe **HashSet()**, como demonstrado a seguir. Um arranjo do tipo **Set** é usado no sentido de se criar uma lista de objetos, permitindo a existência de elementos únicos, ou seja, não é aceita a duplicação de elementos, e não possui uma forma direta de apresentação de seus itens, como a interface **List** por meio do método **get()**. Para tanto, considere um programa em que o usuário escolherá o número de entradas de elementos em seu arranjo e após a efetivação das entradas o programa fará a apresentação desses dados. Assim, considere o programa a seguir escrevendo-o em seu editor de texto e gravando-o com o nome **C08EX17.java**. O programa efetuará a entrada e a apresentação de nomes de pessoas.

```java
import java.io.*;
import java.util.*;

class C08EX17 {

  public static void main(String args[]) {

    Set<String> LISTA = new HashSet<>();

    long T;
    int I;
    String N;

    Scanner s1 = new Scanner(System.in);
    Scanner s2 = new Scanner(System.in);

    // Entrada dos nomes na colecao LISTA

    System.out.println();
    System.out.print("Quantos nomes a entrar? ");
    T = s1.nextInt();

    System.out.println();
    for (I = 0; I < T; I++) {
      System.out.printf("Entre o %3do. nome: ", I + 1);
      N = s2.nextLine();
      LISTA.add(N);
    }
    T = LISTA.size();
```

```java
    // Apresentacao dos nomes na matriz RELACAO1
    // apos a entrada dos dados na colecao LISTA

    String RELACAO1[] = (String[])LISTA.toArray(new String[0]);
    System.out.println();
    System.out.printf("Total de %1d elementos.\n\n", T);
    for (I = 0; I < T; I++) {
      System.out.printf("%3do. nome = %s\n", I + 1, RELACAO1[I]);
    }

    // Remocao de um item da lista

    System.out.println();
    System.out.printf("Qual nome sera removida ");
    N = s2.nextLine();
    LISTA.remove(N);
    T = LISTA.size();

    // Apresentacao dos nomes na matriz RELACAO2
    // apos a remocao de um dos nomes da colecao LISTA

    String RELACAO2[] = (String[])LISTA.toArray(new String[0]);
    System.out.println();
    System.out.printf("Total de %1d elementos.\n\n", T);
    for (I = 0; I < T; I++) {
      System.out.printf("%3do. nome = %s\n", I + 1, RELACAO2[I]);
    }
    System.out.println();

    // Remocao de todos os itens da lista

    LISTA.clear();
    T = LISTA.size();

    // Apresentacao dos nomes apos remocao de todos os itens
    // O conteudo de RELACAO2 nao sera apresentado, pois esta vazia
    // O laço for nao sera executado

    String RELACAO3[] = (String[])LISTA.toArray(new String[0]);
    System.out.printf("Total de %1d elementos.\n\n", T);
    System.out.println();
    for (I = 0; I < RELACAO3.length; I++) {
      System.out.printf("%3do. nome = %s\n", I + 1, RELACAO3[I]);
    }

  }
}
```

Saia do editor de texto e na linha de comando escreva a chamada do compilador Java com a sintaxe **javac C08EX17.java**. Em seguida execute a sintaxe **java C08EX17** para ver o resultado do programa.

A instrução **Set<String> LISTA = new HashSet<>();** estabelece para o objeto **LISTA** instanciado a partir da classe **HashSet()** sua relação com a interface **Set**, que herda suas funcionalidades da interface **Collection**. A parte relacionada ao uso de um arranjo dinâmico sobre o objeto **LISTA** é controlada exclusivamente pela classe **HashSet()** pertencente a **java.util. HashSet**. A interface **Set** estabelece para o objeto **LISTA** o tipo de dado que será usado, ou seja, deverá operar com dados do tipo **String**. O mesmo acontece em relação à definição da instância do objeto **LISTA** em que **new HashSet<>()** informa que a classe **HashSet()** deverá operar com dados do tipo **String** devido à definição **<String>** junto à interface **Set**. Para trabalhar com dados diferentes do tipo **String**, pode-se fazer a substituição do tipo de dado dentro dos símbolos **< >** junto à interface **Set**, podendo ser: **Integer**; **Byte**; **Long**; **Short**; **Float** ou **Double**.

As operações efetuadas por meio da interface **Set** são diferentes das operações realizadas na interface **List**. Enquanto **List** trata um objeto associado como um arranjo, permitindo operações diretas, **Set** funciona um pouco diferente, pois utiliza um conjunto menor de métodos, não possuindo um método para saída do elemento existente no objeto, obrigando assim criar um arranjo a partir do objeto **Set** com o uso do método **toArray()**, que apesar de não ter sido usado no exemplo de aplicação da interface **List** também poderá ser utilizado da mesma forma como está sendo apresentado neste exemplo.

A instrução **LISTA.add(N);** efetua a entrada de um elemento pelo método **add()** no objeto a ele associado. Neste caso **LISTA**. O método **add()** da interface **Set** não opera com a forma usada no programa **C08EX13.java**.

O método **remove()** opera de forma diferente entre as interfaces **List** e **Set**. Na interface **List** o método **remove()** usa como parâmetro o valor da posição do conteúdo dentro do objeto. Já o método **remove()** da interface **Set** usa como parâmetro o conteúdo definido no objeto. Os métodos **size()**, **clear()** e **toArray()** possuem a mesma funcionalidade nas interfaces **List** e **Set**.

8.6.3 Interface Map

A interface **Map** é independente, não tendo nenhuma outra interface dependendo de suas funcionalidades. Sua funcionalidade é similar à funcionalidade das interfaces **List** e **Set**.

A interface **Map** faz uso de um par de definições de dados **Chave** e **Valor**, que podem ser definidos como **String**, **Integer**, **Byte**, **Long**, **Short**, **Float** ou **Double**. Assim, para usá-la, considere um programa semelhante aos programas anteriores. No seu editor de texto, escreva o código a seguir e grave-o com o nome **C08EX18.java**.

```java
import java.io.*;
import java.util.*;

class C08EX18 {

  public static void main(String args[]) {

    Map<Integer, String> LISTA = new HashMap<>();

    int T, I;
    String N;

    Scanner s1 = new Scanner(System.in);
    Scanner s2 = new Scanner(System.in);

    // Entrada dos nomes

    System.out.println();
    System.out.print("Quantos nomes a entrar? ");
    T = s1.nextInt();

    System.out.println();
    for (I = 0; I < T; I++) {
      System.out.printf("Entre o %3do. nome: ", I + 1);
      N = s2.nextLine();
      LISTA.put(I, N);
    }

    // Apresentacao dos nomes

    System.out.println();
    for (I = 0; I < T; I++) {
      N = LISTA.get(I);
      System.out.printf("%3do. nome = %s\n", I + 1, N);
    }

    // Remocao de um item da lista

    System.out.println();
    System.out.printf("Entre posicao a ser removido .....: ");
    I = s2.nextInt();
    LISTA.remove(I - 1);

    // Apresentacao dos nomes apos remocao de um item
    // A lista possui valor null no elemento removido

    System.out.println();
    for (I = 0; I < T; I++) {
      N = LISTA.get(I);
      System.out.printf("%3do. nome = %s\n", I + 1, N);
    }
```

```
    // Remocao de todos os itens da lista

    LISTA.clear();

    // Apresentacao dos nomes apos remocao de todos os itens
    // O laço for apresenta as posicoes com valor null

    System.out.println();
    for (I = 0; I < T; I++) {
      N = LISTA.get(I);
      System.out.printf("%3do. nome = %s\n", I + 1, N);
    }

  }
}
```

Saia do editor de texto e na linha de comando escreva a chamada do compilador Java com a sintaxe **javac C08EX18.java**. Em seguida execute a sintaxe **java C08EX18** para ver o resultado do programa.

A interface **Map** tem seu funcionamento um pouco diferente das interfaces **List** e **Set**, pois quando um elemento é removido de um arranjo em que o objeto é do tipo **List** ou **Set** o local em que existia o elemento fica vazio. Quando se faz uma remoção de elemento de um objeto da interface **Map**, no local em que existia o elemento é colocado o valor **null** quando da execução da instrução **LISTA.remove(I - 1);**.

A instrução **Map<Integer, String> LISTA = new HashMap<>();** define para o objeto **LISTA** instanciado a partir da classe **HashMap()** e pertencente à interface **Map**. As indicações **Integer** e **String** definidas junto aos símbolos **< >** da interface **Map** configuram a estrutura do mapa de dados segundo o formato **<Chave, Valor>**, em que **Chave** é o tipo da chave mantida pelo mapa e **Valor** é o tipo de valor mapeado.

As operações de entrada de dados no objeto **LISTA** são efetuadas pela interface **Map** por meio do método **put()**. Além desse método, pode-se ainda fazer uso dos métodos **get()** e **clear()**. Ainda pode ser usado o método **size()**, apesar de não ter sido usado no programa. No entanto, o uso do método **size()** da interface **Map**, é diferente dos métodos **size()** das interfaces **List** e **Set**. No caso da interface **Map**, o método **size()** retorna o número de chaves válidas dentro do mapa, ou seja, de chaves que sejam diferentes do valor **null**. Por exemplo, se a lista tiver cinco elementos e um elemento for removido da segunda posição, o método **size()** contará que são válidos apenas quatro itens do mapa, desconsiderando a posição marcada como **null**, e ao fazer uso do método **size()** no laço de apresentação dos elementos existentes perder-se-á acesso ao quinto elemento ainda existente. Daí a estratégia de usar a variável **T** em todos os laços do programa para que sejam apresentados os elementos ativos e as posições marcadas com valor **null**.

Para dar uma ideia operacional das interfaces **List**, **Set** e **Map**, observe a tabela a seguir, com a indicação dos métodos trabalhados nos exemplos anteriores.

Tabela 8.1 – Comparativo entre as Interfaces Java

Ação	Interfaces (métodos)		
	List	Set	Map
Limpar o objeto	clear()	clear()	clear()
Adicionar itens	Add(item) / add(item, posição)	add)item)	put(chave, valor)
Pegar item	get(posição)	-	get(chave)
Pegar tamanho	Size()	size()	size()
Remover items	remove(posição)	remove(item)	remove(chave)
Atualizar item	set(posição, item)	-	-
Gerar arranjo	toArray()	toArray()	-

A partir do que mostra a Tabela 8.1, nota-se que a interface **List** é a mais completa entre as apresentadas, e sob esse princípio será apresentado o exemplo de pesquisa utilizando-se o método **SearchBinary()**. Cabe ressaltar que a linguagem Java possui apenas um método de pesquisa segundo o estilo de pesquisa binária.

Dessa forma, considere para este exemplo um programa chamado **C08EX19.java**, que entre com cinco nomes de pessoas. Em seguida solicite um nome para pesquisa. Se o nome existir, este deve ser apresentado; caso contrário, o programa deve apresentar mensagem informando que o elemento não foi localizado.

```java
import java.io.*;
import java.util.*;

class C08EX19 {

  public static void main(String args[]) {

    String A[] = new String[5], PESQ;
    int I;
    Scanner s = new Scanner(System.in);

    // Entrada dos nomes

    System.out.println();
    for (I = 0; I < 5; I++)
    {
      System.out.printf("Entre o %3do. nome: ", I + 1);
      A[I] = s.nextLine();
    }
```

Arranjos

```java
    // Ordenacao

    Arrays.sort(A);

    // Apresentacao dos nomes

    System.out.println();
    System.out.printf("Entre nome a pesquisar: ");
    PESQ = s.nextLine();
    System.out.println();
    I = Arrays.binarySearch(A, PESQ);
    if (I >= 0)
    {
       System.out.printf("%s foi localizado ", PESQ);
       System.out.printf("na posicao %d.\n", I + 1);
    }
    else
    {
       System.out.printf("%s nao foi localizado.\n", PESQ);
            }
  }
}
```

Saia do editor de texto e na linha de comando escreva a chamada do compilador Java com a sintaxe **javac C08EX19.java**. Em seguida execute a sintaxe **java C08EX19** para ver o resultado do programa.

Observe que a operação de pesquisa é realizada com o método **Arrays.binarySearch()**, que retorna um valor positivo se o conteúdo pesquisado for encontrado. Se a pesquisa não for bem-sucedida, esse método retorna um valor negativo. Note que o valor da pesquisa está sendo atribuído à variável **I**, que é verificada na instrução **if (i >= 0)**.

Outro detalhe a estar atento é em relação aos dois parâmetros informados para a funcionalidade do método **Arrays.binarySearch**, em que o primeiro parâmetro representa a variável indexada a ser pesquisada e o segundo parâmetro representa o conteúdo a ser pesquisado.

8.7 Arranjo de classe

Com base na visão apresentada neste capítulo, é possível escrever um programa que use uma matriz de valores a partir de uma classe de dados que armazena um determinado número de elementos na memória do computador.

O programa a seguir armazena em memória os nomes e as médias de dez alunos de uma sala de aula a partir de uma classe chamada **Aluno**. Assim, escreva em seu editor de texto o programa indicado e grave-o com o nome **C08EX20.java**.

```java
import java.io.*;
import java.util.Scanner;

class C08EX20 {

  public static class Aluno {

    protected String NOME;
    protected float MEDIA;

    void EscreveNOME(String N)
    {
      NOME = N;
    }
     String LeNOME()
    {
      return NOME;
    }

    void EscreveMEDIA(float M)
    {
      MEDIA = M;
    }

    float LeMEDIA()
    {
      return MEDIA;
    }

  }

  public static Aluno ESTUDANTE[] = new Aluno[10];
  public static Scanner s = new Scanner(System.in);
  public static String NO;
  public static float ME;

  public static void main(String args[]) {

    System.out.println();
    System.out.println("Entrada de Dados");
    System.out.println("----------------");
    for (int I = 0; I <= 9; I++)
    {
      ESTUDANTE[I] = new Aluno();
      System.out.println();
      System.out.println((I + 1) + "o. aluno.");
      System.out.println();
      System.out.print("Nome ...: ");
      NO = s.nextLine();
      System.out.print("Media ..: ");
      ME = s.nextFloat();
      s.nextLine();
      ESTUDANTE[I].EscreveNOME(NO);
      ESTUDANTE[I].EscreveMEDIA(ME);
    }
```

Arranjos

```
    System.out.println();
    System.out.println("Saida de Dados");
    System.out.println("--------------");
    for (int I = 0; I <= 9; I++)
    {
      System.out.println();
      System.out.println("Aluno " + (I + 1) + ".");
      System.out.println();
      System.out.println("Nome ...: " + ESTUDANTE[I].LeNOME());
      System.out.println("Media ..: " + ESTUDANTE[I].LeMEDIA());
    }

  }

}
```

Saia do editor de texto e na linha de comando escreva a chamada do compilador Java com a sintaxe **javac C08EX20.java**. Se não houver nenhum erro de sintaxe, a linha de comando apresentará o cursor piscando ao lado do prompt. Nesse momento, use a sintaxe **C08EX20** para executar e ver o resultado do programa.

Note no programa a definição da classe **Aluno** estabelecida com escopo de visibilidade global, isto é, acima do método **main()**. Em função dessa estratégia, a classe em questão deverá ser criada com o identificador **public**, além de ter que ser definida como **static**. Observe os pontos em negrito no programa.

Nesse programa estão sendo definidos a classe **Aluno**, o objeto da matriz de uma dimensão **ESTUDANDE** e as variáveis de apoio **NO** e **ME** como elementos globais, pois estão antes do método **main()**, e por essa razão todos são definidos como **static**.

Em relação ao objeto **ESTUDANTE**, estamos definindo um vetor para dez posições, e nesse ponto está sendo apenas indicado o uso desse objeto, mas não sua instância na memória, que deverá ocorrer antes de se efetuar a entrada dos dados no vetor.

Observe que primeiro laço **for** do programa controla a etapa de entrada de dados na matriz **ESTUDANTE**, que é instanciada a partir da instrução **ESTUDANTE[I] = new Aluno()**. Note que nesse ponto está sendo solicitado ao programa espaço para o armazenamento dos dados da classe **Aluno**. Assim, note que é necessário estabelecer essa instanciação para cada uma das posições da matriz. Feita essa ação, o restante do programa efetua a entrada dos dados nas posições indicadas.

No primeiro laço há a linha de instrução **s.nextLine()** informada de forma isolada. Isso é feito com o objetivo de efetuar a limpeza do buffer de teclado. Essa ação pode ser necessária, pois, após entradas sucessivas de dados, algumas dessas entradas podem não ocorrer a partir de saltos de uma entrada para outra que acontecem de forma automática e que não é possível controlar no tempo de execução do programa, impossibilitando o acesso à entrada de certo dado. O uso dessa linha após entradas, principalmente numéricas, evita essa ocorrência indesejada.

O laço de saída não apresenta nenhuma novidade em relação ao que já foi apresentado anteriormente.

8.8 Enumeração e lista de constantes

Enumeração (Enum) é uma forma de definir uma lista de valores, como ocorre em um Arranjo (Array), tendo como diferença o fato de os seus elementos serem definidos explicitamente dentro da estrutura como uma lista de constantes. Assim, não é possível inserir elementos em uma enumeração em tempo de execução de um programa, como se faz em um arranjo. O uso de listas enumeradas é indicado para a definição de tabelas de constantes internas.

Os dados de uma enumeração são definidos com constantes que representam certo conteúdo. Esse conjunto em si tem uma relação de valores válidos de acesso na lista enumerada de dados, sendo útil para a criação de listas de dados fechadas, podendo ser declarado dentro de uma classe ou em um arquivo próprio, como feito anteriormente com as classes.

Para utilizar uma lista enumerada, é necessário usar a instrução **enum** para criá-la. Dessa forma, observe a estrutura sintática do código:

```
public enum [<nome do identificador>] {
  <lista de enumeração><(valor)>;
}

<nome identificador> <variável>;
```

em que **nome do identificador** é o nome atribuído à estrutura para identificá-la; **lista de enumeração** é a relação de símbolos constantes que representam a coleção; e **valor** é a definição de um valor de índice do elemento na lista. Após definida a estrutura, ela necessita ser associada a uma variável.

Para exemplificar o uso de uma estrutura de enumeração, considere o programa a seguir, que faz uma pesquisa na lista com base em um valor válido (calendário mensal) predeterminado e atribuído ao código do programa. Assim, escreva em seu editor de texto o programa indicado e grave-o com o nome **C08EX21.java**.

```java
import java.io.*;
import java.util.Scanner;

class C08EX21 {

  public enum Meses {

    JANEIRO(1),
    FEVEREIRO(2),
    MARCO(3),
    ABRIL(4),
    MAIO(5),
    JUNHO(6),
    JULHO(7),
    AGOSTO(8),
    SETEMBRO(9),
    OUTUBRO(10),
    NOVEMBRO(11),
    DEZEMBRO(12);
```

```
    private int VALOR;

    Meses(int VALOR) {
      this.VALOR = VALOR;
    }

    public int pegaValor() {
      return VALOR;
    }

  }

  public static void main(String args[]) {

    int MES;

    System.out.println();
    System.out.println("Teste de acesso a lista enumerada");
    System.out.println();
    MES = Meses.JANEIRO.pegaValor();
    System.out.print("Mes definido = " + MES);
    System.out.print(" em extenso equivale a ");
    switch(MES) {
      case  1 : System.out.println("janeiro");    break;
      case  2 : System.out.println("fevereiro");  break;
      case  3 : System.out.println("marco");      break;
      case  4 : System.out.println("abril");      break;
      case  5 : System.out.println("maio");       break;
      case  6 : System.out.println("junho");      break;
      case  7 : System.out.println("julho");      break;
      case  8 : System.out.println("agosto");     break;
      case  9 : System.out.println("setembro");   break;
      case 10 : System.out.println("outubro");    break;
      case 11 : System.out.println("novembro");   break;
      case 12 : System.out.println("dezembro");   break;
    }
    System.out.println();

  }

}
```

Saia do editor de texto e na linha de comando escreva a chamada do compilador Java com a sintaxe **javac C08EX21.java**. Se não houver nenhum erro de sintaxe, a linha de comando apresentará o cursor piscando ao lado do prompt. Nesse momento, use a sintaxe **C08EX21** para executar e ver o resultado do programa.

Observe que a constante **JANEIRO** definida com valor de identificação **1** (na lista enumerada) é atribuída a **MES** por meio do método **pegaValor()** da constante **JANEIRO** da enumeração **Meses**. Nesse caso, a variável **MES** contém o valor do elemento atribuído da enumeração. Em seguida, o programa apresenta o nome do mês atribuído pelo comando **switch** para o valor **1** referente à constante enumerada **JANEIRO**, retornando o string "**janeiro**".

Note que a estrutura de uma enumeração parece com a estrutura de uma classe, possuindo além da lista de constantes a definição de um atributo **VALOR** do tipo **int** e dos métodos de ação, sendo o método construtor **Meses()** o que recebe o valor do mês indicado na constante da lista e o atribui ao atributo **VALOR** para que o método **pegaValor()** possa retornar o valor do mês referente indicado na lista de constantes **Meses**.

Há uma maneira de simular lista enumerada a partir de uma lista de constantes definidas dentro de uma classe. Assim, o próximo programa apresenta esse tipo de ocorrência. A definição de constantes em Java pode ser simulada a partir do uso de atributos estáticos. Dessa forma, escreva em seu editor de texto o programa indicado e grave-o com o nome **C08EX22.java**.

```java
import java.io.*;
import java.util.Scanner;

class C08EX22 {

  public class Meses {

     public static final int JANEIRO   =  1;
     public static final int FEVEREIRO =  2;
     public static final int MARCO     =  3;
     public static final int ABRIL     =  4;
     public static final int MAIO      =  5;
     public static final int JUNHO     =  6;
     public static final int JULHO     =  7;
     public static final int AGOSTO    =  8;
     public static final int SETEMBRO  =  9;
     public static final int OUTUBRO   = 10;
     public static final int NOVEMBRO  = 11;
     public static final int DEZEMBRO  = 12;

  }

  public static void main(String args[]) {

    int MES;

    System.out.println();
    System.out.println("Teste de acesso a lista enumerada");
    System.out.println();
    MES = Meses.JANEIRO;
    System.out.print("Mes definido = " + MES);
    System.out.print(" em extenso equivale a ");
    switch(MES) {
      case  1 : System.out.println("janeiro");    break;
      case  2 : System.out.println("fevereiro");  break;
      case  3 : System.out.println("marco");      break;
      case  4 : System.out.println("abril");      break;
      case  5 : System.out.println("maio");       break;
      case  6 : System.out.println("junho");      break;
      case  7 : System.out.println("julho");      break;
```

```
        case  8 : System.out.println("agosto");     break;
        case  9 : System.out.println("setembro");   break;
        case 10 : System.out.println("outubro");    break;
        case 11 : System.out.println("novembro");   break;
        case 12 : System.out.println("dezembro");   break;
      }
      System.out.println();

   }

}
```

Saia do editor de texto e na linha de comando escreva a chamada do compilador Java com a sintaxe **javac C08EX22.java**. Se não houver nenhum erro de sintaxe, a linha de comando apresentará o cursor piscando ao lado do prompt. Nesse momento, use a sintaxe **C08EX22** para executar e ver o resultado do programa.

Observe na classe **Meses** o uso da sequência de comandos **public static final int**, em que **public** diz que todas as outras classes que o programa venha a ter terão acesso a esses atributos, **static** informa que os atributos são exclusivos da classe e não dos objetos instanciados a partir dessa classe, **final** determina que o valor associado ao rótulo indicado à direita é um valor fixo e **int** determina o tipo de dado associado ao rótulo.

8.9 Exercícios de fixação

1) Desenvolva a codificação em linguagem de programação Java dos seguintes problemas a serem transformados em programas de computador que manipulem elementos de arranjos unidimensionais. Não se esqueça de ir gravando cada programa. Como sugestão, você pode gravar o exercício "1 a" como EXERC08EX1A e assim por diante.

   a. Ler oito elementos numéricos inteiros em um arranjo A do tipo vetor. Construir um arranjo B de mesma dimensão com os elementos do arranjo A multiplicados por 3. Apresentar os elementos do arranjo B.

   b. Ler dois arranjos A e B do tipo vetor com oito elementos numéricos inteiros. Construir um arranjo C, sendo cada elemento de C a subtração do elemento correspondente de A com B. Apresentar os elementos do arranjo C.

   c. Ler dois arranjos A e B do tipo vetor com 10 elementos numéricos inteiros cada uma. Construir um arranjo C, sendo esta a junção dos arranjos A e B. Dessa forma, C deve ter o dobro de elementos A e B. Apresentar os elementos do arranjo C.

   d. Ler dois arranjos do tipo vetor. O arranjo A deve possuir cinco elementos pares inteiros e o arranjo B deve possuir dez elementos ímpares inteiros. Construir um arranjo C, sendo este a junção dos dois outros arranjos. Dessa forma, C deve ter a capacidade de armazenar 15 elementos. Apresentar os elementos do arranjo C. Para efetivar as entradas dos arranjos A e B, eles deverão ser verificados quanto à validade do valor fornecido. Caso o valor fornecido não seja compatível com o esperado, o programa deve recusar a entrada e forçar uma nova entrada, até que o valor válido seja fornecido.

e. Ler 15 elementos numéricos inteiros de um arranjo A do tipo vetor. Construir um arranjo B de mesmo tipo, observando a seguinte lei de formação: todo elemento do arranjo B deve ser o quadrado do elemento correspondente do arranjo A. Apresentar os elementos do arranjo B.

2) Desenvolva a codificação em linguagem de programação Java dos seguintes problemas a serem transformados em programas de computador que manipulem elementos de arranjos unidimensionais e bidimensionais. Não se esqueça de ir gravando cada programa. Como sugestão, você pode gravar o exercício "2 a" como EXERC08EX2A e assim por diante.

   a. Ler dois arranjos A e B com valores inteiros cada um de duas dimensões com 5 linhas e 3 colunas. Construir um arranjo C de mesma dimensão, a qual é formada pela soma dos elementos do arranjo A com os elementos do arranjo B. Apresentar os elementos do arranjo C.

   b. Ler um arranjo A de uma dimensão com cinco elementos numéricos inteiros. Construir um arranjo B de duas dimensões com cinco linhas e três colunas. A primeira coluna do arranjo B será formada pelos elementos do arranjo A somados com 5, a segunda coluna será formada pelo valor do cálculo do fatorial de cada elemento correspondente do arranjo A e a terceira e última coluna deverá ser formada pelos quadrados dos elementos correspondentes do arranjo A. Apresentar os elementos do arranjo B.

   c. Ler dois arranjos A e B de duas dimensões com quatro linhas e quatro colunas, que deverão ser formadas com valores reais. Construir um arranjo C de mesma dimensão, a qual é formada pela subtração dos elementos do arranjo A com os elementos do arranjo B. Apresentar os valores do arranjo C.

   d. Ler 16 elementos numéricos reais para um arranjo A, considerando um arranjo com quatro linhas por quatro colunas. Em seguida apresentar os valores existentes na diagonal principal do arranjo A.

   e. Ler nove elementos numéricos reais para um arranjo A, considerando um arranjo com três linhas por três colunas. Em seguida apresentar os valores existentes na diagonal principal do arranjo A multiplicados por 2 e os demais elementos multiplicados por 3.

3) Desenvolva a codificação em linguagem de programação Java dos seguintes problemas a serem transformados em programas de computador que manipulem elementos de arranjos com sequências de caracteres. Os exercícios que solicitarem a aplicação do conceito de pesquisa deverão ser resolvidos com os dois métodos. Como sugestão, você pode gravar o exercício "3 a" como EXERC08EX3A e assim por diante.

   a. Ler 12 elementos do tipo string para um arranjo A do tipo vetor que representem nomes pessoais com até 40 caracteres. Colocar os nomes em ordem decrescente e apresentá-los.

   b. Ler oito elementos numéricos inteiros para um arranjo A do tipo vetor. Construir um arranjo B de mesma dimensão e tipo com os elementos do arranjo A multiplicados por 5. Apresentar o arranjo B em ordem crescente. Após a apresentação de todos os elementos do arranjo B, o programa deverá disponibilizar um recurso de pesquisa binária para que o usuário possa pesquisar os elementos do arranjo B.

c. Ler um arranjo A do tipo vetor com 10 elementos numéricos inteiros. Construir um arranjo B de mesmo tipo, de forma que cada elemento do arranjo B seja o fatorial do elemento correspondente do arranjo A. Apresentar os elementos do arranjo B ordenados de forma crescente.

d. Ler dois arranjos do tipo vetor para elementos do tipo literal (string). O arranjo A deve possuir 12 nomes femininos e o arranjo B deve possuir 11 nomes masculinos. Considere sequências de até 40 caracteres por nome. Construir um arranjo C, sendo este a junção dos arranjos A e B. Dessa forma, C deve ter a capacidade de armazenar 23 elementos do tipo literal. Apresentar os nomes do arranjo C em ordem crescente.

e. Ler 10 elementos numéricos reais de um arranjo A do tipo vetor e construir um arranjo B de mesma dimensão e tipo com os mesmos elementos correspondentes do arranjo A acrescentados de 2. Montar o trecho de programa com o uso do conceito de pesquisa sequencial, para pesquisar e apresentar os elementos que estejam armazenados no arranjo B.

Interface Gráfica Básica

9

Este capítulo faz uma introdução ao uso de componentes gráficos com a linguagem Java. Assim, aborda a questão de interatividade, mostra o uso de caixas de diálogos, botões, rótulos, caixas de texto para o desenvolvimento de formulários.

9.1 Java e o modo gráfico

O desenvolvimento de aplicações gráficas para a plataforma Java é normalmente realizado de forma manual, pelo menos é mais emocionante fazê-lo assim, pois proporciona uma grande oportunidade para fixar diversos detalhes e conceitos a respeito da programação de computadores orientada a objetos utilizada na plataforma Java, além de proporcionar um aumento de intimidade do profissional de desenvolvimento de software com a forma como Java administra seus recursos gráficos e também de console.

É óbvio que existem diversas ferramentas que implementam recursos para facilitar o desenvolvimento de aplicações gráficas na linguagem Java. Muitos desses ambientes gráficos de desenvolvimento se parecem com os consagrados ambientes usados por outras linguagens, tais como o ambiente Borland Delphi para a linguagem de programação de computadores Object Pascal, o ambiente Borland C++Builder para a linguagem de programação de computadores C++, Borland C#Builder para a linguagem de programação de computadores C# e mesmo o Borland JBuilder para a linguagem Java. Mas nesta obra o foco será o desenvolvimento manual, com mais emoção e um pouco mais de trabalho.

Sabe-se que o uso de ferramentas de desenvolvimento gráfico para aplicações computacionais aumenta a velocidade de desenvolvimento, mas também distancia o profissional de desenvolvimento de várias nuances técnicas importantes. Muitos profissionais de desenvolvimento não sabem que é perfeitamente possível escrever um programa na linguagem de programação de computadores Object Pascal usando um simples editor de texto e depois compilá-lo diretamente em linha de comando sem que seja necessário carregar o ambiente gráfico Delphi para fazê-lo, tendo apenas esse ambiente instalado em seu computador.

É curioso também perceber o que muitos profissionais envolvidos com desenvolvimento de software na área de TI (Tecnologia da Informação) falam por aí a respeito da plataforma Java e suas interfaces gráficas ou mesmo a falta delas. Sabe-se que para programar em modo gráfico na plataforma Java deve-se usar o suporte de dois pacotes denominados **AWT** (*Abstract Windowing Toolkit*) e **Swing**. O pacote **AWT** foi o primeiro pacote gráfico da plataforma Java, e o pacote **Swing** foi o segundo. Por causa disso existem discussões acaloradas a esse respeito, como final de campeonato entre dois grandes times rivais e seus torcedores. Mas o que muitos esquecem é que esses pacotes (**AWT** e **Swing**) não são substitutos um do outro, são sim pacotes complementares e devem ser trabalhados em conjunto.

O pacote **Swing** deriva do pacote **AWT**. Assim, discutir o sexo dos anjos, ou seja, dizer que **Swing** é melhor que **AWT** ou que **AWT** é melhor que **Swing** é perder tempo precioso que pode ser usado para aprofundar o conhecimento na linguagem Java, ou mesmo ampliar o conhecimento em outras linguagens de programação de computadores. O pacote **Swing** está hierarquicamente abaixo do pacote **AWT**. Essa questão faz com que haja a existência de classes semelhantes entre os dois pacotes, classes essas que não se substituem mas se somam. As classes de trabalho do pacote **Swing** são sempre iniciadas com a letra **J** (maiúsculo) à frente do nome da classe, enquanto as classes do pacote **AWT** não possuem nenhuma identificação específica. Por exemplo, existe no pacote **AWT** uma classe-pai denominada **Component** e a classe similar no pacote **Swing** é denominada **JComponent**.

Inicialmente o pacote **AWT** foi desenvolvido e implementado visando fornecer um conjunto de componentes gráficos voltados para facilitar o desenvolvimento de interfaces gráficas para applets e para aplicativos. Esse componente gráfico tinha sido desenvolvido para as versões mais antigas da plataforma Java, anteriores à versão 1.2.1. No entanto, esse pacote continua ativo nas atuais versões, juntamente com o pacote **Swing**. Tanto **AWT** como **Swing** são pacotes com conjuntos de classes que dão suporte ao desenvolvimento de programas com visual gráfico superior à forma usada no modo console. Dominar o conhecimento desses pacotes é imensamente necessário para aqueles que desejam escrever programas de forma com visual gráfico.

A classe-pai **Component** do pacote **AWT** possui hierarquicamente abaixo dela um outro conjunto de classes-filho (*subclasses*), denominadas: **List**, **Button**, **Container**, **Label** e **CheckBox**. A classe **Container** possui como classe-filho a classe **JComponent**, a qual dá acesso a um outro conjunto de classes. Assim, fica fácil compreender o motivo por que os pacotes **AWT** e **Swing** são complementares e não substitutos.

O foco de estudo deste ponto da obra será em parte sobre o pacote **Swing**, uma vez que ele herda do pacote **AWT** suas principais classes e também fornece outras possibilidades de trabalho. O fato de ser dada mais atenção em parte ao pacote **Swing** não significa que ele é melhor que o pacote **AWT**, como infelizmente muitas pessoas acreditam, pois em alguns dos exemplos apresentados estarão em uso os dois pacotes.

Outro detalhe a ser considerado é com relação à abordagem realizada nesta obra. Existem muitas formas de resolver os problemas computacionais utilizando linguagens de programação de computadores. Mas quando se fala da linguagem de programação Java as possibilidades são de fato maiores. Dessa forma, nesta obra foi tomada desde o início uma postura de apresentação da linguagem Java, e essa mesma postura será mantida nesta parte. A forma usada nesta obra é uma das formas, não é a única, o que não signifi-

Interface Gráfica Básica

ca que ela seja a melhor ou a pior solução, mas sim que é uma solução julgada coerente e adequada para a apresentação desse tema.

9.2 Uma questão de tradição

Nos capítulos anteriores foi dada ênfase ao desenvolvimento de programas de computador em modo console (modo texto) com a linguagem Java. A partir deste capítulo a ênfase será na programação de computadores em modo gráfico (modo GUI - *Graphical User Interface*, ou seja, Interface Gráfica com o Usuário).

De acordo com tradição já mencionada no Capítulo 3, o primeiro programa desenvolvido será o programa **Alô, Mundo**. Tudo bem que até este ponto o leitor já está com um grau de conhecimento no uso da linguagem Java e talvez esse programa não mais se aplique, mas esse é o primeiro programa a ser desenvolvido em modo gráfico. Inicia-se assim nova etapa de seu aprendizado, considerando um novo nascimento. Então, ao trabalho com a quarta versão do programa **Alô, Mundo** apresentado em seguida:

```java
import javax.swing.*;

public class AloMundo4 {
  public static void main(String args[]) {

    JFrame TELA = new JFrame("Alô, Mundo");
    JLabel TEXTO = new JLabel("Linguagem Java");

    TELA.setLayout(null);
    TELA.getContentPane().add(TEXTO);

    TEXTO.setBounds(30,20,210,20);

    TELA.setSize(280,100);
    TELA.setVisible(true);
    TELA.setDefaultCloseOperation(JFrame.EXIT_ON_CLOSE);

  }
}
```

Após ter escrito o programa no seu editor de texto, grave-o como sempre com o mesmo nome da classe principal definida. Assim, o programa deverá ser gravado com o nome **AloMundo4.java**.

> **Nota**
>
> Os programas que utilizam strings com acentuação em português podem gerar erros em algumas distribuições Linux. Isso ocorre em função de configurações estabelecidas no ambiente de trabalho. Nesse caso, é aconselhável fazer uso desses textos sem acentuação na definição de strings delimitados entre aspas. Essa ocorrência é possível de ser detectada com o Fedora Linux 14 ou então procedendo com os ajustes para seu sistema.

Depois, compile o programa com **javac AloMundo4.java** e execute **java AloMundo4** para ver o resultado do programa As Figuras 9.1a, 9.1b e 9.1c mostram, respectivamente, exemplos de visualização do programa nos sistemas operacionais Microsoft Windows, Fedora Linux e Mac OS X.

Figura 9.1a – Tela do programa AloMundo4: Microsoft Windows.

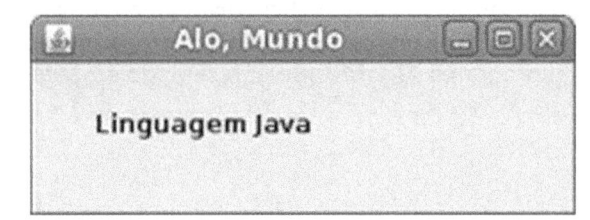

Figura 9.1b – Tela do programa AloMundo4: Fedora Linux.

Junto à instrução **import** está sendo definido para o compilador que este carregue para a memória o pacote **javax.swing.***. Dessa forma, essa linha de código disponibiliza para uso todo o conjunto de recursos do pacote **Swing** representado pelo símbolo de asterisco (*****). A ausência do uso dessa linha implica problemas na compilação do programa, sem que haja a possibilidade de utilizar os recursos gráficos.

A instrução **JFrame TELA = new JFrame("Alô, Mundo");** efetua a definição do objeto **TELA** instanciado a partir da classe **JFrame**. A classe **JFrame** é responsável pela apresentação da janela de trabalho com os botões de controle definidos junto da barra de título. Nessa linha o string **Alô, Mundo** está sendo definido como título da barra de título da janela **JFrame**.

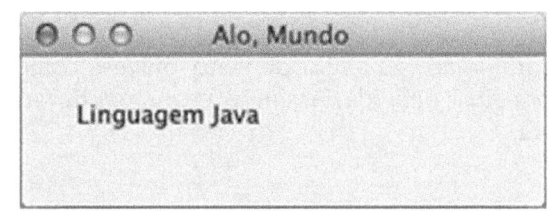

Figura 9.1c – Tela do programa AloMundo4: Mac OS X.

A instrução **JLabel TEXTO = new JLabel("Estudo de Programação com Java");** define o objeto **TEXTO** instanciado a partir da classe **JLabel()**.

Interface Gráfica Básica

Na sequência ocorre o uso do método **setLayout(null)** associado ao objeto **TELA** que coloca o *layout*, ou seja, a própria janela em estado **null** (nulo). Esse método tem por objetivo cancelar qualquer ação definida por um gerenciador de *layouts*. A linguagem Java disponibiliza para a montagem do visual da parte gráfica alguns gerenciadores de *layout* que de certa forma automatizam e auxiliam o desenvolvimento gráfico, mas demandam certo tempo para o seu aprendizado. Nesta obra optou-se por não utilizar nenhum gerenciador de *layout*. Assim, o gerenciamento da parte visual será demonstrado manualmente.

O assunto sobre gerenciadores de *layout* é um pouco complexo e necessita ser explorado detalhadamente, o que obrigaria este trabalho a sair de seu foco central, que é o de apresentar alguns exemplos de uso do modo gráfico.

Outro detalhe a ser observado é o método **getContentPane()**, que pega o conteúdo do painel e por meio do método **add()** o insere dentro da janela associada ao objeto **TELA** oriundo da classe **JFrame**. O método **getContentPane()** permite efetuar mudanças nas propriedades do objeto a ele associado.

A instrução **TEXTO.setBounds(30,20,210,20);** permite por meio do método **setBounds()** definir a posição de um componente dentro da área útil da janela, que está representada pelo objeto **TELA**. O método **setBounds()** faz uso de quatro parâmetros de manipulação: o primeiro para definir a posição na linha (coordenada x), o segundo para definir a posição na coluna (coordenada y), o terceiro para definir o tamanho da largura que o componente apresentado na tela deverá possuir e o quarto para definir o tamanho do comprimento que o componente na tela deverá possuir.

O método **setSize()** define o tamanho que a janela representada pelo objeto **TELA** deverá possuir quando for apresentada, fazendo uso de dois parâmetros de manipulação, o primeiro para definir a largura da janela (sentido horizontal) e o segundo para definir o comprimento da janela (sentido vertical).

Outro importante método é o **setVisible()**, definido com o valor **true** (verdadeiro), o qual possibilita efetivar a apresentação da janela representada pelo objeto **TELA** no monitor de vídeo do computador em uso.

Por último ocorre o uso do método **setDefaultCloseOperation()**, que determina para a variável objeto **TELA** a forma como a janela do aplicativo deverá se comportar quando for efetuado o seu fechamento. Nesse caso, a operação a ser realizada será o encerramento e fechamento da janela de acordo com o valor da constante **EXIT_ON_CLOSE** pertencente à classe **JFrame** quando for acionado o **X**. Além do valor de constante **EXIT_ON_CLOSE**, poderão também ser utilizados os valores:

➤ **HIDE_ON_CLOSE**, que faz com que uma determinada janela e seus componentes sejam fechados, mas permanecendo ocultos a partir de quando a ação de fechamento do aplicativo for executada. Essa constante deve ser utilizada quando se deseja ocultar uma janela ou seus componentes, deixando-os disponíveis para acesso mas sem que o usuário do programa saiba que isso está ocorrendo;

- **DO_NOTHING_ON_CLOSE**, que faz com que uma determinada janela e seus componentes não possam ser fechados, deixando-os disponíveis o tempo todo. Para fechar uma janela com essa constante estabelecida torna-se necessário estabelecer manualmente uma ação para o seu fechamento;

- **DISPOSE_ON_CLOSE**, que faz com que uma determinada janela e seus componentes sejam fechados e em seguida sejam estes retirados da memória, liberando assim o espaço ocupado.

Os métodos usados para o controle visual são pertencentes à classe **Window** do pacote **java.awt**.

Observe atentamente a diferença visual da execução do programa entre os ambientes gráficos Microsoft Windows (9.1a) e Fedora Linux (9.1b). Mas não é só uma questão de diferença visual: atente para a apresentação do texto **Estudo de Programação com Java** em ambas as figuras e note que existe certa diferença em relação ao posicionamento do texto. Essa pequena diferença visual pode ocasionar alguns efeitos desagradáveis em um ou outro ambiente gráfico, pois para apresentar as imagens a plataforma Java faz uso de recursos internos particulares a cada ambiente gráfico. No entanto, a plataforma Java fornece recursos para um gerenciamento visual mais homogêneo dos aplicativos.

O programa a seguir apresenta os detalhes para a obtenção de uma interface gráfica mais homogênea e o estabelecimento de um visual mais comum em qualquer sistema operacional que execute o programa Java. Assim, escreva em seu editor de textos o código de programa a seguir e grave-o com o nome **AloMundo5.java**.

```java
import javax.swing.*;

public class AloMundo5 {
  public static void main(String args[]) {

    javax.swing.SwingUtilities.invokeLater(
      new Runnable() {
        public void run() {

          JFrame.setDefaultLookAndFeelDecorated(true);

          JFrame TELA = new JFrame("Alô, Mundo");
          JLabel TEXTO = new JLabel("Estudo de Programação com Java");

          TELA.setLayout(null);
          TELA.getContentPane().add(TEXTO);

          TEXTO.setBounds(30,20,210,20);

          TELA.setSize(280,100);
          TELA.setVisible(true);
          TELA.setDefaultCloseOperation(JFrame.EXIT_ON_CLOSE);

        }
      }
    );
  }
}
```

Interface Gráfica Básica

Saia do editor de texto e na linha de comando escreva a chamada do compilador Java com a sintaxe **javac AloMundo5.java**. Em seguida execute a sintaxe **java AloMundo5** para ver o resultado do programa. As Figuras 9.2a, 9.2b e 9.2c mostram o resultado obtido respectivamente nos sistemas operacionais Microsoft Windows, Fedora Linux e Mac OS X.

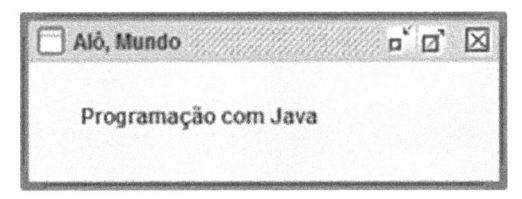

Figura 9.2a – Tela do programa AloMundo5: Microsoft Windows.

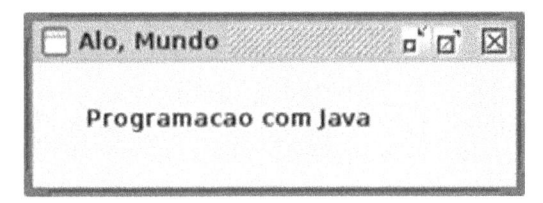

Figura 9.2b – Tela do programa AloMundo5: Fedora Linux.

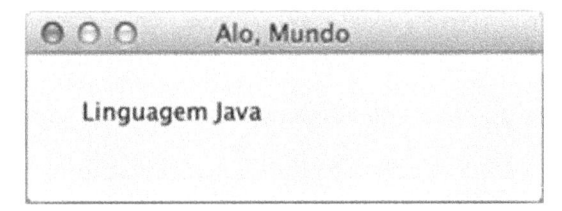

Figura 9.2c – Tela do programa AloMundo5: Mac OS X.

Observe que o programa apresenta um visual homogêneo ao ser executado nos sistemas operacionais Microsoft Windows e Fedora Linux. No entanto, para o sistema operacional Mac OS X o Java 8 não gera o mesmo visual gráfico. Isso ocorre porque o Java para o sistema operacional Mac OS X não faz uso dos recursos do pacote **Swing**, utilizando tão- -somente a forma padrão da linguagem, que se mostra diferente em diferentes sistemas operacionais.

Como a maior parte do código do programa anterior é conhecida, descreve-se apenas a parte que mais interessa.

A instrução **javax.swing.SwingUtilities.invokeLater(new Runnable() { public void run()** encontra-se dividida em três linhas por questões de espaço e de formatação para melhor legibilidade e indentação e coloca em execução o recurso **SwingUtilities**. Note o trecho da instrução com o uso do método **invokeLater()**, que por meio do objeto **Runnable()** efetua a definição e a apresentação de uma interface gráfica padrão por intermédio do método **run()**.

Na sequência, o método **setDefaultLookAndFeelDecorated()** da classe **JFrame** permite colocar o modo visual padrão num formato decorado. Para que isso seja possível, o método **setDefaultLookAndFeelDecorated()** faz uso de um parâmetro lógico indicado como **true** (verdadeiro). Um detalhe importante em relação a esse método é o fato de ter que usá-lo à frente de qualquer outra ação de definição de elementos que irão compor o visual da janela **JFrame**.

Com a definição do visual homogêneo da biblioteca **swing** para os sistemas operacionais Microsoft Windows e Linux será apresentada apenas uma figura relacionada ao programa em desenvolvimento, e as imagens para o sistema operacional Mac OS X serão omitidas por não gerarem tal efeito. No entanto, todos os programas com interface gráfica podem ser executados no computador Macintosh.

9.3 Interatividade

Um programa de computador é um produto abstrato que deve ser interativo com seu usuário. A interatividade pode ser definida de diversas formas. Por exemplo, na linguagem Java, a ação de interatividade pode ser efetuada em modo console ou em modo gráfico. É óbvio que a interatividade via console é muito mais simples e rápida. No entanto, a elaboração visual é mais deficitária. Isso não significa deixar de lado o modo console, não seja preconceituoso em relação a isso.

O modo gráfico é um recurso mais elaborado e visualmente muito agradável. No entanto, o desenvolvimento se torna mais trabalhoso e é necessário dominar conhecimentos de programação que transcendem as bases lógicas e algorítmicas até então apresentadas. A construção de interfaces gráficas segue uma estrutura de programação muito particular.

No tópico anterior foi mostrado como efetuar a apresentação de uma mensagem numa tela de interface gráfica. Neste momento, será apresentado como efetuar uma entrada simples numa caixa de diálogo e sua apresentação. Assim, codifique o programa a seguir e grave-o com o nome **C09EX01.java**.

```java
import javax.swing.*;
import java.awt.event.*;

public class C09EX01 {

  public static void main(String args[]) {
    javax.swing.SwingUtilities.invokeLater(
      new Runnable() {
        public void run() {
```

Interface Gráfica Básica

```
            JFrame.setDefaultLookAndFeelDecorated(true);
            JDialog.setDefaultLookAndFeelDecorated(true);

            JFrame  TELA  = new JFrame("Entrada e Saída");
            JLabel  TEXTO = new JLabel("Acione o botão: Entrada.");
            JButton BOTAO = new JButton("Entrada");

            BOTAO.addActionListener(
              new ActionListener() {
                public void actionPerformed(ActionEvent ae) {
                  String N;
                  String T1 = "Entrada";
                  String T2 = "Saída";
                  String M1 = "Entre seu nome:";
                  String M2 = "Olá, ";
                  String M3 = "O botão: Cancel, foi acionado.";
                  N = JOptionPane.showInputDialog(null, M1, T1, 1);
                  if (N != null)
                    JOptionPane.showMessageDialog(null, M2+N, T2, 1);
                  else
                    JOptionPane.showMessageDialog(null, M3, T2, 1);
                }
              }
            );

            TELA.setLayout(null);
            TELA.getContentPane().add(TEXTO);
            TELA.getContentPane().add(BOTAO);

            TEXTO.setBounds(30,20,210,20);
            BOTAO.setBounds(30,50,210,20);

            TELA.setSize(280,130);
            TELA.setVisible(true);
            TELA.setDefaultCloseOperation(JFrame.EXIT_ON_CLOSE);

          }
        }
      );
    }
}
```

Saia do editor de texto e na linha de comando escreva a chamada do compilador Java com a sintaxe **javac C09EX01.java**. Em seguida execute a sintaxe **java C09EX01** para ver o resultado do programa. A Figura 9.3 mostra as caixas de diálogo quando da execução do programa nos sistemas operacionais Microsoft Windows e Fedora Linux.

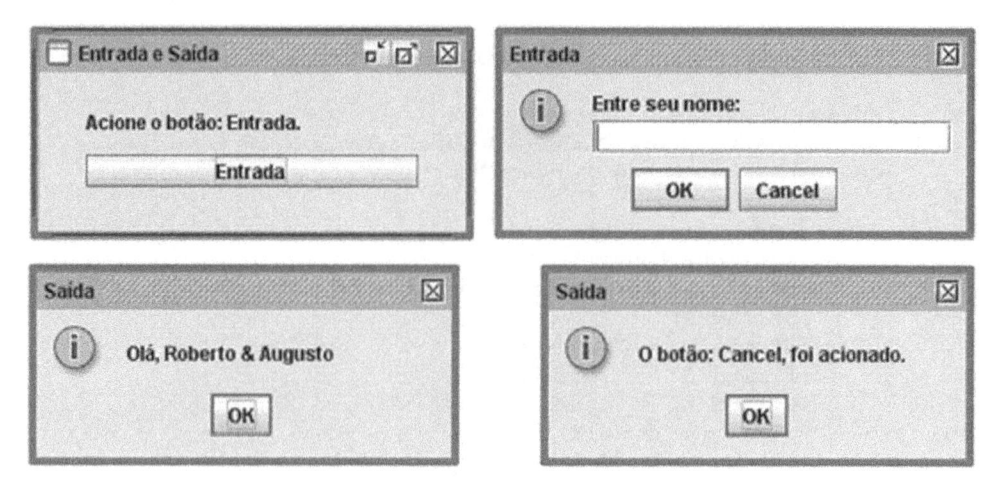

Figura 9.3 – Tela do programa C09EX01.java.

Atente para os detalhes ainda desconhecidos no programa **C09EX01**, tal como a linha de instrução **JDialog.setDefaultLookAndFeelDecorated(true);**, que define para as caixas de diálogo a serem apresentadas pelo programa o mesmo visual decorado utilizado para a classe **JFrame** quando do uso do método **setDefaultLookAndFeelDecorated(true)**.

A linha de código com instrução **import java.awt.event.*;** faz a chamada ao pacote **event** da biblioteca **AWT**. Dessa forma, torna-se disponível para uso todo o conjunto de recursos do pacote **event** da biblioteca **AWT**.

O objeto **BOTAO** instanciado a partir da classe **JButton** está sendo definido com o nome de identificação **Entrada**. Quando o botão **Entrada** for acionado com o ponteiro do mouse, este disparará o método **addActionListener()** associado ao objeto **BOTAO**, que efetuará o tratamento das ações que estejam associadas ao botão.

O contexto operacional da instrução **BOTAO.addActionListener();** está distribuído, por questão de legibilidade, em um conjunto de 17 linhas do código do programa. O código a seguir caracteriza-se por ser o parâmetro do método **addActionListener()**:

```
new ActionListener() {
  public void actionPerformed(ActionEvent ae) {
    String N;
    String T1 = "Entrada";
    String T2 = "Saída";
    String M1 = "Entre seu nome:";
    String M2 = "Olá, ";
    String M3 = "O botão: Cancel, foi acionado.";
    N = JOptionPane.showInputDialog(null, M1, T1, 1);
    if (N != null)
       JOptionPane.showMessageDialog(null, M2+N, T2, 1);
    else
       JOptionPane.showMessageDialog(null, M3, T2, 1);
  }
}
```

Interface Gráfica Básica

No trecho de código anterior ocorre por meio do código **new ActionListener()** a definição de uma nova ação toda vez que o botão **Entrada** é acionado. Quando isso ocorre, o método **actionPerformed(ActionEvent ae)** captura a ação de acionamento do botão e efetua a execução do código de programa associado a esse botão. Observe que nesse código há a definição de algumas variáveis do tipo **String**, sendo a variável **N** utilizada para apresentar a caixa de diálogo inicial com a mensagem definida junto à variável **M1** e o título definido junto à variável **T1** por meio da instrução **N = JOptionPane.showInputDialog(null, M1, T1, 1);**, onde está sendo usado o método **showInputDialog()** da classe **JOptionPane**. A classe **JOptionPane** permite a apresentação de quatro tipos de caixas de diálogos, como mostrado junto à Figura 9.4. A partir deste ponto, as imagens e figuras apresentadas são focadas apenas nos sistemas operacionais Microsoft Windows e Fedora Linux.

Diálogo de Confirmação   Diálogo de Entrada

Diálogo de Mensagem   Diálogo de Opções

Figura 9.4 – Caixas de Diálogo Java.

Após a apresentação da caixa de diálogo de entrada e realizada a entrada de um nome, pode-se acionar um dos botões **OK** ou **Cancel**. Se o botão **OK** for acionado, será mostrada a mensagem "**Olá,**" seguida do nome informado; caso selecione o botão **Cancel**, será mostrada a mensagem "**O botão: Cancel, foi acionado.**". Essa ação é executada pela instrução **if (N != null)**, em que **null** representa o valor de acionamento do botão **Cancel**.

Para apresentação e uso de cada caixa de diálogo mostrada na Figura 9.7 é necessário ter um domínio diferente das várias opções e possibilidades da classe **JOptionPane**. Assim, é possível fazer uso dos seguintes métodos:

➤ **showConfirmDialog()** – que apresenta uma caixa de diálogo de confirmação com um ícone de interrogação com a apresentação dos botões **Yes**, **No** e **Cancel**. Esse tipo de método retorna um valor do tipo **int**, por essa razão exige que a variável associada para sua apresentação seja do tipo **int**. Para usar esse método é necessário definir de quatro até seis parâmetros;

➤ **showInputDialog()** – para apresentar uma caixa de diálogo de entrada de dados com um ícone identificado com a letra **i**, a qual apresenta os botões **OK** e **Cancel**. Esse tipo de método retorna um valor do tipo **String**, por essa razão exige que a variável associada para sua apresentação seja do tipo **String**. Para usar esse método é necessário definir de quatro até sete parâmetros;

➤ **showMessageDialog()** – para apresentar uma caixa de diálogo de mensagem com um ícone identificado com a letra **i**, a qual apresenta apenas o botão **OK**. Esse tipo de método retorna um valor do tipo **void**, por essa razão não é associado a nenhuma variável para sua apresentação, sendo utilizado de forma direta. Para usar esse método é necessário definir de quatro até cinco parâmetros;

➤ **showOptionDialog()** – para apresentar uma caixa de diálogo de opções genéricas sem necessariamente o uso de um ícone específico que poderá quando não definido ser o ícone com a letra **i**, a qual poderá apresentar um número de botões a escolha do programador. Esse tipo de método retorna um valor do tipo **int**, por essa razão exige que a variável associada para sua apresentação seja do tipo **int**. Para usar esse método é necessário definir oito parâmetros obrigatórios.

Para deixar, mesmo que de forma básica, um conjunto de informações a respeito do uso dos métodos **showConfirmDialog()**, **showInputDialog()**, **showMessageDialog()** e **showOptionDialog()** da classe **JOptionPane**, considere os detalhes a seguir:

➤ **showConfirmDialog(**componente, mensagem, título, opção, saída, ícone**)**;

➤ **showInputDialog(**componente, mensagem, título, saída, ícone, lista, posição**)**;

➤ **showMessageDialog(**componente, mensagem, título, saída, ícone**)**;

➤ **showOptionDialog(**componente, mensagem, título, opção, saída, ícone, lista, foco**)**.

Note que cada um dos métodos pertencentes à classe **JOptionPane** pode operar com um conjunto diferente de parâmetro, mas que são basicamente os mesmos a serem usados entre os métodos, a saber:

➤ **componente** – caracteriza-se por ser a definição do comportamento de um objeto gráfico apresentado na tela, podendo possuir um valor do tipo objeto definido a partir da classe **JFrame** ou um valor do tipo **null**. Normalmente usa-se para esse parâmetro o valor **null**. Quando definido esse parâmetro como **null**, o controle de ação da caixa de diálogo volta imediatamente a sua chamada, mas se esse parâmetro estiver configurado como um objeto do tipo **JFrame**, o controle de ação é desviado para o objeto indicado;

➤ **mensagem** – caracteriza-se por ser a definição da mensagem que será apresentada dentro da caixa de diálogo;

➤ **título** – caracteriza-se por ser o título que será apresentado na barra de título da caixa de diálogo;

➤ **opção** – caracteriza-se por ser a definição de um valor inteiro que representa os tipos de botões a serem apresentados na caixa de diálogo, podendo-se fazer uso de:

- **JOptionPane.DEFAULT_OPTION** (apresenta apenas botão **OK**) ou valor inteiro **-1**,
- **JOptionPane.YES_NO_OPTION** (apresenta os botões **Yes** e **No**) ou valor inteiro **0**,
- **JOptionPane.YES_NO_CANCEL_OPTION** (apresenta os botões **Yes No** e **Cancel**) ou valor inteiro **1**,
- **JOptionPane.OK_CANCEL_OPTION** (apresenta os botões **OK** e **Cancel**) ou valor inteiro **2**.

➢ **saída** – caracteriza-se por ser a definição de um valor inteiro ou de uma constante predefinida que representa os tipos de ícone a serem apresentados na caixa de diálogo, podendo-se fazer uso de:

- **JOptionPane.PLAIN_MESSAGE** (sem apresentação de ícone) ou valor inteiro **-1**,
- **JOptionPane.ERROR_MESSAGE** (ícone de erro **x**, hexágono em tom vermelho) ou valor inteiro **0**,
- **JOptionPane.INFORMATION_MESSAGE** (ícone de informação **i**, círculo em tom azul) ou valor inteiro **1**,
- **JOptionPane.WARNING_MESSAGE** (ícone de atenção **!**, triângulo em tom amarelo) ou valor inteiro **2**,
- **JOptionPane.QUESTION_MESSAGE** (ícone de questionamento **?**, quadrado em tom verde) ou valor inteiro **3**.

➢ **ícone** – caracteriza-se por ser a indicação do nome de um arquivo de imagem para ser usada como imagem de ícone no local da imagem de ícone padrão. Se não houver imagem, esse parâmetro deverá ser definido com o valor **null**. As imagens a serem usadas podem ser GIF, PNG, JPG, entre outras;

➢ **lista** – caracteriza-se por ser a definição de um arranjo do tipo **String**, que poderá ser apresentada junto à caixa de diálogo. No caso do método **showInputDialog()** será apresentada uma lista de valores no local do campo de entrada, e no caso do método **showOptionDialog()** serão apresentados botões com os valores definidos no arranjo;

➢ **posição** – caracteriza-se por ser a definição do valor da posição indicada do arranjo que será mostrado como valor padrão. Caso esse valor seja omitido, automaticamente o primeiro valor do arranjo será definido como o valor padrão selecionado;

➢ **foco** – caracteriza-se por ser a definição de um dos valores como foco de seleção dos botões apresentados. Caso esse valor seja omitido, automaticamente o primeiro valor do arranjo será definido como o valor padrão selecionado.

Para demonstrar alguns dos recursos anteriormente comentados, considere o programa a seguir, que deverá ser gravado com o nome **C09EX02.java**.

```java
import javax.swing.*;
import java.awt.event.*;

public class C09EX02 {

  public static void main(String args[]) {
    javax.swing.SwingUtilities.invokeLater(
      new Runnable() {
        public void run() {

          // Decoração da parte visual

          JDialog.setDefaultLookAndFeelDecorated(true);

          // Definição das variáveis do programa

          String[] L = {"Um", "Dois", "Três", "Quatro", "Cinco"};
          int N;
          String X, M = "Mensagem", T = "Título";

          // Definição de constantes "simuladas" do programa

          final int S1 = JOptionPane.PLAIN_MESSAGE;
          final int S2 = JOptionPane.ERROR_MESSAGE;
          final int S3 = JOptionPane.INFORMATION_MESSAGE;
          final int S4 = JOptionPane.WARNING_MESSAGE;
          final int S5 = JOptionPane.QUESTION_MESSAGE;

          final int O1 = JOptionPane.DEFAULT_OPTION;
          final int O2 = JOptionPane.YES_NO_OPTION;
          final int O3 = JOptionPane.YES_NO_CANCEL_OPTION;
          final int O4 = JOptionPane.OK_CANCEL_OPTION;

          // Exemplo com método showInputDialog()

          X = JOptionPane.showInputDialog(null, M, T, -1);
          X = JOptionPane.showInputDialog(null, M, T,  0);
          X = JOptionPane.showInputDialog(null, M, T,  1);
          X = JOptionPane.showInputDialog(null, M, T,  2);
          X = JOptionPane.showInputDialog(null, M, T,  3);

          X = JOptionPane.showInputDialog(null, M, T, S1);
          X = JOptionPane.showInputDialog(null, M, T, S2);
          X = JOptionPane.showInputDialog(null, M, T, S3);
          X = JOptionPane.showInputDialog(null, M, T, S4);
          X = JOptionPane.showInputDialog(null, M, T, S5);

          X = (String) JOptionPane.showInputDialog(null, M, T, -1,
              null, L, L[0]);
          X = (String) JOptionPane.showInputDialog(null, M, T,  0,
              null, L, L[1]);
          X = (String) JOptionPane.showInputDialog(null, M, T,  1,
              null, L, L[2]);
```

```
                X = (String) JOptionPane.showInputDialog(null, M, T,  2,
                    null, L, L[3]);
                X = (String) JOptionPane.showInputDialog(null, M, T,  3,
                    null, L, L[4]);

                // Exemplo com método showOptionDialog()

                N = JOptionPane.showOptionDialog(null, M, T, 1, -1, null,
                    L, "Um");
                N = JOptionPane.showOptionDialog(null, M, T, 1,  0, null,
                    L, "Dois");
                N = JOptionPane.showOptionDialog(null, M, T, 1,  1, null,
                    L, "Três");
                N = JOptionPane.showOptionDialog(null, M, T, 1,  2, null,
                    L, "Quatro");
                N = JOptionPane.showOptionDialog(null, M, T, 1,  3, null,
                    L, "Cinco");

                // Exemplo com método showConfirmDialog()

                N = JOptionPane.showConfirmDialog(null, M, T, -1, 1,
                    null);
                N = JOptionPane.showConfirmDialog(null, M, T,  0, 1,
                    null);
                N = JOptionPane.showConfirmDialog(null, M, T,  1, 1,
                    null);
                N = JOptionPane.showConfirmDialog(null, M, T,  2, 1,
                    null);

                N = JOptionPane.showConfirmDialog(null, M, T, O1, 2,
                    null);
                N = JOptionPane.showConfirmDialog(null, M, T, O2, 2,
                    null);
                N = JOptionPane.showConfirmDialog(null, M, T, O3, 2,
                    null);
                N = JOptionPane.showConfirmDialog(null, M, T, O4, 2,
                    null);

                // Exemplo com método showMessageDialog()

                JOptionPane.showMessageDialog(null, M, T, -1, null);
                JOptionPane.showMessageDialog(null, M, T,  0, null);
                JOptionPane.showMessageDialog(null, M, T,  1, null);
                JOptionPane.showMessageDialog(null, M, T,  2, null);
                JOptionPane.showMessageDialog(null, M, T,  3, null);
            }
        }
    );
  }
}
```

Saia do editor de texto e na linha de comando escreva a chamada do compilador Java com a sintaxe **javac C09EX02.java**. Em seguida execute a sintaxe **java C09EX02** para ver o resultado do programa. A Figura 9.5 mostra todas as caixas de diálogo apresentadas no programa **C09EX02.java**.

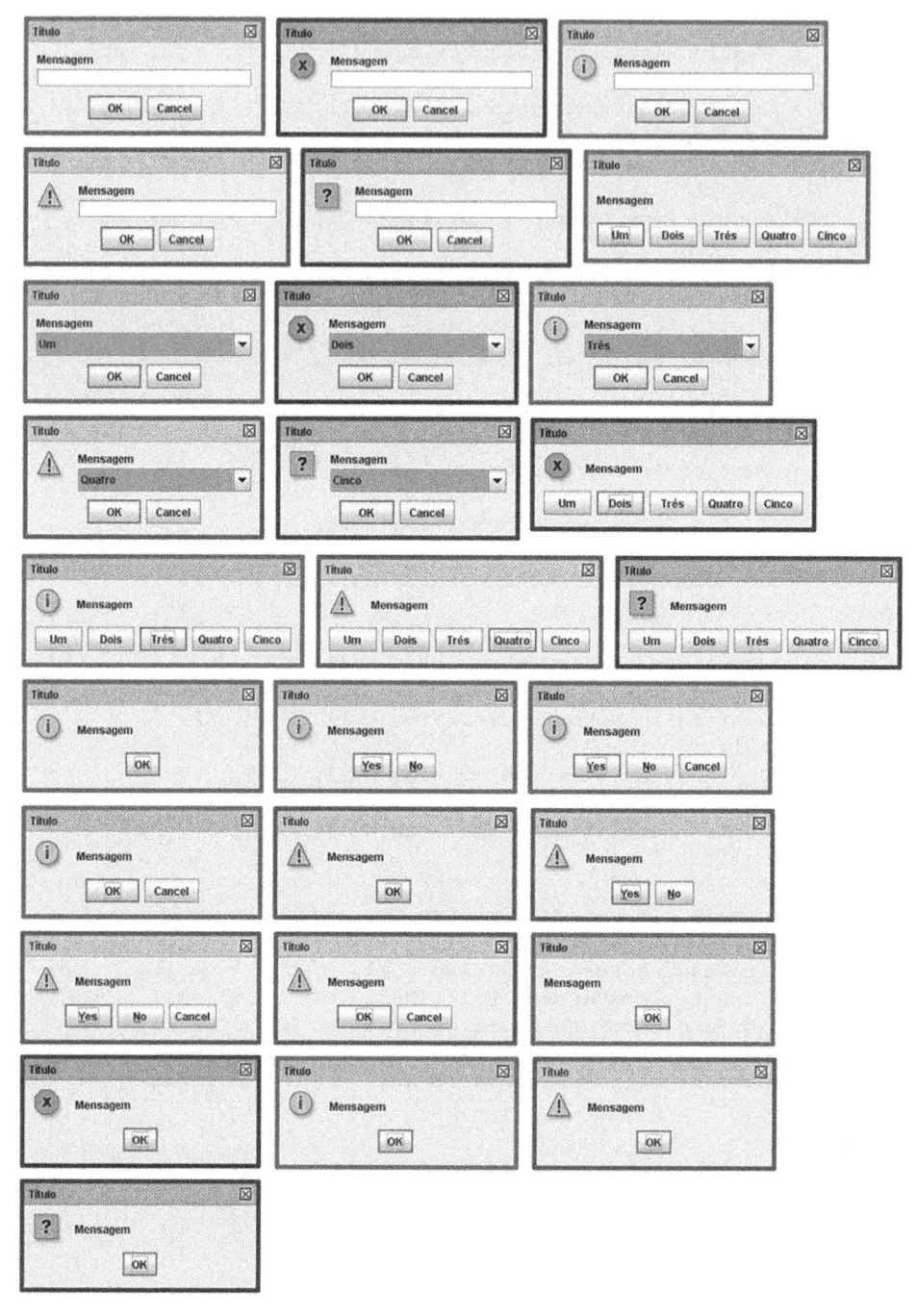

Figura 9.5 – Caixas de diálogo do programa C09EX02.java.

Interface Gráfica Básica

No código anterior foram exemplificados alguns recursos de uso dos métodos da classe **JOptionPane** que dispensam comentários, uma vez que foram apresentados anteriormente. A instrução **final** caracteriza-se por fazer a definição de uma constante que não terá seu valor alterado além do valor a ela atribuído.

A fim de demonstrar um programa mais operacional com parte do exposto até o momento, considere o programa a seguir, que deverá ser gravado com o nome **C09EX03.java**.

```java
import javax.swing.*;
import java.awt.event.*;

public class C09EX03 {

  public static void main(String args[]) {
    javax.swing.SwingUtilities.invokeLater(
      new Runnable() {
        public void run() {

          JDialog.setDefaultLookAndFeelDecorated(true);

          String M0 = "Selecione um dos botões:";
          String M1 = "Acionou o botão: NO";
          String M2 = "Acionou o botão: YES";
          String M3 = "Acionou o botão: FECHAR";
          String T1 = "Opções";
          String T2 = "Saída";
          int N;

          N = JOptionPane.showConfirmDialog(null, M0, T1, 0, 1);

          if (N == JOptionPane.NO_OPTION)
             JOptionPane.showMessageDialog(null, M1, T2, 2);
          if (N == JOptionPane.OK_OPTION)
             JOptionPane.showMessageDialog(null, M2, T2, 2);
          if (N == JOptionPane.CLOSED_OPTION)
             JOptionPane.showMessageDialog(null, M3, T2, 0);

        }
      }
    );
  }
}
```

Saia do editor de texto e na linha de comando escreva a chamada do compilador Java com a sintaxe **javac C09EX03.java**. Em seguida execute a sintaxe **java C09EX03** para ver o resultado do programa. A Figura 9.6 mostra todas as caixas de diálogos apresentadas no programa **C09EX02.java**.

Figura 9.6 – Caixas de diálogo do programa C09EX03.java.

No programa anterior foram utilizadas para a verificação da condição de acionamento de um dos botões existentes na caixa de diálogo as constantes **JOptionPane.NO_OPTION**, **JOptionPane.OK_OPTION** e **JOptionPane.CLOSED_OPTION**, que, respectivamente, podem ser substituídas pelos valores **1**, **0** e **–1**. Veja a seguir uma tabela com as constantes para operação de verificação de botões acionados para a classe **JOptionPane**:

Constante	Valor	Botões
CLOSED_OPTION	–1	X
DEFAULT_OPTION	–1	OK
OK_OPTION	0	OK
YES_NO_OPTION	0	YES e NO
YES_OPTION	0	YES
NO_OPTION	1	NO
YES_NO_CANCEL_OPTION	1	YES, NO e CANCEL
CANCEL_OPTION	2	CANCEL
OK_CANCEL_OPTION	2	OK e CANCEL

Um detalhe importante a ser considerado é em relação ao uso das constantes anteriores. Toda constante é uma forma escrita de representar um valor do tipo **int** e sua operação condicional está vinculada aos métodos **showConfirmDialog()** e **showOptionDialog()**. No caso do método **showInputDialog()** do tipo **String**, a verificação condicional é realizada com o valor **null** quando do acionamento do botão **Cancel**, como utilizado no programa **C09EX01.java**. Já no caso do método **showMessageDialog()**, a verificação condicional de ação de acionamento de um botão é definida a partir da posição do valor do botão definido no arranjo de valores, como mostra o código do programa **C09EX04.java** a seguir:

Interface Gráfica Básica

```java
import javax.swing.*;
import java.awt.event.*;

public class C09EX04 {

  public static void main(String args[]) {
    javax.swing.SwingUtilities.invokeLater(
      new Runnable() {
        public void run() {

          JDialog.setDefaultLookAndFeelDecorated(true);

          String[] L = {"A", "B", "C", "D"};
          int N;

          String M = "Selecione um dos botões:";
          String T = "Opções";

          N = JOptionPane.showOptionDialog(null, M, T, 1, 1, null,
              L, "A");

          if (N == 0)
            JOptionPane.showMessageDialog(null,
            "Acionou o botão [A]");
          if (N == 1)
            JOptionPane.showMessageDialog(null,
            "Acionou o botão [B]");
          if (N == 2)
            JOptionPane.showMessageDialog(null,
            "Acionou o botão [C]");
          if (N == 3)
            JOptionPane.showMessageDialog(null,
            "Acionou o botão [D]");

        }
      }
    );
  }
}
```

Saia do editor de texto e na linha de comando escreva a chamada do compilador Java com a sintaxe **javac C09EX04.java**. Em seguida execute a sintaxe **java C09EX04** para ver o resultado do programa. A Figura 9.7 mostra todas as caixas de diálogos apresentadas no programa **C09EX04.java**.

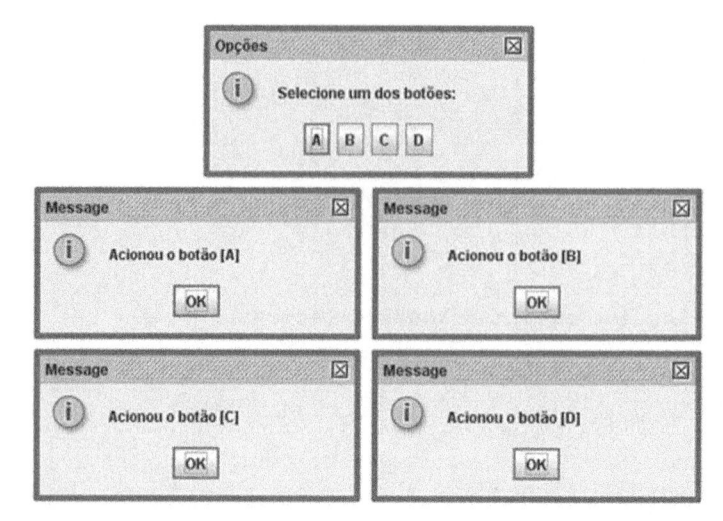

Figura 9.7 – Caixas de Diálogo do programa C09EX04.java.

Observe que no programa anterior a variável **L**, que contém a lista dos quatro valores correspondentes aos nomes dos botões, cada um dos nomes está posicionado numa posição do arranjo. Assim, o nome **A** está na posição **0**, o nome **B** está na posição **1**, o nome **C** está na posição **2** e o nome **D** está na posição **3**. Dessa forma, basta cada uma das instruções **if** verificar se o valor da variável **N** é igual a um dos valores do botão acionado.

Há algumas outras possibilidades de operação com recursos da classe **JOptionPane**, podendo-se destacar a possibilidade de apresentar uma lista de valores ou a utilização de ícones externos dentro de uma caixa de diálogo. Observe os próximos programas.

Para demonstrar o uso de lista de valores de 1 a 25, observe o código do programa **C09EX05.java** a seguir.

```java
import javax.swing.*;
import java.awt.event.*;

public class C09EX05 {

  public static void main(String args[]) {
    javax.swing.SwingUtilities.invokeLater(
      new Runnable() {
        public void run() {

          JDialog.setDefaultLookAndFeelDecorated(true);

          JFrame TELA = new JFrame();
          String L[] = new String[25];

          for (int I = 0; I < L.length; I++) {
            L[I] = Integer.toString(I + 1);
          }
```

Interface Gráfica Básica

```
            String M = "Selecione um dos botões:";
            String T = "Opções";

            JOptionPane.showInputDialog(TELA, M, T, 2, null, L, L[4]);

          }
        }
    );
  }
}
```

Saia do editor de texto e na linha de comando escreva a chamada do compilador Java com a sintaxe **javac C09EX05.java**. Em seguida execute a sintaxe **java C09EX05** para ver o resultado do programa. Observe que quando for acionado qualquer um dos botões o controle não volta automaticamente para o sistema operacional, tornando-se necessário acionar a tecla de atalho **<Ctrl> + <c>**. A Figura 9.8 mostra todas as caixas de diálogos apresentadas no programa **C09EX05.java**.

Figura 9.8 – Caixas de diálogo do programa C09EX05.java.

O não encerramento automático decorre do uso do objeto **TELA** como primeiro parâmetro do método **showInputDialog()** no local onde se estava utilizando o valor **null**. Nesse caso, se fosse deixado o valor **null**, o controle de execução retornaria automaticamente para o sistema operacional. No entanto, o objeto **TELA** foi instanciado a partir da classe **JFrama** quando da execução da instrução **JFrame TELA = new JFrame();**.

Observe que a lista é apresentada com o valor **5** previamente selecionado. Isso ocorre em função do uso do parâmetro **L[4]** junto ao método **showInputDialog()**.

O próximo exemplo demonstra o uso de uma imagem de ícone externa diferente da imagem padrão apresentada nas caixas de diálogo. Assim, observe o código do programa **C09EX06.java** a seguir.

```
import javax.swing.*;
import java.awt.event.*;

public class C09EX06 {

  public static void main(String args[]) {
    javax.swing.SwingUtilities.invokeLater(
      new Runnable() {
        public void run() {

          JDialog.setDefaultLookAndFeelDecorated(true);

          String[] L = {"Sim", "Não"};
          Icon ICONE = new ImageIcon("icone.png");

          String M = "Selecione um dos botões:";
          String T = "Opções";

          JOptionPane.showOptionDialog(null, M, T, 1, 2, ICONE,
            L, L[0]);

        }
      }
    );
  }
}
```

Saia do editor de texto e na linha de comando escreva a chamada do compilador Java com a sintaxe **javac C09EX06.java**. Em seguida execute a sintaxe **java C09EX06** para ver o resultado do programa. A Figura 9.9 mostra todas as caixas de diálogos apresentadas no programa **C09EX06.java**.

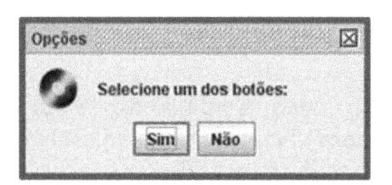

Figura 9.9 – Caixas de diálogo do programa C09EX06.java.

Para alterar a apresentação do ícone padrão da caixa de diálogo é preciso uma imagem que será usada com essa finalidade. Essa imagem deverá possuir um tamanho de 32 por 32 pixels (pontos) A imagem usada no programa chama-se **icone.png** e está sendo associada por meio da instrução **Icon ICONE = new ImageIcon("icone.png");**, em que o objeto **ICONE** instanciado a partir da classe **Icon** aponta para o arquivo de imagem no disco. Nesse caso, a imagem deverá estar no mesmo local em que o programa-fonte se encontra gravado. Note a definição de uso do objeto **ICONE** junto ao método **showOptionDialog()**.

Interface Gráfica Básica

9.4 Formulário com a classe JFrame

Sem sombra de dúvida, a parte de maior importância em um projeto de programa com interface gráfica é a apresentação de um formulário principal para a distribuição de todos os elementos visuais que irão compor os instrumentos de entrada de dados, processamento de dados e saída de dados ou ainda saída de informações, mesmo em aplicações simples, como foi o caso dos exemplos anteriores deste capítulo.

É na interface gráfica que se definem o desenho do programa e seu funcionamento; é no formulário que serão inseridos os componentes de controle e operação do programa em execução, e na linguagem Java isso é conseguido com o uso da classe **JFrame**.

É importante ressaltar que uma janela do tipo **JFrame** usando a interface gráfica padrão Java pode ser maximizada ou minimizada por intermédio dos botões localizados à direita da barra de título. Na parte esquerda da barra de título encontra-se o ícone *janela*, contendo como recurso o acesso a um menu de seleção, com as opções restaurar, minimizar, maximizar e fechar. Assim, o código a seguir apresenta uma imagem de janela sem nenhum componente, desenvolvida a partir da classe **JFrame** do pacote **Swing**. No seu editor de texto, escreva o programa a seguir e grave-o com o nome **C09EX07.java**.

```java
import javax.swing.*;

public class C09EX07 extends JFrame {
  public C09EX07() {

    super("Formulário 1");
    setSize(427, 273);
    setVisible(true);

  }

  public static void main(String args[]) {
    javax.swing.SwingUtilities.invokeLater(
      new Runnable() {
        public void run() {
          JFrame.setDefaultLookAndFeelDecorated(true);

          C09EX07 VISUAL = new C09EX07();
          VISUAL.setDefaultCloseOperation(JFrame.EXIT_ON_CLOSE);

        }
      }
    );
  }

}
```

Saia do editor de texto e na linha de comando escreva a chamada do compilador Java com a sintaxe **javac C09EX07.java**. Em seguida execute a sintaxe **java C09EX07** para ver o resultado do programa. A Figura 9.10 mostra a apresentação do formulário elaborado no programa **C09EX07.java**.

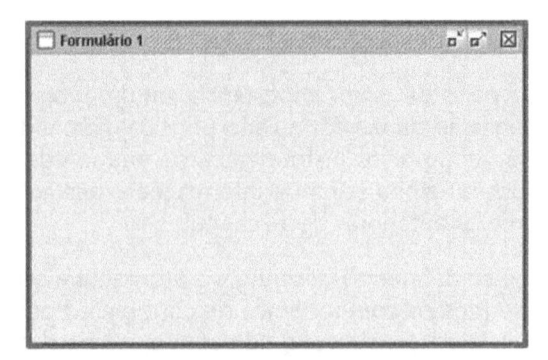

Figura 9.10 – Tela com o Formulário 1.

Na instrução **public class C09EX07 extends JFrame** é definida a classe **C09EX07** (sempre com o mesmo nome de gravação do programa), que herda por meio do comando **extends** todas as características existentes na classe **JFrame**, como por exemplo os recursos de gerenciamento da janela, tais como: maximizada, minimizada, fechada, redirecionada, movimentada e restaurada.

Na sequência, define-se o método construtor da classe **C09EX07**, em que é utilizado o método: **super("Formulário 1");**, que indica uma ação a ser executada diretamente na classe-pai a que pertence. Nesse contexto, o método **super()** efetua uma alteração de valor na sua *superclasse*, ou seja, na classe **JFrame** por intermédio da classe-filho definida **C09EX07**. Nesse contexto, a ação do método **super()** definirá um título para a barra de título da classe **JFrame** por intermédio da classe **C09EX07**.

Junto ao método **main()** ocorre a definição do objeto **VISUAL** a partir da classe **C09EX07**. O método **setDefaultCloseOperation()** é definido para o objeto **VISUAL**, de forma que este possua a operação padrão de fechamento da respectiva janela por meio do uso da constante **JFrame.EXIT_ON_CLOSE**.

Em seguida, será apresentado um recurso para mudança da cor de fundo da janela de um programa. Para tanto, será necessário fazer uso do objeto **Container** do pacote **AWT**, que contém os recursos de uso, manipulação e aplicação de componentes definidos em um formulário. No seu editor de texto, escreva o programa a seguir e grave-o com o nome **C09EX08.java**.

```java
import javax.swing.*;
import java.awt.*;

public class C09EX08 extends JFrame {

  public C09EX08() {

    super("Formulário 2");

    Container CONT = getContentPane();
    CONT.setBackground(Color.yellow);

    setSize(427, 273);
    setVisible(true);

  }
```

```
    public static void main(String args[]) {
      javax.swing.SwingUtilities.invokeLater(
        new Runnable() {
          public void run() {
            JFrame.setDefaultLookAndFeelDecorated(true);

            C09EX08 VISUAL = new C09EX08();
            VISUAL.setDefaultCloseOperation(JFrame.EXIT_ON_CLOSE);

          }
        }
      );
    }

}
```

Saia do editor de texto e na linha de comando escreva a chamada do compilador Java com a sintaxe **javac C09EX08.java**. Em seguida execute a sintaxe **java C09EX08** para ver o resultado do programa.

A instrução **import java.awt.*** faz a chamada ao pacote da biblioteca **AWT**. Dessa forma, torna-se disponível para uso todo o conjunto de recursos do pacote **AWT**. Essa linha é importante por causa da necessidade de se fazer a mudança da cor de fundo, que é controlada pela classe **Container** indicada na instrução **Container CONT = getContentPane();**, onde ocorre a definição do objeto **CONT** instanciado a partir da classe **Container**, que fará uso do método **getContentPane()**, que dá acesso aos recursos de alteração de elementos do painel de conteúdo.

A instrução **CONT.setBackground(Color.yellow);**, por meio do método **setBackground()**, possibilita efetuar a mudança da cor do fundo do formulário, nesse caso representado pela classe **Color** com a definição do valor **yellow**, como indicado por **Color.yellow**, que é a cor de tom amarelo.

A classe **Color** possibilita a definição de alguns valores para estabelecer cores no padrão RGB (Red, Green, Blue – Vermelho, Verde, Azul). Assim, são valores válidos para a classe **Color**: **black** ou **BLACK** para definir cor preta, **blue** ou **BLUE** para definir cor azul, **cyan** ou **CYAN** para definir cor ciano, **darkGray** ou **DARK_GRAY** para definir cor cinza-escuro, **gray** ou **GRAY** para definir cor cinza, **green** ou **GREEN** para definir cor verde, **lightGray** ou **LIGHT_GRAY** para definir cor cinza-claro, **magenta** ou **MAGENTA** para definir cor magenta, **orange** ou **ORANGE** para definir cor laranja, **pink** ou **PINK** para definir cor rosa, **red** ou **RED** para definir cor vermelha, **white** ou **WHITE** para definir cor branca e por fim **yellow** ou **YELLOW** para definir cor amarela. O valor de representação de uma determinada cor, escrito em caracteres maiúsculos ou na sua maioria com caracteres minúsculos, determina a definição de uma constante de tipo estática pertencente à classe **Color**. Na prática não há nenhuma diferença entre elas, pois a diferença real ocorre por uma questão de versão da plataforma Java. Até a versão 1.3.x, as constantes de cor eram grafadas de uma forma, e a partir da versão 1.4.x passaram a acomodar uma segunda forma adicional. A partir de então pode-se usar ambas as formas.

Além do padrão RGB de cores (preto, azul, ciano, cinza-escuro, cinza, verde, cinza-claro, magenta, laranja, rosa, vermelho, branco e amarelo), é possível definir cores baseadas num conjunto de várias nuances obtidas a partir de um espectro de cores em torno de 32 bits. Assim, pode-se facilmente romper o padrão de cores RGB, e para que isso seja possível basta utilizar no método **setBackground()**, um parâmetro de definição de cor um pouco diferente do utilizado até então. No lugar de **Color.COR_RGB**, em que **COR_RGB** é uma das cores já explanadas, utilize **new Color(R, G, B)**, em que **R** (vermelho), **G** (verde) e **B** (azul) são parâmetros que aceitam valores de **0** até **255** e a partir dos quais se consegue compor um conjunto de cores muito extenso. Assim, a sintaxe usada como **setBackground(Color.lightGray);** deve ser substituída por uma forma um pouco diferente de escrita, sendo: **setBackground(new Color(192,192,192));** para manter a cor cinza-claro.

9.5 Métodos JLabel, JButton e JTextField

A partir do momento em que se tem ideia de como apresentar uma janela de formulário, já é possível definir mais de um componente visual de controle do formulário, o qual possibilita definir um programa que tenha maior interatividade com o usuário. Assim, serão inseridos três componentes por meio dos métodos **JLabel()** – componente ideal para a saída de dados, **JButton()** – componente ideal para acionar ações de processamento, e **JTextField()** – componente ideal para a entrada de dados.

O termo componente será usado nesta obra para manter compatibilidade com o termo equivalente usado em linguagens de programação de computadores com a capacidade de desenvolver o projeto visual, como é o caso das ferramentas *Borland Delphi* e *Microsoft Visual Basic*.

Em seguida, será desenvolvido um programa que fará em um formulário o uso de três componentes: **JLabel()**, **JButton()** e **JTextField()**. No seu editor de texto, escreva o programa a seguir e grave-o com o nome **C09EX09.java**.

```
import javax.swing.*;
import java.awt.*;

public class C09EX09 extends JFrame {

  public C09EX09() {

    super("Formulário 3");

    Container  CONT   = getContentPane();

    JTextField TEXTO  = new JTextField();
    JButton    BOTAO  = new JButton("OK");
    JLabel     ROTULO = new JLabel("Texto");

    setLayout(null);

    CONT.add(TEXTO);
    CONT.add(BOTAO);
    CONT.add(ROTULO);
```

Interface Gráfica Básica

```
    TEXTO.setBounds(138,20,150,20);
    BOTAO.setBounds(138,50,70,20);
    ROTULO.setBounds(138,80,100,20);

    setSize(427, 273);
    setVisible(true);

}

public static void main(String args[]) {
    javax.swing.SwingUtilities.invokeLater(
      new Runnable() {
        public void run() {
          JFrame.setDefaultLookAndFeelDecorated(true);

          C09EX09 VISUAL = new C09EX09();
          VISUAL.setDefaultCloseOperation(JFrame.EXIT_ON_CLOSE);

        }
      }
    );
  }

}
```

Saia do editor de texto e na linha de comando escreva a chamada do compilador com a sintaxe **javac C09EX09.java**. Em seguida execute a sintaxe **java C09EX09** para ver o resultado do programa. A Figura 9.11 mostra a aparência da tela com os novos componentes de operação.

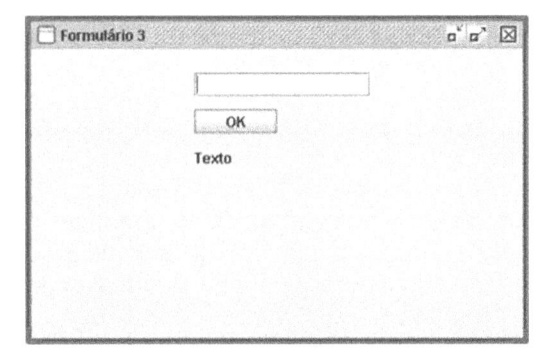

Figura 9.11 – Tela com formulário com componentes.

No programa ocorre a definição dos objetos **TEXTO** (da classe **JTextField** – campo texto), **BOTAO** (da classe **JButton** – botão de comando) e **ROTULO** (da classe **JLabel** – texto para apresentação de saída), os quais são usados para manipular os componentes básicos do formulário.

Na sequência encontra-se o uso dos métodos **add()** da classe **Container** associados ao objeto **CONT**, que tem por finalidade adicionar no formulário os componentes definidos no código.

Atente para um detalhe importante que é o posicionamento das instruções de código. As instruções aqui definidas devem estar entre a definição da variável **Container** e do método **setSize()** e **setVisible()**.

9.6 Código para o método JButton

A parte mais importante da funcionalidade de um programa com interface gráfica é em primeira instância o projeto visual, e numa segunda instância a definição dos códigos que irão gerenciar as funções do programa.

Com um programa com interface gráfica, que possui um botão de comando acionado, seu usuário espera que essa atitude execute uma ação no programa. A essa ação dá-se o nome **evento**. Muitas pessoas, inclusive na área de desenvolvimento de software, normalmente os mais inexperientes, ao verem um programa com interface gráfica, afirmam de pés juntos e acreditam piamente que aquele programa é orientado a objetos, e nem sempre isso é verdade. Somente será verdade se a linguagem em uso for totalmente e somente orientada a objetos, como é o caso da linguagem Java. Mesmo assim, o conceito de **evento** é diferente do conceito de **objeto**. Na verdade, essas pessoas confundem os conceitos **eventos** (processamento da ação de um componente) e **objetos** (ocorrência específica de uma classe).

O conceito de **evento** está relacionado a uma determinada ação executada por um determinado componente (normalmente visual) que faz parte do conjunto da interface gráfica de um programa de computador e gera uma ação e um resultado ao seu usuário. Pelo fato de um componente ser normalmente um elemento visível e presente na interface gráfica, muitas pessoas os chamam equivocadamente de *objetos*, quando na verdade são apenas *componentes* que geram eventos.

Quanto ao conceito de **objeto** (do ponto de vista de programação de computadores), são normalmente estruturas de dados com funcionalidades definidas de forma abstrata e não visível, como ocorre com os componentes que geram eventos. A ação de um evento pode ser ou não controlada por objetos. Para maiores detalhes é bom rever o Capítulo 2

Nesta seção será abordado o trabalho de execução e tratamento de um determinado evento (uma ação) executado por um determinado componente, ou seja, serão efetuados o tratamento de um evento e também a definição da ação de processamento desse evento por meio de uma classe do tipo interface denominada **ActionListener**.

O programa a seguir fará o tratamento de um evento disparado pelo componente **JButton()**. Para tanto, escreva em seu editor de texto o código a seguir e grave-o com o nome **C09EX10.java**.

```
import javax.swing.*;
import java.awt.*;
import java.awt.event.*;

public class C09EX10 extends JFrame {
```

```java
    JTextField TEXTO;

    JLabel ROTULO;

    public C09EX10() {

      super("Formulário 4");

      Container  CONT   = getContentPane();
      JButton    BOTAO  = new JButton("OK");

      TEXTO = new JTextField();
      ROTULO = new JLabel("Texto");

      setLayout(null);

      CONT.add(TEXTO);
      CONT.add(BOTAO);
      CONT.add(ROTULO);

      TEXTO.setBounds(138,20,150,20);
      BOTAO.setBounds(138,50,70,20);
      ROTULO.setBounds(138,80,100,20);

      Captura EVENTO = new Captura();
      BOTAO.addActionListener(EVENTO);

      setSize(427, 273);
      setVisible(true);

    }

    private class Captura implements ActionListener {
      public void actionPerformed(ActionEvent ae) {
        String SAIDA = TEXTO.getText();
        ROTULO.setText(SAIDA);
      }
    }

    public static void main(String args[]) {
      javax.swing.SwingUtilities.invokeLater(
        new Runnable() {
          public void run() {
            JFrame.setDefaultLookAndFeelDecorated(true);

            C09EX10 VISUAL = new C09EX10();
            VISUAL.setDefaultCloseOperation(JFrame.EXIT_ON_CLOSE);

          }
        }
      );
    }

}
```

Saia do editor de texto e na linha de comando escreva a chamada do compilador Java com a sintaxe **javac C09EX10.java**. Em seguida execute a sintaxe **java C09EX10** para o resultado do programa. A Figura 9.12 mostra o resultado visual da operação do programa.

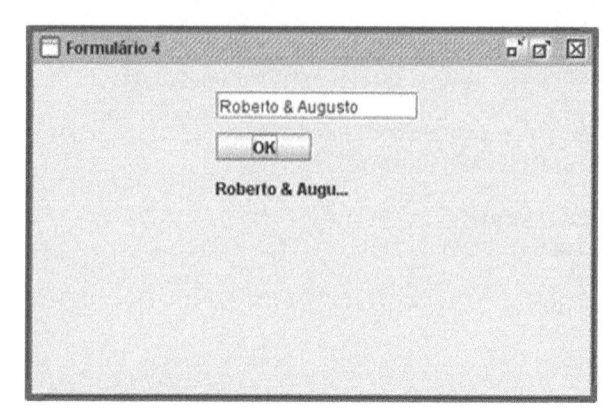

Figura 9.12 – Tela com componentes operacionais.

A Figura 9.12 mostra a entrada do valor **Roberto & Augusto** e mostra também a saída desse valor. Note que o nome informado não é apresentado de forma completa, o que indica que o tamanho do componente **JLabel** está definido com um valor menor que a capacidade de que ele necessita. Na verdade, não houve a perda do valor informado, apenas está apresentado de forma truncada, informando que o tamanho do valor é maior do que a capacidade de impressão. Para resolver esse problema, basta fazer uma pequena mudança no código do programa, como indicado na linha em negrito do programa a seguir.

```java
import javax.swing.*;
import java.awt.*;
import java.awt.event.*;

public class C09EX10 extends JFrame {

    JTextField TEXTO;

    JLabel ROTULO;

    public C09EX10() {

        super("Formulário 4");

        Container  CONT   = getContentPane();
        JButton    BOTAO  = new JButton("OK");

        TEXTO = new JTextField();
        ROTULO = new JLabel("Texto");
```

```
    setLayout(null);

    CONT.add(TEXTO);
    CONT.add(BOTAO);
    CONT.add(ROTULO);

    TEXTO.setBounds(138,20,150,20);
    BOTAO.setBounds(138,50,70,20);
    ROTULO.setBounds(138,80,160,20);

    Captura EVENTO = new Captura();
    BOTAO.addActionListener(EVENTO);

    setSize(427, 273);
    setVisible(true);

  }

  private class Captura implements ActionListener {
    public void actionPerformed(ActionEvent ae) {
      String SAIDA = TEXTO.getText();
      ROTULO.setText(SAIDA);
    }
  }

  public static void main(String args[]) {
    javax.swing.SwingUtilities.invokeLater(
      new Runnable() {
        public void run() {
          JFrame.setDefaultLookAndFeelDecorated(true);

          C09EX10 VISUAL = new C09EX10();
          VISUAL.setDefaultCloseOperation(JFrame.EXIT_ON_CLOSE);

        }
      }
    );
  }

}
```

Note que a alteração ocorre na linha de código **ROTULO.setBounds(138,80,100,20);**, na qual o terceiro parâmetro referente ao comprimento de um componente é alterado de **100** para **150**, passando essa linha a ser **ROTULO.setBounds(138,80,160,20);**. Após a mudança, grave e compile novamente o programa e execute-o. A Figura 9.13 mostra o resultado do programa após a mudança.

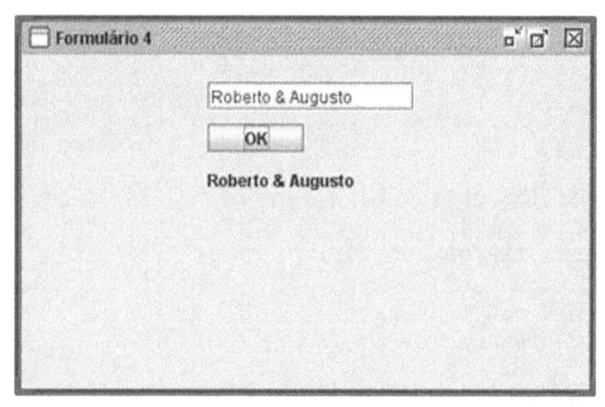

Figura 9.13 – Tela com componente JLabel ajustado - Windows.

Após a definição do ajuste de tamanho do componente **JLabel** segue o código do programa devidamente numerado para uma análise mais detalhada dos pontos desconhecidos do código.

A instrução **import java.awt.event.*;** põe em uso o pacote **java.awt.event.***, que fornece os elementos essenciais para efetuar o tratamento de eventos acionados no programa em curso.

Na linha de código **Captura EVENTO = new Captura();** está a definição do método construtor em que ocorre a ação mais importante desse programa, pois é por meio dessa instrução que ocorre a definição do objeto **EVENTO** a partir da classe **Captura()**. A classe **Captura()** é uma classe desenvolvida pelo próprio desenvolvedor e encontra-se definida na parte inferior do programa.

Na instrução **BOTAO.addActionListener(EVENTO);** é usado o método **addActionListener()**, o qual recebe como parâmetro o valor do objeto **EVENTO**, efetuando assim o registro da ação executada e associando essa ação e seu valor ao componente **JButton()**, representado pelo objeto **BOTAO**. Quando o botão é acionado, ocorre o disparo de um evento, que é então capturado e tratado pela classe **Captura()**, que associa o evento executado ao objeto **EVENTO**, uma vez que **EVENTO** está associado à classe **Captura**.

A classe **Captura** implementada a partir da interface **ActionListener** efetua o controle das ações executadas por um usuário sobre os componentes em uso no formulário ativo. Na verdade, esse trecho do programa é responsável pela ação do botão **OK** quando este é disparado na interface gráfica.

A instrução **public void actionPerformed(ActionEvent ae)** tem por finalidade capturar a ação executa sobre um determinado componente por meio do método **actionPerformed()**, o qual deve ser verificado. Isso ocorre quando do uso do parâmetro do tipo objeto da classe **ActionEvent**, que é associado à variável "**ae**".

A instrução **String SAIDA = TEXTO.getText();** faz a definição da variável **SAIDA** do tipo **String** e a associa ao método **getText()** do objeto **TEXTO**. Note que o objeto **TEXTO** representa nessa ação a classe **JTextField()**, e por meio do método **getText()** este pega o conteúdo definido em **TEXTO** e o transfere para a variável **SAIDA**.

A instrução **ROTULO.setText(SAIDA);** por meio do método **setText()** coloca no objeto **ROTULO** o conteúdo armazenado na variável simples **SAIDA**.

9.7 Aplicações contextualizadas

O programa a seguir efetua a solicitação do nome, da idade e da altura de um indivíduo e irá apresentar no monitor de vídeo os dados informados após a entrada. No seu editor de texto, escreva o programa a seguir e grave-o com o nome **C09EX11.java**.

```java
import javax.swing.*;
import java.awt.*;
import java.awt.event.*;

public class C09EX11 extends JFrame {

  JTextField TEXT1;
  JTextField TEXT2;
  JTextField TEXT3;

  JLabel ROTUL1;
  JLabel ROTUL2;
  JLabel ROTUL3;

  public C09EX11() {

    super("Ficha Biométrica");

    Container CONT = getContentPane();

    JLabel ROTUL4 = new JLabel("Nome:");
    JLabel ROTUL5 = new JLabel("Idade:");
    JLabel ROTUL6 = new JLabel("Altura:");

    TEXT1 = new JTextField();
    TEXT2 = new JTextField();
    TEXT3 = new JTextField();

    JButton BOTAO = new JButton("OK");

    JLabel ROTUL7 = new JLabel("Nome:");
    JLabel ROTUL8 = new JLabel("Idade:");
    JLabel ROTUL9 = new JLabel("Altura:");

    ROTUL1 = new JLabel();
    ROTUL2 = new JLabel();
    ROTUL3 = new JLabel();

    setLayout(null);

    CONT.add(ROTUL4);
    CONT.add(ROTUL5);
    CONT.add(ROTUL6);

    CONT.add(TEXT1);
    CONT.add(TEXT2);
    CONT.add(TEXT3);

    CONT.add(BOTAO);

    CONT.add(ROTUL7);
    CONT.add(ROTUL8);
    CONT.add(ROTUL9);
```

```java
    CONT.add(ROTUL1);
    CONT.add(ROTUL2);
    CONT.add(ROTUL3);

    ROTUL4.setBounds(30,20,150,20);
    ROTUL5.setBounds(30,50,150,20);
    ROTUL6.setBounds(30,80,150,20);

    TEXT1.setBounds(80,20,150,20);
    TEXT2.setBounds(80,50,150,20);
    TEXT3.setBounds(80,80,150,20);

    BOTAO.setBounds(95,110,70,20);

    ROTUL7.setBounds(30,140,150,20);
    ROTUL8.setBounds(30,170,150,20);
    ROTUL9.setBounds(30,200,150,20);

    ROTUL1.setBounds(80,140,150,20);
    ROTUL2.setBounds(80,170,150,20);
    ROTUL3.setBounds(80,200,150,20);

    AcionaBotao EVENTO = new AcionaBotao();
    BOTAO.addActionListener(EVENTO);

    setSize(273, 273);
    setVisible(true);

  }

  private class AcionaBotao implements ActionListener {
    public void actionPerformed(ActionEvent ae) {

        String NOME   = TEXT1.getText();
        String IDADE  = TEXT2.getText() + " anos";
        String ALTURA = TEXT3.getText();

        ROTUL1.setText(NOME);
        ROTUL2.setText(IDADE);
        ROTUL3.setText(ALTURA);

    }
  }
  public static void main(String args[]) {
    javax.swing.SwingUtilities.invokeLater(
      new Runnable() {
        public void run() {
          JFrame.setDefaultLookAndFeelDecorated(true);

          C09EX11 VISUAL = new C09EX11();
          VISUAL.setDefaultCloseOperation(JFrame.EXIT_ON_CLOSE);

        }
      }
    );
  }

}
```

Saia do editor de texto e na linha de comando escreva a chamada do compilador Java com a sintaxe **javac C09EX11.java**. Em seguida execute a sintaxe **java C09EX11** para ver o resultado do programa. A Figura 9.14 mostra a tela do programa com a entrada de dados.

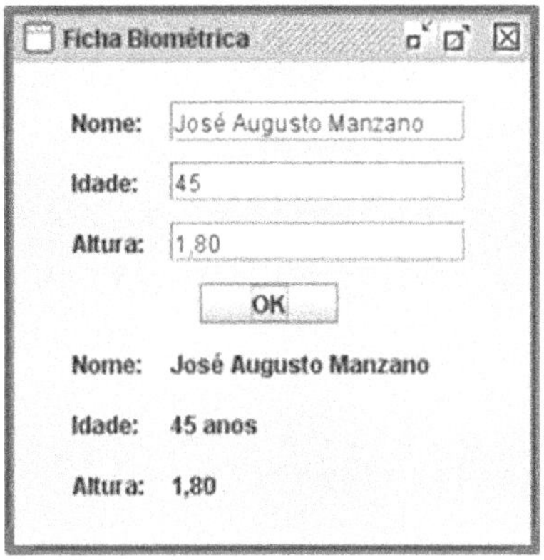

Figura 9.14 – Tela com formulário.

Para o desenvolvimento de interfaces gráficas na programação Java sem um editor para essa finalidade é necessário desenhar seu rascunho numa folha de *layout* para então ter uma ideia mais concreta dos componentes que deverão ser utilizados.

Outro ponto a ser observado é em relação ao mecanismo de entrada de dados com interface gráfica na linguagem Java, que é o fato de toda entrada de dados sempre ocorrer no formato texto. Toda entrada tem que ser efetuada por intermédio de **JTextField**.

Existe uma possibilidade de fazer com que a entrada de um determinado dado somente ocorra se esse dado obedecer a certa regra, como por exemplo efetuar a entrada só de caracteres alfabéticos ou só de valores numéricos inteiros, ou ainda somente de valores reais. A esse tipo de ação dá-se o nome consistência de dados.

A seguir serão realizadas algumas mudanças para que o programa **C09EX11.java** se torne o programa **C09EX12.java** e assim aceite apenas os dados de tipo correspondente à forma de entrada desejada. Onde for ocorrer a entrada do nome somente serão aceitos dados alfabéticos; onde for ocorrer a entrada da idade somente serão aceitos dados numéricos expressos em inteiros; onde for a entrada da altura serão aceitos dados numéricos expressos em reais (valores com o ponto de separação entre o expoente e a mantissa do número informado).

Na sequência, efetue a gravação do programa **C09EX11.java** com o nome **C09EX12.java**. Depois altere todas as referências do programa de **C09EX11** para **C09EX12** e proceda com as mudanças a seguir indicadas em negrito.

```
import javax.swing.*;
import java.awt.*;
import java.awt.event.*;
import javax.swing.text.*;
```

```java
public class C09EX12 extends JFrame {

  JTextField TEXT1;
  JTextField TEXT2;
  JTextField TEXT3;

  JLabel ROTUL1;
  JLabel ROTUL2;
  JLabel ROTUL3;

  public C09EX12() {

    super("Ficha Biométrica");

    Container CONT = getContentPane();

    JLabel ROTUL4 = new JLabel("Nome:");
    JLabel ROTUL5 = new JLabel("Idade:");
    JLabel ROTUL6 = new JLabel("Altura:");

    TEXT1 = new JTextField();
    TEXT2 = new JTextField();
    TEXT3 = new JTextField();

    TEXT1.setDocument(new AceitaVlrLetra());
    TEXT2.setDocument(new AceitaVlrNumInt());
    TEXT3.setDocument(new AceitaVlrNumFloat());

    JButton BOTAO = new JButton("OK");

    JLabel ROTUL7 = new JLabel("Nome:");
    JLabel ROTUL8 = new JLabel("Idade:");
    JLabel ROTUL9 = new JLabel("Altura:");

    ROTUL1 = new JLabel();
    ROTUL2 = new JLabel();
    ROTUL3 = new JLabel();

    setLayout(null);

    CONT.add(ROTUL4);
    CONT.add(ROTUL5);
    CONT.add(ROTUL6);

    CONT.add(TEXT1);
    CONT.add(TEXT2);
    CONT.add(TEXT3);

    CONT.add(BOTAO);

    CONT.add(ROTUL7);
    CONT.add(ROTUL8);
    CONT.add(ROTUL9);

    CONT.add(ROTUL1);
    CONT.add(ROTUL2);
    CONT.add(ROTUL3);
```

Interface Gráfica Básica

```java
    ROTUL4.setBounds(30,20,150,20);
    ROTUL5.setBounds(30,50,150,20);
    ROTUL6.setBounds(30,80,150,20);

    TEXT1.setBounds(80,20,150,20);
    TEXT2.setBounds(80,50,150,20);
    TEXT3.setBounds(80,80,150,20);

    BOTAO.setBounds(95,110,70,20);

    ROTUL7.setBounds(30,140,150,20);
    ROTUL8.setBounds(30,170,150,20);
    ROTUL9.setBounds(30,200,150,20);

    ROTUL1.setBounds(80,140,150,20);
    ROTUL2.setBounds(80,170,150,20);
    ROTUL3.setBounds(80,200,150,20);

    AcionaBotao EVENTO = new AcionaBotao();
    BOTAO.addActionListener(EVENTO);

    setSize(273, 273);
    setVisible(true);

  }

  public class AceitaVlrLetra extends PlainDocument {
    public void insertString(int VLR, String TXT, AttributeSet ATRIB)
    throws BadLocationException {

      char CARACTERE;
      byte NUMERO = 1, I = 0;
      for (I = 0; I < TXT.length(); I++) {
        CARACTERE = TXT.charAt(I);
        if (!Character.isLetter(CARACTERE))
          NUMERO = 0;
      }
      if(NUMERO != 0)
        super.insertString(VLR, TXT, ATRIB);

    }
  }

  public class AceitaVlrNumInt extends PlainDocument {
    public void insertString(int VLR, String TXT, AttributeSet ATRIB)
    throws BadLocationException {

      char CARACTERE;
      byte NUMERO = 1, I = 0;
      for (I = 0; I < TXT.length(); I++) {
        CARACTERE = TXT.charAt(I);
        if (!Character.isDigit(CARACTERE))
          NUMERO = 0;
      }
      if(NUMERO != 0)
        super.insertString(VLR, TXT, ATRIB);

    }
  }
```

```java
  public class AceitaVlrNumFloat extends PlainDocument {
    public void insertString(int VLR, String TXT, AttributeSet ATRIB)
    throws BadLocationException {

      char CARACTERE;
      byte NUMERO = 1, I = 0;
      for (I = 0; I < TXT.length(); I++) {
        CARACTERE = TXT.charAt(I);
        if (!Character.isDigit(CARACTERE) & CARACTERE != '.')
          NUMERO = 0;
      }
      if(NUMERO != 0)
        super.insertString(VLR, TXT, ATRIB);

    }
  }

  private class AcionaBotao implements ActionListener {
    public void actionPerformed(ActionEvent ae) {

      String NOME   = TEXT1.getText();
      String IDADE  = TEXT2.getText() + " anos";
      String ALTURA = TEXT3.getText();

      ROTUL1.setText(NOME);
      ROTUL2.setText(IDADE);
      ROTUL3.setText(ALTURA);

    }
  }

  public static void main(String args[]) {
    javax.swing.SwingUtilities.invokeLater(
      new Runnable() {
        public void run() {
          JFrame.setDefaultLookAndFeelDecorated(true);

          C09EX12 VISUAL = new C09EX12();
          VISUAL.setDefaultCloseOperation(JFrame.EXIT_ON_CLOSE);

        }
      }
    );
  }

}
```

Saia do editor de texto e na linha de comando escreva a chamada do compilador Java com a sintaxe **javac C09EX12.java**. Em seguida execute a sintaxe **java C09EX12** para ver o resultado do programa.

Tente no primeiro campo entrar com algum valor numérico e perceba que apenas é aceito conteúdo alfabético;, tente entrar com um valor do tipo real (*float*) no segundo campo e tente entrar com algum dado alfabético nos segundo e terceiro campos.

Interface Gráfica Básica

A seguir, faz-se uma descrição apenas dos pontos marcados em negrito no código anterior, não havendo a necessidade de uma análise do código todo, visto que isso foi realizado anteriormente. Assim, atente para o trecho de código:

```
import javax.swing.text.*;
```

Observe que o comando **import** está solicitando o uso do pacote **javax.swing.text.***, pois é nesse pacote que se encontram as classes, os métodos e os atributos de tratamento para objetos do tipo texto, ou seja, do tipo **String**, como é o caso, por exemplo, da classe **PlainDocument**.

Na sequência, atente também para o trecho de programa que efetua a chamada dos métodos que controlam a forma de entrada de dados permitida e associa esses métodos aos respectivos objetos que controlam cada um dos componentes do formulário, que são representados por:

```
TEXT1.setDocument(new AceitaVlrLetra());
TEXT2.setDocument(new AceitaVlrNumInt());
TEXT3.setDocument(new AceitaVlrNumFloat());
```

Observe que nas três linhas de código se faz uso dos métodos **setDocument()**, que têm por finalidade efetuar a inserção do conteúdo definido como parâmetro dentro do objeto **JTextField** correspondente. Note que dentro do método **setDocument()** estão sendo instanciadas as classes que controlarão a validade de cada um dos tipos de dados a serem aceitos.

Na sequência entre os códigos do método **main()** e da classe **AcionaBotao** encontram-se os trechos de código correspondentes a cada tipo de validação de entrada de acordo com o tipo de dado a ser aceito. Primeiramente, observe o trecho de código da classe **AceitaVlrLetra**.

```
 1: public class AceitaVlrLetra extends PlainDocument {
 2: public void insertString(int VLR, String TXT, AttributeSet ATRIB)
 3: throws BadLocationException {
 4:
 5:   char CARACTERE;
 6:   byte NUMERO = 1, I = 0;
 7:   for (I = 0; I < TXT.length(); I++) {
 8:     CARACTERE = TXT.charAt(I);
 9:     if (!Character.isLetter(CARACTERE))
10:       NUMERO = 0;
11:   }
12:   if(NUMERO != 0)
13:     super.insertString(VLR, TXT, ATRIB);
14:
15:   }
16: }
```

Na primeira linha encontra-se a definição da classe **AceitaVlrLetra**, a qual herda os métodos e atributos da classe **PlainDocument)**. A classe **PlainDocument** é uma *subclasse* da classe **AbstractDocument**, que, por sua vez, implementa a interface **Document**.

Na segunda linha ocorre o uso do método **insertString()**, que é invocado toda vez que ocorre uma modificação do conteúdo de um **JTextField**, nesse caso no conteúdo de um **JTextField** pertencente a um objeto de tipo **PlainDocument**. Note que o método **insertString()** opera com três parâmetros obrigatórios, o primeiro representado por **VLR** do tipo **int**, o qual indica o valor de deslocamento da posição inicial em que um objeto texto a ser utilizado é representado por **TXT** do tipo **String**. O parâmetro **TXT** representa o string que será inserido no contexto; nesse caso, o caractere informado será o caractere que deverá ser inserido, ou seja, que será em seguida verificado como válido ou inválido antes de ele ser registrado e aceito pelo componente **JTextField**. O parâmetro **ATRIB** do tipo **AttributeSet** representa o valor do atributo inserido no contexto aplicado. No entanto, nessa aplicação, apenas o parâmetro TXT está em uso, os outros dois parâmetros não estão sendo utilizados mas não podem ser desprezados e devem ser citados, por isso não se preocupe com eles.

Na terceira linha há a descrição **throws BadLocationException**, que é complementar ao código da segunda linha. Nesse caso, o método **insertString()** lança uma exceção do tipo **BadLocationException**, que é utilizada somente quando a posição de inserção for inválida. Quanto à finalidade do comando **throws**, este será ainda apresentado nesta obra. Assim, não se preocupe com esse comando agora.

Na quinta e sexta linhas ocorre a definição das variáveis simples que serão usadas dentro da classe para efetuar o seu processamento.

Na sétima linha encontra-se a definição do laço de repetição que executará a varredura no campo **JTextField** passado como parâmetro. Assim que um caractere é informado, ele é capturado pelo código da oitava linha e é associado à variável **CARACTERE**.

Na nona linha do código há o comando **if (!Character.isLetter(CARACTERE));**, que checa a validade de um caractere informado (antes de o caractere ser escrito no respectivo campo logo após seu acionamento no teclado). Nesse caso, esse trecho de programa verifica se o caractere informado por acaso não é uma letra (**Character.isLetter**). Se o caractere informado não for (note o uso do operador lógico de negação **!** – exclamação) uma letra, ou seja, for um número, então a variável **NUMERO** será atribuída com o valor **0** (zero), como indicado na décima linha. Depois que a variável **NUMERO** passa a ter o valor **0** (zero), o fluxo do programa é desviado para a 12.ª linha do código do programa, e nesse caso, por estar a variável **NUMERO** com o valor **0**, o código da 13.ª linha não será executado. Note que para executar o código da 13.ª linha é necessário que a variável **NUMERO** esteja com valor **1** (um). Ainda sobre a questão método **isLetter()** da classe **Character** para verificar se o caractere informado como parâmetro é uma letra, há a possibilidade de fazer uso dos métodos **isDigit()** para verificar se o caractere informado é um número, **isLetterOrDigit()** para verificar se o caractere informado é uma letra ou um número, **isLowerCase()** para verificar se o caractere informado é um caractere minúsculo, **isSpaceChar()** para verificar se o caractere informado é um espaço em branco e **isUpperCase()** para verificar se o caractere informado é um caractere maiúsculo. Os métodos da classe **Character** são métodos que geram como resposta um valor do tipo **boolean**, ou seja, verdadeiro (**true**) ou falso (**false**).

Na 13.ª linha encontra-se o comando **super.insertString(VLR, TXT, ATRIB);**, que transfere os valores dos parâmetros **VLR**, **TXT** e **ATRIB** por meio do método **insertString()** a sua *superclasse*, nesse caso **JTextField**, ou seja, se o valor informado for válido, ele será então apresentado logo após o acionamento da tecla correspondente no teclado.

O código da classe **AceitaVlrNumInt** assemelha-se ao código da classe **AceitaVlrLetra**. A diferença está na linha do comando **if (!Character.isDigit(CARACTERE));**, na qual se faz uso do método **isDigit()** da classe **Character**.

Para a classe **AceitaVlrFloat** ocorrem situações muito semelhantes às duas outras classes explanadas anteriormente. No entanto, nessa classe ocorre a permissão da entrada de dados numéricos e também do ponto para definição de um valor real. Isso ocorre por meio do comando **if (!Character.isDigit(CARACTERE) & CARACTERE != '.')**.

É muito comum ocorrer a necessidade, por vários motivos, de informar ao usuário de um programa de computador alguma mensagem de erro, mensagem de informação, mensagem de aviso ou alguma mensagem qualquer. Para fazer uso desse recurso, pode-se usar o método **showMessageDialog()**, **showConfirmDialog()**, **showInputDialog()** e **showOptionDialog()**. Como exemplo, considere o programa **C09EX13.java** a seguir.

```java
import javax.swing.*;
import java.awt.*;
import java.awt.event.*;
import javax.swing.text.*;

public class C09EX13 extends JFrame {

  JTextField TEXT1;

  public C09EX13() {

    super("Validação Numérica");
    Container CONT = getContentPane();

    JLabel ROTUL1 = new JLabel("Entre um valor numérico inteiro:");
    TEXT1 = new JTextField();
    JButton BOTAO = new JButton("OK");

    TEXT1.setDocument(new AceitaVlrNumInt());

    setLayout(null);

    CONT.add(ROTUL1);
    CONT.add(TEXT1);
    CONT.add(BOTAO);

    ROTUL1.setBounds(30,30,185,20);
    TEXT1.setBounds(225,30,50,20);
    BOTAO.setBounds(120,80,70,20);

    AcionaBotao EVENTO = new AcionaBotao();
    BOTAO.addActionListener(EVENTO);
```

```java
      setSize(310, 160);
      setVisible(true);

   }

   public class AceitaVlrNumInt extends PlainDocument {
      public void insertString(int VLR, String TXT, AttributeSet ATRIB)
      throws BadLocationException {

         char CARACTERE;
         byte NUMERO = 1, I = 0;
         for (I = 0; I < TXT.length(); I++) {
            CARACTERE = TXT.charAt(I);
            if (!Character.isDigit(CARACTERE))
               NUMERO = 0;
         }
         if(NUMERO != 0)
            super.insertString(VLR, TXT, ATRIB);

      }
   }

   private class AcionaBotao implements ActionListener {
      public void actionPerformed(ActionEvent ae) {

         int NUMERO;
         String SNUM = TEXT1.getText(), TEXTO;

         NUMERO = Integer.valueOf(SNUM).intValue();

         if (NUMERO >= 20 && NUMERO <= 90) {
            TEXTO = "O valor está entre 20 e 90";
            JOptionPane.showMessageDialog(null, TEXTO); }
         else {
            TEXTO = "O valor não está entre 20 e 90";
            JOptionPane.showMessageDialog(null, TEXTO);
         }
      }

   }

   public static void main(String args[]) {
      javax.swing.SwingUtilities.invokeLater(
         new Runnable() {
            public void run() {
               JFrame.setDefaultLookAndFeelDecorated(true);
               JDialog.setDefaultLookAndFeelDecorated(true);
               C09EX13 VISUAL = new C09EX13();
               VISUAL.setDefaultCloseOperation(JFrame.EXIT_ON_CLOSE);
            }
         }
      );
   }
}
```

Interface Gráfica Básica

Saia do editor de texto e na linha de comando escreva a chamada do compilador Java com a sintaxe **javac C09EX13.java**. Em seguida execute a sintaxe **java C09EX13** para ver o resultado do programa, que apresentará suas telas semelhantes às da Figura 9.15.

Figura 9.15 – Programa Validação Numérica.

Entre com o valor **10** e veja a apresentação da mensagem **O valor não está entre 20 e 90**, depois entre com o valor **85** e veja a apresentação da mensagem **O valor está entre 20 e 90**.

Outros Recursos Básicos

Este capítulo dá continuidade ao capítulo anterior, e nesse sentido aborda o uso dos recursos relacionados à criação e uso de botões de seleção (radio-button), caixas de checagem, caixas de listagem, painel de rolamento, uso de imagens externas, caixas combinadas e a criação de janelas translúcidas.

10.1 Método JRadioButton

Um componente baseado no método **JRadioButton()** tem por finalidade proporcionar a definição de um conjunto de opções por meio de botões de opção, em que apenas uma das opções definidas é acionada para que uma ação a ela relacionada seja executada.

Para exemplificar esse tipo de ação a ser tratada na linguagem Java, considere um programa que solicita o nome de uma pessoa e sugere que essa pessoa selecione seu sexo. Depois o programa apresenta uma mensagem de saudação apropriada para o sexo selecionado. No seu editor de texto, escreva o código seguinte e grave-o com o nome **C10EX01.java**.

```
import javax.swing.*;
import java.awt.*;
import java.awt.event.*;

public class C10EX01 extends JFrame {

  JTextField TEXT1;
  JRadioButton RADIO1 = new JRadioButton("Masculino", true);
  JRadioButton RADIO2 = new JRadioButton("Feminino");

  public C10EX01() {

    super("Atendimento");
```

```java
    Container CONT = getContentPane();
    ButtonGroup GRUPO = new ButtonGroup();

    JLabel ROTUL1 = new JLabel("Entre seu nome:");
    JLabel ROTUL2 = new JLabel("Selecione seu sexo:");
    TEXT1 = new JTextField();
    JButton BOTAO = new JButton("OK");

    setLayout(null);

    GRUPO.add(RADIO1);
    GRUPO.add(RADIO2);

    CONT.add(ROTUL1);
    CONT.add(TEXT1);
    CONT.add(ROTUL2);
    CONT.add(RADIO1);
    CONT.add(RADIO2);
    CONT.add(BOTAO);

    ROTUL1.setBounds(30,30,110,20);
    TEXT1.setBounds(160,30,100,20);

    ROTUL2.setBounds(30,60,130,20);
    RADIO1.setBounds(160,60,100,20);
    RADIO2.setBounds(160,80,100,20);

    BOTAO.setBounds(120,120,70,20);

    AcionaBotao EVENTO = new AcionaBotao();
    BOTAO.addActionListener(EVENTO);

    setSize(310, 200);
    setVisible(true);

}

private class AcionaBotao implements ActionListener {
  public void actionPerformed(ActionEvent ae) {

    String TEXTO;

    if (RADIO1.isSelected() == true) {
      TEXTO = "Olá, Senhor \n" + TEXT1.getText();
      JOptionPane.showMessageDialog(
        null, TEXTO, "Saudação para homem", 1
      );
    }

    if (RADIO2.isSelected() == true) {
      TEXTO = "Olá, Senhora \n" + TEXT1.getText();
      JOptionPane.showMessageDialog(
        null, TEXTO, "Saudação para mulher", 1
      );
    }
```

Outros Recursos Básicos

```
      TEXT1.setText("");
      TEXT1.requestFocus();

    }

  }

  public static void main(String args[]) {
    javax.swing.SwingUtilities.invokeLater(
      new Runnable() {
        public void run() {
          JFrame.setDefaultLookAndFeelDecorated(true);
          JDialog.setDefaultLookAndFeelDecorated(true);
          C10EX01 VISUAL = new C10EX01();
          VISUAL.setDefaultCloseOperation(JFrame.EXIT_ON_CLOSE);
        }
      }
    );
  }
}
```

Saia do editor de texto e na linha de comando escreva a chamada do compilador Java com a sintaxe **javac C10EX01.java**. Em seguida execute a sintaxe **java C10EX01** para ver o resultado do programa. A Figura 10.1 apresenta o conjunto de imagens geradas na execução do programa. Observe atentamente o resultado apresentado junto a cada caixa de diálogo com a mensagem de saída.

Figura 10.1 – Execução do programa C10EX01.java.

O método **JRadioButton()** proporciona o uso de um conjunto de botões de opção. Note que esse método difere um pouco dos demais métodos vistos até então, pois para ser utilizado e possuir perfeita funcionalidade necessita estar agregado a um conjunto predefinido de botões. Esse conjunto de botões é definido pelo uso de um objeto instanciado a partir da classe **ButtonGroup**.

O uso da classe **ButtonGroup** agrupa componentes de modo que quando um item da lista é marcado os demais itens são automaticamente desmarcados. Dessa forma, não importa quantos itens haja, apenas um estará marcado.

Na instrução **JRadioButton RADIO1 = new JRadioButton("Masculino", true);** há a definição do objeto **RADIO1** e o objeto **RADIO2** está sendo definido com a instrução **JRadioButton RADIO2 = new JRadioButton("Feminino");**. Note que o objeto **RADIO1** é instanciado a partir de **JRadioButton("Masculino",true)**, de forma que essa opção, quando apresentada, estará automaticamente selecionada. Esse efeito ocorre com a definição do segundo parâmetro, marcado como **true** para o método **JRadioButton()**. O primeiro parâmetro define o rótulo de identificação pelo qual o componente será apresentado. Na nona linha ocorre apenas o uso do parâmetro que determina o nome de identificação do componente.

Na instrução **ButtonGroup GRUPO = new ButtonGroup();** ocorre a definição do objeto **GRUPO** instanciado a partir da classe **ButtonGroup**, o qual será usado para agregar os componentes do método **JRadioButton()** em um grupo a ser definido.

Os componentes do tipo **JRadioButton** são tratados onde ocorre a verificação condicional de sua seleção por meio da instrução **if (RADIO1.isSelected() == true)** e pela instrução **if (RADIO2.isSelected() == true)**.

A instrução **TEXT1.setText("");** efetua a limpeza com um branco sobre o componente manipulado pela variável **TEXT1**. Assim, o conteúdo informado para o componente representado por **TEXT1** é removido do campo.

A instrução **TEXT1.requestFocus();**, por meio do método **requestFocus()** devolve para o componente o foco (o cursor) para a variável **TEXT1**. Dessa forma, o comportamento operacional do programa ocorre como se tivesse acabado de ser executado.

10.2 Método JCheckBox

Um componente baseado no método **JCheckButton()** tem por finalidade proporcionar a definição de um conjunto de opções por meio de Caixas de seleção, em que uma ou mais caixas podem ser selecionadas simultaneamente.

Para exemplificar o uso do método **JCheckButton()**, considere um pequeno programa que apresentará para um cliente de uma concessionária de veículos as opções de acessórios que ele poderá escolher para seu automóvel. Ao escolher um acessório, o programa deverá apresentar o valor do item selecionado, e, à medida que os itens forem selecionados, o programa deverá apresentar também o total a ser pago para aquisição dos acessórios escolhidos. Assim, o programa deverá disponibilizar as opções: **Ar Condicionado**, **Ar Quente**, **Direção Hidráulica**, **Pintura Metálica**, **Kit Elétrico** e **Câmbio Automático**. No entanto, os itens **Ar Condicionado** e **Ar Quente** são incompatíveis e não podem ser selecionados simultaneamente. Se um deles estiver marcado o outro a ser selecionado desmarcará o item previamente selecionado. No seu editor de texto, escreva o código a seguir e grave-o com o nome **C10EX02.java**.

```java
import javax.swing.*;
import java.awt.*;
import java.awt.event.*;

public class C10EX02 extends JFrame {

  JTextField TEXT1;

  JCheckBox ARC;  //  AR Condicionado
  JCheckBox ARQ;  //  AR Quente
  JCheckBox DIR;  //  DIRecao Hidraulica
  JCheckBox PME;  //  Pintura MEtalica
  JCheckBox KEL;  //  Kit ELetrico
  JCheckBox CAM;  //  CAMbio Automatico

  long TOTAL =    0; // Valores em dolares
  long VARC = 1599;
  long VARQ =  523;
  long VDIR = 1950;
  long VPME =  652;
  long VKEL =  155;
  long VCAM = 1325;

  public C10EX02() {

    super("Concessionária Multi Marcas");
    Container CONT = getContentPane();
    JLabel ROTUL1 = new JLabel("Selecione os acessórios");
    TEXT1 = new JTextField();

    TEXT1.setHorizontalAlignment(JTextField.CENTER);

    ARC = new JCheckBox("Ar Condicionado");
    ARQ = new JCheckBox("Ar Quente");
    DIR = new JCheckBox("Direção Hidráulica");
    PME = new JCheckBox("Pintura Metálica");
    KEL = new JCheckBox("Kit Elétrico");
    CAM = new JCheckBox("Câmbio Automático");

    ARC.setSelected(false);
    ARQ.setSelected(false);
    DIR.setSelected(false);
    PME.setSelected(false);
    KEL.setSelected(false);
    CAM.setSelected(false);

    setLayout(null);

    CONT.add(ROTUL1);

    CONT.add(ARC);
    CONT.add(ARQ);
    CONT.add(DIR);
    CONT.add(PME);
```

```java
    CONT.add(KEL);
    CONT.add(CAM);

    CONT.add(TEXT1);

    ROTUL1.setBounds(30,20,180,20);

    ARC.setBounds(30,60,140,20);
    ARQ.setBounds(30,90,140,20);
    DIR.setBounds(30,120,140,20);
    PME.setBounds(30,150,140,20);
    KEL.setBounds(30,180,140,20);
    CAM.setBounds(30,210,140,20);

    TEXT1.setBounds(50,255,190,20);

    ARC.addActionListener(new OPCAO1());
    ARQ.addActionListener(new OPCAO2());
    DIR.addActionListener(new OPCAO3());
    PME.addActionListener(new OPCAO4());
    KEL.addActionListener(new OPCAO5());
    CAM.addActionListener(new OPCAO6());

    TEXT1.setText(String.valueOf(TOTAL));

    setSize(290, 330);
    setVisible(true);

  }

  private class OPCAO1 implements ActionListener {
    public void actionPerformed(ActionEvent ae) {

      String TEXTO = "Ar Condicionado é incompatível com Ar Quente";

      TOTAL = Long.valueOf(TEXT1.getText()).longValue();

      if (ARC.isSelected() & ARQ.isSelected()) {
        ARQ.setSelected(false);
        JOptionPane.showMessageDialog(null, TEXTO, "Erro", 1);
        TOTAL -= VARQ;
      }

      if (ARC.isSelected())
        TOTAL += VARC;
      else
        TOTAL -= VARC;

      TEXT1.setText(String.valueOf(TOTAL));

    }
  }
```

Outros Recursos Básicos

```java
  private class OPCAO2 implements ActionListener {
    public void actionPerformed(ActionEvent ae) {

      String TEXTO = "Ar Quente é incompatível com Ar Condicionado";

      TOTAL = Long.valueOf(TEXT1.getText()).longValue();

      if (ARC.isSelected() & ARQ.isSelected()) {
        ARC.setSelected(false);
        JOptionPane.showMessageDialog(null, TEXTO, "Erro", 1);
        TOTAL -= VARC;
      }

      if (ARQ.isSelected())
        TOTAL += VARQ;
      else
        TOTAL -= VARQ;

      TEXT1.setText(String.valueOf(TOTAL));

    }
  }

  private class OPCAO3 implements ActionListener {
    public void actionPerformed(ActionEvent ae) {

      TOTAL = Long.valueOf(TEXT1.getText()).longValue();

      if (DIR.isSelected())
        TOTAL += VDIR;
      else
        TOTAL -= VDIR;

      TEXT1.setText(String.valueOf(TOTAL));

    }
  }

  private class OPCAO4 implements ActionListener {
    public void actionPerformed(ActionEvent ae) {

      TOTAL = Long.valueOf(TEXT1.getText()).longValue();

      if (PME.isSelected())
        TOTAL += VPME;
      else
        TOTAL -= VPME;

      TEXT1.setText(String.valueOf(TOTAL));

    }
  }
```

```java
  private class OPCAO5 implements ActionListener {
    public void actionPerformed(ActionEvent ae) {

      TOTAL = Long.valueOf(TEXT1.getText()).longValue();

      if (KEL.isSelected())
         TOTAL += VKEL;
      else
         TOTAL -= VKEL;

      TEXT1.setText(String.valueOf(TOTAL));

    }
  }

  private class OPCAO6 implements ActionListener {
    public void actionPerformed(ActionEvent ae) {

      TOTAL = Long.valueOf(TEXT1.getText()).longValue();

      if (CAM.isSelected())
         TOTAL += VCAM;
      else
         TOTAL -= VCAM;

      TEXT1.setText(String.valueOf(TOTAL));

    }
  }

  public static void main(String args[]) {
    javax.swing.SwingUtilities.invokeLater(
      new Runnable() {
        public void run() {
           JFrame.setDefaultLookAndFeelDecorated(true);
           JDialog.setDefaultLookAndFeelDecorated(true);
           C10EX02 VISUAL = new C10EX02();
           VISUAL.setDefaultCloseOperation(JFrame.EXIT_ON_CLOSE);
        }
      }
    );
  }
}
```

Saia do editor de texto e na linha de comando escreva a chamada do compilador Java com a sintaxe **javac C10EX02.java**. Em seguida execute a sintaxe **java C10EX02** para ver o resultado do programa. A Figura 10.2 apresenta o conjunto de imagens geradas na execução do programa.

Outros Recursos Básicos

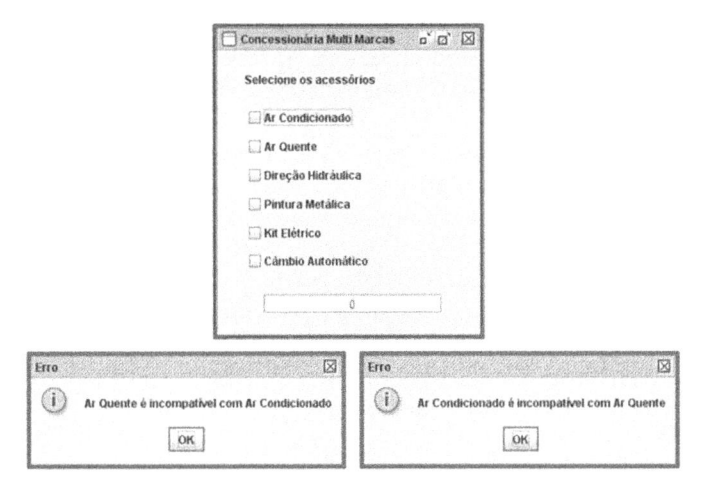

Figura 10.2 – Telas do programa Concessionária.

Cabe ressaltar que para um problema existem várias soluções. Assim, para o exemplo apresentado existem outras soluções, mas a solução aqui apresentada, apesar de um pouco longa, possibilita um exercício lógico muito importante e interessante, além de proporcionar uma visão clara da finalidade de funcionamento de componentes baseados em caixas de opção.

```
JCheckBox ARC;  // AR Condicionado
JCheckBox ARQ;  // AR Quente
JCheckBox DIR;  // DIRecao Hidraulica
JCheckBox PME;  // Pintura MEtalica
JCheckBox KEL;  // Kit ELetrico
JCheckBox CAM;  // CAMbio Automático
```

O trecho acima define as variáveis que serão usadas para manipular os componentes baseados no método **JCheckButton()**. Após a definição de cada variável há a indicação de um comentário para indicar a ação a ser realizada. Quando quiser colocar um comentário de apenas uma linha, use os símbolos **//**. Comentários com mais de uma linha devem ser iniciados com **/*** e finalizados com ***/** . Esse estilo ainda será exemplificado.

```
long TOTAL =    0; // Valores em dolares
long VARC = 1599;
long VARQ =  523;
long VDIR = 1950;
long VPME =  652;
long VKEL =  155;
long VCAM = 1325;
```

O trecho anterior é bastante simples e está sendo utilizado para estabelecer uma tabela de preço para os cálculos que o programa deverá executar.

```
TEXT1.setHorizontalAlignment(JTextField.CENTER);
```

A linha de código anterior por intermédio do método **setHorizontalAlignment()** pertencente à classe **JTextField** possibilita fazer a apresentação de um determinado texto no sentido centralizado. O método **setHorizontalAlignment()** faz uso de um parâmetro que determina o sentido de apresentação do texto, e os mais importantes são: **JTextField.LEFT** para apresentação do texto à esquerda de um campo **JTextField**, que é o modo padrão; **JTextField.CENTER** para apresentação do texto centralizado em um campo **JTextField**, como demonstrado neste exemplo; e **JTextField. RIGHT** para apresentação de um texto à direita de um campo **JTextField**.

```
ARC = new JCheckBox("Ar Condicionado");
ARQ = new JCheckBox("Ar Quente");
DIR = new JCheckBox("Direção Hidráulica");
PME = new JCheckBox("Pintura Metálica");
KEL = new JCheckBox("Kit Elétrico");
CAM = new JCheckBox("Câmbio Automático");
```

O trecho de código anterior instancia para as variáveis do tipo objeto o estado de comportamento para representar os componentes do tipo classe **JCheckBox** e estabelece para cada um o nome que será apresentado ao lado de cada caixa de opção.

```
ARC.setSelected(false);
ARQ.setSelected(false);
DIR.setSelected(false);
PME.setSelected(false);
KEL.setSelected(false);
CAM.setSelected(false);
```

O trecho anterior do código define o valor do estado atual de cada uma das caixas de opção por meio do método **setSelected()** da classe **JCheckBox**. O método **setSelected()** possui como recurso a definição de um parâmetro lógico que poderá estar configurado como **false** para apresentar a caixa de opção desmarcada ou **true** para apresentar a caixa de opção marcada.

```
ARC.addActionListener(new OPCAO1());
ARQ.addActionListener(new OPCAO2());
DIR.addActionListener(new OPCAO3());
PME.addActionListener(new OPCAO4());
KEL.addActionListener(new OPCAO5());
CAM.addActionListener(new OPCAO6());
```

O trecho anterior já é conhecido, mas nesse programa está grafado de maneira diferente. Esse trecho é responsável por capturar um evento quando da seleção de uma das caixas de opção por intermédio do ponteiro do mouse. Assim que uma opção é marcada ou desmarcada, a rotina associada a ela é imediatamente executada.

```java
private class OPCAO1 implements ActionListener {
  public void actionPerformed(ActionEvent ae) {

    String TEXTO = "Ar Condicionado é incompatível com Ar Quente";

    TOTAL = Long.valueOf(TEXT1.getText()).longValue();

    if (ARC.isSelected() & ARQ.isSelected()) {
      ARQ.setSelected(false);
       JOptionPane.showMessageDialog(null, TEXTO, "Erro", 1);
      TOTAL -= VARQ;
    }

    if (ARC.isSelected())
      TOTAL += VARC;
    else
      TOTAL -= VARC;

    TEXT1.setText(String.valueOf(TOTAL));

  }
}

private class OPCAO2 implements ActionListener {
  public void actionPerformed(ActionEvent ae) {

    String TEXTO = "Ar Quente é incompatível com Ar Condicionado";

    TOTAL = Long.valueOf(TEXT1.getText()).longValue();

    if (ARC.isSelected() & ARQ.isSelected()) {
      ARC.setSelected(false);
      JOptionPane.showMessageDialog(null, TEXTO, "Erro", 1);
      TOTAL -= VARC;
    }

    if (ARQ.isSelected())
      TOTAL += VARQ;
    else
      TOTAL -= VARQ;

    TEXT1.setText(String.valueOf(TOTAL));

  }
}
```

As duas rotinas anteriores (que controlam o disparo dos eventos quando uma caixa de opção é marcada ou desmarcada) são as mais charmosas desse programa, pois possibilitam efetuar o controle de selecionar apenas uma opção entre duas disponíveis, dando a ideia de incompatibilidade entre alguns itens de um conjunto de itens disponíveis. Esse efeito de selecionar uma ou outra opção é conseguido não com recursos exclusivos da linguagem Java, mas sim com a aplicação de uma base de algoritmos computacionais por meio da instrução **if (ARC.isSelected() & ARQ.isSelected())**, existente em ambas as rotinas. Com exceção da linha de código que controla o trecho de seleção exclusiva de uma ou outra opção, as demais linhas dessas duas rotinas são semelhantes em relação às demais.

```
private class OPCAO3 implements ActionListener {
  public void actionPerformed(ActionEvent ae) {

    TOTAL = Long.valueOf(TEXT1.getText()).longValue();

    if (DIR.isSelected())
      TOTAL += VDIR;
    else
      TOTAL -= VDIR;

    TEXT1.setText(String.valueOf(TOTAL));

  }
}
```

O trecho de código anterior que controla o evento **OPCAO3** tem seu código semelhante ao das demais rotinas de controle de eventos existentes no programa. A diferença está no conjunto de variáveis manipuladas por cada uma das rotinas. Observe que em todas as seis rotinas há sempre um trecho controlado por uma linha de código similar à linha **if (DIR.isSelected())**, em que é verificado por meio do método **isSelected()** se uma determinada caixa de opção está ou não marcada. O método **isSelected()** é um método lógico. Se estiver marcado, possuirá internamente um valor **true** e nesse caso somará o valor do referido item à variável **TOTAL**. Caso contrário, irá subtrair da variável **TOTAL** o valor do item desmarcado.

10.3 Classe JList com classe JScrollPane

A classe **JList** que herda da classe **JComponent** suas características possibilita a definição e o uso de um componente denominado caixa de listagem. A caixa de listagem é um componente que apresenta uma série de itens, em que é possível selecionar um ou mesmo mais itens. No entanto, o componente manipulado pela classe **JList** não possui a capacidade de efetuar rolagem, o que obriga a combiná-lo com o recurso da classe **JScrollPane**. Os exemplos desta seção contemplam apenas a seleção de um único item, uma vez que esses recursos estão sendo apresentados de forma básica e ilustrativa.

Para exemplificar o uso da classe **JList** em conjunto com a classe **JScrollPane**, considere um pequeno programa que apresentará a lista dos 26 estados brasileiros e também o Distrito Federal. Ao ser selecionado um item na lista, o programa apresentará a sigla de identificação da unidade federativa e o nome da respectiva capital. No seu editor de texto, escreva o código a seguir e grave-o com o nome **C10EX03.java**.

```java
import javax.swing.*;
import java.awt.*;
import java.awt.event.*;
import javax.swing.event.*;

public class C10EX03 extends JFrame {

  JLabel ROTUL2;
  JLabel ROTUL3;

  JList LISTA;

  String ESTADO[] = {
    "Acre",               "Alagoas",              "Amapá",
    "Amazonas",           "Bahia",                "Ceará",
    "Distrito Federal",   "Espírito Santo",       "Goiás",
    "Maranhão",           "Mato Grosso",          "Mato Grosso do Sul",
    "Minas Gerais",       "Pará",                 "Paraíba",
    "Paraná",             "Pernambuco",           "Piauí",
    "Rio de Janeiro",     "Rio Grande do Norte",  "Rio Grande do Sul",
    "Rondônia",           "Roraima",              "Santa Catarina",
    "São Paulo",          "Sergipe",              "Tocantins"
  };

  String UNIFED[] = {
    "AC", "AL", "AP",
    "AM", "BA", "CE",
    "DF", "ES", "GO",
    "MA", "MT", "MS",
    "MG", "PA", "PB",
    "PR", "PE", "PI",
    "RJ", "RN", "RS",
    "RO", "RR", "SC",
    "SP", "SE", "TO"
  };

  String CAPITAL[] = {
    "Rio Branco",       "Maceió",      "Macapá",
    "Manaus",           "Salvador",    "Fortaleza",
    "Brasília",         "Vitória",     "Goiânia",
    "São Luís",         "Cuiabá",      "Campo Grande",
    "Belo Horizonte",   "Belém",       "João Pessoa",
    "Curitiba",         "Recife",      "Teresina",
    "Rio de Janeiro",   "Natal",       "Porto Alegre",
    "Porto Velho",      "Boa Vista",   "Florianópolis",
    "São Paulo",        "Aracaju",     "Palmas"
  };

  public C10EX03() {

    super("Estados Brasileiros");
    Container CONT = getContentPane();
```

```java
    JLabel ROTUL1 = new JLabel("Selecione um Estado");
    JLabel ROTUL4 = new JLabel("Capital:");
    JLabel ROTUL5 = new JLabel("Unidade Federativa:");

    LISTA  = new JList(ESTADO);
    ROTUL2 = new JLabel(CAPITAL[0]);
    ROTUL3 = new JLabel(UNIFED[0]);

    LISTA.setSelectedIndex(0);
    LISTA.setSelectionMode(ListSelectionModel.SINGLE_SELECTION);

    ROTUL2.setHorizontalAlignment(JLabel.RIGHT);
    ROTUL3.setHorizontalAlignment(JLabel.RIGHT);

    JScrollPane ROLAGEM = new JScrollPane(LISTA);

    setLayout(null);

    CONT.add(ROTUL1);
    CONT.add(ROLAGEM);
    CONT.add(ROTUL4);
    CONT.add(ROTUL5);
    CONT.add(ROTUL2);
    CONT.add(ROTUL3);

    ROTUL1.setBounds(75,20,200,20);
    ROLAGEM.setBounds(75,50,250,95);
    ROTUL4.setBounds(75,150,130,20);
    ROTUL5.setBounds(75,170,130,20);

    ROTUL2.setBounds(195,150,130,20);
    ROTUL3.setBounds(195,170,130,20);

    LISTA.addListSelectionListener(new EVENTO());

    setSize(400, 245);
    setVisible(true);

  }

  private class EVENTO implements ListSelectionListener {
    public void valueChanged (ListSelectionEvent lse) {

      int I = LISTA.getSelectedIndex();
      String MOSTRACAP = CAPITAL[I];
      String MOSTRAUFE = UNIFED[I];

      ROTUL2.setText(MOSTRACAP);
      ROTUL3.setText(MOSTRAUFE);

    }
  }
```

```
    public static void main(String args[]) {
      javax.swing.SwingUtilities.invokeLater(
        new Runnable() {
          public void run() {
            JFrame.setDefaultLookAndFeelDecorated(true);
            JDialog.setDefaultLookAndFeelDecorated(true);
            C10EX03 VISUAL = new C10EX03();
            VISUAL.setDefaultCloseOperation(JFrame.EXIT_ON_CLOSE);
          }
        }
      );
    }
  }
```

Saia do editor de texto e na linha de comando escreva a chamada do compilador Java com a sintaxe **javac C10EX03.java**. Assim que isso for feito, ocorrerá a apresentação de duas mensagens de advertência do tipo:

```
Note: C10EX03.java uses unchecked or unsafe operations.
Note: Recompile with -Xlint:unchecked for details.
```

A apresentação de mensagens de advertência não indica erro de escrita no código do programa, pois mesmo a advertência sendo feita o programa é compilado e poderá ser executado normalmente. A advertência normalmente indica que alguma coisa escrita no código pode ser feita de uma outra forma.

No caso do programa apresentado, este deverá ficar codificado como está. Assim, execute **java C10EX03** para ver o resultado do programa. A Figura 10.3 apresenta a imagem gerada na execução do programa.

Durante a execução do programa, vá selecionando os itens da lista e observe a mudança do nome da capital de cada estado e também a mudança da sigla de identificação da unidade federativa.

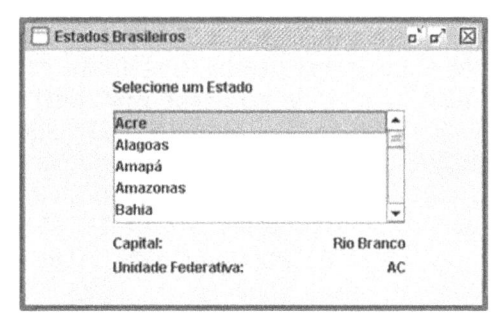

Figura 10.3 – Tela do programa Estados brasileiros.

Pelo fato de esse programa ser longo, a análise do seu código será realizada a seguir a partir dos trechos que possuem detalhes operacionais de codificação ainda desconhecidos.

```
import javax.swing.event.*;
```

Para o tratamento dos eventos gerados para a classe **JList**, deve-se fazer uso do pacote **javax.swing.event.***.

```
JList LISTA;
```

No programa, antes da definição dos arranjos **ESTADO[]**, **INIFED[]** e **CAPITAL[]** é definida a partir da classe **JList** a variável objeto **LISTA** que será usada para criar a lista de seleção com base na definição dos estados.

```
LISTA  = new JList(ESTADO);
ROTUL2 = new JLabel(CAPITAL[0]);
ROTUL3 = new JLabel(UNIFED[0]);
```

No construtor da classe **C10EX03** é definida a instância da variável objeto **LISTA** a partir da variável arranjo **ESTADO**. Assim, a variável **LISTA** passa a possuir todos os itens definidos para a variável do tipo arranjo **ESTADO**. Em relação a **ROTUL2** e **ROTUL3** ocorre a instância de seus valores a partir do primeiro elemento armazenado respectivamente nas variáveis arranjo **CAPITAL** e **UNIFED**. Dessa forma, quando o programa é executado, os dados a essas variáveis são automaticamente apresentados por meio da classe **EVENTO**.

```
LISTA.setSelectedIndex(0);
LISTA.setSelectionMode(ListSelectionModel.SINGLE_SELECTION);
```

Na linha de código **LISTA.setSelectedIndex(0);**, ocorre a definição da seleção do primeiro item da lista por meio do método **setSelectedIndex()**. Por essa razão é que aparece o Estado do **Acre** com uma barra de seleção já posicionada.

Na linha de código **LISTA.setSelectionMode(ListSelectionModel.SINGLE_SELECTION);**, ocorre a definição da forma em que será permitido efetuar a seleção dos itens definidos para o objeto **LISTA** por meio do método **setSelectionMode()**, o qual recebe como parâmetro neste exemplo o valor **ListSelectionModel.SINGLE_SELECTION**, que determina que o tipo de seleção será feito de forma simples, ou seja, só é possível selecionar um item por vez. O método **setSelectionMode()** também aceita como parâmetro para **ListSelectionModel** os valores **SINGLE_INTERVAL_SELECTION** para selecionar vários itens em um intervalo contíguo e **MULTIPLE_INTERVAL_SELECTION** para selecionar vários itens sem que haja a restrição de selecionar um intervalo.

```
ROTUL2.setHorizontalAlignment(JLabel.RIGHT);
ROTUL3.setHorizontalAlignment(JLabel.RIGHT);
```

Anteriormente foi visto o uso do método **setHorizontalAlignment()** a partir da classe **JTextField** definindo a apresentação de um conteúdo de forma centralizada. Nesse programa está em uso o método **setHorizontalAlignment()**, pertencente à classe **JLabel**. Tanto a classe **JTextField** como a classe **JLabel** possuem o método **setHorizontalAlignment()**. Em ambos os casos o funcionamento do método **setHorizontalAlignment()** é semelhante. Neste exemplo o método **setHorizontalAlignment()** está apresentando os textos de **ROTUL2** e **ROTUL3** na posição direita por meio de **JLabe.RIGHT**.Também poderão ser utilizados **JLabel.LEFT** para apresentação do texto à esquerda e **JLabel.CENTER** para apresentação de texto centralizado.

```
JScrollPane ROLAGEM = new JScrollPane(LISTA);
```

A variável objeto **ROLAGEM** está sendo instanciada a partir da classe **JScrollPane** e assim associando para o objeto **LISTA** uma barra de rolagem por meio de **new JScrollPane(LISTA)**, a qual será apresentada quando do uso do componente **JList** que está instanciado junto à variável objeto **LISTA**.

```
LISTA.addListSelectionListener(new EVENTO());
```

O método **addListSelectionListener()** é usado para registrar o objeto **LISTA** de forma semelhante à usada para registrar um objeto manipulado pelo método **JButton()**. Dessa forma, será possível ao usuário conseguir selecionar um item da lista e executar na sequência uma determinada ação, que nesse caso está definida junto à classe **EVENTO**.

```
private class EVENTO implements ListSelectionListener {
  public void valueChanged (ListSelectionEvent lse) {

    int I = LISTA.getSelectedIndex();
    String MOSTRACAP = CAPITAL[I];
    String MOSTRAUFE = UNIFED[I];

    ROTUL2.setText(MOSTRACAP);
    ROTUL3.setText(MOSTRAUFE);

  }
}
```

A classe **EVENTO** é implementada a partir da interface **ListSelectionListener**, que possibilita efetuar o tratamento dos eventos da classe **JList**. A interface **ListSelectionListener** possibilita ter acesso às ações que poderão ser executadas por um objeto instanciado a partir da classe **JList**. Assim, é possível reconhecer a escolha realizada na lista de itens toda vez que o valor do método **valueChanged()** é alterado por intermédio de **ListSelectionEvent**.

Na classe **EVENTO** ocorrem algumas ações, como o uso do método **getSelectionIndex()**, que consegue capturar o valor de índice do item selecionado no objeto **LISTA**, atribuindo esse valor à variável **I**, que será usada para determinar para a variável **MOSTRACAP** (mostra capital) o conteúdo (o elemento) localizado em **CAPITAL[I]** e para a variável **MOSTRAUFE** (mostra unidade federativa) o conteúdo em **UNIFED[I]**.

O programa anterior possui um exemplo muito interessante de interatividade, pois ao ser selecionado um estado na lista ocorre a apresentação do nome da capital daquele estado e também da sigla de sua unidade federativa. Imagine que além dessas informações o programa apresenta a imagem da bandeira de cada estado. Para tanto, altere todas as referências **C10EX03** do programa atual para **C10EX04** e efetue a gravação do programa com o nome **C10EX04.java**.

Será necessário possuir um conjunto de imagens que poderão estar gravadas em formato **.gif**, **.jpg** ou outro formato suportado.

As imagens das bandeiras dos estados utilizadas nesta obra foram obtidas a partir do site **http://www.quatrocantos.com/clipart/bandeiras/bandeira/bandeiras_estados.htm**. Depois de copiadas, as imagens foram regravadas no formato **.JPEG** e tiveram seus nomes alterados para a sigla de identificação da unidade federativa. A visita ao site indicado foi realizada em julho de 2006. Em julho de 2010 as imagens não estavam mais disponíveis ali. É importante ressaltar que as imagens obtidas estão desenhadas nos conformes oficiais para a representação de cada símbolo.

Assim, segue o código do programa com alguns trechos marcados em negrito que deverão ser alterados ou inseridos no programa atual. Ao fim deste trabalho, grave novamente o programa mantendo o nome **C10EX04.java**.

```java
import javax.swing.*;
import java.awt.*;
import java.awt.event.*;
import javax.swing.event.*;

public class C10EX04 extends JFrame {

    JLabel ROTUL2;
    JLabel ROTUL3;

    JList LISTA;

    JLabel IMAGEM;
    ImageIcon ICONE;

    String ESTADO[] = {
      "Acre",                "Alagoas",               "Amapá",
      "Amazonas",            "Bahia",                 "Ceará",
      "Distrito Federal",    "Espírito Santo",        "Goiás",
      "Maranhão",            "Mato Grosso",           "Mato Grosso do Sul",
      "Minas Gerais",        "Pará",                  "Paraíba",
      "Paraná",              "Pernambuco",            "Piauí",
      "Rio de Janeiro",      "Rio Grande do Norte",   "Rio Grande do Sul",
      "Rondônia",            "Roraima",               "Santa Catarina",
      "São Paulo",           "Sergipe",               "Tocantins"
    };

    String UNIFED[] = {
       "AC", "AL", "AP",
       "AM", "BA", "CE",
       "DF", "ES", "GO",
       "MA", "MT", "MS",
```

```
      "MG",  "PA",  "PB",
      "PR",  "PE",  "PI",
      "RJ",  "RN",  "RS",
      "RO",  "RR",  "SC",
      "SP",  "SE",  "TO"
  };

  String CAPITAL[] = {
      "Rio Branco",       "Maceió",      "Macapá",
      "Manaus",           "Salvador",    "Fortaleza",
      "Brasília",         "Vitória",     "Goiânia",
      "São Luís",         "Cuiabá",      "Campo Grande",
      "Belo Horizonte",   "Belém",       "João Pessoa",
      "Curitiba",         "Recife",      "Teresina",
      "Rio de Janeiro",   "Natal",       "Porto Alegre",
      "Porto Velho",      "Boa Vista",   "Florianópolis",
      "São Paulo",        "Aracaju",     "Palmas"
  };

  public C10EX04() {

    super("Estados Brasileiros e Bandeiras");
    Container CONT = getContentPane();

    CONT.setBackground(new Color(200,200,200));

    JLabel ROTUL1 = new JLabel("Selecione um Estado");
    JLabel ROTUL4 = new JLabel("Capital:");
    JLabel ROTUL5 = new JLabel("Unidade Federativa:");

    LISTA  = new JList(ESTADO);
    ROTUL2 = new JLabel(CAPITAL[0]);
    ROTUL3 = new JLabel(UNIFED[0]);

    ICONE  = new ImageIcon(UNIFED[0] + ".jpg");
    IMAGEM = new JLabel(ICONE);

    LISTA.setSelectedIndex(0);
    LISTA.setSelectionMode(ListSelectionModel.SINGLE_SELECTION);

    ROTUL2.setHorizontalAlignment(JLabel.RIGHT);
    ROTUL3.setHorizontalAlignment(JLabel.RIGHT);

    JScrollPane ROLAGEM = new JScrollPane(LISTA);

    setLayout(null);

    CONT.add(ROTUL1);
    CONT.add(ROLAGEM);
    CONT.add(ROTUL4);
    CONT.add(ROTUL5);
    CONT.add(ROTUL2);
    CONT.add(ROTUL3);
```

```
    CONT.add(IMAGEM);

    ROTUL1.setBounds(75,20,200,20);
    ROLAGEM.setBounds(75,50,250,95);
    ROTUL4.setBounds(75,150,130,20);
    ROTUL5.setBounds(75,170,130,20);
    ROTUL2.setBounds(195,150,130,20);
    ROTUL3.setBounds(195,170,130,20);

    IMAGEM.setBounds(250,20,600,320);

    LISTA.addListSelectionListener(new EVENTO());

    setSize(820, 400);
    setVisible(true);

  }

  private class EVENTO implements ListSelectionListener {
     public void valueChanged (ListSelectionEvent lse) {

        int I = LISTA.getSelectedIndex();
        String MOSTRACAP = CAPITAL[I];
        String MOSTRAUFE = UNIFED[I];

        ROTUL2.setText(MOSTRACAP);
        ROTUL3.setText(MOSTRAUFE);

        ICONE = new ImageIcon(MOSTRAUFE + ".jpg");
        IMAGEM.setIcon(ICONE);

     }
  }

  public static void main(String args[]) {
     javax.swing.SwingUtilities.invokeLater(
        new Runnable() {
           public void run() {
              JFrame.setDefaultLookAndFeelDecorated(true);
              JDialog.setDefaultLookAndFeelDecorated(true);
              C10EX04 VISUAL = new C10EX04();
              VISUAL.setDefaultCloseOperation(JFrame.EXIT_ON_CLOSE);
           }
        }
     );
  }
}
```

Saia do editor de texto e na linha de comando escreva a chamada do compilador Java com a sintaxe **javac C10EX04.java**. Em seguida execute a sintaxe **java C10EX04** para ver o resultado do programa. A Figura 10.4 apresenta a imagem da bandeira do Estado do Piauí gerada com a execução do programa.

Outros Recursos Básicos

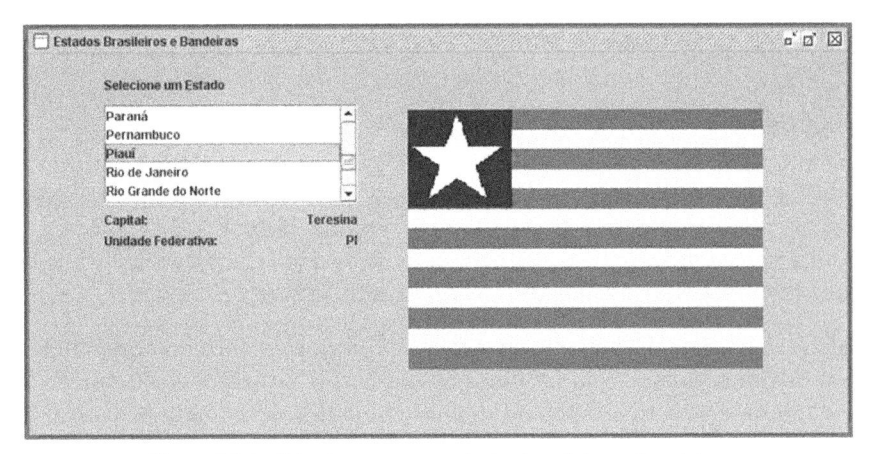

Figura 10.4 – Tela do programa estados brasileiros e bandeiras.

A seguir são apresentados apenas os trechos que foram inseridos no programa anterior e que estão em negrito.

```
JLabel IMAGEM;
ImageIcon ICONE;
```

No início do programa, antes da definição da classe **C10EX04** ocorre a definição de duas variáveis, sendo **IMAGEM** a variável que será usada para apresentar a figura da bandeira do estado selecionado na lista de itens. Observe que essa variável é definida a partir da classe **JLabel**. É também definida a variável **ICONE** a partir da classe **ImageIcon**.

```
CONT.setBackground(new Color(200,200,200));
```

O conhecido e já utilizado método **setBackground()** está definido dentro do construtor da classe para apresentar a tela do programa num padrão de cor **Color(200,200,200)** cinza mais claro que o tom cinza-claro do padrão RGB.

```
ICONE  = new ImageIcon(UNIFED[0] + ".jpg");
IMAGEM = new JLabel(ICONE);
```

No construtor da classe a variável objeto **ICONE** é instanciada a partir da classe **ImageIcon** com o nome da imagem obtida a partir do nome do conteúdo (do elemento) da variável do tipo arranjo **UNIFED[0]** e concatena a este a extensão de arquivo de imagem **.jpg**. Nesse caso, o primeiro elemento da lista é o item que representa o Estado do **Acre**, que possui como sigla de unidade federativa o valor **AC**. Assim, a sigla **AC** é concatenada à extensão **.jpg**, formando o nome do arquivo **AC.jpg** e que será instanciado junto à variável **IMAGEM**.

A variável objeto **IMAGEM** é neste ponto instanciada a partir da classe **JLabel** e recebe como conteúdo o valor definido para o objeto **ICONE**, que será apresentada pela classe **EVENTO**.

```
ICONE = new ImageIcon(MOSTRAUFE + ".jpg");
IMAGEM.setIcon(ICONE);
```

Na classe **EVENTO** ocorre a apresentação dos dados relacionados a um dos itens selecionados no objeto **LISTA**. Observe neste trecho que a variável objeto **ICONE** é instanciada pelo nome da capital de um estado associado à variável **MOSTRAUFE**. Depois o objeto **ICONE** tem seu valor atribuído ao objeto **IMAGEM** pelo método **setIcon()**. Dessa forma, à medida que um item é selecionado na lista, ocorre nessa classe a apresentação do nome da capital, da sigla da unidade federativa e também a bandeira do estado selecionado.

Já que o assunto é a definição de imagens em um programa, será demonstrada a mudança do ícone existente à esquerda da barra de título. Além disso, será também definida a impossibilidade de o usuário alterar o tamanho da janela do programa. Para tanto, altere todas as referências **C10EX04** do programa atual para **C10EX05** e efetue a gravação da nova versão com o nome **C10EX05.java**.

A alteração do ícone padrão será feita pela imagem do Brasão de Armas da República Brasileira. Assim, será necessário possuir tal imagem, só que dessa vez será no formato **.gif**. A imagem do Brasão de Armas da República Brasileira (**br-arma1.gif**) usada nesta obra foi obtida a partir do site **http://www2.ufpa.br/dicas/im/ima-en34.htm**.

Assim, segue o código do programa com alguns trechos marcados em negrito, que deverão ser alterados ou inseridos no programa atual. Ao fim deste trabalho, grave novamente o programa mantendo o nome **C10EX05.java**.

```
import javax.swing.*;
import java.awt.*;
import java.awt.event.*;
import javax.swing.event.*;

public class C10EX05 extends JFrame {

  JLabel ROTUL2;
  JLabel ROTUL3;

  JList LISTA;

  JLabel IMAGEM;
  ImageIcon ICONE;

  String ESTADO[] = {
    "Acre",              "Alagoas",             "Amapá",
    "Amazonas",          "Bahia",               "Ceará",
    "Distrito Federal",  "Espírito Santo",      "Goiás",
    "Maranhão",          "Mato Grosso",         "Mato Grosso do Sul",
    "Minas Gerais",      "Pará",                "Paraíba",
    "Paraná",            "Pernambuco",          "Piauí",
    "Rio de Janeiro",    "Rio Grande do Norte", "Rio Grande do Sul",
    "Rondônia",          "Roraima",             "Santa Catarina",
    "São Paulo",         "Sergipe",             "Tocantins"
  };
```

```java
   String UNIFED[] = {
     "AC", "AL", "AP",
     "AM", "BA", "CE",
     "DF", "ES", "GO",
     "MA", "MT", "MS",
     "MG", "PA", "PB",
     "PR", "PE", "PI",
     "RJ", "RN", "RS",
     "RO", "RR", "SC",
     "SP", "SE", "TO"
   };

   String CAPITAL[] = {
     "Rio Branco",      "Maceió",      "Macapá",
     "Manaus",          "Salvador",    "Fortaleza",
     "Brasília",        "Vitória",     "Goiânia",
     "São Luís",        "Cuiabá",      "Campo Grande",
     "Belo Horizonte",  "Belém",       "João Pessoa",
     "Curitiba",        "Recife",      "Teresina",
     "Rio de Janeiro",  "Natal",       "Porto Alegre",
     "Porto Velho",     "Boa Vista",   "Florianópolis",
     "São Paulo",       "Aracaju",     "Palmas"
   };

   public C10EX05() {

     super("Estados Brasileiros e Bandeiras");
     Container CONT = getContentPane();

     CONT.setBackground(new Color(200,200,200));

     JLabel ROTUL1 = new JLabel("Selecione um Estado");
     JLabel ROTUL4 = new JLabel("Capital:");
     JLabel ROTUL5 = new JLabel("Unidade Federativa:");

     LISTA  = new JList(ESTADO);
     ROTUL2 = new JLabel(CAPITAL[0]);
     ROTUL3 = new JLabel(UNIFED[0]);

     ICONE  = new ImageIcon(UNIFED[0] + ".jpg");
     IMAGEM = new JLabel(ICONE);

     ImageIcon BRASAO = new ImageIcon("br-arma1.gif");
     setIconImage(BRASAO.getImage());

     LISTA.setSelectedIndex(0);
     LISTA.setSelectionMode(ListSelectionModel.SINGLE_SELECTION);

     ROTUL2.setHorizontalAlignment(JLabel.RIGHT);
     ROTUL3.setHorizontalAlignment(JLabel.RIGHT);

     JScrollPane ROLAGEM = new JScrollPane(LISTA);

     setLayout(null);
```

```java
    CONT.add(ROTUL1);
    CONT.add(ROLAGEM);
    CONT.add(ROTUL4);
    CONT.add(ROTUL5);
    CONT.add(ROTUL2);
    CONT.add(ROTUL3);

    CONT.add(IMAGEM);

    ROTUL1.setBounds(75,20,200,20);
    ROLAGEM.setBounds(75,50,250,95);
    ROTUL4.setBounds(75,150,130,20);
    ROTUL5.setBounds(75,170,130,20);
    ROTUL2.setBounds(195,150,130,20);
    ROTUL3.setBounds(195,170,130,20);

    IMAGEM.setBounds(250,20,600,320);

    LISTA.addListSelectionListener(new EVENTO());

    setResizable(false);

    setSize(820, 400);
    setVisible(true);

  }

  private class EVENTO implements ListSelectionListener {
    public void valueChanged (ListSelectionEvent lse) {

      int I = LISTA.getSelectedIndex();
      String MOSTRACAP = CAPITAL[I];
      String MOSTRAUFE = UNIFED[I];

      ROTUL2.setText(MOSTRACAP);
      ROTUL3.setText(MOSTRAUFE);

      ICONE = new ImageIcon(MOSTRAUFE + ".jpg");
      IMAGEM.setIcon(ICONE);

    }
  }

  public static void main(String args[]) {
    javax.swing.SwingUtilities.invokeLater(
      new Runnable() {
        public void run() {
          JFrame.setDefaultLookAndFeelDecorated(true);
          JDialog.setDefaultLookAndFeelDecorated(true);
          C10EX05 VISUAL = new C10EX05();
          VISUAL.setDefaultCloseOperation(JFrame.EXIT_ON_CLOSE);
        }
      }
    );
  }
}
```

Outros Recursos Básicos

Saia do editor de texto e na linha de comando escreva a chamada do compilador Java com a sintaxe **javac C10EX05.java**. Em seguida execute a sintaxe **java C10EX05** para ver o resultado do programa. A Figura 10.5 apresenta a imagem do ícone alterada para o Brasão de Armas e também a definição da impossibilidade de alterar o tamanho da janela com o arraste do ponteiro do mouse junto às bordas da janela.

Figura 10.5 – Tela do programa com ícone alterado.

A seguir são apresentados apenas os trechos que foram inseridos no programa anterior e que estão grafados em negrito.

```
ImageIcon BRASAO = new ImageIcon("br-arma1.gif");
setIconImage(BRASAO.getImage());
```

Note a definição da variável objeto **BRASAO** instanciada a partir da classe **ImageIcon**, que recebe como parâmetro o nome da imagem, e também o uso do método **setIconImage()**, que efetua a mudança da imagem do ícone padrão pela imagem brmapa3.gif identificada em **ImageIcon("br-arma1.gif ")**.

```
setResizable(false);
```

Observe no código anterior o uso do método **setResizable()** com parâmetro **false** indicando que a janela não pode ter seu tamanho alterado. Note também que além da borda um dos botões da barra de título foi suprimido, mais precisamente foi retirado da barra de título o botão destinado à ação de maximização da janela.

10.4 Método JComboBox

A classe **JComboBox**, que herda da classe **JComponent** suas características, disponibiliza para uso um tipo de componente conhecido como caixa de combinação (*combo box* ou *drop-down*). A caixa combinação também trabalha com itens como a caixa de seleção, mas possui como diferencial a capacidade de mostrar a lista de itens apenas quando acionada pelo ponteiro do mouse. Em modos práticos, pode-se usar tanto uma caixa de seleção como uma caixa de combinação para realizar a mesma tarefa, ficando sua escolha a critério do desenvolvedor ou por questões de disponibilidade de espaço no plano de trabalho da interface gráfica.

Para exemplificar o uso da classe **JComboBox** será desenvolvido um programa que disponibilizará uma lista com nomes dos estados brasileiros (semelhante à dos dois exemplos anteriores) e após a seleção do nome do estado apresentará o nome de sua capital e a sigla da unidade federativa. No seu editor de texto, escreva o programa a seguir e grave-o com o nome **C10EX06.java**.

```java
import java.awt.*;
import java.awt.event.*;
import javax.swing.*;
import javax.swing.event.*;

public class C10EX06 extends JFrame {

  JLabel ROTUL2;
  JLabel ROTUL3;

  JComboBox LISTA;

  String ESTADO[] = {
    "Acre",              "Alagoas",              "Amapá",
    "Amazonas",          "Bahia",                "Ceará",
    "Distrito Federal",  "Espírito Santo",       "Goiás",
    "Maranhão",          "Mato Grosso",          "Mato Grosso do Sul",
    "Minas Gerais",      "Pará",                 "Paraíba",
    "Paraná",            "Pernambuco",           "Piauí",
    "Rio de Janeiro",    "Rio Grande do Norte",  "Rio Grande do Sul",
    "Rondônia",          "Roraima",              "Santa Catarina",
    "São Paulo",         "Sergipe",              "Tocantins"
  };

  String UNIFED[] = {
    "AC", "AL", "AP",
    "AM", "BA", "CE",
    "DF", "ES", "GO",
    "MA", "MT", "MS",
    "MG", "PA", "PB",
    "PR", "PE", "PI",
    "RJ", "RN", "RS",
    "RO", "RR", "SC",
    "SP", "SE", "TO"
  };

  String CAPITAL[] = {
    "Rio Branco",        "Maceió",      "Macapá",
    "Manaus",            "Salvador",    "Fortaleza",
    "Brasília",          "Vitória",     "Goiânia",
    "São Luís",          "Cuiabá",      "Campo Grande",
    "Belo Horizonte",    "Belém",       "João Pessoa",
    "Curitiba",          "Recife",      "Teresina",
```

```java
      "Rio de Janeiro",  "Natal",        "Porto Alegre",
      "Porto Velho",     "Boa Vista",    "Florianópolis",
      "São Paulo",       "Aracaju",      "Palmas"
   };

   public C10EX06() {

      super("Estados Brasileiros - v. 2.0");
      Container CONT = getContentPane();

      JLabel ROTUL1 = new JLabel("Selecione um Estado");
      JLabel ROTUL4 = new JLabel("Capital:");
      JLabel ROTUL5 = new JLabel("Unidade Federativa:");

      LISTA  = new JComboBox(ESTADO);

      ROTUL2 = new JLabel(CAPITAL[0]);
      ROTUL3 = new JLabel(UNIFED[0]);

      ROTUL2.setHorizontalAlignment(JLabel.RIGHT);
      ROTUL3.setHorizontalAlignment(JLabel.RIGHT);

      setLayout(null);

      CONT.add(ROTUL1);

      CONT.add(LISTA);

      CONT.add(ROTUL4);
      CONT.add(ROTUL5);
      CONT.add(ROTUL2);
      CONT.add(ROTUL3);

      ROTUL1.setBounds(75,20,200,20);
      ROTUL4.setBounds(75,150,130,20);
      ROTUL5.setBounds(75,170,130,20);

      LISTA.setBounds(75,50,250,20);
      LISTA.setMaximumRowCount(4);

      ROTUL2.setBounds(195,150,130,20);
      ROTUL3.setBounds(195,170,130,20);

      LISTA.addItemListener(new EVENTO());

      setSize(400, 245);
      setVisible(true);

   }

   private class EVENTO implements ItemListener {
      public void itemStateChanged (ItemEvent ie) {

         int I = LISTA.getSelectedIndex();
```

```
      String MOSTRACAP = CAPITAL[I];
      String MOSTRAUFE = UNIFED[I];

      ROTUL2.setText(MOSTRACAP);
      ROTUL3.setText(MOSTRAUFE);

    }
  }

  public static void main(String args[]) {
    javax.swing.SwingUtilities.invokeLater(
      new Runnable() {
        public void run() {
          JFrame.setDefaultLookAndFeelDecorated(true);
          JDialog.setDefaultLookAndFeelDecorated(true);
          C10EX06 VISUAL = new C10EX06();
          VISUAL.setDefaultCloseOperation(JFrame.EXIT_ON_CLOSE);
        }
      }
    );
  }
}
```

Saia do editor de texto e na linha de comando escreva a chamada do compilador Java com a sintaxe **javac C10EX06.java**. Em seguida execute a sintaxe **java C10EX06** para ver o resultado do programa. A Figura 10.6 mostra as imagens da entrada no programa, da seleção de um Eestado e do resultado obtido após a seleção.

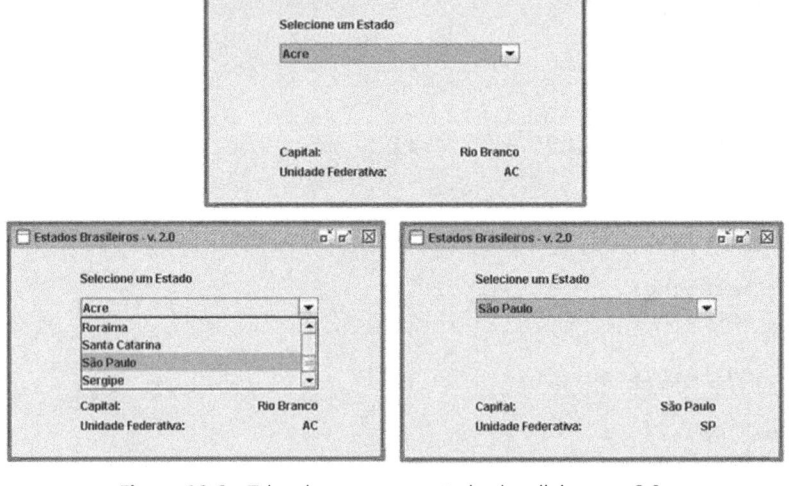

Figura 10.6 – Telas do programa estados brasileiros – v. 2.0.

A seguir são apresentados os detalhes a respeito das partes desconhecidas do programa e relacionados ao uso da classe **JComboBox**, pois a classe **JComboBox** e a classe **JList** possuem muitas semelhanças.

Outros Recursos Básicos

```
JComboBox LISTA;
```

Neste trecho de código está ocorrendo a declaração de uma variável objeto a partir da classe **JComboBox**. Isso ocorre antes da declaração das variáveis do tipo arranjo **ESTADO[]**, **UNIFED[]** e **CAPITAL[]**.

```
LISTA   = new JComboBox(ESTADO);
```

No construtor da classe **C10EX06** ocorre a definição do objeto **LISTA** com os itens associados à variável do tipo arranjo **ESTADO[]**. Observe que essa forma de citação é idêntica à forma usada nos exemplos anteriores para representar um objeto da classe **JList**.

```
LISTA.setBounds(75,50,250,20);
LISTA.setMaximumRowCount(4);
```

Neste trecho de código ocorre a definição do tamanho do componente **LISTA** no formulário da janela por meio do método **setBounds()** já conhecido. A novidade neste trecho é o uso do método **setMaximumRowCount()**, que estabelece o tamanho em número de linhas que possuirá o objeto **LISTA** instanciado a partir da classe **JComboBox**. Nesse caso está sendo definido o tamanho de quatro linhas.

```
LISTA.addItemListener(new EVENTO());
```

Neste trecho ocorre o uso do método **addItemListener()**, o qual registra o objeto **LISTA**. Dessa forma, será possível ao usuário conseguir selecionar um item da lista e executar na sequência uma determinada ação, que neste caso está definida junto à classe **EVENTO**.

```
private class EVENTO implements ItemListener {
public void itemStateChanged (ItemEvent ie) {
```

Na definição do código da classe **EVENTO** que trata a ação do evento disparado ocorre a implementação da interface **ItemListener**, que possibilita efetuar o tratamento dos eventos da classe **JComboBox**. A interface **ItemListener** possibilita ter acesso às ações que poderão ser executadas por um objeto instanciado a partir da classe **JComboBox**. Assim, é possível reconhecer a escolha realizada na lista de itens toda vez que o valor do método **itemStateChanged()** é alterado por intermédio de **ItemEvent**.

10.5 Tela translúcida

Um efeito visual bastante apreciado por muitos programadores e usuários é a apresentação de janelas transparentes (translúcidas). Nesse sentido, a linguagem Java oferece um recurso para essa finalidade, em que é possível alterar o valor de opacidade de uma janela, apresentando-a de forma uniforme tanto no formato opaco como no formato transparente até o nível em que se pode ocultar a janela no desktop do sistema operacional. Para esse tipo de operação usa-se a classe **JSlider** pertencente à classe **JComponent** do pacote **Swing**.

Para exemplificar o uso de transparência de janela será desenvolvido um programa que, por meio de um controle deslizante, dará acesso à aplicação do efeito. No seu editor de texto, escreva o programa a seguir e grave-o com o nome **C10EX07.java**.

```java
import javax.swing.*;
import java.awt.*;
import javax.swing.event.*;

public class C10EX07 extends JFrame {

  public C10EX07() {

    super("Efeito de Transparencia");

    final JSlider DESLIZA = new JSlider(0, 100, 100);
    JLabel ROTUL1 = new JLabel("+ TRANSPARENTE");
    JLabel ROTUL2 = new JLabel("- TRANSPARENTE");

    ChangeListener cl = new ChangeListener() {
      public void stateChanged(ChangeEvent ce) {
        JSlider BARRADESLIZ = (JSlider) ce.getSource();
        C10EX07.this.setOpacity(BARRADESLIZ.getValue() / 100.0f);
      }
    };

    DESLIZA.addChangeListener(cl);
    getContentPane().setLayout(new FlowLayout(FlowLayout.CENTER));
    getContentPane().add(ROTUL1);
    getContentPane().add(new JPanel() {{add(DESLIZA);}});
    getContentPane().add(ROTUL2);
    setSize(550, 150);
    setVisible(true);
    setResizable(false);

  }

  public static void main(String args[]) {
    javax.swing.SwingUtilities.invokeLater(
      new Runnable () {
        public void run() {

          JFrame.setDefaultLookAndFeelDecorated(true);

          C10EX07 VISUAL = new C10EX07();
          VISUAL.setDefaultCloseOperation(JFrame.EXIT_ON_CLOSE);

        }
      }
    );
  }

}
```

Outros Recursos Básicos

Saia do editor de texto e na linha de comando escreva a chamada do compilador Java com a sintaxe **javac C10EX07.java**. Em seguida execute a sintaxe **java C10EX07** para ver o resultado do programa. A Figura 10.7 mostra quatro imagens de cada etapa de transparência.

> **Nota**
>
> Nos sistemas operacionais Fedora Linux e Mac OS X, o efeito de transparência de tela translúcida do Java 8 para a release usada não surte efeito. Esse efeito é possível de visualização apenas no sistema operacional Microsoft Windows.

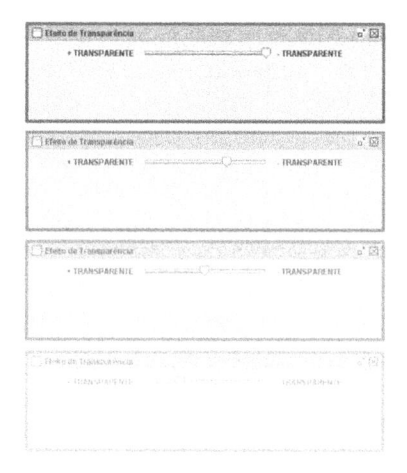

Figura 10.7 – Telas do programa de transparência.

A instrução **final JSlider DESLIZA = new JSlider(0, 100, 100);** é responsável por apresentar uma barra horizontal com controle deslizante na tela. Essa instrução está instanciando o objeto **DESLIZA** a partir da classe **JSlider** (**final JSlider DESLIZA**). O complemento da instrução usa o trecho **new JSlider(0, 100, 100)**, em que o construtor **JSlider()** faz uso de três argumentos para definir os parâmetros de operação da barra deslizante. O primeiro argumento estabelece o valor inicial da barra deslizante, o segundo argumento estabelece o valor máximo de variação da barra deslizante e o terceiro argumento estabelece o valor inicial, em que o cursor da barra deslizante será posicionado. Por exemplo, a sequência de valores **0, 100, 100** estabelece respectivamente o valor inicial em **0**, o valor final **100** e o segundo valor **100** coloca o cursor na posição direita da barra, que é o valor máximo **100** definido no segundo argumento. Se o terceiro valor fosse **50**, o cursor da barra deslizante seria colocado no meio da barra.

O construtor **JSlide()** pode ser operado com ou sem argumentos. O conjunto de argumentos pode variar de nenhum até quatro argumentos, podendo ser assim configurado:

▶ **SLider()** – cria uma barra deslizante horizontal com valores definidos na faixa de 0 a 100 com o cursor posicionado sobre o valor 50;

▶ **SLider(posição)** – cria uma barra deslizante na posição vertical ou posição horizontal, dependendo do parâmetro indicado, podendo ser **SwingConstants.VERTICAL** para posição vertical ou **SwingConstants.HORIZONTAL** para posição vertical. A omissão do argumento assume automaticamente a posição horizontal;

> **SLider(mínimo, máximo)** – cria uma barra deslizante horizontal com valores mínimo e máximo definidos pelo programador;

> **SLider(mínimo, máximo, valor)** – cria uma barra deslizante horizontal com valores mínimo e máximo definidos pelo programador, podendo definir em valor o ponto em que o cursor será apresentado na barra deslizante entre os valores mínimo e máximo definidos;

> **SLider(posição, mínimo, máximo, valor)** – cria uma barra deslizante vertical ou horizontal com valores mínimo e máximo definidos pelo programador, podendo definir em valor o ponto em que o cursor será apresentado na barra deslizante entre os valores mínimo e máximo definidos.

O bloco de instruções iniciado com trecho **ChangeListener cl = new ChangeListener()** faz com que a variável "**cl**" da interface **ChangeListener** capture o valor da posição em que o cursor da barra deslizante está posicionado. O construtor **ChangeListener()** possui anexo um código de programa um pouco extenso, tanto que está dividido em seis linhas de código. Note que o código do método **ChangeListener()** faz uso do método **stateChange()**, pertencente à classe **ChangeListener**, em que é definido como argumento o objeto "**ce**" instanciado a partir da classe **ChangeEvent** por meio do trecho de código **stateChanged(ChangeEvent ce)**.

O objeto "**ce**" será usado e conterá o valor real da mudança da posição do cursor na barra de deslizamento. Note que em seguida o objeto **BARRADESLIZ** é instanciado a partir da classe **JSlider** para detectar a ação de deslizamento do cursor sobre o objeto **BARRADESLIZ** e o local da barra em que o cursor foi parado. Isso é feito por meio do método **getSource()** associado ao objeto "**ce**".

Em seguida, a instrução **C10EX07.this.setOpacity(BARRADESLIZ.getValue() / 100.0f);** pega por meio do método **getValue()** do objeto **BARRADESLIZ** o valor da posição em que o cursor se encontra parado. Com o valor da posição pego, esse valor é então dividido por **100.0f**. O "**f**" após o valor informa para o método **getValue()** que a operação está sendo realizada sobre um valor do tipo **float**, o qual é usado como valor de ação do método **setOpacity()** que efetua a mudança da forma de apresentação da janela associada à classe **C10EX07**, a qual herda características da classe **JFrame** quando do uso do trecho de código **public class C10EX07 extends JFrame**.

O método **setOpacity()** da classe **Window** define o nível de transparência que uma imagem pode ter, desde o nível mais baixo, que é a apresentação de uma imagem totalmente transparente, até uma imagem opaca. Esse método opera como argumento um valor do tipo **float** entre **0.0** e **1.0**. Não especifique um argumento inferior ao valor mínimo ou superior ao valor máximo, pois isso ocasionará em uma chamada a exceção **IllegalArgumentException**. O método **setOpacity()** também gera a exceção **IllegalComponentStateException** caso se tente mudar a transparência de uma janela maximizada se o valor do argumento for menor que **1.0**.

Ainda na instrução **C10EX07.this.setOpacity(BARRADESLIZ.getValue() / 100.0f);** há o uso do comando **this**, que faz referência ao objeto sendo usado no momento, ou seja, ao objeto que está efetuando a chamada do método **setOpacity()**. Note que o método **setOpacity()** faz parte da classe **Windows** e que não foi definido no programa um objeto instanciado da classe **Windows**.

A instrução **DESLIZA.addChangeListener(cl);** de posse do valor do objeto "**cl**" estabelece a adição do efeito de movimento ao objeto **DESLIZA**.

Na instrução **getContentPane().setLayout(new FlowLayout(FlowLayout.CENTER));** ocorre o uso do construtor **FlowLayout()** com o valor **FlowLayout.CENTER**, que indicará a direção de apresentação da barra deslizante. Neste caso, ao centro da tela. Para posições à esquerda e à direita poderão ser usados respectivamente os valores **FlowLayout.LEFT** e **FlowLayout.RIGHT**. O método **setLayout()**, pertencente à classe **JFrame**, está sendo responsável por apresentar o conteúdo interno da tela centralizado.

Em seguida, ocorre por meio do método **add()** a inserção dos objetos **ROTUL1**, **DESLIZA** e **ROTUL1**. No tocante ao objeto **DESLIZA**, está-se utilizando uma forma diferente de definição. Note que se está utilizando como argumento do método **add()** o trecho de código de programa **new JPanel() {{add(DESLIZA);}}**, em que **new** está definindo para o construtor **JPane()** o código de ação **{{add(DESLIZA);}}**, que efetua a adição do componente **DESLIZA** por meio do método **add()** à tela apresentada. O uso dos dois símbolos subsequentes **{{** e **}}** ocorre devido ao efeito de que um método é definido dentro do trecho de código de um objeto, que por sua vez é definido dentro do trecho de código de uma classe. Nesse caso, o código definido para o construtor não faz uso explícito nem de classe e nem de objeto, daí o uso subsequente dos símbolos **{{** e **}}**.

Os demais detalhes de código do programa são conhecidos e já foram discutidos em oportunidades anteriores.

É impossível para um livro apresentar todos os recursos, classes, métodos da linguagem Java, pois o tamanho desse material seria imenso, o que inviabilizaria sua comercialização e também seu manuseio. Isto posto, aqui é ponto de parada desta apresentação. No entanto, há outros caminhos que o leitor desta obra pode percorrer.

Um aprofundamento deste estudo poderá ser realizado junto da própria ferramenta Java, pois há na estrutura de diretórios do programa Java um diretório denominado **demo**, no qual há um conjunto de algumas aplicações escritas em Java, as quais poderão ser estudadas para o aprimoramento do conhecimento de programação. Como sugestão, olhe no diretório **jfc** (**demo/jfc**) o diretório **Notepad**, que possui um programa editor de textos simples escrito em Java com menu e barra de ferramentas.

Arquivos em Disco

11

Este capítulo aborda o uso de arquivos com a linguagem Java. Assim, apresentam-se a definição de arquivo e suas formas de acesso. O capítulo fala sobre os tipos de arquivo (texto e binário), exemplifica o uso de arquivo com tipo de dados primitivos, mostra a forma de acesso direto e desenvolve uma pequena base para o gerenciamento de arquivos (cadastro e busca de dados).

11.1 Definição de arquivo

O conceito de arquivo de forma geral caracteriza-se por ser um conjunto de registros (que pode também ser apenas um registro). Cada registro é um conjunto de campos, em que cada campo é o conjunto de informações nele contido segundo seu tipo (caractere ou numérico). As informações NOME, ENDEREÇO, TELEFONE, IDADE são exemplos de campos. Uma ficha que contenha os campos para preenchimento é o registro.

No entanto, cabe ressaltar que a linguagem Java não faz uso direto do conceito de registros, pois a linguagem não impõe nenhuma estrutura previamente definida (DEITEL & DEITEL, 2001), mas permite que seja definida uma classe em substituição ao conceito de registro, e em substituição ao conceito de campos permite definir variáveis de instância. A esse tipo de arquivo dá-se o nome *arquivo de bytes* (em algumas outras linguagens de programação de computadores esse tipo de arquivo é chamado de binário). Mas os arquivos podem ser apenas *arquivo de caractere* (chamado em outras linguagens de programação de computadores de arquivo texto).

Os arquivos podem ser acessados para leitura e/ou escrita basicamente na forma sequencial, direta ou indexada, mas a linguagem Java acrescenta ainda uma outra forma, denominada arquivo compactado, que não será abordado nesta obra, por sair do foco pretendido neste capítulo. Assim, um arquivo pode ser de:

> **Acesso sequencial:** ocorre quando o processo de gravação e leitura é feito de forma contínua, um registro após o outro. Dessa forma, para gravar um novo registro, é necessário percorrer todo o arquivo a partir do primeiro registro, registro a registro, até localizar a primeira posição vazia após o último registro. O processo de leitura também ocorre de forma sequencial. Se o registro a ser lido é o último, primeiro é necessário ler todos os registros que o antecedem. No entanto, o uso desse estilo de acesso em arquivos, com a linguagem Java, ocorre de forma bem diferente, pois para inserir um novo dado ou para atualizar um dado existente é necessário ler todos os dados, armazená-los num arranjo, proceder com a ação desejada e gravá-los novamente sobre os dados antigos, o que caracteriza uma ação um tanto trabalhosa, e por essa razão possui um uso bem restrito.

> **Acesso direto:** conhecido também por arquivo de acesso randômico (ou arquivo de acesso aleatório), ocorre por meio de um campo-chave[8] previamente definido. Dessa forma, passa a haver um vínculo entre um dos campos do registro e sua posição de armazenamento, por intermédio da chave. Assim, o acesso a um registro tanto para leitura como para escrita pode ser feito de forma instantânea. Isso implica o fato de que os registros de um arquivo direto possuem um lugar (chave) previamente "reservado" para serem armazenados. Pelo fato de a linguagem Java não impor nenhuma estrutura predefinida (como o caso de uso de registros) a um arquivo, o programa que fará uso do conceito de acesso direto deverá efetuar todo o tratamento operacional de acesso à leitura e escrita.

> **Acesso indexado:** ocorre quando se acessa de forma direta um arquivo sequencial. Na sua maioria, todo arquivo criado armazena os registros de forma sequencial. O modo sequencial de acesso se torna inconveniente, pois, à medida que o arquivo aumenta de tamanho, aumenta também o tempo de acesso a ele. Para trabalhar com essa técnica, basta criar um arquivo direto, que será o índice de consulta do arquivo sequencial, passando a ser o arquivo indexado. Assim, existirão dois arquivos: o arquivo índice (arquivo direto) e o indexado (arquivo sequencial). Os acessos são feitos como em um livro. Primeiro se consulta o arquivo índice, o qual possui a chave de pesquisa, no caso seria o número da página, depois basta se posicionar de forma direta na página identificada no índice, ou seja, no registro do arquivo indexado. Esse tipo de arquivo não será abordado nesta obra.

A principal vantagem na utilização de um arquivo está no fato de as informações armazenadas poderem ser utilizadas a qualquer momento. Outra vantagem encontrada na utilização de arquivos é o fato de se poder armazenar um número maior de registros do que em uma tabela em memória, estando apenas limitado ao tamanho do meio físico utilizado para a sua gravação.

É importante estabelecer que o conceito de arquivo é uma estrutura utilizada para o armazenamento de dados. Por esse motivo, as operações com arquivos realizadas pela linguagem Java são todas baseadas na manipulação de objetos e classes, específicas para essa finalidade.

---

[8] *O termo chave é utilizado para estabelecer o campo de um registro que será utilizado no processo de localização de todo um registro dentro de um arquivo. É possível acessar um determinado registro diretamente sem nos preocuparmos com os registros que o antecedem. Por exemplo, em um cadastro de funcionários, o campo reservado para a matrícula pode ser utilizado como a chave para a manipulação dele.*

11.2 Acesso a arquivos

O acesso à manipulação de arquivos com a linguagem Java (sequencial ou direto) é efetuado por meio do uso do pacote **java.io**, que disponibiliza para uso 58 classes diferentes (não serão vistas todas), definidas em dois grupos: um grupo para a execução de entradas de dados em arquivos (classes abstratas **InputStream** e **Reader**) e o outro grupo para a execução de saídas de arquivos (classes abstratas **OutputStream** e **Writer**). Como sempre, na plataforma Java há várias formas de resolver um mesmo problema. Nos exemplos deste capítulo será usada a forma considerada mais tranquila, o que não necessariamente de fato seja.

As classes **InputStream** e **OutpuStream** são utilizadas respectivamente para efetuar todas as operações de entrada e de saída de dados em arquivos orientados a *bytes* (arquivo binário) e as classes **Reader** e **Writer** são utilizadas respectivamente para efetuar todas as operações de entrada e de saída em arquivos orientados a *caracteres* (arquivo texto).

Os arquivos do tipo texto podem ser facilmente visualizados com recursos básicos do próprio sistema operacional (em MS-DOS por meio do comando **type** e em Linux por meio do comando **cat**); já os arquivos binários não podem ser visualizados da mesma forma, o que muitas vezes, por questão de segurança, é mais interessante.

Pelo fato de serem as classes **InputStream**, **OutpuStream**, **Reader** e **Writer** abstratas, elas não podem ser usadas diretamente, mas disponibilizam uma variedade de outras classes destinadas a ações específicas a cada tipo de arquivo ou operação desejada. Dessa forma, essas classes abstratas devem sempre ser implementadas para suas respectivas ações de acordo com seu conjunto interno de classes. Nesta obra, da classe **Reader** serão utilizados a classe implementada **FileReader** e seus métodos **read()** e **close()**; da classe **Writer** serão utilizados a classe implementada **FileWriter** e seus métodos **write()** e **close()** para a manipulação de arquivos simples do tipo texto; da classe **InputStream** serão utilizadas as classes implementadas **FileInputStream**; **BufferedInputStream** e **DataInputStream** com métodos **readBoolean()**, **readDouble()**, **readFloat()**, **readLong()**, **readInt()** e **readShort()**; da classe **OutpuStream** serão utilizadas as classes implementadas **FileOutputStream**, **BufferedOutputStream** e **DataOutputStream** com métodos **writeBoolean()**, **writeDouble()**, **writeFloat()**, **writeLong()**, **writeInt()** e **writeShort()**. Além das classes anteriormente citadas, há ainda uma classe exclusiva para a manipulação de acesso direto: trata-se da classe **RandomAccessFile**, que será também apresentada.

Em algumas operações com arquivo (em quase todas) será utilizada a classe **File**, que permite gerenciar diversas informações a respeito de um arquivo.

11.3 Arquivo texto

Os arquivos do tipo texto possuem a capacidade de armazenar caracteres alfabéticos, palavras e caracteres numéricos, além de caracteres especiais. Os números, quando armazenados como caracteres do tipo alfanumérico, ocupam mais espaço em disco do que ocupariam se fossem definidos como tipos apenas numéricos. A solução para esse detalhe é utilizar funções que manipulem os arquivos em formato binário, que serão apresentadas mais adiante.

Para demonstrar de forma simples e básica esse tipo de ação (não mais do que isso), será desenvolvido um pequeno programa que, com a utilização de arquivos do tipo caractere, fará a criação do arquivo, a gravação de uma mensagem e também a leitura da mensagem gravada. No seu editor de texto, escreva o código de programa a seguir e grave-o com o nome **C11EX01.java**.

```java
import javax.swing.*;
import java.awt.*;
import java.awt.event.*;
import java.io.*;

public class C11EX01 extends JFrame {

  JTextField TEXT1;
  JTextField TEXT2;

  public C11EX01() {

    super("Arquivo Texto");
    Container CONT = getContentPane();

    setLayout(null);
    setSize(356, 240);
    setVisible(true);

    JLabel ROTUL1 = new JLabel("Informe mensagem a ser gravada:");
    TEXT1 = new JTextField();

    JButton BOTAO1 = new JButton("Criar");

    JLabel ROTUL2 = new JLabel("Leitura de mensagem gravada:");
    TEXT2 = new JTextField();

    CONT.add(ROTUL1);
    CONT.add(TEXT1);
    CONT.add(BOTAO1);
    CONT.add(ROTUL2);
    CONT.add(TEXT2);

    ROTUL1.setBounds(20,20,280,20);
    TEXT1.setBounds(20,50,306,20);

    BOTAO1.setBounds(20,94,98,20);
    AcionaBotao1 EVENTO1 = new AcionaBotao1();
    BOTAO1.addActionListener(EVENTO1);

    ROTUL2.setBounds(20,134,280,20);
    TEXT2.setBounds(20,164,306,20);
    TEXT2.setEditable(false);

  }
```

```
  private class AcionaBotao1 implements ActionListener {
    public void actionPerformed(ActionEvent ae) {

      try {
        FileWriter ARQTEXTO = new FileWriter("ARQTXT.XXX");
        ARQTEXTO.write("");
        ARQTEXTO.close();
        setTitle("Arquivo Texto - Criado");
        TEXT1.requestFocus(); }
      catch (IOException ioe) {
        setTitle("Arquivo Texto - Erro");
        TEXT1.requestFocus();
      }

    }
  }

  public static void main(String args[]) {
    javax.swing.SwingUtilities.invokeLater(
      new Runnable() {
        public void run() {
          JFrame.setDefaultLookAndFeelDecorated(true);
          C11EX01 VISUAL = new C11EX01();
          VISUAL.setDefaultCloseOperation(JFrame.EXIT_ON_CLOSE);
        }
      }
    );
  }

}
```

Saia do editor de texto e na linha de comando escreva a chamada do compilador Java com a sintaxe **javac C11EX01.java**. Em seguida execute a sintaxe **java C13EX01** para ver o programa em funcionamento.

Acione com o ponteiro do mouse o botão **Criar** para que o arquivo seja criado. Não entre com nenhuma mensagem. As Figuras 11.1 e 11.2 apresentam, respectivamente, a imagem da janela inicial do programa e após a criação do arquivo.

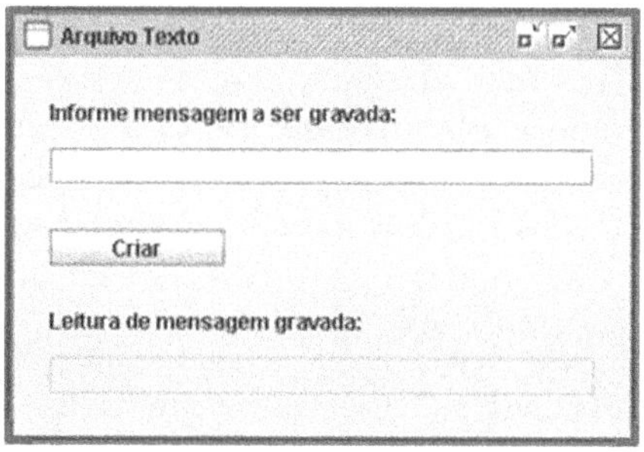

Figura 11.1 – Tela do programa antes da criação do arquivo.

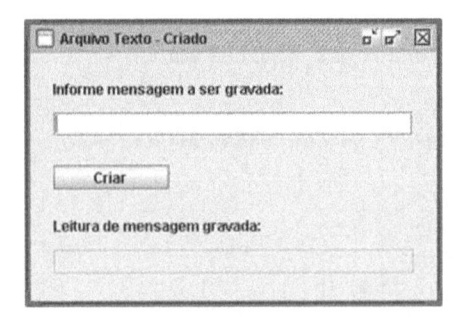

Figura 11.2 – Tela do programa após a criação do arquivo.

Observe a diferença na barra de títulos das telas das Figuras 11.1 e 11.2. Na Figura 11.1 há apenas a descrição **Arquivo Texto** e na Figura 11.2 há a descrição **Arquivo Texto – Criado**. Para um melhor entendimento, segue uma descrição mais detalhada das partes de código desconhecidas.

Em relação aos programas usados anteriormente, este apresenta algumas linhas de código definidas dentro do limite operacional do construtor **public C11EX01()** em uma ordem diferente da ordem de codificação até então estabelecida. Dentro do construtor, a ordem de quase todos os métodos, variáveis e constantes pode ser definida por vontade do desenvolvedor, e essa característica pode ser problemática para aqueles que não possuem disciplina organizacional em escrever código de programa. Assim, sugere-se manter sempre em seus programas uma mesma ordem, um mesmo padrão.

No início do programa está sendo definido o uso do pacote **java.io.*** e consequentemente de todos os seus recursos para a manipulação de arquivos.

Observe o uso do método **setEditable()**, que estabelece que o objeto **TEXT2** instanciado a partir da classe **JTextField** não possa ser acessado para edição. O parâmetro **false** mantém o componente ativo apenas para visualização de seu conteúdo. Daí esse componente visual estar marcado com fundo cinza e não com fundo branco.

O trecho de código sinalizado com a instrução **try / catch** é responsável pelo controle operacional na criação do arquivo **ARQTXT.XXX**. Para realizar a operação de criação do arquivo (gravar nada dentro do arquivo) é necessário fazer o tratamento da exceção **IOException**, pois pode ocorre a impossibilidade de se criar o arquivo (por exemplo se o arquivo estiver aberto por um outro programa ou usuário). Se esse erro ocorrer, o código da 57.ª e 58.ª linhas é executado.

Após a instrução **try** é definido o objeto **ARQTEXTO** a partir da classe **FileWriter**. Esse objeto é responsável pela realização de operação em arquivo do modo texto. Dessa forma, por meio de **FileWriter ARQTEXTO = new FileWriter("ARQTXT.XXX");**, ocorre a associação do nome **ARQTXT.XXX** com o objeto **ARQTEXTO** que será utilizado nas operações de escrita e fechamento de arquivo.

O uso da instrução **ARQTEXTO.write("");** efetua a gravação no arquivo de um conteúdo em branco, simplesmente para que o arquivo seja criado. A gravação no arquivo ocorre com o uso do método **write()**.

Arquivos em Disco

A instrução **ARQTEXTO.close();** efetua o fechamento do arquivo recém-criado. É sempre muito importante efetuar o fechamento de um arquivo aberto. O não fechamento de um arquivo pode implicar a perda dos dados nele armazenados.

A instrução **setTitle("Arquivo Texto - Criado");** faz a mudança do conteúdo do título da barra de título da janela em uso, avisando que o arquivo foi criado, e em seguida com o código da 55.ª linha o foco do cursor é devolvido ao componente **JTextFiels** identificado pelo nome **TEXT1**.

Na sequência deverá ser adicionado mais um botão ao formulário para que ocorra a gravação de uma mensagem que deverá ser informada ao componente **TEXT1**. Para tanto, proceda com as mudanças indicadas em seguida em negrito para o programa **C13EX01.java**. Não esqueça de ao final das mudanças efetuar a gravação das mesmas antes de compilar o programa.

```java
import javax.swing.*;
import java.awt.*;
import java.awt.event.*;
import java.io.*;

public class C11EX01 extends JFrame {

   JTextField TEXT1;
   JTextField TEXT2;

   public C11EX01() {

      super("Arquivo Texto");
      Container CONT = getContentPane();

      setLayout(null);
      setSize(356, 240);
      setVisible(true);

      JLabel ROTUL1 = new JLabel("Informe mensagem a ser gravada:");
      TEXT1 = new JTextField();

      JButton BOTAO1 = new JButton("Criar");
      JButton BOTAO2 = new JButton("Gravar");

      JLabel ROTUL2 = new JLabel("Leitura de mensagem gravada:");
      TEXT2 = new JTextField();

      CONT.add(ROTUL1);
      CONT.add(TEXT1);
      CONT.add(BOTAO1);

      CONT.add(BOTAO2);

      CONT.add(ROTUL2);
      CONT.add(TEXT2);
```

```
    ROTUL1.setBounds(20,20,280,20);
    TEXT1.setBounds(20,50,306,20);

    BOTAO1.setBounds(20,94,98,20);
    AcionaBotao1 EVENTO1 = new AcionaBotao1();
    BOTAO1.addActionListener(EVENTO1);

    BOTAO2.setBounds(124,94,98,20);
    AcionaBotao2 EVENTO2 = new AcionaBotao2();
    BOTAO2.addActionListener(EVENTO2);

    ROTUL2.setBounds(20,134,280,20);
    TEXT2.setBounds(20,164,306,20);
    TEXT2.setEditable(false);

}

private class AcionaBotao1 implements ActionListener {
  public void actionPerformed(ActionEvent ae) {

    try {
      FileWriter ARQTEXTO = new FileWriter("ARQTXT.XXX");
      ARQTEXTO.write("");
      ARQTEXTO.close();
      setTitle("Arquivo Texto - Criado");
      TEXT1.requestFocus(); }
    catch (IOException ioe) {
      setTitle("Arquivo Texto - Erro");
      TEXT1.requestFocus();
    }

  }
}

private class AcionaBotao2 implements ActionListener {
  public void actionPerformed(ActionEvent ae) {

    try {
      FileWriter ARQTEXTO = new FileWriter("ARQTXT.XXX");
      ARQTEXTO.write(TEXT1.getText());
      ARQTEXTO.close();
      TEXT1.setText("");
      setTitle("Arquivo Texto - Gravado");
      TEXT1.requestFocus(); }
    catch (IOException ioe) {
      setTitle("Arquivo Texto - Erro de Gravação");
      TEXT1.requestFocus();
    }

  }
}

public static void main(String args[]) {
  javax.swing.SwingUtilities.invokeLater(
```

Arquivos em Disco

```
      new Runnable() {
        public void run() {
          JFrame.setDefaultLookAndFeelDecorated(true);
          C11EX01 VISUAL = new C11EX01();
          VISUAL.setDefaultCloseOperation(JFrame.EXIT_ON_CLOSE);
        }
      }
    );
  }

}
```

Saia do editor de texto e na linha de comando escreva a chamada do compilador Java com a sintaxe **javac C11EX01.java**. Em seguida execute a sintaxe **java C11EX01** para ver o programa, entre com uma mensagem, e com o ponteiro do mouse acione o botão **Gravar**. As Figuras 11.3 e 11.4 apresentam respectivamente a imagem da janela inicial do programa e após a gravação da mensagem informada.

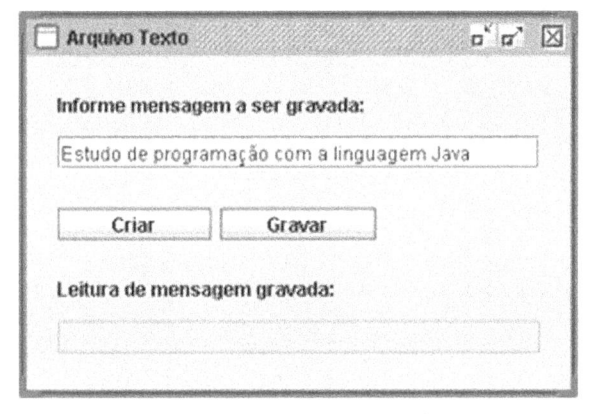

Figura 11.3 – Tela do programa antes da gravação da mensagem no arquivo.

Figura 11.4 – Tela do programa após a gravação da mensagem no arquivo.

Nessa nova versão o programa **C11EX01.java** grava uma e apenas uma linha de texto no arquivo existente. Note a seguir o comentário das partes indicadas anteriormente em negrito.

```
JButton BOTAO2 = new JButton("Gravar");
```

Neste trecho do código do programa ocorre a definição da instância do objeto **BOTAO2**, que será utilizado como o componente do botão de gravação.

```
CONT.add(BOTAO2);
```

Nesta etapa está se inserindo o botão na janela do formulário.

```
BOTAO2.setBounds(124,94,98,20);
AcionaBotao2 EVENTO2 = new AcionaBotao2();
BOTAO2.addActionListener(EVENTO2);
```

Neste trecho ocorrem a definição da posição e do tamanho do botão e também o tratamento de evento para a execução do processo de gravação.

```
private class AcionaBotao2 implements ActionListener {
  public void actionPerformed(ActionEvent ae) {

    try {
      FileWriter ARQTEXTO = new FileWriter("ARQTXT.XXX");
      ARQTEXTO.write(TEXT1.getText());
      ARQTEXTO.close();
      TEXT1.setText("");
      setTitle("Arquivo Texto - Gravado");
      TEXT1.requestFocus(); }
    catch (IOException ioe) {
      setTitle("Arquivo Texto - Erro de Gravação");
      TEXT1.requestFocus();
    }

  }
}
```

O trecho de código referente à definição do código da classe **AcionaBotao2** é muito semelhante ao trecho do código para a classe **AcionaBotao1**. A diferença está na linha de código **ARQTEXTO.write(TEXT1.getText());** que executa a gravação do conteúdo de **TEXT1** no arquivo representado por **ARQTEXTO** por intermédio do método **write()**.

Falta agora definir o código para efetuar a leitura do dado armazenado no arquivo. Para tanto, acrescente no programa **C11EX01.java** os trechos de código grafados em negrito a seguir e depois grave o programa antes de compilá-lo.

```
import javax.swing.*;
import java.awt.*;
import java.awt.event.*;
import java.io.*;

public class C11EX01 extends JFrame {

  JTextField TEXT1;
  JTextField TEXT2;
```

Arquivos em Disco

```
public C11EX01() {

   super("Arquivo Texto");
   Container CONT = getContentPane();

   setLayout(null);
   setSize(356, 240);
   setVisible(true);

   JLabel ROTUL1 = new JLabel("Informe mensagem a ser gravada:");
   TEXT1 = new JTextField();

   JButton BOTAO1 = new JButton("Criar");
   JButton BOTAO2 = new JButton("Gravar");
   JButton BOTAO3 = new JButton("Ler");

   JLabel ROTUL2 = new JLabel("Leitura de mensagem gravada:");
   TEXT2 = new JTextField();

   CONT.add(ROTUL1);
   CONT.add(TEXT1);
   CONT.add(BOTAO1);

   CONT.add(BOTAO2);
   CONT.add(BOTAO3);

   CONT.add(ROTUL2);
   CONT.add(TEXT2);

   ROTUL1.setBounds(20,20,280,20);
   TEXT1.setBounds(20,50,306,20);

   BOTAO1.setBounds(20,94,98,20);
   AcionaBotao1 EVENTO1 = new AcionaBotao1();
   BOTAO1.addActionListener(EVENTO1);

   BOTAO2.setBounds(124,94,98,20);
   AcionaBotao2 EVENTO2 = new AcionaBotao2();
   BOTAO2.addActionListener(EVENTO2);

   BOTAO3.setBounds(228,94,98,20);
   AcionaBotao3 EVENTO3 = new AcionaBotao3();
   BOTAO3.addActionListener(EVENTO3);

   ROTUL2.setBounds(20,134,280,20);
   TEXT2.setBounds(20,164,306,20);
   TEXT2.setEditable(false);

}

private class AcionaBotao1 implements ActionListener {
   public void actionPerformed(ActionEvent ae) {
```

```java
      try {
        FileWriter ARQTEXTO = new FileWriter("ARQTXT.XXX");
        ARQTEXTO.write("");
        ARQTEXTO.close();
        setTitle("Arquivo Texto - Criado");
        TEXT1.requestFocus(); }
      catch (IOException ioe) {
        setTitle("Arquivo Texto - Erro");
        TEXT1.requestFocus();
      }

    }
  }

  private class AcionaBotao2 implements ActionListener {
    public void actionPerformed(ActionEvent ae) {

      try {
        FileWriter ARQTEXTO = new FileWriter("ARQTXT.XXX");
        ARQTEXTO.write(TEXT1.getText());
        ARQTEXTO.close();
        TEXT1.setText("");
        setTitle("Arquivo Texto - Gravado");
        TEXT1.requestFocus(); }
      catch (IOException ioe) {
        setTitle("Arquivo Texto - Erro de Gravação");
        TEXT1.requestFocus();
      }

    }
  }

  private class AcionaBotao3 implements ActionListener {
    public void actionPerformed(ActionEvent ae) {

      File ARQUIVO = new File("ARQTXT.XXX");
      long TAMLONGO = ARQUIVO.length();
      int TAMANHO = (int)TAMLONGO;

      char CARACTERE[] = new char[TAMANHO];
      String LEITURA;

      try {
        FileReader ARQTEXTO = new FileReader("ARQTXT.XXX");
        ARQTEXTO.read(CARACTERE);
        ARQTEXTO.close();
        setTitle("Arquivo Texto - Lido");
        LEITURA = String.valueOf(CARACTERE);
        TEXT2.setText(LEITURA);
        TEXT1.requestFocus(); }
      catch (IOException ioe) {
        setTitle("Arquivo Texto - Erro de Leitura");
        TEXT1.requestFocus();
      }
```

Arquivos em Disco

```
      }
    }
    public static void main(String args[]) {
      javax.swing.SwingUtilities.invokeLater(
        new Runnable() {
          public void run() {
            JFrame.setDefaultLookAndFeelDecorated(true);
            C11EX01 VISUAL = new C11EX01();
            VISUAL.setDefaultCloseOperation(JFrame.EXIT_ON_CLOSE);
          }
        }
      );
    }
}
```

Saia do editor de texto e na linha de comando escreva a chamada do compilador Java com a sintaxe **javac C11EX01.java**. Em seguida execute a sintaxe **java C11EX01** para ver o programa, acione o botão **Ler** e observe a apresentação da mensagem gravada no arquivo. As Figuras 11.5 e 11.6 apresentam, respectivamente, a imagem da janela inicial do programa e após a gravação da mensagem informada.

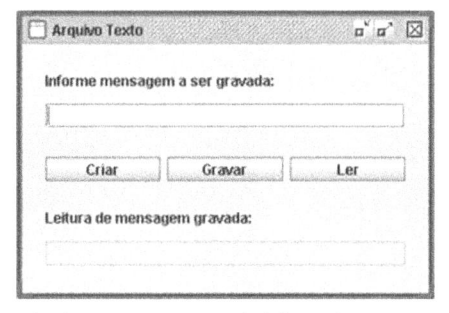

Figura 11.5 – Tela do programa antes da leitura da mensagem do arquivo.

Figura 11.6 – Tela do programa após a leitura da mensagem do arquivo.

Nessa nova versão o programa **C11EX01.java** lê a mensagem gravada no arquivo existente. Note a seguir o comentário das partes indicadas anteriormente em negrito.

```
JButton BOTAO3 = new JButton("Gravar");
```

Neste trecho do código do programa ocorre a definição da instância do objeto **BOTAO3**, que será utilizado como o componente do botão de gravação.

```
CONT.add(BOTAO3);
```

Nesta etapa está se inserindo o botão na janela do formulário.

```
BOTAO3.setBounds(228,94,98,20);
AcionaBotao3 EVENTO3 = new AcionaBotao3();
BOTAO3.addActionListener(EVENTO3);
```

Neste trecho ocorrem a definição da posição e do tamanho do botão e também o tratamento de evento para a execução do processo de leitura.

```
private class AcionaBotao3 implements ActionListener {
  public void actionPerformed(ActionEvent ae) {

    File ARQUIVO = new File("ARQTXT.XXX");
    long TAMLONGO = ARQUIVO.length();
    int TAMANHO = (int)TAMLONGO;

    char CARACTERE[] = new char[TAMANHO];
    String LEITURA;

    try {
      FileReader ARQTEXTO = new FileReader("ARQTXT.XXX");
      ARQTEXTO.read(CARACTERE);
      ARQTEXTO.close();
      setTitle("Arquivo Texto - Lido");
      LEITURA = String.valueOf(CARACTERE);
      TEXT2.setText(LEITURA);
      TEXT1.requestFocus(); }
    catch (IOException ioe) {
      setTitle("Arquivo Texto - Erro de Leitura");
      TEXT1.requestFocus();
    }

  }
}
```

A classe que comanda a ação de leitura do arquivo possui uma estrutura um pouco mais complexa que a classe de gravação. Note que antes da cláusula **try / catch** ocorrem as definições de alguns elementos operacionais. Primeiramente faz-se a definição de uma variável do tipo objeto denominada **ARQUIVO** instanciada a partir da classe **File**, que é uma classe que permite obter informações de um determinado arquivo. Assim, o objeto **ARQUIVO** está associado ao arquivo **ARQTXT.XXX**. A classe **File** pode ser usada com qualquer tipo de arquivo.

Arquivos em Disco

Em seguida é definida a variável **TAMLONGO** do tipo **long**, a qual, por meio do método **length()**, passa a ter o tamanho em bytes do arquivo **ARQTXT.XXX**. Esse tipo de operação somente é possível com variáveis do tipo **long**. Para fazer a leitura do arquivo é necessário primeiramente saber seu tamanho para assim poder determinar até que ponto do arquivo a leitura deverá ser realizada.

Na sequência ocorre a definição da variável **TAMANHO** do tipo **int** em que essa variável passa a possuir o valor armazenado na variável **TAMLONGO**. Apesar de os tipos **long** e **int** serem classificados como valores inteiros, eles são incompatíveis. Assim, torna-se necessário converter o valor de **TAMLONGO** do tipo **long** para que este possa ser atribuído à variável **TAMANHO** do tipo **int**. Essa ação é conseguida com o uso do operador **(int)** antes do nome da variável **TAMLONGO**, que é a variável a ser convertida.

A necessidade de converter um valor do tipo **long** em valor do tipo **int** se justifica neste exemplo pela necessidade de definir para a variável do tipo arranjo **CARACTERE** o total de caracteres a ser reservado em memória para o armazenamento da mensagem gravada no arquivo. A mensagem gravada será lida caractere por caractere. Esse procedimento é necessário, pois a leitura do arquivo é realizada caractere a caractere.

Em seguida define-se a variável **LEITURA** do tipo **String**, a qual será utilizada para receber os caracteres armazenados na variável **CARACTERE**.

Após cláusula **try**, ocorre a definição do objeto **ARQTEXTO** instanciado a partir da classe **FileReader** (classe a ser usada quando se deseja fazer a leitura de um arquivo) para manipular o arquivo **ARQTXT.XXX**.

Com o método **read()** ocorre a leitura dos caracteres armazenados no arquivo até o limite definido na variável **TAMANHO**. Assim, cada um dos índices do arranjo **CARACTERE** conterá um caractere da mensagem gravada.

Após o fechamento do arquivo e a mudança do título da barra de título do programa, a linha de código **LEITURA = String.valueOf(CARACTERE);** faz a conversão dos caracteres do tipo **char** para caracteres do tipo **String**. Dessa forma, torna-se possível, por meio da linha **TEXT2.setText(LEITURA);**, escrever no componente **TEXT2** a mensagem lida do arquivo.

11.4 Arquivo do tipo dados primitivos

A linguagem Java permite o uso de arquivos com dados de tipos primitivos (que são por definição padrão arquivos do tipo binário), tais como **boolean**, **double**, **float**, **long**, **int** e **short**. Assim, para auxiliar o uso desses tipos disponibilizam-se os métodos de leitura **readBoolean()**, **readDouble()**, **readFloat()**, **readLong()**, **readInt** e **readShort()** e os métodos de escrita **writeBoolean()**, **writeDouble()**, **writeFloat()**, **writeLong()**, **writeInt()** e **writeShort()**. Os métodos de leitura pertencem à classe **DataInputStream** e os métodos de escrita pertencem à classe **DataOutputStream**.

Com o objetivo de demonstrar o uso de arquivos sequenciais com tipos de dados primitivos, considere o programa a seguir, que efetuará a entrada de oito valores numéricos inteiros do tipo **long** em um arquivo de dados. Neste exemplo estará em uso o modo console. As técnicas de arquivo podem ser usadas independentemente do modo de trabalho do programa (console ou gráfico). No seu editor de texto, escreva o código a seguir e grave-o com o nome **C11EX02.java**.

```java
import java.io.*;
import java.util.Scanner;

class C11EX02 {
  public static void main(String args[]) {

    String NOMEARQ = "ARQNUM.XXX";
    long VALOR;
    int I;
    File CHECAGEM = new File(NOMEARQ);

    Scanner s = new Scanner(System.in);

    System.out.println();
    try {
      FileOutputStream ARQNUMERO = new FileOutputStream(NOMEARQ);
      BufferedOutputStream
         MEMOACESSO = new BufferedOutputStream(ARQNUMERO);
      DataOutputStream DADO = new DataOutputStream(MEMOACESSO);
      CHECAGEM.createNewFile();
      for (I = 1; I <= 8; I++) {
        System.out.print("Entre o " + I + "o valor: ");
        VALOR = s.nextInt();
        DADO.writeLong(VALOR);
      }
      DADO.close(); }
    catch (IOException ioe) {
      System.out.println("Erro");
    }

  }
}
```

Saia do editor de texto e na linha de comando escreva a chamada do compilador Java com a sintaxe **javac C11EX02.java**. Em seguida execute a sintaxe **java C13EX02** para ver o programa. Entre com os valores solicitados.

Em seguida informe os valores numéricos à medida que o programa vai solicitando. Ao fim de oito passos o programa é interrompido automaticamente.

No início do programa é definido o uso do pacote **java.io** por intermédio do comando **import**. Dessa forma, torna-se possível realizar as operações de acesso a arquivos.

A instrução **String NOMEARQ = "ARQNUM.XXX";**, atribui para a variável **NOMEARQ** o nome de identificação do arquivo **ARQNUM.XXX** a ser criado e usado para gravação dos dados. Em seguida ocorre a definição das variáveis de trabalho do programa, sendo **VALOR** a variável que será usada para a recepção do valor informado no teclado e **I** a variável que controlará a gravação dos valores no arquivo quando for usado o método

writeLong() dentro do laço **for** definido a partir da 20.ª linha. Na sequência ocorre a definição da variável **CHECAGEM** instanciada a partir da classe **File** que será usada para determinar a criação do arquivo, ação esta que é efetivada pela instrução **File CHECAGEM = new File(NOMEARQ);**.

A instrução **try / catch** faz o tratamento de erro com **IOException** caso algo saia errado com a operação de arquivo. Se ocorrer um erro na operação de arquivo a mensagem **Erro** definida junto à instrução **System.out.println("Erro");** será executada.

Na parte interna da instrução **try** ocorre a definição do objeto **ARQNUMERO** instanciada a partir da classe **FileOutputStream**, que cria um canal de comunicação de saída para o arquivo indicado. Essa ação é estabelecida pela linha de código **FileOutputStream ARQNUMERO = new FileOutputStream(NOMEARQ);**. Na sequência é definido o objeto **MEMOACESSO** instanciado a partir da classe **BufferedOutputStream**, que tem por finalidade otimizar em memória as operações de escrita de dados realizadas em blocos do arquivo indicado. Isso é conseguido com o uso da linha de código **BufferedOutputStream MEMOACESSO = new BufferedOutputStream(ARQNUMERO);**.

Na sequência, a instrução **CHECAGEM.createNewFile();** efetua a criação do arquivo por meio do método **createNewFile()** da classe **File**. Assim que o arquivo é criado, a linha de código **DADO.writeLong(VALOR);** faz a escrita dos dados informados pelo teclado no arquivo associado ao objeto **DADO**.

A instrução **DADO.close();** faz com o uso do método **close()** o fechamento do arquivo associado ao objeto **DADO** da classe **DataOutputStream**.

Após ter idealizado o programa de gravação dos dados numéricos, segue o programa de leitura dos dados armazenados no arquivo. No seu editor de texto, escreva o programa a seguir e grave-o com o nome **C11EX03.java**.

```
import java.io.*;

class C11EX03 {
  public static void main(String args[]) {

    String NOMEARQ = "ARQNUM.XXX";
    long VALOR;
    int I = 1;

    System.out.println();
    try {
      FileInputStream ARQNUMERO = new FileInputStream(NOMEARQ);
      BufferedInputStream
        MEMOACESSO = new BufferedInputStream(ARQNUMERO);
      DataInputStream DADO = new DataInputStream(MEMOACESSO);
      do {
        System.out.print(I + "o valor = ");
        VALOR = DADO.readLong();
        System.out.println(VALOR);
        I++; }
      while (true); }
    catch (EOFException eofe) {
```

```
      System.out.println("Fim de arquivo");
    }
    catch (IOException ioe) {
      System.out.println("Erro");
    }

  }
}
```

Saia do editor de texto e na linha de comando escreva a chamada do compilador Java com a sintaxe **javac C13EX03.java**. Em seguida execute a sintaxe **java C13EX03** para ver a apresentação dos valores capturados no arquivo **ARQNUM.XXX**.

Ao ser executado, o programa apresenta os valores registrados no arquivo e também apresenta a mensagem **Fim de arquivo**.

A instrução **FileInputStream ARQNUMERO = new FileInputStream(NOMEARQ);** define o objeto **ARQNUMERO** como instância da classe **FileInputStream**, a qual cria um canal de comunicação de entrada para o arquivo indicado.

Na sequência, o objeto **MEMOACESSO** é instanciado a partir da classe **BufferedInputStream**, o qual terá por finalidade otimizar em memória as operações de saída de dados realizadas em blocos do arquivo indicado

A instrução **DataInputStream DADO = new DataInputStream(MEMOACESSO);** define o objeto **DADO** como instância da classe **DataInputStream**, tendo por finalidade permitir a saída de dados de tipos primitivos no arquivo indicado.

O trecho de código existente entre **do** e **whlie (true);** é responsável pela leitura dos dados do arquivo, ou seja, a leitura dos dados do arquivo ocorrerá enquanto houver conteúdo. No momento em que se chegar ao final do arquivo a condição tornar-se-á falsa e ocorrerá um erro, que será tratado pela exceção **EOFException** (exceção de fim de arquivo, em que **EOF** significa **E** [end] **O** [of] **F** [file]), que apresentará a mensagem **Fim de arquivo** associada ao último registro do arquivo.

A instrução **VALOR = DADO.readLong();** efetua a leitura do dado no arquivo. Note que o valor lido no arquivo é atribuído à variável **VALOR** para que o referido conteúdo seja apresentado pela instrução **System.out.println(VALOR);**.

Outro ponto de observação importante é o fato de a instrução **try** possuir neste programa duas cláusulas **catch**, uma no tratamento da exceção **EOFException** e outra no tratamento da exceção **IOException**, que efetua a tentativa de operação de entrada ou saída – **I** [in] **O** [out] do arquivo em uso ou a ser usado.

11.5 Arquivo de acesso direto

A linguagem Java não impõe nenhum formato de acesso e operação preestabelecido para uso de arquivos diretos. Por causa dessa característica (que é um estilo bem tradicional, pois algumas linguagens de programação de computadores trabalham com esse conceito), é necessário que o desenvolvedor tenha a preocupação de estabelecer os critérios de funcionalidade de seu programa.

O uso do conceito de arquivo direto na plataforma Java permite acrescentar registros, mover o ponteiro de arquivo para qualquer posição do arquivo em uso, alterar registros, excluir registros, dando maior flexibilidade operacional em relação aos outros tipos de arquivos exemplificados, pois não exige que o arquivo seja gravado por inteiro, como ocorre com as demais modalidades de acesso a arquivos. Além do acesso direto, é também possível efetuar acesso sequencial em um arquivo de acesso direto.

Para o uso do conceito de arquivos diretos será utilizada a classe **RandomAccessFile**, que tem como herança as características das classes **DataInputStream** e **DataOutputStream**, acrescentando o conceito de uso de ponteiro de arquivo, que é um elemento importante para o controle da ação de pesquisa, alteração, cadastramento e remoção de registros. Pelo fato de a classe **RandomAccessFile** herdar das classes **DataInputStream** e **DataOutputStream**, ela possui a capacidade de manipular apenas dados de tipos primitivos, sendo: **long**, **byte**, **int**, **float**, **double**, **char** e **boolean**. Os tipos de dados baseados na classe **String** necessitam ser convertidos em uma sequência de caracteres para que eles sejam armazenados em um determinado arquivo.

Antes de iniciar o trabalho de acesso e manipulação de arquivos diretos, faz-se necessário conhecer um pouco melhor a classe **RandomAccessFile** e sua estrutura de funcionamento, a qual possui a seguinte sintaxe de uso

```
RandomAccessFile(<nome de arquivo>, <modo>) [throws <exceção>];
```

O parâmetro **nome de arquivo** refere-se ao nome de identificação do arquivo a ser utilizado pelo sistema operacional. O parâmetro **modo** refere-se ao modo de acesso[9] ao arquivo, que basicamente poderá ser **r** (**r**ead – acesso ao arquivo somente para leitura) ou **rw** (**r**ead/**w**rite – acesso ao arquivo para leitura ou escrita).

O comando **throws** é opcional e é usado para indicar o tipo de exceção a ser executada quando ocorrer uma ação malsucedida sobre o arquivo em uso. Quando em uso o comando **throws** pode ser indicada uma das classes **IllegalArgumentException** (usada se o argumento de modo de acesso não for igual a **r** ou **rw**), **FileNotFoundException** (usada se o nome do arquivo existe mas refere-se ao nome de um diretório ou pasta do sistema, ou se o arquivo não pode ser aberto ou mesmo criado por qualquer outro motivo) e **SecurityException** (se ocorrer erro de acesso a um arquivo para leitura ou gravação respectivamente com os métodos **checkRead()** e **checkWrite()** caso se tenha um sistema de controle de segurança de acesso em operação).

Com a finalidade de exemplificar inicialmente o uso do conceito de acesso a arquivo direto, o programa a seguir fará a gravação de apenas um registro lido a partir do teclado. Neste contexto o programa solicitará a entrada do código numérico (inteiro curto – **byte**) do aluno, da série do aluno representada por um caractere alfabético (**char**) e da média do aluno (**double**). No seu editor de texto, escreva o programa a seguir e grave-o com o nome **C11EX04.java**.

---

[9] Existem também os modos de acesso **rws** e **rwd** que não serão apresentados nesta obra. Para maiores detalhes, consulte a documentação da plataforma Java.

```java
import java.io.*;
import java.util.Scanner;

class C11EX04 {

  private static RandomAccessFile ARQUIVO;

  public static void main(String args[]) {

    class Taluno {
      byte CODIGO;
      char SERIE;
      double MEDIA;
    }

    Taluno ALUNO = new Taluno();
    File NOMEARQ = new File("ARQALU.DBJ");
    String ENTRASERIE;
    Scanner s = new Scanner(System.in);

    System.out.println();

    System.out.print("Entre o codigo ...: ");
    ALUNO.CODIGO = s.nextByte();

    System.out.print("Entre a serie ....: ");
    try {
      BufferedReader br = new BufferedReader(
      new InputStreamReader(System.in));
      ENTRASERIE = br.readLine(); }
    catch (Exception e) {
      ENTRASERIE = "";
    }
    ALUNO.SERIE = ENTRASERIE.toUpperCase().charAt(0);

    System.out.print("Entre a media ....: ");
    ALUNO.MEDIA = s.nextDouble();

    try {
      ARQUIVO = new RandomAccessFile(NOMEARQ, "rw"); }
    catch (FileNotFoundException fnfe) {
      System.out.println("Arquivo sem acesso");
    }

    try {
      ARQUIVO.writeByte(ALUNO.CODIGO);
      ARQUIVO.writeChar(ALUNO.SERIE);
      ARQUIVO.writeDouble(ALUNO.MEDIA);
      ARQUIVO.close(); }
    catch (IOException ioe) {
      System.out.println("Erro de escrita");
    }

  }
}
```

Arquivos em Disco

Saia do editor de texto e na linha de comando escreva a chamada do compilador Java com a sintaxe **javac C11EX04.java** e execute **java C11EX04** para ver a execução do programa. Lembre-se de ao fazer a entrada da média usar o separador de decimal configurado como padrão no seu sistema operacional. Neste caso poderá ser ou o ponto ou a vírgula.

Ao ser executado o programa, entre com os dados solicitados e após a última entrada ocorrerão a criação do arquivo e gravação dos dados na forma de um registro definido na classe **Taluno**. Observe que foi mencionado que a linguagem Java não trabalha com tipos definidos de dados para arquivo, como são por exemplo os casos dos tipos **record** e **struct** nas linguagens Pascal e C. No entanto, Java possibilita a definição de uma classe de forma que essa classe seja usada como se fosse um *Record* ou um *struct* como é o caso **Taluno**.

O conteúdo de um arquivo é chamado normalmente de registro, e esse registro é composto por campos. No caso de uma classe, a classe é composta por atributos. Assim, a classe está para o registro e os atributos estão para os campos.

A instrução **private static RandomAccessFile ARQUIVO;** faz a instância do objeto **ARQUIVO** a partir da classe **RandomAccessFile**.

O primeiro trecho de código com uso da instrução **try / cacht** efetua a conversão do dado entrado como **String** para o dado do tipo **char** a ser gravado no arquivo. É pertinente lembrar que a linguagem Java não permite a gravação de dados instanciados a partir da classe **String**, devendo esses dados ser devidamente convertidos para o tipo **char**. Note o uso do método **toUpperCase()** da classe **String** para converter em caractere maiúsculo o caractere alfabético informado. O método **charAt()** é responsável por capturar o dado do tipo **String** e transformá-lo em um único dado do tipo **char**. Por causa dessa característica operacional não é possível fazer a entrada com o uso da classe **Scanner**.

O segundo trecho de código com uso da instrução **try / cacht** efetua a criação e abertura do arquivo para leitura e escrita. Observe que neste trecho o objeto **ARQUIVO** definido na 5.ª linha é instanciado a partir da classe **RandomAccessFile**. Observe o uso da variável **NOMEARQ** como primeiro parâmetro representando o nome do arquivo definido na 16.ª linha e o uso do valor **rw** como segundo parâmetro indicando o tipo de operação do arquivo: **r** = *read* (leitura) e **w** = *write* (escrita). Se ocorrer algum erro de arquivo não encontrado, a exceção **FileNotFoundException** será tratada.

O terceiro trecho de código com uso da instrução **try / cacht** é responsável pela gravação dos dados do registro no arquivo. Note que os métodos usados neste trecho já são parcialmente conhecidos. Caso ocorra algum erro de acesso à escrita ou leitura do arquivo, a exceção **IOException** é tratada.

Na sequência é apresentado o código do programa que fará a leitura do registro armazenado no arquivo e apresentará os dados do único registro em tela. No seu editor de texto, escreva o programa a seguir e grave-o com o nome **C11EX05.java**.

```java
import java.io.*;

class C11EX05 {

  private static RandomAccessFile ARQUIVO;

  public static void main(String args[]) {

    class Taluno {
      byte CODIGO;
      char SERIE;
      double MEDIA;
    }

    Taluno ALUNO = new Taluno();
    File NOMEARQ = new File("ARQALU.DBJ");

    System.out.println();

    try {
      ARQUIVO = new RandomAccessFile(NOMEARQ, "r"); }
    catch (FileNotFoundException enfe) {
      System.out.println("Arquivo sem acesso");
    }

    try {
      System.out.println("Codigo ...: " + ARQUIVO.readByte());
      System.out.println("Serie ....: " + ARQUIVO.readChar());
      System.out.println("Media ....: " + ARQUIVO.readDouble());
      ARQUIVO.close(); }
    catch (IOException ioe) {
      System.out.println("Erro de leitura");
    }

  }
}
```

Saia do editor de texto e na linha de comando escreva a chamada do compilador Java com a sintaxe **javac C11EX05.java** e execute **java C11EX05** para ver o programa.

Ao ser executado o programa, os dados armazenados no arquivo são apresentados em tela. A seguir é apresentado o código do programa numerado para uma análise mais detalhada dos pontos não conhecidos.

O primeiro trecho de instrução **try / catch** efetua a abertura do arquivo representado pelo objeto **ARQUIVO** em modo de leitura representado pelo símbolo **r** que se encontra definido junto à instrução **ARQUIVO = new RandomAccessFile(NOMEARQ, "r");**. Já o segundo trecho de instrução **try / catch** efetua a leitura dos dados do registro armazenados no arquivo e os apresenta em tela.

Assim como um registro (conjunto de dados) é armazenado e lido de um arquivo, ele tambémode ser alterado. O processo de alteração é uma mistura entre o modo de leitura e o modo de escrita com o acréscimo do uso do método **seek()**. Assim, o código seguinte faz a leitura dos dados do registro, apresenta na tela e solicita alteração da média do aluno. No seu editor de texto, escreva o programa a seguir e grave-o com o nome **C11EX06.java**.

```java
import java.io.*;

class C11EX06 {

  private static RandomAccessFile ARQUIVO;

  public static void main(String args[]) {

    class Taluno {
      byte CODIGO;
      char SERIE;
      double MEDIA;
    }

    Taluno ALUNO = new Taluno();
    File NOMEARQ = new File("ARQALU.DBJ");

    System.out.println();

    try {
      ARQUIVO = new RandomAccessFile(NOMEARQ, "rw"); }
    catch (FileNotFoundException enfe) {
      System.out.println("Arquivo sem acesso");
    }

    try {
      ARQUIVO.seek(0);
      System.out.println("Codigo ...: " + ARQUIVO.readByte());
      ARQUIVO.seek(1);
      System.out.println("Serie ....: " + ARQUIVO.readChar());
      ARQUIVO.seek(3);
      System.out.println("Media ....: " + ARQUIVO.readDouble()); }
    catch (IOException ioe) {
      System.out.println("Erro de leitura");
    }

    System.out.println();
    System.out.print("Entre nova media ....: ");
    try {
      BufferedReader br = new BufferedReader(
      new InputStreamReader(System.in));
      ALUNO.MEDIA = Double.parseDouble(br.readLine()); }
    catch (Exception e) {
      ALUNO.MEDIA = 0;
    }

    try {
      ARQUIVO.seek(3);
      ARQUIVO.writeDouble(ALUNO.MEDIA);
      ARQUIVO.close(); }
    catch (IOException ioe) {
      System.out.println("Erro de escrita");
    }

  }
}
```

Saia do editor de texto e na linha de comando escreva a chamada do compilador Java com a sintaxe **javac C11EX06.java** e execute **java C11EX06** para ver o programa. Ao ser executado, o programa apresenta os dados atuais do registro armazenado no arquivo, depois solicita a nova média, efetua a gravação da mesma e encerra a execução do programa. Para ver os dados alterados, execute o programa **C11EX06**.

A instrução **ARQUIVO.seek(0);** faz uso do método **seek()** da classe **RandomAccessFile**. O acesso à leitura poderia estar sendo realizado de forma automática como ocorreu com o exemplo do programa **C11EX05**. No entanto, é necessário conhecer esse mecanismo para poder fazer a devida alteração de um determinado dado. Por essa razão é que esse método está sendo aqui utilizado. O valor **0** (zero) define o posicionamento do ponteiro do arquivo no início, ou seja, na primeira posição (do primeiro byte) do registro.

A instrução **System.out.println("Codigo ...: " + ARQUIVO.readByte());** efetua a leitura do primeiro campo por meio do método **readByte()**. É pertinente lembrar que um dado do tipo **byte** ocupa o espaço de **1 byte**. Assim, após a leitura desse dado, precisa ser solicitado ao programa que este avance **1** byte para a próxima leitura, daí do método **seek()** com valor **1** (o byte **1** na instrução **ARQUIVO.seek(1);**.

Após a solicitação de avanço de **1 byte** no arquivo ocorre a leitura do dado do próximo campo pela instrução **System.out.println("Serie ....: " + ARQUIVO.readChar());**, onde se inicia o segundo dado armazenado, ou seja, o caractere que identifica a **SERIE** do aluno que é lido pelo método **readChar()**. É pertinente lembrar que um dado do tipo **char** ocupa o espaço de **2 bytes**. Assim, precisa ser solicitado ao programa que movimente para a frente. Daí o uso do método **seek()** apontando para a posição **3** por meio da instrução **ARQUIVO.seek(3);**.

Observe que o dado **CODIGO** utiliza **1** byte e o dado **SERIE** utiliza **2** bytes, ou seja, o dado **CODIGO** consome **1** byte de memória a partir da posição **0** e o dado **SERIE** consome **2** bytes de memória a partir da posição **1** do dado **CODIGO**. Por essa razão torna-se necessário posicionar o ponteiro a partir da posição **3** para capturar o conteúdo do dado **MEDIA** que consome um total de **8** bytes. Note o esquema de registro utilizado no arquivo **ARQALU.DBJ**.

bytes	0	1	2	3	4	5	6	7	8	9	10
conteúdo	CODIGO	SERIE		MEDIA							

Após posicionar o ponteiro a partir da posição **3**, por meio do método **readDouble()** o programa solicitada a entrada da nova média, como indicado a partir da linha de código **System.out.println("Media ....: " + ARQUIVO.readDouble();**.

Note que o programa faz uso de três blocos de instrução **try / catch**. Atente para o terceiro bloco, onde se efetua novamente o posicionamento com o método **seek()** do ponteiro do arquivo na posição **3**, ou seja, a partir do local onde se encontra gravado o dado referente ao valor **MEDIA**. Isso se faz necessário, pois na ação de apresentação do valor da média o ponteiro foi posicionado após a última posição, que neste exemplo é a posição **10**. Assim, torna-se necessário retroceder com o ponteiro a partir da posição que se deseja alterar. Em seguida o método **writeDouble()** faz a gravação do novo valor sobre o valor antigo, procedendo assim com a ação de alteração de um determinado dado.

11.6 Manuseio de arquivo de acesso direto

Para o devido manuseio de um arquivo de acesso direto é necessário ainda definir algumas ações, como por exemplo poder registrar o nome completo de um aluno, trabalhar com um número maior de registros (mais de um registro por arquivo), pesquisar registros no arquivo.

11.6.1 Cadastro de sequências de caracteres (String)

Para poder trabalhar com a entrada de um nome de um aluno, é necessário decompor um **String** numa sequência de caracteres. É comum e necessário ao se definir a estrutura de registro de um arquivo limitar o número de caracteres para os campos alfanuméricos.

Nos próximos exemplos serão usados alguns conceitos aplicados anteriormente e mais alguns novos conceitos para o aprimoramento do conhecimento de uso e aplicação de arquivos. Para tanto, considere a seguinte estrutura de classe representando o registro do arquivo:

Classe: Taluno				
Campo	Tipo	Tamanho do tipo	Tamanho de uso	Tamanho total
CODIGO	byte	1	-	1
NOME	char	2	40	80
SERIE	char	2	-	2
MEDIA	double	8	-	8
			Total de bytes	91

Observe na tabela o mapa da estrutura do registro que deverá ser gravado no arquivo por meio da classe **Taluno**. Note que será definido um campo **NOME** para **40** posições, ou seja, será aceito para registro um nome que contenha no máximo 40 caracteres. Se for fornecido um nome com quantidade maior que 40 caracteres o computador descartará o excedente.

É necessário lembrar que cada caractere que comporá o nome como um todo ocupa **2** bytes de memória. Se o desejo é usar um campo, como é o caso de **NOME**, com **40** posições e cada posição ocupa um total de **2** bytes, ter-se-á um consumo por registro de **80** bytes, independentemente do fato de esse espaço estar ou não em uso. Quanto aos demais campos da estrutura do registro a serem utilizados, eles já são conhecidos dos exemplos da seção anterior.

Observe na tabela a última coluna, a qual apresenta o total de bytes a ser utilizado. Note que a soma final é de **91** bytes. Quando o programa que efetuará a criação e o armazenamento de dados for executado, será criado um arquivo com o total de **91** bytes, como poderá ser verificado junto à linha de comando do sistema operacional com o comando **dir** (MS-DOS) ou **ls –l** (Linux).

A seguir apresenta-se o programa responsável pela recepção dos dados do teclado e sua posterior gravação no arquivo. No seu editor de texto, escreva o programa seguinte e grave-o com o nome **C11EX07.java**.

```java
import java.io.*;
import java.util.Scanner;

class C11EX07 {

  private static RandomAccessFile ARQUIVO;

  public static void main(String args[]) {

    class Taluno {
      byte CODIGO;
      char NOME[] = new char[40];
      char SERIE;
      double MEDIA;
    }

    Taluno ALUNO = new Taluno();
    File NOMEARQ = new File("ARQALUX.DBJ");
    String ENTRASERIE;
    String ENTRANOME;
    int I;
    Scanner s1 = new Scanner(System.in);
    Scanner s2 = new Scanner(System.in);

    System.out.println();

    System.out.print("Entre o codigo ...: ");
    ALUNO.CODIGO = s1.nextByte();

    System.out.print("Entre o nome .....: ");
    ENTRANOME = s2.nextLine();
    if (ENTRANOME.length() < 40)
      for (I = 0; I < ENTRANOME.length(); I++)
        ALUNO.NOME[I] = ENTRANOME.toUpperCase().charAt(I);
    else
      for (I = 0; I < 40; I++)
        ALUNO.NOME[I] = ENTRANOME.toUpperCase().charAt(I);

    System.out.print("Entre a serie ....: ");
    try {
      BufferedReader br = new BufferedReader(
      new InputStreamReader(System.in));
      ENTRASERIE = br.readLine(); }
    catch (Exception e) {
      ENTRASERIE = "";
    }
    ALUNO.SERIE = ENTRASERIE.toUpperCase().charAt(0);

    System.out.print("Entre a media ....: ");
```

Arquivos em Disco

```
    ALUNO.MEDIA = s1.nextDouble();

    try {
      ARQUIVO = new RandomAccessFile(NOMEARQ, "rw"); }
    catch (FileNotFoundException fnfe) {
      System.out.println("Arquivo sem acesso");
    }

    try {
      ARQUIVO.writeByte(ALUNO.CODIGO);
      for (I = 0; I < 40; I++)
        ARQUIVO.writeChar(ALUNO.NOME[I]);
      ARQUIVO.writeChar(ALUNO.SERIE);
      ARQUIVO.writeDouble(ALUNO.MEDIA);
      ARQUIVO.close(); }
    catch (IOException ioe) {
      System.out.println("Erro de escrita");
    }

  }
}
```

Saia do editor de texto e na linha de comando escreva a chamada do compilador Java com a sintaxe **javac C11EX07.java** e execute **java C11EX07** para ver o programa.

Na execução do programa entre os dados solicitados e quando o prompt do sistema operacional for apresentado liste o conteúdo do diretório (ou pasta) e observe o tamanho apresentado para o arquivo **ARQALUX.DBJ** que deverá estar marcando **91**.

A instrução **char NOME[] = new char[40];** faz a definição do campo **NOME** como uma estrutura de arranjo com a capacidade de armazenar no máximo **40** caracteres.

O trecho de código seguinte:

```
if (ENTRANOME.length() < 40)
  for (I = 0; I < ENTRANOME.length(); I++)
    ALUNO.NOME[I] = ENTRANOME.toUpperCase().charAt(I);
else
  for (I = 0; I < 40; I++)
    ALUNO.NOME[I] = ENTRANOME.toUpperCase().charAt(I);
```

é responsável por transferir o conteúdo da variável **ENTRANOME** para cada uma das posições válidas do arranjo **NOME**. Observe a instrução **if (ENTRANOME.length() < 40)** que determina o tipo de transferência a ser realizada. Por exemplo, se o conteúdo informado for menor que o número de **40** caracteres, serão realizadas as operações definidas na 43.ª linha e na 44.ª linha. Caso contrário, se ocorrer um estouro na entrada de dados, serão realizadas as operações definidas na 46.ª linha e na 47.ª linha. Observe que para a entrada do nome está sendo forçada a transformação dos caracteres para o formato maiúsculo por meio do trecho de instrução **.toUpperCase().charAt(I)**, pois dados alfabéticos a serem gravados num arquivo devem sempre estar em formato maiúsculo sem nenhum caractere acentuado. Essa regra se aplica, pois garante homogeneidade da entrada de dados, facilitando operações de busca, alteração e remoção de registros. Nos dias de hoje, se tem esse péssimo hábito de registrar dados alfabéticos em arquivos com caracteres maiúsculos e minúsculos e com acentos. Aqui não se trata de ir contra o idioma português mas sim de manter a ideia de praticidade para a qual os computadores foram idealizados.

Observe o trecho seguinte:

```
for (I = 0; I < 40; I++)
  ARQUIVO.writeChar(ALUNO.NOME[I]);
```

Note o uso do método **writeChar()** efetuando a gravação de um caractere por vez comandado pelo laço **for**.

Na sequência será apresentado o programa que fará a leitura do registro e o apresentará na tela. No seu editor de texto, escreva o programa a seguir e grave-o com o nome **C11EX08.java**.

```
import java.io.*;

class C11EX08 {

  private static RandomAccessFile ARQUIVO;

  public static void main(String args[]) {

    class Taluno {
      byte CODIGO;
      char NOME[] = new char[40];
      char SERIE;
      double MEDIA;
    }

    Taluno ALUNO = new Taluno();
    File NOMEARQ = new File("ARQALUX.DBJ");
    int I;

    System.out.println();

    try {
      ARQUIVO = new RandomAccessFile(NOMEARQ, "r"); }
    catch (FileNotFoundException enfe) {
      System.out.println("Arquivo sem acesso");
    }

    try {
      System.out.println("Codigo ...: " + ARQUIVO.readByte());
      System.out.print("Nome .....: ");
      for (I = 0; I < 80; I+=2) {
        ARQUIVO.seek(I + 1);
        System.out.print(ARQUIVO.readChar());
      }
```

```
      System.out.println();
      System.out.println("Serie ....: " + ARQUIVO.readChar());
      System.out.println("Media ....: " + ARQUIVO.readDouble());
      ARQUIVO.close(); }
    catch (IOException ioe) {
      System.out.println("Erro de leitura");
    }

  }
}
```

Saia do editor de texto e na linha de comando escreva a chamada do compilador Java com a sintaxe **javac C11EX08.java** e execute **java C11EX08** para ver o programa.

Praticamente a estrutura do programa já é quase conhecida, a não ser pelo trecho seguinte:

```
for (I = 0; I < 80; I+=2) {
  ARQUIVO.seek(I + 1);
  System.out.print(ARQUIVO.readChar());
}
```

Observe que a instrução **for (I = 0; I < 80; I+=2)** parece estar com alguns valores estranhos: **80** para final do laço e **2** para o passo de contagem. Lembre-se de que um dado do tipo **char** ocupa 2 bytes e que o campo **NOME** usa **40** caracteres. Assim, justifica-se o valor **80** pois **40** caracteres multiplicado por **2** bytes resulta em **80** bytes. Já o valor **2** definido no incremento do laço faz com que a leitura dos registros ocorra de dois em dois bytes. Dessa forma, se pega apenas o conteúdo que corresponde à composição do campo **NOME**. Experimente mudar o valor **2** para **1** e veja o resultado.

Outro detalhe em uso é a instrução **ARQUIVO.seek(I + 1);**, em que o método **seek()** faz uso do argumento **I + 1**, que faz com que ocorra o avanço de dois em dois caracteres a ser lido pelo método **readChar()**. Esse recurso faz com que ocorra o avança de registro de um em um byte.

11.6.2 Armazenagem de mais de um registro

Na sequência o programa deverá ir gravando quantos registros forem sendo fornecidos. Na atual versão, o programa efetua o cadastramento de apenas um registro, e para cadastrar mais deverá seguir uma lógica operacional um pouco diferente. Assim, grave o programa **C11EX07.java** com o nome **C11EX09.java**, altere dentro do código a referência à classe **C11EX07** para **C11EX09** e acrescente também no trecho de gravação de registros o comando **ARQUIVO.seek(NOMEARQ.length());**. O código seguinte apresenta em negrito os trechos que deve ser alterados no programa. Ao final das alterações não esqueça de gravar novamente o programa mantendo o nome **C11EX09.java**.

```java
import java.io.*;

class C11EX09 {

  private static RandomAccessFile ARQUIVO;

  public static void main(String args[]) {

    class Taluno {
      byte CODIGO;
      char NOME[] = new char[40];
      char SERIE;
      double MEDIA;
    }

    Taluno ALUNO = new Taluno();
    File NOMEARQ = new File("ARQALUX.DBJ");
    String ENTRASERIE;
    String ENTRANOME;
    int I;

    System.out.println();

    System.out.print("Entre o codigo ...: ");
    try {
      BufferedReader br = new BufferedReader(
      new InputStreamReader(System.in));
      ALUNO.CODIGO = Byte.parseByte(br.readLine()); }
    catch (Exception e) {
      ALUNO.CODIGO = 0;
    }

    System.out.print("Entre o nome .....: ");
    try {
      BufferedReader br = new BufferedReader(
      new InputStreamReader(System.in));
      ENTRANOME = br.readLine(); }
    catch (Exception e) {
      ENTRANOME = "";
    }

    if (ENTRANOME.length() < 40)
      for (I = 0; I < ENTRANOME.length(); I++)
        ALUNO.NOME[I] = ENTRANOME.toUpperCase().charAt(I);
    else
      for (I = 0; I < 40; I++)
        ALUNO.NOME[I] = ENTRANOME.toUpperCase().charAt(I);

    System.out.print("Entre a serie ....: ");
    try {
      BufferedReader br = new BufferedReader(
      new InputStreamReader(System.in));
      ENTRASERIE = br.readLine(); }
    catch (Exception e) {
```

Arquivos em Disco

```java
      ENTRASERIE = "";
    }
    ALUNO.SERIE = ENTRASERIE.toUpperCase().charAt(0);

    System.out.print("Entre a media ....: ");
    try {
      BufferedReader br = new BufferedReader(
      new InputStreamReader(System.in));
      ALUNO.MEDIA = Double.parseDouble(br.readLine()); }
    catch (Exception e) {
      ALUNO.MEDIA = 0;
    }

    try {
      ARQUIVO = new RandomAccessFile(NOMEARQ, "rw"); }
    catch (FileNotFoundException fnfe) {
      System.out.println("Arquivo sem acesso");
    }

    try {
      ARQUIVO.seek(NOMEARQ.length());
      ARQUIVO.writeByte(ALUNO.CODIGO);
      for (I = 0; I < 40; I++)
        ARQUIVO.writeChar(ALUNO.NOME[I]);
      ARQUIVO.writeChar(ALUNO.SERIE);
      ARQUIVO.writeDouble(ALUNO.MEDIA);
      ARQUIVO.close(); }
    catch (IOException ioe) {
      System.out.println("Erro de escrita");
    }

  }
}
```

Saia do editor de texto e na linha de comando escreva a chamada do compilador Java com a sintaxe **javac C11EX09.java** e execute **java C11EX09** para ver o programa.

Ao ser executado o programa serão solicitados os dados. Informe diferentes valores em relação à execução do programa **C11EX07**. Após a execução da entrada, peça para listar o conteúdo de seu disco e observe que o arquivo **ARQALUX.DBJ** deverá estar com seu tamanho na marca de **182** bytes. Execute mais duas vezes para que o arquivo chegue ao tamanho de **364** bytes.

No programa anterior é conseguida a movimentação do ponteiro para a próxima posição vazia do arquivo com o uso da linha de código **ARQUIVO.seek(NOMEARQ.length());**, que permite posicionar o ponteiro do arquivo após o último registro cadastrado. Observe o uso do método **length()** da classe **File** informando para o método **seek()** o valor da posição em que o ponteiro deverá ser colocado.

Basta na sequência providenciar o programa que deverá apresentar os dados cadastrados no arquivo **ARQALUX.DBJ**. Para tanto, no seu editor de texto, escreva o código a seguir e grave-o com o nome **C11EX10.java**.

```java
import java.io.*;

class C11EX10 {

  private static RandomAccessFile ARQUIVO;

  public static void main(String args[]) {

    class Taluno {
      byte CODIGO;
      char NOME[] = new char[40];
      char SERIE;
      double MEDIA;
    }

    Taluno ALUNO = new Taluno();
    File NOMEARQ = new File("ARQALUX.DBJ");
    int I;
    long POSICAO = 0;

    System.out.println();

    try {
      ARQUIVO = new RandomAccessFile(NOMEARQ, "r"); }
    catch (FileNotFoundException enfe) {
      System.out.println("Arquivo sem acesso");
    }

    try {
      do {

        ARQUIVO.seek(POSICAO);
        System.out.println("Codigo ...: " + ARQUIVO.readByte());

        ARQUIVO.seek(POSICAO + 1);
        System.out.print("Nome .....: ");
        for (I = 0; I < 80; I+=2) {
          ARQUIVO.seek(I + POSICAO + 1);
          System.out.print(ARQUIVO.readChar());
        }
        System.out.println();

        ARQUIVO.seek(POSICAO + 81);
        System.out.println("Serie ....: " +
          ARQUIVO.readChar());

        ARQUIVO.seek(POSICAO + 83);
        System.out.println("Media ....: " +
          ARQUIVO.readDouble());

        POSICAO += 91;
        System.out.println(); }

      while (true); }
```

Arquivos em Disco

```
      catch (EOFException eofe) {
        System.out.println("Fim de arquivo");
      }
      catch (IOException ioe) {
        System.out.println("Erro de leitura");
      }

   }
}
```

Saia do editor de texto e na linha de comando escreva a chamada do compilador Java com a sintaxe **javac C11EX10.java**. Se não houver nenhum erro de sintaxe a linha de comando será após alguns instantes apresentada com o cursor piscando ao lado do prompt. Nesse momento use a sintaxe **java C11EX10** para executar o programa.

A instrução **long POSICAO = 0;** faz a definição da variável **POSICAO** com valor 0 (zero) que será usada para auxiliar o ponteiro de movimentação de registro.

O trecho de código definido entre a instrução **do** e **while(true)** efetua a apresentação dos registros do arquivo **ARQALUX.DBJ**. A instrução **ARQUIVO.seek(POSICAO);** posiciona o ponteiro no início do arquivo na posição zero para que o referido dado seja apresentado a partir da instrução **System.out.println("Codigo ...: " + ARQUIVO.readByte());**.

Após escrever o código ocorre o posicionamento do ponteiro na posição **1** por meio da instrução **ARQUIVO.seek(POSICAO + 1);**, que apresentará o nome do aluno. Note o uso do laço **for** com o objetivo de capturar todos os caracteres que formam o nome do aluno e apresentá-los em tela. Perceba que para ler os caracteres um a um armazenados no arquivo **ARQALUX.DBJ** está se utilizando a instrução **ARQUIVO.seek(I + POSICAO + 1);**. Observe que além da preocupação de captar o posicionamento de cada caractere com a variável **I** utiliza-se também o valor da variável **POSICAO**. Dessa forma, consegue-se pegar os dados referentes a cada registro em separado, pois a variável **POSICAO** está com essa finalidade no programa. Para os demais campos estão ocorrendo operações de leitura bem semelhantes.

A instrução **POSICAO += 91;** atualiza o valor da variável **POSICAO** com a soma do valor **91** sobre seu atual valor. O valor **91** caracteriza-se por ser o valor do tamanho total que cada um dos registros armazenados ocupa no arquivo. Com isso é possível percorrer cada um dos registros do arquivo.

11.6.3 Busca de registros armazenados

Para completar a ação desta seção falta apenas o desenvolvimento de um programa que permita fazer pesquisa (localização) de registros já cadastrados. É muito comum a necessidade de busca de registros em arquivos para diversas finalidades, desde apenas apresentar os dados de um determinado registro, fazer alterações de dados ou mesmo a remoção do registro no arquivo. Assim, o programa a seguir apresenta um exemplo de como proceder com a busca de um registro em um arquivo de acesso direto. No seu editor de texto, escreva o código de programa a seguir e grave-o com o nome **C11EX11.java**.

```java
import java.io.*;
import java.util.Scanner;

class C11EX11 {

  private static RandomAccessFile ARQUIVO;

  public static void main(String args[]) {

    class Taluno {
      byte CODIGO;
      char NOME[] = new char[40];
      char SERIE;
      double MEDIA;
    }

    Taluno ALUNO = new Taluno();
    File NOMEARQ = new File("ARQALUX.DBJ");
    int I;
    long POSICAO = 0;
    byte CODALU;
    boolean ACHOU = false;
    Scanner s = new Scanner(System.in);

    try {
      ARQUIVO = new RandomAccessFile(NOMEARQ, "r"); }
    catch (FileNotFoundException enfe) {
      System.out.println("Arquivo sem acesso");
    }

    System.out.println();

    System.out.print("Codigo ...: ");
    CODALU = s.nextByte();

    try {
      do {

        ARQUIVO.seek(POSICAO);
        if(CODALU == ARQUIVO.readByte()) {

          ACHOU = true;

          ARQUIVO.seek(POSICAO + 1);
          System.out.print("Nome .....: ");
          for (I = 0; I < 80; I+=2) {
            ARQUIVO.seek(I + POSICAO + 1);
            System.out.print(ARQUIVO.readChar());
          }
          System.out.println();

          ARQUIVO.seek(POSICAO + 81);
          System.out.println("Serie ....: " +
            ARQUIVO.readChar());
```

Arquivos em Disco

```
          ARQUIVO.seek(POSICAO + 83);
          System.out.println("Media ....: " +
            ARQUIVO.readDouble());
        }
        POSICAO += 91; }

    while (true && ACHOU == false); }
  catch (EOFException eofe) {
    System.out.println("Fim de arquivo");
  }
  catch (IOException ioe) {
    System.out.println("Erro de leitura");
  }
  if (ACHOU == false)
    System.out.println("Registro inexistente");

  }
}
```

Saia do editor de texto e na linha de comando escreva a chamada do compilador Java com a sintaxe **javac C11EX11.java** e excute **java C11EX11** para executar o programa.

Ao ser executado o programa, entre com um valor de **CODIGO** cadastrado anteriormente para ver os dados do registro. Caso entre com um código que não esteja cadastrado, será apresentada a mensagem **Registro inexistente** após a apresentação da mensagem **Fim de arquivo** controlado pela exceção **EOFException**.

A instrução **byte CODALU;** define para a variável **CODALU** que será utilizada para armazenar o valor do **CODIGO** que será informado pelo teclado e a instrução **boolean ACHOU = false;** define a variável **ACHOU** como sendo do tipo **boolean** com valor **false**. Essa variável será usada no processo de pesquisa dos registros dentro do arquivo, e se um registro for localizado seu valor passa a ser **true**.

Na linha de código **if(CODALU == ARQUIVO.readByte())** ocorre a comparação do valor fornecido para a variável **CODALU** com o valor que representa o **CODIGO** armazenado no arquivo. Se os valores forem iguais, o trecho de código situado da 45.ª linha até a 62.ª linha é executado.

A linha de código **if (ACHOU == false)** faz a comparação do valor da variável **ACHOU** com o valor **false**. Se essa condição for verdadeira, será apresentada a mensagem **Registro inexistente**.

Observe também que no código apresentado anteriormente não se está usando o método **close()** para fechar o arquivo. De modo prático, a linguagem Java fecha automaticamente o arquivo tão logo o programa tem seu processamento encerrado. Assim, alguém pode perguntar: Por qual motivo então existe o método **close()** se a linguagem fecha automaticamente o arquivo? A resposta é que de fato um programa pode trabalhar simultaneamente com mais de um arquivo em operações de escrita e leitura e nesse contexto será preciso por vezes fechar um arquivo que esteja aberto após sua leitura para continuar a operação em outro arquivo que esteja aberto na memória, ficando abertos apenas os arquivos em uso em um determinado momento.

11.7 Exercícios de fixação

Desenvolva a codificação em linguagem de programação Java dos seguintes problemas a serem transformados em programas de computador. Não se esqueça de ir gravando cada programa. Como sugestão, você pode gravar o exercício "a" como EXERC13A, o exercício "b" como EXERC13B, e assim por diante.

a. Ler a partir do teclado dez valores numéricos inteiros em um arranjo A de uma dimensão. Após a leitura, os dados devem ser armazenados em um arquivo binário denominado DADOS13A.DBC.

b. Elaborar um programa que efetue a leitura dos dez valores numéricos armazenados no arquivo DADOS13A.DBC. Após efetuar a leitura do arquivo e transferir os valores para a memória, apresente todos os valores existentes.

c. Elaborar um programa que efetue a leitura dos dez valores numéricos armazenados no arquivo DADOS13A.DBC. Após efetuar a leitura do arquivo e transferir os valores para a memória, apresente todos os valores pares existentes e suas respectivas posições.

d. Elaborar um programa que efetue a leitura de dez valores numéricos inteiros para um arranjo A de uma dimensão. Construir um arranjo B de uma dimensão, e cada elemento do arranjo B deve ser o dobro correspondente de cada elemento do arranjo A. Gravar os dados do arranjo B em um arquivo binário denominado DADOS13F.DBC. Em seguida, transferir os dados gravados no arquivo binário DADOS13F.DBC para um arranjo C de uma dimensão com a capacidade de armazenar dez valores e efetuar a apresentação dos valores do arranjo C.

e. Elaborar um programa que efetue a leitura dos dez valores numéricos armazenados no arquivo DADOS13F.DBC e transfira esses valores para um arranjo de uma dimensão denominada X. Após efetuar a leitura do arquivo e transferir os valores para o arranjo, apresente a soma dos valores pares existentes.

Bibliografia

AMBLER, S. W. **Análise e Projeto Orientados a Objetos:** Um Guia para o Desenvolvimento de Aplicações Orientadas a Objeto. Rio de Janeiro: IBPI Press, 1997.

AZEREDO, A. A. **Métodos de Classificação de Dados e Análise de Suas Complexidades**. Rio de Janeiro: Editora Campus, 1996.

BUENO, A.D. **Programação Orientada a Objetos em C++** (Apostila).
Universidade Federal de Santa Catarina, Laboratório de Meios Porosos e Propriedades Termofísicas e Núcleo de pesquisa em Construção, 12 dez 2002. Disponível em: <http://www.lmpt.ufsc.br/~andre/>. Acesso em: 03 jun. 2003.

CHAN, M. C.; GRIFFITH, S. W.; IASI, A. I. **Java 1001 Dicas de Programação**.
São Paulo:Editora Makron Books, 1999.

DEITEL, H. M. & DEITEL, P. J. **Java – Como Programar**. 3. ed. Porto Alegre: Editora Bookman, 2001.

FURLAN, J.D. **Modelagem de Objetos através da UML:** Análise e Desenho Orientados a Objetos. São Paulo: Makron Books, 1998.

FURGERI, S. **Java 2 Ensino Didático – Desenvolvendo e Implementando Aplicações**. 2. ed. São Paulo:Editora Érica, 2003.

GHIORZI, T. **Dias Julianos**. Atualizado em 26 jun 2006. Disponível em: <http://ghiorzi.org/diasjuli.htm>. Acesso em: 20 mai 2014.

GOSLIN, J., JOY, B., STEELE, G., BRACHA, B & BUCKLEY A. **Java Language Specification: Java SE 7 Edition**. USA: Oracle/ Addison-Wesley Professional, 2013.

JANDL JR., P. **Introdução ao Java**. São Paulo: Editora Berkeley, 2002.

JANSA, K. **Sucesso com C++**. São Paulo: Editora Érica, 1995.

KRAMER, D. **JDK Documentation**. Palo Alto: Sun Microsystems Inc., 1997.

LEMAY, L. & PERKINS, C. L. **Aprenda em 21 Java**. Rio de Janeiro: Editora Campus, 1997.

MANZANO, J. A. N. G. & OLIVEIRA, J. F. **Algoritmos – Lógica para Desenvolvimento de Programação de Computadores**. 27. ed. São Paulo: Editora Érica, 2014.

RESENDE, R. F. **Algoritmos e Estruturas de Dados I – Arranjos**. Disponível em: <http://homepages.dcc.ufmg.br/~rodolfo/aedsi-1-06/arranjo/arranjos2.html/>.
Acesso em: 23 jul 2006.

SCHILDT, H. **C: The Complete Reference**. 3. ed. New York: McGraw-Hill, 1995.

_____. **Java 2 – The Complete Reference**. 5. ed. New York: McGraw-Hill/Osborne, 2002.

Para Ler, Estudar e Aprofundar Conhecimento

FURLAN, J. D. **Modelagem de Objetos através da UML:**
Análise e Desenho Orientados a Objetos. São Paulo: Makron Books, 1998.

HOSTETTER, C. **Survey of Object Oriented Programming Languages**.
University of California, Berkeley, USA, 23 mai. 1998. Disponível em:
<http://www.rescomp.berkeley.edu/~hossman/cs263/paper.html>.
Acesso em: 02 jun 2003.

MARTINS. M. **Programação Orientada aos Objectos em JAVA 2**. Portugal:
FCA – Editora de Informática, 2000.

MENDES. A. J. & MARCELINO. M. J. **Fundamentos de Programação em Java 2**.
2. ed. Portugal: FCA – Editora de Informática, 2002.

WIRFS-BROCK, R.; WILKERSON; B.; WIENER, L. **Designing Object-Oriented Software**.
New Jersey: Prentice Hall, 1990.

Marcas Registradas

MS-DOS, Microsoft Windows 95, Microsoft Windows 98, Microsoft Windows Me, Microsoft Windows 2000, Microsoft Windows XP Professional, Microsoft Windows XP Home, Microsoft Windows Server Web, Microsoft Windows Server Standarf, Microsoft Windows Server Enterprise, Microsoft Windows Server Datacenter, Microsoft Windows 7 Professional, Internet Explorer e Microsoft são marcas registradas de Microsoft Corporation; Red Hat, Red Hat Linux, Red Hat Enterprise Linux WS, Red Hat Enterprise Linux ES, Red Hat Enterprise Linux AS, Red Hat Advanced Server, Red Hat Advanced Workstation e Fedora Core Linux são marcas registras de Red Hat, Inc.; Kalango Linux é marca registrada de Kalango Linux; Solaris, Java, J2SE, J2RE, Sun, Sun Microsystems Inc., Oracel são marcas registradas de ORACLE; SPARCstation, SPARCserver, SPARCengine, SPARCstorage, SPARCware, SPARCcenter, SPARCclassic, SPARCcluster, SPARCdesign, SPARC811, SPARCprinter, UltraSPARC, microSPARC, SPARCworks, e SPARCompiler são marcas licenciadas exclusivamente para Sun Microsystems, Inc.; Os produtos com a marca SPARC são baseados e desenvolvidos com arquitetura pertencente a Sun Microsystems, Inc. Borland, Borland Delphi, Borland C++Builder, Borland C#Builder e Borland JBuilder são marcas registradas de Borland Software Corporation; UNIX é registrada de X/Open Company, Ltd.; A marca SPARC e SCD Compliant Logo são marcas registradas de SPARC International, Inc. Todos os demais nomes, marcas registradas, propriedades ou direitos de uso citados nesta obra pertencem aos seus respectivos proprietários e foram usados neste trabalho apenas com intuito e contexto didático, não existindo nenhuma relação comercial entre esta obra, autores e editora com os fabricantes e desenvolvedores dos produtos nela citados.

Tabela ASCII

O código ASCII[10] (*American Standard Code for Information Interchange*) foi desenvolvido a partir de 1963 e terminado em 1968, com a participação de várias companhias de comunicação norte-americanas, com o objetivo de substituir o até então utilizado código de Baudot, o qual fazia uso de apenas cinco bits e possibilitava somente 32 combinações diferentes. Muito útil para manter a comunicação entre dois teleimpressores (conhecidos no Brasil como aparelhos de TELEX), que utilizava apenas os símbolos numéricos e letras maiúsculas, mas impróprio para a comunicação entre computadores.

O código ASCII original (padrão) permite a utilização de 128 símbolos diferentes, utilizando um conjunto de 7 bits.[11] Nesse conjunto de símbolos estão previstos 96 caracteres imprimíveis, tais como números, letras minúsculas, letras maiúsculas, sinais de pontuação e os caracteres não imprimíveis, tais como retorno do carro de impressão (*carriege return* - tecla <Enter>), retrocesso (*backspace*), salto de linha (*line feed*), entre outros.

Nesse período, o código ASCII foi amplamente aceito pelas empresas de comunicação e também pelas empresas de produção de computadores, com exceção da IBM, a qual tinha desenvolvido, em 1965, o código de comunicação denominado EBCDIC (*Extended Binary Coded Decimal Interchange Code*) para sua nova série de computadores: System 360. O código EBCDIC é formado por um conjunto de 8 bits, o qual possibilita obter 256 combinações diferentes.

Apesar de o código EBCDIC conseguir gerar 256 caracteres contra os 128 do código ASCII, ele não foi amplamente utilizado, devido a um pequeno detalhe. No código EBCDIC, os caracteres alfabéticos não são sequenciais e assim tornam as operações de indexação difíceis de ser executadas. Em função dessa característica, a própria IBM passou a não utilizar o código que desenvolveu nos seus computadores pessoais IBM-PC e PS/2, adotando o código ASCII estendido (conjunto de 8 bits). O código EBCDIC é apenas empregado em minicomputadores e mainframes da própria IBM.

---

[10] Lê-se asquí e não asqui 2, como muitos utilizam.
[11] O conjunto completo é formato por 8 bits. No entanto, apenas 7 são usados para gerar os caracteres necessários; o oitavo bit é utilizado para representar valores negativos.

Os computadores pessoais padrão IBM possuem os 128 caracteres do código ASCII padrão, mais 128 caracteres implementados pela própria IBM. O código ASCII padrão vai de 0 (zero) a 127, e o código estendido vai de 128 a 255. A seguir, são apresentadas as Figuras A.1 e A.2, respectivamente, com os caracteres padrão e estendidos do código ASCII.

ASCII value	Character	Control character	ASCII value	Character	ASCII value	Character	ASCII value	Character
000	(null)	NUL	032	(space)	064	@	096	
001	☺	SOH	033	!	065	A	097	a
002	☻	STX	034	"	066	B	098	b
003	©	ETX	035	#	067	C	099	c
004	♥	EOT	036	$	068	D	100	d
005	♣	ENQ	037	%	069	E	101	e
006	♠	ACK	038	&	070	F	102	f
007	(beep)	BEL	039	'	071	G	103	g
008	◘	BS	040	(	072	H	104	h
009	(tab)	HT	041	)	073	I	105	i
010	(line feed)	LF	042	*	074	J	106	j
011	(home)	VT	043	+	075	K	107	k
012	(form feed)	FF	044	.	076	L	108	l
013	(carriage return)	CR	045	.	077	M	109	m
014	♫	SO	046	,	078	N	110	n
015	☼	SI	047	/	079	O	111	o
016	►	DLE	048	0	080	P	112	p
017	◄	DC1	049	1	081	Q	113	q
018	↕	DC2	050	2	082	R	114	r
019	‼	DC3	051	3	083	S	115	s
020	π	DC4	052	4	084	T	116	t
021	§	NAK	053	5	085	U	117	u
022	—	SYN	054	6	086	V	118	v
023	↨	ETB	055	7	087	W	119	w
024	↑	CAN	056	8	088	X	120	x
025	↓	EM	057	9	089	Y	121	y
026	→	SUB	058	:	090	Z	122	z
027	←	ESC	059	;	091	[	123	{
028	(cursor right)	FS	060	<	092	\	124		
029	(cursor left)	GS	061	=	093	]	125	}
030	(cursor up)	RS	062	>	094	^	126	~
031	(cursor down)	US	063	?	095	_	127	⌂

Figura A.1 – Código padrão ASCII.

Tabela ASCII

128	Ç	144	É	160	á	176	▓	193	┴	209	╤	225	β	241	±
129	ü	145	æ	161	í	177	▒	194	┬	210	╥	226	Γ	242	≥
130	é	146	Æ	162	ó	178	█	195	├	211	╙	227	π	243	≤
131	â	147	ô	163	ú	179	│	196	─	212	╘	228	Σ	244	⌠
132	ä	148	ö	164	ñ	180	┤	197	┼	213	╒	229	σ	245	⌡
133	à	149	ò	165	Ñ	181	╡	198	╞	214	╓	230	μ	246	÷
134	å	150	û	166	ª	182	╢	199	╟	215	╫	231	τ	247	≈
135	ç	151	ù	167	º	183	╖	200	╚	216	╪	232	Φ	248	°
136	ê	152	_	168	¿	184	╕	201	╔	217	┘	233	Θ	249	·
137	ë	153	Ö	169	-	185	╣	202	╩	218	┌	234	Ω	250	·
138	è	154	Ü	170	¬	186	║	203	╦	219	█	235	δ	251	√
139	ï	155	£	171	½	187	╗	204	╠	220	▄	236	∞	252	ⁿ
140	î	156	¥	172	¼	188	╝	205	═	221	▌	237	φ	253	²
141	ì	157	_	173	¡	189	╜	206	╬	222	▐	238	ε	254	■
142	Ä	158	ƒ	174	«	190	╛	207	╧	223	▀	239	∩	255	
143	Å	192	└	175	»	191	┐	208	╨	224	α	240	≡		

Figura A.2 – Código estendido ASCII.

As figuras da tabela ASCII foram obtidas junto aos seus respectivos sites. A Figura A.1 está no site **ASCII Chart and Other Resources**, URL: *http://www.jimprice.com/jim-asc.htm*, enquanto a Figura A.2 está no site **Ascii character table**, URL: *http://www.asciitable.com*.

O programa a seguir apresenta os caracteres ASCII imprimíveis de 32 até 127, por serem o padrão utilizado por vários computadores. O programa não apresenta a parte de código estendida (códigos de 128 a 255) por serem esses códigos exclusivos apenas aos computadores da família IBM-PC. Não são utilizados também os códigos de 0 a 31 por serem a representação dos caracteres não imprimíveis. No seu editor de texto, escreva o programa a seguir e grave-o com o **CAAEX01.java**.

```java
import java.io.*;

class CAAEX01 {

  public static void main(String args[]) {

    // O codigo ASCII imprimivel inicia-se com valor 32,
    // correspondente ao codigo de espaco em branco.

    for(int CODIGO = 32; CODIGO <= 127; CODIGO++) {
      System.out.print("--> " + (char)CODIGO + " codigo");
      System.out.print(" ASCII = [" + CODIGO + "]");
      System.out.println();
    }
  }
}
```

Índice remissivo

Símbolos

^ 80, 82, 83
! 75, 80, 84, 85
!= 75
& 80, 81
&& 80, 81
< 75, 76, 78, 81
<= 75
== 75, 82, 83, 87, 88
> 75, 76, 77, 78, 79, 81, 83, 84, 85
>= 75
| 80, 81, 82
|| 80, 81, 82
(char) 130, 371
/etc/profile 26
\n 61

A

abs() 118
abstração 36, 38
abstract 181, 183, 197, 199, 201, 212, 213
AbstractDocument() 294
Abstract Windowing Toolkit 48, 256
Acesso
 direto 334, 350, 357
 indexado 334
 sequencial 334
acos() 118
ActionEvent 263-265, 283, 285, 286, 288, 292, 296
ActionListener 263-265, 282, 283, 285, 286, 288, 292, 296
actionPerformed 263-265, 283, 285, 286, 288, 292, 296
add 235-237, 239, 241, 244, 257, 259, 260, 263, 280, 283, 285, 287, 288, 290, 295, 300, 303, 304, 312, 317, 318, 322, 325, 328, 331, 336, 339, 342, 343, 346
addActionListener 263, 264, 283, 285, 286, 288, 291, 295, 300, 304, 308, 336, 340, 342, 343, 346
addChangeListener 328, 331

addItemListener 325, 327
addItemListener(), 327
addListSelectionListener() 315
Adição 65
Ambientes integrados de programação 28
American Standard Code for Information Interchange 369
API 45, 46
Aplicações gráficas 255
appletviewer 47, 57
Application Program Interface 44, 46
applyPattern 71-74, 105, 155, 160-162
applyPattern() 72, 155
Apresentar o caractere 119
arg[] 53
ArithmeticException 94-96
Arquivos 333-336, 338, 347, 348, 350, 351, 357, 360, 365, 367
Arranjo(s) 215-218, 220, 225
 bidimensional 215, 230, 231
 com argumentos 215
 de argumentos 231
 de caracteres 119
 dinâmico(s) 215, 234
 unidimensional 215, 230
ArrayList 234-237
ASCII 222, 369-371
asin() 118
atan() 118
atan2() 118
Atributo(s) 36, 37, 39, 180-184, 186, 187, 189-191, 197-200, 202-205, 209, 212
AttributeSet 294
Avaliações lógicas 223
AWT 48, 256, 258, 264, 278, 279

B

BadLocationException 291-294
Bibliotecas 189
BLACK 279
Blue 279

Boolean 61, 141, 142, 294
Botões de seleção 299
Break 86, 89, 90, 160
br.readLine() 66, 67, 70, 71, 73, 92
BufferedInputStream 335, 349, 350
BufferedOutputStream 335, 348, 349
BufferedReader 65-67, 70, 71, 73, 75, 92, 94-98, 226, 229
ButtonGroup 300, 301, 302
byte 60, 158, 159, 162, 164-166, 168, 235, 241
byteValue 141

C

C++ 32, 33
Cadeias de Caracteres 119
Caixas
    combinadas 299
    de checagem 299
    de listagem 299
Cálculos matemáticos 64, 117
Calendar 144-148, 151
Caractere(s)
    especial 61
    maiúsculos 121, 123
    minúsculos 121, 123
Case 86, 89, 90, 160
Caso 166, 167
Catch 66, 67, 69, 71, 73, 92-98
Ceil() 118
CENTER 303, 307, 308, 315, 328, 331
ChangeListener 328, 330
Char 60, 61, 344, 346, 347, 351-362, 364, 366
Character 129, 130, 291-296
Character.isLetter 293, 294
CharAt() 119, 120, 131
CheckRead() 351
CheckWrite() 351
Class 47, 49, 51, 52, 54-57, 66, 71, 73, 181-187, 189, 191-193, 195, 197-206, 208, 209, 211, 213, 214
Classe(s) 36-40, 61, 63, 65, 70, 72-75, 92, 94, 96, 100, 157, 159, 163, 168-184, 186, 189, 190, 191, 197-204, 208-210, 212-214
    Classe abstrata 37, 181
    Classe Color 279

concreta 37
DecimalFormat 72
Double 126
estéril 181
externas 167
filho 37, 181, 197, 198, 210
final 181
Float 65, 70, 126
Graphics 57
Integer 65, 70
Math 117, 118
pai 37, 180, 181, 190, 197, 198, 210
String 119-126
System 56, 70
CLASSPATH 169
Class Responsibility Collaborator 35
Clear 237-241, 243, 244
Close() 335, 337, 339, 340, 342, 344, 346, 348, 349, 352, 354, 355, 359, 361, 363, 367
CLOSED_OPTION 271, 272
Código
    ASCII 369, 370
    EBCDIC 369
Coerção 128
Coezão 40
Colaboração 37
    de responsabilidade de classe 35
Colchetes 215, 216, 230
Coleções 215
Collection 234, 235, 241
Color 278, 279, 280, 317, 319, 321
Combo box 323
Comparação entre strings 121
CompareTo 151-154
CompareTo() 222
Component() 256
Concat() 119, 120
Concatenação 120
Condição 61, 75-81, 84, 89, 101, 102, 106, 109
Configuração 24, 25
Conjunto de objetos 36
Consistência de dados 289
Constante(s) 63, 64, 75
Construtor 72, 200

Índice Remissivo

Contador 101, 102, 107-109
Container 256, 278-284, 287, 290, 295, 300, 303, 311, 317, 321, 325, 336, 339, 343
Container() 256
Controle com Múltipla Escolha 86
Conversão 124, 126-128
Conversão de tipos de dados 124
Conversões 128, 129
Cos() 118
CRC 35
CreateNewFile() 348, 349
Criação de objetos 39
Cyan 279

D

Dados caracteres 60
DarkGray 279
DARK_GRAY 279
DataInputStream 335, 347, 349-351
DataMax 171, 172
DataOutputStream 335, 347-349, 351
Datas 143, 151, 152
DAY_OF_MONTH 144
DAY_OF_WEEK 144, 147, 148
De
    binário para integer 133
    boolean para integer 141
    byte para String 137
    char para integer 134
    código ASCII para String 129
    double para String 131
    float para String 131
    hexadecimal para integer 132
    integer para binário 135
    integer para boolean 142
    integer para hexadecimal 134
    long para String 136
    String para byte 141
    String para código ASCII 130
    String para double 138
    String para float 138
    String para integer 139
    String para long 140
DecimalFormat 71, 72, 74, 105, 160-162, 173-178, 217, 232

Decisão 75, 76, 80, 81, 82, 85, 86
Decremento 65
Default 86, 89, 90
DEFAULT_OPTION 267, 268, 272
Definição
    de objetos via instância 180
    estática de variáveis 180
Desmembrar um string 123
Destrutor 201
Desvio condicional 75-77
    composto 77
    simples 75
Diferente de 75
DISPOSE_ON_CLOSE 260
Divisão 64
Do 60-63, 65-70, 72, 101-109, 111, 115, 116
Document 294
DO_NOTHING_ON_CLOSE 260
Double 60, 74, 85, 93, 126, 153, 160-162, 170, 171, 173-178, 219. 235, 241
DoubleValue() 138
Do ... while 105, 106, 108, 109
DrawString() 57
Drop-down 323

E

EIFFEL 32
Elementos 215, 217-220, 222, 225, 230, 234, 239, 240, 243, 251-253
Else 77-79, 81-83, 85, 87, 88, 121, 125-127, 151-154, 162, 164-166
Encapsulamento 36, 189
Entrada de dados 59, 65, 70
Enum 248
Enumeração 248
EOFException 349, 350, 365, 367
equals() 119, 121
equalsIgnoreCase() 119, 121
ERROR_MESSAGE 267, 268
Erros na execução 91
Escape 61
Espaços em branco 124
Especificação 37
Estado 38

Estrutura de dados 215
Evento 38, 282, 286
Exceção(ões) 69, 91, 93, 96, 99
Exception 66, 67, 69-71, 73, 92-98
Exit() 56
EXIT_ON_CLOSE 257, 259, 260, 263, 277-279, 281, 283, 285, 288, 292, 296
Exp() 118
Exponenciação 65
Extends 278, 293
Extensão
    .class 46
    .java 46

F

False 61, 184, 185, 191, 198, 199, 201, 203, 294
Falso 61
Fatorial 163-168, 196
File 335, 344, 346, 348, 349, 352, 354, 355, 358, 360, 362, 363, 364, 366
FileInputStream 335, 349, 350
FileNotFoundException 351-355, 359, 360, 363, 364, 366
FileOutputStream 335, 348, 349
FileReader 335, 344, 346, 347
FileWriter 335, 337, 338, 340, 342, 344
Final 172-175, 181, 183, 212, 328, 329
Finalize() 201, 203, 205, 206
Finally 93, 97, 98
FinanMax 170, 172-178
Float 60, 66, 69, 71, 73, 74, 85, 92, 93, 125-128, 132, 139, 217, 219, 232, 233, 235, 241
    .parseFloat 128
    Value() 127, 128, 139
    .valueOf 127, 128
Floor() 118
FlowLayout 328, 331
Fluxos de
    entrada 65
    saída 65
For 101-103, 105-107, 108, 109, 111, 116, 164-166, 172
Formas 183, 207
Format 217, 232
Formatação de um string 123

Função(ões) 166, 167, 180
    recursiva 165, 166

G

Get 235-239, 242-244
GetContentPane 257, 259, 260, 263, 278-280, 283, 284, 287, 290, 295, 300, 303, 311, 317, 321, 325, 328, 331
GetContentPane() 279
GetImage 321, 323
GetInstance 144, 146-148, 151
GetSelectionIndex() 315
GetSource 328, 330
GetText 300, 304-306, 309, 310, 340, 342, 344
GetText() 283, 285, 286, 288, 292
GetTime 145-148
GetValue 328, 330
Graphics 70
Gray 279
Green 279

H

HashMap 234, 242, 243
HashSet 234, 239, 241
Herança 37, 190, 197-199, 212, 214
    múltipla 212
HIDE_ON_CLOSE 259
Horas 143, 152
HORIZONTAL 330
HOUR 146

I

IDE 28
IEEEremainder() 118
If 76-79, 81-85, 87, 88, 90, 121, 125-127, 151-154, 160, 162, 164-166, 171, 218-222, 226-229, 232
    ... else 78
Igual a 75
IllegalArgumentException 351
ImageIcon 316-323
Imagens 299, 301, 306, 316, 320, 326, 329
Ímpar 217-220
Implementação prática 180

Implements 213, 214
Import 54-57, 66, 68, 71-73, 105, 156, 158, 159,
    164-166, 168, 169, 257, 258, 260, 262, 264,
    268, 271, 273, 274, 276, 277-280, 282, 284,
    286, 287, 289, 293, 295
Incremento 65
Índice 216
Informação a ser pesquisada 227
INFORMATION_MESSAGE 267, 268
In-line 182, 183
InputStream 335
InputStreamReader() 65, 70
InsertString 291-296
InsertString() 294, 295
Instalação 23, 28
Instancias de objetos 215
Int 60, 66, 69, 71, 73, 74, 77, 79, 80, 82, 83,
    85-89, 93-97, 99, 102-104, 106, 107, 109,
    110, 119, 122, 123, 125, 126, 129-136,
    139-144, 146-148, 151, 152, 158, 164,
    165, 217-220, 222-225, 228, 232,
    234-237, 239, 242, 344, 346-349, 351,
    358, 360, 362, 364, 366
Integer 126-128, 151, 153, 232, 235,
    241-243, 296
Integer.parseInt 128
Integrated Development Environment 28
Interatividade 262
interface 197, 207, 212-214
Interface 234, 239, 241
Inversão de sinal 64
InvokeLater() 261
IOException 337, 338, 340, 342, 344, 346,
    348-350, 352-355, 359, 361, 363, 365, 367
IsDigit() 294, 295
IsLetter 294
IsLetter() 294
IsLetterOrDigit 294
IsLowerCase 294
IsSelected 300, 302, 304-306, 309, 310
IsSelected() 300, 304-306, 309, 310
IsSpaceChar 294
IsUpperCase 294
ItemEvent 325, 327
ItemListener 325, 327
ItemStateChanged() 327

J

J2EE 18
J2SE 18
James Gosling 17, 18
Janelas translúcidas 299
Java 47, 51, 54-57, 257
Javac 46, 47, 51, 54, 56
JAVA_HOME 23, 27
Java.io.* 66, 68, 71, 73
Java.text.DecimalFormat 71-73, 105
Java Virtual Machine 43, 45, 46
Javax 257, 258, 260-262, 268, 271, 273, 274,
    276-285, 287-289, 292, 293, 295, 296
Javax.swing 54-56
Javax.swing.JOptionPane 54-56
JButton 263, 264, 280-284, 286, 287, 290, 295,
    300, 315, 336, 339, 341, 343, 346
JButton(). 315
JCheckBox 302, 303, 307, 308
JCheckButton() 302, 307
JComboBox 323-328
JComponent 310, 323, 327
JComponent() 256
JDialog 263, 264, 268, 271, 273, 274, 276, 296,
    301, 306, 313, 318, 322, 326
JFrame 257-260, 262-264, 266, 274, 275,
    277-285, 287, 288, 290, 292, 295, 296,
    299, 301, 303, 306, 311, 313, 316, 318,
    320, 322, 324, 326, 328, 330, 331
JFrame() 259, 277, 278
JLabel 257, 258, 260, 263, 280, 281, 283, 284,
    286, 287, 290, 295, 300, 303, 311, 312,
    314-317, 319, 320, 321, 324, 325, 328,
    336, 339, 343
JList 310-312, 314-317, 320, 321, 326, 327
JOptionPane 263-269, 271-276, 296, 300, 304,
    305, 309
JOptionPane.showMessageDialog 55, 56
JRadioButton 299, 301, 302
JRadioButton() 299, 301, 302
JScrollPane 310, 312, 315, 317, 321, 327
JSlider 327-330
JTextField 280, 281, 283, 284, 286, 287, 289,
    290, 293-295, 299, 300, 303, 307, 308,
    314, 336, 338, 339, 342, 343
JVM 43, 45, 46

K

Kristen Nygaard 32

L

Laço
    com Verificação Condicional Final 105
    com Verificação Condicional Inicial 101
    de repetição 101, 104-106
Layout 259, 289
Length() 119, 122, 344, 346, 347, 358, 359, 361, 362, 363
LightGray 279
LIGHT_GRAY 279
Linguagem Java 43, 44, 46-48, 51, 52, 54, 56
Linhas de comentário 59, 110, 111
Linux 18, 28, 29, 46, 50-52, 54
List 234-237, 239, 241, 243, 244
ListSelectionListener 312, 315, 318, 322
Ln 52
Log() 118
Long 60, 126, 151, 158, 164-166, 168, 235, 241, 304, 305, 306, 309, 310, 344, 346-349, 351, 364-366
Long loopings 100, 108

M

Magenta 279
Main() 52-54
Maior ou igual que 75
Maior que 75-79, 84, 115
Malhas de repetição 100
manipulação de arquivos 335
Manutenção
    de sinal 64
    do código escrito 110
Map 234, 241-244
Mapas 215
Máquina Virtual Java 43-46
Matemática financeira 172
Math 117, 118
Math.E 117
Math.PI 117
Math.pow 65
Math.sqrt 65

Max() 118
Menor ou igual que 75
Menor que 75, 115
Mensagem 38
Método(s) 35-37, 39, 40, 72, 119, 121, 123, 156-159, 162-165, 167, 168, 170, 179-181, 183, 187, 189-191, 197-199, 207-210, 212-214, 259, 261, 262, 264-269, 272, 275, 276, 278-280, 282, 286, 293-295
    add 281
    compareTo() 223
    construtor 201, 202, 203, 204
    de ordenação 220
    definidos pelo programador 157
    finalizador 201
    getText 286
    internos 117
    setText 286
Min() 118
MINUTE 146
Modelo
    de pesquisa 225, 227
    sequencial 227
Modo Gráfico 255
Modularidade 156, 167
MONTH 144
Multiplicação 64

N

Não igual 75
Negação 80, 84, 85
New 66, 67, 71-74, 92, 105
    InputStreamReader(System.in) 66, 67, 70, 71, 73, 92
NextByte 74
NextChar 74
NextDouble 74, 160, 161, 162
NextFloat 74, 217, 231
NextInt 74, 77, 79, 81-83, 85, 87-89, 99, 103-105, 107, 111, 218-220, 223-226, 235-239, 242
NextLine 74, 83, 90
NextLong 74
NO_OPTION 271, 272

Null 242, 243, 257, 259, 260, 263-269,
    271-273, 275, 276, 280, 283, 285,
    287, 290, 295, 296, 300, 303-305,
    309, 312, 317, 321, 325

O

Object Oriented Programming 31
Objeto(s) 32, 33, 35-39, 180-184, 186, 187,
    197, 198, 201, 204, 205, 207, 209, 210,
    212-214, 241, 255, 278, 282, 286, 293,
    294
    Container 278, 279
    Exception 69
    Graphics 57
    persistente 38
    transitório 38
Ocultamento de informações 39
Off-line 183
OK_CANCEL_OPTION 267, 268, 272
OK_OPTION 271, 272
Ole-Johan Dahl 32
OOP 31
Operação(ões) 39
    Matemáticas 117
Operador(es)
    aritméticos 59, 64, 65, 80
    booleanos 79
    de conjunção 80
    lógicos 59, 79-82, 84, 85
    relacionais 75, 223
    lógico de conjunção 80-82
    lógico de disjunção 81, 82
    lógico de disjunção exclusiva 82
    lógico de negação 84
    new 70
    relacional 75
Orange 279
Ordenação
    alfabética 221, 227
    ordenação de elementos 215, 220
Ordenar 220
Orientação a objetos 31, 33-36, 180
Out 52
OutpuStream 335
OutputStream 335

P

Package 171, 190
Pacote(s) 155-157, 169-171, 189
    definido pelo programador 169
    java.awt 57
    javax.swing 56, 57
Painel de rolamento 299
Par 217, 218, 219
Parâmetro(s) 158, 164, 184, 191, 200, 203, 209
ParseByte 141
ParseDouble() 155
ParseFloat() 65, 70, 155
ParseInt 133, 140, 151, 153
ParseInt() 65, 70, 155
Passagem de
    mensagem 180
    parâmetro 163, 166
PATH 23, 27
Pesquisa(s)
    binária 225, 227, 253
    em arranjos 215, 225
    sequencial 225, 227, 253
Pink 279
PlainDocument 291, 292, 293, 294, 296
PLAIN_MESSAGE 267, 268
Plataforma Java 45, 46
Poliformismo 39, 207, 208, 209, 210
    de sobrecarga 209
    de sobreposição 209, 210
POO 31, 33, 36, 40
Pow() 118
Print 52, 66, 67, 71, 74, 77, 79, 81-83, 85,
    87-90, 92-99, 103-105, 107, 111
Println 49, 51, 52, 67
Private 190, 191, 199, 200, 201, 203
Procedimentos 180
Processamento de dados 59
Programação
    com decisões 75
    com laços 100
    orientada a objetos 31, 38, 179, 180
    sequencial 59
Programa Java 45, 46
Protected 190, 199-201, 203, 205, 206, 209

Public 49, 51, 53-57, 66, 71, 73, 157-166, 168, 181-187, 189-192, 195, 196, 198-206, 208, 209, 211-214
Public static 170, 171, 173-178

Q

Qualificador 157, 163, 181, 183, 190, 191, 199, 200
QUESTION_MESSAGE 267, 268

R

Radiobutton 299
Raiz quadrada 65
Random() 118
RandomAccessFile 335, 351-356, 358-360, 362-364, 366
Read 335, 344, 346, 347, 351, 353
Read() 335
ReadBoolean() 335, 347
ReadByte() 354-356, 360, 364, 366
ReadDouble() 335, 347, 354-356, 361, 364, 367
Reader 335
ReadFloat() 335, 347
ReadInt() 335
ReadLine() 70, 155, 162
ReadLong() 335, 347, 349
ReadShort() 335, 347
Recursividade 165, 167
Recursividade 163
Red 279
Registro 180
Relação(ões)
    lógica 75, 80, 85
Relacionamentos lógicos 80, 81
Remove 237-244
Replace() 119, 122
RequestFocus 337, 340, 342, 344, 346
RequestFocus() 301, 302
Reshape() 327
Resto de divisão 64
Resultado lógico 75, 76, 80-82, 84
Return 157, 158, 165, 166
Rint() 118
Round() 118

Run() 260, 261, 277, 279, 281, 283, 285, 288, 292
Runnable 260-262, 268, 271, 273, 274, 276, 277, 279, 281, 283, 285, 288, 292, 296, 301, 306, 313, 318, 322, 326, 328, 337, 341, 345
Runnable() 260, 261, 277, 279, 281, 283, 285, 288, 292

S

Saída de dados e/ou informações 59
Scanner 73-75, 77, 79, 80, 82-85, 87-90, 99, 103-105, 107, 110, 159-166, 168, 193, 217-220, 222-225, 228, 230, 235-237, 239, 242, 244, 248, 250, 348, 352, 353, 358, 366
SECOND 146
SecurityException 351
Seek() 354, 356, 361, 363, 365
Sequências de caracteres indicadas 120
Set 234, 237-239, 241, 243, 244
SetBackground() 279, 280, 319
SetBounds 257, 259, 260, 263, 281, 283, 285, 288, 291, 295, 300, 304, 312, 318, 322, 325, 327, 336, 340, 342, 343, 346
SetDefaultCloseOperation 257, 259, 260, 263, 277-279, 281, 283, 285, 288, 292, 296
SetDefaultLookAndFeelDecorated 260, 262-264, 268, 271, 273, 274, 276, 277, 279, 281, 283, 285, 288, 292, 296, 301, 306, 313, 318, 322, 326, 328
SetDefaultLookAndFeelDecorated() 262
SetDocument 293
SetEditable 336, 338, 340, 343
SetEditable() 338
SetHorizontalAlignment 303, 307, 308, 312, 314, 317, 321, 325
SetHorizontalAlignment() 308, 314
SetIcon 318, 320, 322
SetIconImage 321, 323
SetLayout 257, 259, 260, 263, 280, 283, 285, 287, 290, 295, 300, 303, 312, 317, 321, 325, 328, 331, 336, 339, 343
SetMaximumRowCount() 327
SetOpacity 328, 330
SetResizable 322, 323, 328
SetResizable() 323
SetSelected 303-305, 308, 309

SetSelected() 308
SetSelectedIndex() 314
SetSize 257, 259, 260, 263, 277, 278, 281-283, 285, 288, 291, 296, 300, 304, 312, 318, 322, 325, 328, 336, 339, 343
SetSize() 259
SetText 301, 302, 304-306, 309, 310, 312, 315, 318, 322, 326
SetTitle 337, 339, 340, 342, 344, 346
SetVisible 257, 259, 260, 263, 277, 278, 281-283, 285, 288, 291, 296, 300, 304, 312, 318, 322, 325, 328, 336, 339, 343
SetVisible() 259
Short 60, 235, 241
ShowConfirmDialog 265, 266, 269, 271, 272, 295
ShowConfirmDialog() 295
ShowInputDialog 263-269, 272, 275, 295
ShowInputDialog() 295
ShowMessageDialog 263, 264, 266, 269, 271-273, 295, 296, 300, 304, 305, 309
ShowMessageDialog() 56, 295
ShowOptionDialog 266, 267, 269, 272, 273, 276, 295
ShowOptionDialog() 295
SIMULA 67 32
Sin() 118
Sinalizador 226
Size 235-241, 243, 244
SMALLTALK 32
Sobrecarga de métodos 210
Sqrt() 118
StateChanged 328, 330
Static 49, 51, 53-55, 66, 71, 73, 157-166, 168, 182, 184-187, 189, 191, 192, 195, 196, 198-206, 208-212, 214
String 49, 51, 53-55, 60, 61, 66, 69, 71, 73, 77, 79, 80, 82, 83, 85-90, 93, 95-97, 99, 102-107, 109, 110, 112, 113, 118, 120-127, 144-148, 151-153, 158, 159, 164-166, 168, 193, 195, 217-220, 222-225, 228, 230-237, 239-244, 249, 250, 296, 300, 301, 304-306, 309-313, 315-318, 320-322, 324, 326, 337, 340, 344-349, 351-355, 357, 358, 360, 362, 364, 366
Subclasse(s) 37
Subclasse 181, 197, 199, 210, 212

Subclasses 181
Substring 119, 123, 151, 153
substring() 119, 123
Subtração 65
Sun Microsystems, Inc 17, 18
Super 277, 278, 280, 283, 284, 287, 290-293, 295, 296, 299, 303, 311, 317, 321, 325, 328, 336, 339, 343
Super() 278
Superclasse 181, 190, 197, 210
Swing 48, 54, 256, 258, 261, 277, 327
SwingConstants 329
Switch 86, 89, 90, 160
System.exit(0) 54, 55, 56
System.in 66, 67, 70, 71, 73, 74, 77, 79, 80, 82-85, 87-90, 92, 94-99, 103-105, 107, 110
System.out 49, 51, 52
System.out.print() 66
System.out.println() 52, 66, 67, 71, 74

T

Tabela(s)
    ASCII 222
    de valores 225
Tamanho de uma sequência de caracteres 122
This 328, 330
Throw 97, 98
Throws 291, 292, 293, 294, 351
Tipos
    básicos 59
    de dados 59, 61, 69, 117, 124, 126, 128, 129, 130
    inteiros 60
    primitivos 59
    reais 60
ToLowerCase() 119, 123
Tomar decisões 75
ToString() 129-132, 135-138
ToUpperCase() 119, 123, 135
Tratamento de exceções 91-93
Trim() 119, 124
Troca de um determinado caractere 122
True 61, 184, 191, 198, 199, 201, 203, 294
Try 66, 67, 69, 71, 73, 92-99

U

UML 35
Unified Modeling Language 35
Uniões 248

V

Valor(es)
    da hora 152, 153, 154
    lógicos 201
    positivo 152
ValueChanged() 315
ValueOf 304-306, 309, 310
ValueOf() 124-126, 128, 133, 138-141
Variável(eis) 62-65, 69, 70, 72, 114, 115
    de ambiente 24
    de ambiente CLASSPATH 23, 26
    simples 215
Verdadeiro 61
Verificação lógica 81, 82
VERTICAL 329
Vetores 215
Void 49, 51, 53-57, 66, 71, 73, 182, 184-187, 189, 192, 198, 200-206, 208-211, 214

W

WARNING_MESSAGE 267, 268
While 101-109, 160, 226-229
White 279
Window(s) 18, 28, 29, 46, 47, 51, 53, 260, 330
Write 335, 337, 338, 340, 342, 344, 351, 353
Write() 335, 338, 342
WriteBoolean() 335, 347
WriteChar() 360
WriteDouble() 335, 347, 356
WriteFloat() 335, 347
WriteInt() 335, 347
WriteLong() 335, 347, 349
Writer 335
WriteShort() 335, 347

Y

YEAR 144, 147, 148
Yellow 278, 279
YES_NO_CANCEL_OPTION 267, 268, 272
YES_NO_OPTION 267, 268, 272